도암집

이 책은 2017 · 2018년도 정부(교육부)의 재원으로 한국고전번역원의 지원을 받아 수행된 '권역별거점연구소협동번역사업'의 결과물임.

This work was supported by Institute for the Translation of Korean Classics - Grant funded by the Korean Government.

한국고전번역원 한국문집번역총서/단국대학교 동양학연구원

도암집 10

陶菴集

이재 지음
李縡

최예심 옮김
장유승
권진옥
이승용

일러두기

1. 이 책의 번역은 한국고전번역원에서 간행한 한국문집총간 195집 소재 《도암집(陶菴集)》을 대본으로 하였다. 번역 대본의 원문 텍스트와 원문 이미지는 한국고전종합DB(http://db.itkc.or.kr)에서 확인할 수 있다.
2. 내용이 간단한 역주는 간주(間註)로, 긴 역주는 각주(脚註)로 처리하였다.
3. 대본의 본문과 원주의 구분이 명확하지 않은 경우는 역자가 임의로 조정하였다.
4. 한자는 필요한 경우 이해를 돕기 위하여 넣었으며, 운문(韻文)은 원문을 병기하였다.
5. 맞춤법과 띄어쓰기는 한글 맞춤법과 표준어 규정을 따랐다.
6. 이 책에서 사용한 부호는 다음과 같다.
   - ( ) : 번역문과 음이 같은 한자를 묶는다.
   - 〔 〕 : 번역문과 뜻은 같으나 음이 다른 한자를 묶는다.
   - “ ” : 대화 등의 인용문을 묶는다.
   - ‘ ’ : “ ” 안의 재인용 또는 강조 문구를 묶는다.
   - 「 」 : ‘ ’ 안의 재인용을 묶는다.
   - 『 』 : 「 」 안의 재인용을 묶는다.
   - 《 》 : 책명 및 각주의 전거(典據)를 묶는다.
   - 〈 〉 : 책의 편명 및 운문·산문의 제목을 묶는다.

차례

도암집 제41권

묘지墓誌

도암집 제42권

묘지墓誌

도암집 제43권

묘지墓誌

도암집 제44권

묘지墓誌

도암집 제45권

묘지墓誌

도암집

제40권

묘표 墓表

묘지 墓誌

묘표 墓表

고조고 증 좌찬성 부군 묘표[1]

高祖考贈左贊成府君墓表

공의 휘는 할(劼)이고 자는 근부(勤夫)이다. 우봉 이씨(牛峰李氏)는 고려에서 시중(侍中)을 지낸 공정(公靖)에서 시작되었다. 본조에 들어와서는 관찰사 길배(吉培)가 가장 현달하였는데 공의 5대조이다. 증조 휘 승건(承健)은 판서를 지냈고, 조부 휘 심(諶)은 사의를 지냈고, 부친 휘 지신(之信)은 부제학을 지냈다. 모친 진주 유씨(晉州柳氏)는 참봉 인동(寅仝)의 딸이다.

공은 가정(嘉靖) 경술년(1550, 명종5)에 태어났다. 총명하고 숙성하였으며 지극한 행실이 있었다. 12세 때에 큰형이 낙상(落傷)하자 늘 좌우에서 부축하며 30일 동안 한결같이 곁을 지켰다. 부친 부제학공이 위독한 적이 있었는데 공이 손가락의 피를 내어 올리고 눈물을 흘리고 울면서 하늘에 빌어 얼마 뒤에 병이 나았다. 상을 당해서는 지나치게 슬퍼하다가 목숨을 잃을 뻔하였다. 백부가 아들이 없어 공을 데려다

1 고조고……묘표 : 이 글은 이할(李劼, 1550~1592)의 묘표이다. 이할은 본관이 우봉(牛峰), 자가 근부(勤夫)이다.

길렀는데, 살아계실 때 섬기고 돌아가신 뒤에 제사지내는 데 정성과 예를 다하였다. 성품이 인후하고 충실하여 사람들을 한결같이 인자하고 은혜롭게 대하였으며 의복이 검소하고 재물에 담박하였다. 학문은 박식하였으나 끝내 급제하지 못했다. 임진년(1592, 선조25) 왜란 때 공이 향병(鄕兵)을 일으켜 적을 공격하려는데 적이 갑자기 들이닥쳤다. 공은 군대 후미에서 달리다가 유탄에 맞아 세상을 떠났으니 이때가 5월 8일이었다.

배위 한산 이씨(韓山李氏)는 공로(公潞)의 딸로, 목은(牧隱 이색(李穡))의 후손인데, 부녀자의 덕을 잘 갖추었다. 공과 같은 해에 태어났으며 공보다 35년 뒤에 세상을 떠나 고양(高陽)의 향동(香洞)에 합장하였다. 손자 숙(翻)이 귀하게 되어 공은 좌찬성에 추증되고 부인도 규례대로 따라서 추증되었다.

아들 유용(有容), 유경(有敬), 유광(有光), 유성(有誠)은 모두 아들이 없다. 막내 유겸(有謙)은 참의를 지냈고 학문과 행실로 세상에 이름이 났다. 유겸은 아들 다섯을 두었다. 핵(翮)은 도정을 지냈고, 흡(翖)은 지평에 추증되었는데, 모두 효(孝)로 정려(旌閭)되었다. 상(翔)은 유일(遺逸)로 천거되어 대사헌에 올랐고, 숙(翻)은 우의정을 지냈고, 익(翊)은 판서를 지냈다. 숙의 아들 만창(晩昌)은 진사인데 바로 나의 선친이다. 만성(晩成)은 판서를 지냈고 흡(翖)의 후사가 되었으며, 만견(晩堅)은 강원도 관찰사를 지냈고 핵(翮)의 후사가 되었다. 내외의 증손과 현손이 총 약간 명이다.

아, 공은 재주를 지니고 행실을 쌓았는데 난을 만나 죽게 되어 평소의 지업(志業)을 세상에 조금도 드러내지 못했으니 이것이 명(命)이 아니겠는가. 그러나 선행에는 보답이 없지 않지만 더디고 빠름은 때가 있는 법이라, 하늘의 보답이 자신에게 있지 않고 후손에게 있는 것을 공에게서 더욱 믿을 수 있다.

무덤에 오랫동안 묘표가 없어 의정공이 일찍이 세우려다 미처 이루지 못했는데, 지금 증손 만견이 의정공의 유지(遺志)를 따라 녹봉을 덜어 돌을 다듬어 비로소 무덤에 세우고 나로 하여금 이처럼 간략하게 쓰게 하였다.

증조고 증 영의정 만회 부군 묘표[2]

曾祖考贈領議政晩悔府君墓表

아! 여기는 우리 증조부이신 호조참의 증 의정부영의정 부군의 무덤이다. 부군의 휘는 유겸(有謙), 자는 수익(受益), 호는 만회(晩悔)로, 우봉(牛峰) 사람이다. 부친 휘 할(劼)은 좌찬성에 추증되었고, 조부 휘 지신(之信)은 홍문관 부제학을 지냈고, 증조 휘 심(諶)은 장례원 사의를 지냈다. 목은(牧隱) 이 선생(李先生 이색)의 후손으로 승지에 추증된 공로(公潞)가 공의 외조부이다.

부군은 7세에 부친을 잃었다. 15세에 공부를 시작하여 17세에 향시에 합격하였다. 일찍이 풍옥(風玉) 조수륜(趙守倫) 공에게 수학하였는데, 조공은 우계(牛溪)의 문인이다. 뒤에 사계(沙溪) 김 선생(金先生 김장생)의 문하에서 학업을 마쳤으며, 또 종실(宗室) 덕신정(德信正) 이난수(李鸞壽)에게서 《주역》을 배웠다. 함께 종유한 사람들은 모두 당대의 명사들이었다. 혼조(昏朝 광해군)가 인륜을 무너뜨리던 때에 홍무적(洪茂績) 등 여러 공들과 함께 대궐 앞에서 부르짖어 대의(大義)를 밝히고는 그대로 벼슬하지 않은 채 10년 가까운 세월을 재야에서 지냈다.

인조(仁祖)가 반정(反正)하여 학문과 행실이 있는 재야의 선비를 등용하자, 부군은 포의(布衣)의 신분으로 신녕 현감(新寧縣監)에 제수

2 증조고……묘표 : 이 글은 이유겸(李有謙, 1586~1663)의 묘표이다. 이유겸은 본관이 우봉(牛峰), 자가 수익(受益), 호가 만회(晩悔)이다.

되었다. 친척과 벗 중에 더러 나아가지 말라고 권하는 사람이 있었는데, 사절하며 말하기를,

"분수에 따라 녹사(祿仕)하는 것이 내 뜻이거니와 더구나 노모(老母)가 살아계시니 말해 무엇하겠는가."

라고 하였다. 이후로 익위사 위솔, 공조와 형조의 낭관, 사복시 판관·첨정·내승을 역임하였다. 외직으로는 함흥 판관(咸興判官), 순창 군수(淳昌郡守), 대구 부사(大丘府使)를 지냈다. 대구 부사에서 특별히 통정대부에 오르고 장례원 판결사에 제수되었는데 인조로부터 강명(剛明)하고 청렴하다는 칭찬을 들었다. 또 금성 현감(錦城縣監)과 김제 군수(金堤郡守)를 역임하였다. 내직으로는 공조와 호조의 참의를 지냈다. 노년에는 한가로운 관직에서 유유자적 지냈으며 때때로 이름난 사대부들과 함께 기사회(耆社會)를 열었다. 계묘년(1663, 현종4) 12월 20일에 세상을 떠나니 향년 78세였다. 용인현(龍仁縣) 동쪽 한천동(寒泉洞)에 안장하였다. 부인 파평 윤씨(坡平尹氏)를 합장하였다.

부인은 처사 홍유(弘裕)의 딸로, 참판 인함(仁涵)의 손녀이다. 부군과는 나이가 같은데 70세에 먼저 세상을 떠났다. 아들 다섯을 두었다. 장남은 핵(翮)이고, 그 다음은 흡(翖), 상(翔), 숙(翻), 익(翊)이다.

정축년(1637, 인조15) 강화도 난리 때 부인이 불길 속으로 몸을 던지자 핵과 흡이 급히 구제하였다. 적이 또 어지럽게 화살을 쏘자 핵과 흡이 또 덮어서 부인은 살았으나 흡은 죽었고 핵은 거의 죽다가 살아났다. 핵의 부인 김씨(金氏)와 흡의 부인 오씨(吳氏)도 함께 죽었다. 조정에서 모두 효자 열녀의 집안으로 정려하였다. 핵은 이후 돈녕부 도정이 되었고 흡은 지평에 추증되었다. 상은 유학(儒學)으로 대사헌에 올랐고, 숙은 우의정이 되었고, 익은 이조 판서가 되었다. 딸은 현감

이돈(李惇)에게 출가하였다. 측실 소생은 휘(翬), 습(習), 학(翯)이다. 휘와 학 및 사위 윤발(尹撥)은 모두 진사이다.

의정공은 아들 셋을 두었다. 만창(晩昌)은 진사로, 판서에 추증되었고, 만성(晩成)을 판서를 지냈고, 만견(晩堅)은 관찰사를 지냈다. 만견이 도정공의 후사가 되어 실제로 부군의 제사를 맡고 있다.

부군은 총명하고 걸출하며 타고난 자질이 뛰어나 어린 나이에 부친을 여의고도 능히 스스로 수립하였으며, 선(善)을 행하는 데 독실하고 의(義)에 나아가는데 용감하였다. 비록 벼슬살이에 부침하는 등 대중과 다른 삶을 살고자 하지는 않았으나 그 학문은 한결같이 자신을 수양하고 실질에 힘쓰는 것을 중시하였다. 그러므로 그 자신을 보면 법도가 엄밀하고 광채가 성대하여 바라봄에 대인군자(大人君子)임을 알 수 있었고, 가정에서 징험하면 충효와 절의가 당세에 찬란히 빛나 세교(世敎)를 부지하고 인심(人心)을 맑게 하기에 충분한 점이 있었다. 그러나 겸손하여 전혀 자처하지 않았고 명망이 높을수록 더욱 낮추고 나이가 많을수록 더욱 공손하였으며 지위가 덕에 차지 않아 후손들에게 복을 드리웠다. 《주역》에 "행동을 살펴 길흉을 상고한다.〔視履考祥〕"[3]라고 하였고, 또 "겸은 높고도 빛난다.〔謙尊而光〕"[4]라고 하였는데, 부군에게 이런 점이 있다.

3 행동을……상고한다 : 《주역》 〈이괘(離卦) 상구(上九)〉에 나오는 말로, "행동을 살펴 길흉을 상고하되 주선한 것이 완벽하면 크게 길하리라.〔視履考祥, 其旋元吉.〕"라고 하였다.

4 겸은 높고도 빛난다 : 《주역》 겸괘(謙卦) 단사(彖辭)에 나오는 말이다. 정전(程傳)에서는 "겸은 높고 빛난다."라고 풀이하였고, 본의(本義)에서는 "겸손하면 높은 곳에 처한 자는 그 덕이 더욱 빛난다."라고 풀이하였다.

아! 우리 이씨가 한미한 가문으로 성대하게 시례지가(詩禮之家)[5]가 되었으니 이는 실로 북돋고 키운 부군의 노력 덕분이다. 이렇게 될 수 있었던 이유를 찾아보면 오직 인후충신(仁厚忠信)이 바탕이 되었을 뿐이다. 부군의 자손 가운데 혹 이와 반대로 하는 자가 있다면 이 무덤 앞에 절할 수 없을 것이다. 불초증손(不肖曾孫) 이재(李縡)가 삼가 기록한다.

부군이 함흥 판관(咸興判官)으로 있을 때에 사계 선생(沙溪先生)이 부탁한 것이 있었는데, 그 부탁을 억지로 따르고 싶지 않아 부군이 시를 지어 넌지시 간하기를,

매는 푸른 하늘에 있고 벌은 산에 있다　　　鷹在靑天蜂在山

하였다. 이것이 작은 일이지만 부군의 절제된 행동의 대략을 볼 수 있다.

우암(尤菴) 송 문정공(宋文正公)이 부군의 신도비를 지었는데[6] 이 부분을 빠뜨린 것을 한스럽게 여겼다. 우리 조부 의정공에게 편지를 보내어 이 한 부분을 들어 말씀하기를, "노선생(김장생)께서는 이를 기뻐하고 가상하게 여겨 사람들에게 존부군(尊府君)에 대한

5　시례지가(詩禮之家) : 유교 경전에 대한 지식과 예의범절을 이어오는 명문가를 말한다. 《논어》 〈계씨(季氏)〉에 공자(孔子)가 아들 이(鯉)에게 시(詩)와 예(禮)를 배웠느냐고 묻고 왜 배워야 하는지 설명한 데서 온 말이다.

6　우암(尤菴)……지었는데 : 한국문집총간 113집에 수록된 《송자대전(宋子大全)》 권166에 〈참의 증 참판 이공 신도비명(參議贈參判李公神道碑銘)〉이 실려 있다.

칭찬을 그치지 않았습니다. 존부군의 풍모는 진실로 지금 세상에서 볼 수 없는 바이고, 노선생의 성덕은 어찌 젊은 후생들이 엿보아 헤아릴 수 있는 바이겠습니까. 이는 전해지지 않아서는 안 됩니다."[7] 하였다.

7 우리……됩니다 : 이 내용은 한국문집총간 110집에 수록된 《송자대전(宋子大全)》 권75 〈답이중우(答李仲羽)〉에 실려 있다.

조고 우의정 부군 묘표[8]

祖考右議政府君墓表

이씨(李氏)는 고려조에서는 시중 삼주백(三州伯) 공정(公靖)이 무략(武略)으로 현달하였다. 삼주는 우봉(牛峰)의 옛 이름이다. 삼주백의 후손은 500년 동안 대체로 학문과 행실로 가업을 이었다. 본조에서는 관찰사 길배(吉培), 판서 승건(承健), 사의 심(諶), 부제학 지신(之信)이 현달하였다. 부제학공의 손자 참의 휘 유겸(有謙)은 학문을 쌓고 덕을 베풀어 깊이 뿌리내리고 무성하게 열매가 맺혀 다섯 아들이 모두 이름난 사람이 되었다. 맏아들 핵(翮)과 둘째아들 흡(翕)은 효로, 셋째아들 상(翔)은 유술(儒術)로, 막내아들 익(翊)은 문학으로 이름이 났으며, 넷째아들은 우리 조부 의정 부군이다. 부군은 우리 숙종(肅宗)을 보필하여 충정과 큰 절개가 있었으니 이에 우리 이씨가 성대하게 충효의 집안이 되었다. 부군의 휘는 숙(翻)이고 자는 중우(仲羽)이다. 부인 파평 윤씨(坡平尹氏)는 처사 홍유(弘裕)의 딸이다.

부군은 천계(天啓) 병인년(1626, 인조4) 3월 3일 임진에 태어났는데, 태어날 때에 참의공이 이상한 꿈을 꾸었다. 어려서부터 뛰어난 기국과 도량이 있었다. 이마를 다친 적이 있는데 의원이 찌르고 갈라 피가 철철 흘러도 눈동자를 움직이지 않았다. 정축년(1637, 인조15)에 온 집안이 강화도에서 난리를 만나 부군은 오랑캐 땅으로 끌려갔는데,

8 조고……묘표 : 이 글은 이숙(李翻, 1626~1688)의 묘표이다. 이숙은 본관이 우봉(牛峰), 자가 중우(仲羽), 호가 일휴정(逸休亭)이다.

오랑캐 주인 노파가 귀인이라고 하면서 잘 대우하였다. 오랑캐 아이가 부군의 이름을 묻자, 부군이 "나는 대야(大爺)이다."라고 하였다. 따르던 오랑캐 아이가 항상 "대야, 대야"라고 불렀다. 묵묵히 요동(遼東)과 심양(瀋陽)의 산천을 살피면서 오랑캐의 말을 빼앗아 돌아오려 생각했는데, 마침 우리나라 사신이 이르자 스스로 주선하여 돌아올 수 있었으니, 이때 나이가 12세였다. 이전에 참의공이 헤어지며 말하기를,

"어찌 오랑캐 땅에서 늙을 죽을 아이겠는가."

하였다. 부군이 돌아왔을 때 중형(仲兄)은 효를 다하여 죽었고, 백형(伯兄)은 거의 죽다가 살아났고, 참의공과 윤 부인은 무탈하였다.

무자년(1648, 인조26), 진사시에 합격하였다.

을미년(1655, 효종6), 문과에 급제하였다. 시강원 설서를 거쳐 예문관에 들어가 검열, 대교, 봉교가 되었고, 승진하여 성균관 전적, 사헌부 감찰, 병조 낭관이 되었다. 어버이 봉양을 위해 통진 현감(通津縣監)으로 나갔는데, 궁노(宮奴) 가운데 게 어장을 불법 점유하여 백성의 이익을 침탈한 자가 있어 부군이 형틀에 채우고 곤장을 쳤다. 이에 성상의 노여움을 사서 파직되었는데, 삼사(三司)에서 교대로 간쟁하여 곧바로 명이 거두어졌다. 동춘 선생(同春先生 송준길)이 아뢰기를,

"아무개는 명망이 중하니 훗날 큰 쓰임이 될 것입니다."

라고 하였다. 부군이 끝내 인피하여 떠나니 백성이 비석을 세워 그리워하였다.

사헌부 지평에 제수되었다. 상소를 올려 검약을 숭상하고 정사에 힘쓰며 현자를 초빙하고 학문을 강구하는 등의 여러 일을 진술하였다. 당시 법령이 해이해진 터라 부군이 옛 제도를 거듭 엄격히 시행하고, 또 계당(雞堂)과 국사당(國師堂) 등 여러 음사(淫祠)를 불태우니 도성

안이 숙연해졌다. 얼마 뒤에 체차되자, 사간원에서 차자를 올려 부군이 떠나는 것을 애석하게 여겼다.

임인년(1662, 현종3), 호남 감진 어사(湖南監賑御史)가 되었다. 옥당이조록(玉堂吏曹錄)[9]에 선발되어 여러 차례 수찬과 교리가 되었다. 간혹 아우 판서공과 서로 대직(對直)하는 일도 있었는데, 사람들이 영광스러운 일로 여겼다. 사간원 정언으로 옮겼다.

계묘년(1663), 이조 좌랑에 제수되었다. 상을 당하였다. 상기(喪期)를 마치고 옛 관직으로 돌아왔다. 이조 정랑으로 승진하고 응교로 전직되었다. 중간에 성균관 사예와 사성, 사복시 정, 세자시강원 보덕이 되었다.

정미년(1667), 사헌부 집의에 제수되었다. 청나라에서 책임을 추궁하는 일이 있어 정승 허적(許積)이 사명(使命)을 받들고 갔다가 돌아왔는데, 성상에게 허물을 돌려 벌금을 물게 되었다.[10] 부군이 분연히

9 옥당이조록(玉堂吏曹錄) : 이조록(吏曹錄), 이조홍문록(吏曹弘文錄)이라고 하는데, 홍문록(弘文錄)을 작성할 때의 두 번째 단계이다. 처음 홍문관 부제학 등이 새로 선발할 홍문관 교리, 수찬 등을 의논하여 본관록(本館錄)을 작성하여 이조에 넘기면 본관록에 선발된 후보를 이조에서 다시 검증하는 것이 이조록이다.

10 청나라에서……되었다 : 1665년(현종5)에는 병자호란 당시 청나라에 포로로 잡혀갔던 안추원(安秋元)이란 자가 탈출하여 돌아왔는데 비국에서 이를 청나라에 보고하지 않고 감춘 일이 있었고, 1666년에는 최선일(崔善一)이란 자가 염초를 몰래 매입하다 발각된 일이 있었다. 이를 조사하기 위해 청나라에서 사신이 들어왔는데 안추원의 일을 특별히 더 문제 삼아 조선의 대신들을 사율(死律)로 다스릴 것을 요구했으나 현종이 모든 책임을 자신에게 돌려 감형을 요청하였다. 허적이 이 사건의 해결을 위해 진주사로 파견되었는데 청나라에서는 감죄의 대가로 벌금을 요구하였다. 《承政院日記 顯宗 8年 1月 29日》《顯宗實錄 8年 1月 30日》

말하기를,

"임금이 욕을 당하면 신하는 죽음으로 맞서야 한다."

하며, 양사(兩司)를 선도하여 사신의 죄를 논하고, 또 조사할 때 책임지려 하지 않은 대신의 잘못을 나열하여 세 정승의 파직을 청하였다. 이에 성상이 진노하여 모두 극변(極邊)으로 유배하여 부군은 갑산(甲山)으로 유배되니, 세상에서 이들을 칠간(七諫)[11]이라 일컫는다. 얼마 뒤에 풀려나 돌아왔다. 한 해가 지나 서용되어 문신선전관, 부교리, 보덕에 제수되었다.

기유년(1669), 광주 부윤(廣州府尹)에 발탁되었다가 곧바로 충청도 관찰사로 옮겼다. 당시 토지를 구획하는 정사가 있었는데 부군이 잘 끝맺었으며, 부역을 줄이고 백성을 후대하는 정책에 힘썼다. 성상이 온천에 행차했을 때 부군이 인대(引對)하여 백성의 사정을 진달하였으며, 원통한 옥사를 다스리고 뛰어난 행실을 지닌 이를 정려(旌閭)하였다. 이듬해에 작은 잘못으로 파직되었다가 다시 서용되어 승정원 승지, 호조 참의에 제수되었다.

신해년(1671), 경상도 관찰사에 제수되었다. 큰 기근이 든 해라서 부군은 정성을 다해 구휼하여 침식도 잊었으며 간혹 필마로 다니며 위로하고 안정시키니, 한 도의 백성이 모두 이에 힘입어 살아났다. 체차되어 돌아올 때에는 늙은이나 어린아이 할 것 없이 모두 길을 메우고 전송하여 떠날 수 없을 정도였다. 지금도 영남 사람들은 거의 집집마다 밥 먹을 때면 그 은혜에 감축한다고 한다.

11 칠간(七諫) : 본서 제47권 〈조고 우의정 부군 가장〔祖考右議政府君家狀〕〉에는 '팔간(八諫)'으로 되어 있다.

다시 대사간이 되었다. 부군이 한두 관리의 간사한 행위를 규탄하자, 성상께서 다른 당을 공격한다고 꾸짖고 또 조정의 권력을 함부로 휘두른다고 의심하므로 부군이 인피하여 체차되었다. 이후 성상께서 다른 일로 부군에게 노여움을 옮겨 원찬(遠竄)을 명했다가 얼마 뒤에 삭출시키라고 다시 명하였다. 당시 이정(李楨)과 이남(李柟)이 총애받았는데, 부군이 일찍이 인평대군(麟坪大君)의 일을 역사에 정직하게 기록한 일[12] 때문에 간사한 말이 성상에게 들어갔다고 한다.

부군은 물러나 전리(田里)에서 지내면서 농사짓고 오이 심는 것으로 즐거움을 삼았다. 정자 이름을 일휴정(逸休亭)이라고 지었으니 이는 모재(慕齋) 김안국(金安國) 형제의 고사[13]에서 취한 것이다. 영남 감영의 환곡(還穀) 문제로 법망에 얽혀 양근(楊根)에 유배되었다가 얼마 뒤에 풀려났다.

무오년(1678, 숙종4), 인동 부사(仁同府使)에 제수되었다. 이원정(李元禎)이 이조 판서로 휴가를 받아 남쪽으로 내려가다가 인동부를 지났는데 부군이 홀로 예우하지 않았다. 이에 이원정이 화를 내며 돌아가 즉시 성상께 부군을 헐뜯었다. 부군이 체포되어 이원정의 교만 방자한 행동과 법을 어긴 정상을 나열하자, 이원정은 파직되고 부군도 끝내

12 당시……일 : 본서 제47권 〈조고 우의정 부군 가장(祖考右議政府君家狀)〉에 따르면, 인평대군(麟坪大君)이 여러 차례 연경에 사신가면서 서쪽 지방 백성에게 원망을 샀는데, 당시 이숙(李翻)이 사국(史局)에서 직필(直筆)로 "그 사행이 한번 거쳐 가면 두 명의 칙사가 온 것 같았다."라고 기록하였다. 세초(洗草)할 때에 이 말이 새어나가자 이정과 이남이 크게 원한을 품어 해를 끼쳤다고 한다.

13 김안국(金安國) 형제의 고사 : 김안국의 정자 이름이 은일정(恩逸亭)이고, 아우 김정국(金正國)의 정자 이름이 은휴정(恩休亭)이다. 여기에서 따온 이름이다.

죄에 걸려 고신(告身)을 빼앗겼다.

이듬해 중형(仲兄) 대헌공(大憲公 이상(李翔))과 아우 판서공(判書公 이익(李翊))과 함께 우암 선생(尤菴先生 송시열)의 당적(黨籍)에 올라 부군은 명천(明川)으로 유배되었다. 10월에 크게 우레가 치자 성상께서 놀라 사면하니, 흉당들이 일제히 저지했으나 어쩔 수 없었다.

경신년(1680), 이남(李柟) 등이 모반을 일으켜 죽임을 당하자 조정이 맑아졌다. 부군은 길에서 전라도 관찰사(全羅道觀察使)에 제수되었다가 부임하기 전에 강화 유수(江華留守)로 발탁되었다. 몇 개월 지나 대사헌에 제수되었다가 곧바로 다시 강화 유수에 잉임되었다. 겨울에 형조 판서에 발탁되었다. 이후 여러 부서를 두루 역임하여 이조 판서를 네 번 맡았고, 병조 판서를 두 번 맡았고, 예조와 공조의 판서를 한 번씩 맡았다. 중간에 의정부 참찬, 한성부 판윤, 지중추부사, 지돈녕부사에 제수되었고, 외직으로는 광주 유수(廣州留守)를 지냈으며 대사헌에 오른 것이 아홉 번이었다.

계해년(1683), 시약(侍藥)한 공로로 정헌대부에 올랐다. 부군은 관직을 맡아 분명하게 법을 지켰기에 청탁이 통하지 않았다. 이조와 병조에 있을 때에는 공도(公道)를 넓히고 적체된 이들을 진작시켰으며, 역적 종실 이항(李杭)이 중비(中批)[14]로 관직에 제수되자 부군이 명을 반려하고 간쟁하였다. 사헌부에 있을 때에는 늘 일에 따라 바로잡았다. 한번은 경연에서 종실의 영재를 선발하고 종학(宗學)을 세워 가르치기를 청하였다. 당시 성상에게 오랫동안 후사가 없었기에 부군은 종사(宗

14 중비(中批) : 정식 의망(擬望)을 거치지 않고 왕의 특지(特旨)로 임명하는 것을 말한다.

社)를 언급할 때마다 눈물을 흘렸다.

정묘년(1687), 7월에 우의정에 제수되었다. 가장 먼저 언로를 열고 관방(官方)을 신중히 하기를 아뢰었으며, 성상께서 영릉(寧陵)에 행차할 때에는 흉년으로 인해 차자를 올려 아뢰었다. 몇 달 지나 병으로 사직하였다. 부군은 권세를 다투는 풍조를 힘써 억제하였고 변경하는 것에 더욱 신중을 기하였으며 충심으로 군덕(君德)과 사론(士論)을 중시하였다. 비록 미처 크게 시행하지는 못했지만, 논하는 자들이 대신의 체모를 얻었다고 평하였다. 병이 더욱 위독해지자 성상께서 보낸 내의(內醫)가 길에 이어졌다. 입으로 불러 유표(遺表)를 지어 궁금(宮禁)을 엄하게 단속하고 사정(私情)이 통하는 길을 막으며 보고 듣는 것을 공평히 하고 원로를 등용하기를 청하였다.

무진년(1688), 5월 2일에 도성 서쪽 자택에서 생을 마쳤다. 7월 3일에 용인현(龍仁縣) 동쪽의 한천(寒泉) 축좌(丑坐)의 언덕에 안장하였다. 정경부인 나주 박씨(羅州朴氏)를 합장하였다.

부인의 부친은 첨중추부사를 지내고 판서에 추증된 호(濠)이고, 조부는 관찰사 동열(東說)이다. 엄숙하고 정숙하며 올바르고 차분하여 친척들이 그 덕을 칭송하였다. 부군보다 4년 먼저 세상을 떠났으니 향년 58세였다.

장남 만창(晩昌)은 진사로 일찍 세상을 떠났으니, 바로 나의 선친이다. 차남 만성(晩成)은 판서를 지냈고, 삼남 만견(晩堅)은 대사간을 지냈고, 딸은 판서 홍수헌(洪受瀗)에게 출가하였다.

후부인 경주 박씨(慶州朴氏)는 세영(世英)의 딸이다. 딸 하나를 두었는데 사인 오이주(吳履周)에게 출가하였다.

판서의 아들 구(絿)는 정랑을 지냈는데 효성으로 정려되고 증직되었다. 대사간의 아들은 수(綬)와 유(維)이고, 사위 홍 판서의 아들은 목사 우제(禹濟), 사평 우해(禹諧), 좌랑 우집(禹集)이다. 나의 아들은 제원(濟遠)이다.

부군은 깊은 사랑으로 부모를 섬겨 평생토록 부모의 뜻을 어긴 적이 없었다. 참의공이 일찍이 김제 군수(金堤郡守)로 있었는데, 부군이 이때 이웃 고을에 우거하며 늘 물고기와 오이를 올리니, 참의공이 기뻐하며 말하기를,

"관향(官享)을 어찌 이와 바꿀 수 있겠는가."

하였다. 끝까지 봉록으로 봉양하지 못한 것을 항상 통한으로 여겨 맛있는 음식을 얻으면 반드시 뺨에 눈물이 흘렀다.

부군은 형제들과 우애로웠고 종당(宗黨)들과 돈독하였다. 가난한 종가(宗家)의 제사를 도와 또 그 정성을 다하였으며, 규문 안은 화기가 넘쳐흘렀다. 늘 자제들을 경계하기를,

"충후근신(忠厚謹愼)이 우리 집안의 가법이다."

하였다. 지위가 높을수록 더욱 겸손하였고 봉록이 많아도 사치하지 않았으며, 조정에서 벼슬하지 않으면 반드시 들에서 농사를 지었다. 털끝만큼도 남에게 구함이 없었으나 또한 청렴하다는 명성을 좋아하지 않았다. 남과 교유할 적에는 진실하고 속임이 없었다. 어떤 사람이 지친과 사이가 좋지 못하자 부군이 눈물을 흘리며 일깨워주었으니 감화된 자가 여러 명이었다.

낮은 관직에 있을 때부터 사람들을 사랑하는 마음을 품었기에 죽어야 마땅한 자라도 반드시 살릴 수 있는 방도를 찾았다. 전후로 원통함을 풀어주고 기근에 진휼하여 목숨을 살린 자들이 매우 많았고, 아래로 곤충이나 초목 같은 미물도 차마 해치지 못했다. 그러나 음양과 선악의

구분에는 매우 엄격히 처신하여 맹분(孟賁)과 하육(夏育)[15]도 빼앗을 수 없는 확고한 의지가 있었다.

임금을 사랑하는 마음을 한 끼 밥 먹는 동안에도 잊지 않았으며 항상 말씀하기를, "국은을 어찌 보답할 수 있겠는가."라고 하였으니 내가 말을 배울 때부터 이 말을 배워서 외웠다. 병석에 누운 몇 달 동안 사적인 일은 한마디 언급도 없었다. 부군이 세상을 떠나고 1년 뒤에 사화(士禍)가 일어나자, 사람들이 말하기를, 부군의 반쯤 쓴 유고(遺稿)의 충정이 시초점과 거북점처럼 징험되었다고 하였다. 간사한 사람들이 또 종학(宗學)의 일로 화를 엮고자 했으나 성상의 총명한 덕에 힘입어 다행히 그 계책을 이루지 못했다.

나는 부군의 무릎에 앉아있던 어린아이로 몽매하여 아는 것이 없었으니, 지금 상상해보건대, 단지 그 덕스러운 모습이 봄볕처럼 충만했던 것만 생각날 뿐이다. 지금 부군의 뜻과 사업을 추술(追述)하고 싶어도 그 만분의 일도 드러낼 길이 없기에 단지 사람들의 이목에 밝게 빛나는 부군의 순수한 충정과 질박한 품행을 기록하여 묘도(墓道)에 세우니, 훗날 군자들이 혹여 참고할 데가 있을 것이다.

15 맹분(孟賁)과 하육(夏育) : 맹분은 전국 시대 제(齊)나라의 역사(力士)이고, 하육은 주(周)나라의 역사이다. 맹분은 맨손으로 쇠뿔을 뽑았다고 하고, 하육은 1000균(鈞)의 무게를 들어 올렸다고 하여 힘이 센 장사를 비유할 때 흔히 쓰인다.

종조 도정 부군 묘표[16]

從祖都正府君墓表

우리 증조부 만회공(晩悔公)은 아들 다섯을 두었는데, 장남이 휘 핵(翮)으로, 자는 자우(子羽)이다. 나면서부터 지극한 행실이 있어 효성을 다하여 어버이를 섬겼다. 정축년(1637, 인조15) 강화도의 변란에 자신의 몸으로 모친을 감싸 오랑캐의 화살을 맞고 거의 죽다가 살아났고, 부인 상산 김씨(商山金氏)도 뜨거운 불속으로 몸을 던져 죽었다. 이 일이 알려져 함께 정려(旌閭)되었다. 무술년(1658, 효종9) 처음으로 벼슬하였다. 계해년(1683, 숙종9) 상신(相臣) 이상진(李尙眞) 공이 공의 뛰어난 행실을 아뢰어 특별히 통정대부의 품계로 올려 포상하니, 이로 말미암아 공의 효행이 온 나라에 알려졌다.

공은 용모가 예스럽고 자품이 돈후하여 어린 시절부터 노년에 이르기까지 순수하고 깨끗한 어린아이의 마음을 보전하였다. 사람을 상대할 때엔 친소(親疎)와 귀천(貴賤)에 관계없이 한결같이 겸손하고 공손하게 대했으니, 당세에서 선하고 덕이 있는 사람을 꼽을 때면, 반드시 '이공(李公), 이공'이라고 하였다. 처음에 공은 효에 목숨을 바치고도 죽지 않아 마치 가만히 도와주는 자가 있는 듯하였고, 끝내는 장수의 복을 누리고 높이 발탁되는 은혜를 입었다. 세 아우가 모두 크게 현달하였으나 부친을 섬기듯이 공을 섬겨 아침저녁으로 화목하게 지내며

16 종조……묘표 : 이 글은 이핵(李翮, 1610~1686)의 묘표이다. 이핵은 본관이 우봉(牛峰), 자가 자우(子羽)이다.

노년을 즐겁게 보냈으니, 사람들이 모두 부러워하고 찬탄하였다. 병인년(1686, 숙종12) 12월 14일에 세상을 떠났으니, 태어난 만력(萬曆) 경술년(1610, 광해군2)에서 77년 되는 해이다.

관직은 영릉 참봉(英陵參奉), 내시교관, 내자시 주부, 인제 현감(麟蹄縣監), 종묘서 봉사·영, 돈녕부 도정을 역임하였고, 이조 참판에 추증된 것은 양자인 관찰사 만견(晩堅)이 귀하게 되었기 때문이다. 용인(龍仁) 천동(泉洞)의 만회공 무덤 아래에 안장하였다.

부친 만회공의 휘는 유겸(有謙)이고 참의를 지냈으며 영의정에 추증되었다. 모친 파평 윤씨(坡平尹氏)는 처사 홍유(弘裕)의 딸이다.

원배(元配) 김 부인(金夫人)은 참의 상(尙)의 딸이다. 후부인(後夫人) 이씨(李氏)는 국성(國姓) 영언(英彦)의 딸로 행실이 곧고 얌전하여 부덕(婦德)이 있었다. 공보다 20년 뒤에 85세의 나이로 세상을 떠나 공의 무덤에 합장하였다. 김 부인은 고양(高陽) 향동(香洞)에 안장하였다.

공은 딸 다섯을 두었다. 한성귀(韓聖龜), 사예 최숭제(崔嵩齊), 목사 임세량(林世良), 감역 김윤호(金胤豪), 현감 유응운(柳應運)에게 각각 출가하였는데, 이 부인 소생이다. 만견은 공의 중제(仲弟) 의정공 휘 숙(翻)의 막내아들로, 감사 윤가적(尹嘉績)의 딸에게 장가들어 수(綬)와 유(維) 두 아들을 두었고, 딸은 윤급(尹汲)에게 출가하였다. 사위 한성귀의 아들은 봉사 배후(配厚), 배명(配明), 배구(配久), 배연(配淵)이고, 딸 둘은 이사광(李思光)과 이정진(李靜鎭)에게 출가하였다. 사위 임세량의 아들은 별검 상태(象台), 상규(象奎), 신사 상익(象翼), 상두(象斗)이다. 사위 김윤호의 아들 여(礪)는 문과에 급제하였고 딸은 참봉 이현상(李顯相)에게 출가하였다. 사위 유응운의 양자는 담(紞)이고 딸은 이명일(李明益)에게 출가하였다.

내가 어린 시절에 다행히도 공을 보았는데, 지금 관찰공의 명으로 그 중요한 사적과 행실을 대략 기술한다. 본관과 선대의 미덕은 만회공의 비각에 실려 있으니 다시 상세하게 설명하지 않는다.

종조모 증 정부인 상산 김씨 묘표[17]

從祖母贈貞夫人商山金氏墓表

돈녕부 도정 이공(李公) 휘 핵(翮)의 원배 김씨(金氏)는 상산(商山) 사람이다. 부친 상(尙)은 관찰사를 지냈고, 조부 덕겸(德謙)은 참의를 지냈고 호가 청륙(靑陸)이다. 모친 나주 박씨(羅州朴氏)는 좌랑 원(垣)의 딸이다. 우리 이씨의 계보는 우봉(牛峰)에서 나왔다. 좌찬성에 추증된 휘 할(劼)과 참의를 지내고 영의정에 추증된 휘 유겸(有謙)이 도정공의 조부와 부친이다.

부인은 17세에 이씨 집안으로 시집와 지극한 효성으로 시부모를 섬겼다. 병자년(1636, 인조14) 호란(胡亂) 때 의정공이 가솔을 이끌고 강화도에 들어갔는데 그 이듬해에 강화성이 함락되어 길상산(吉祥山) 아래에서 오랑캐를 만났다. 시어머니 윤 부인(尹夫人)이 뜨거운 불길 속으로 몸을 던지자 오랑캐가 화살을 쏘았는데, 도정공이 자신의 몸으로 모친을 감싸 화살을 맞고 거의 죽다가 살아났다. 부인도 스스로 불속에 뛰어들어 온몸이 불탔으나 즉사하지는 않았는데, 2월 12일에 마침내 세상을 떠났으니 향년 29세였다. 이해 3월에 의정공이 유해를 가지고 돌아와 고양(高陽) 향동(香洞)에 안장하였으니 선영을 따른 것이다. 일이 알려져 도정공과 부인은 효자 열녀의 집으로 정려되었다.

이전에 부인이 친정에 문안했을 적에 아침저녁으로 오랑캐의 경보

17 종조모……묘표 : 이 글은 이핵(李翮)의 부인 상산 김씨(商山金氏)의 묘표로, 1608년(광해군즉위년)에 태어나 1636년 2월 12일에 세상을 떠났다.

가 있자 여러 부녀자들이 모두 두려워 새파랗게 질렸다. 부인은 혼자 태연하게 웃으며 말하기를,

"난리를 만나면 떳떳하게 죽을 뿐이다."

하였는데, 마침내 그 말대로 하였다. 아! 이것은 평소 독서하여 도를 논하는 자들도 쉽지 않은 일이데 부인이 이렇게 하였으니 어찌 훌륭하지 않겠는가.

도정공이 다시 완산 이씨(完山李氏)에게 장가들었으나 또한 아들을 두지 못하여 중제(仲弟) 우의정 숙(翻)의 아들 만견(晩堅)을 양자로 삼았는데, 만견이 귀하게 되어 도정공은 이조 참판에 추증되고 부인도 규례대로 따라 증직되었다.

만견이 강원도 관찰사로 부임하여 비로소 묘 앞에 비석을 세우고 나에게 명하여 비석 뒤에 기록하게 하였다.

종조 판서 부군 묘표[18]

從祖判書府君墓表

아, 이곳은 우리 숙조(叔祖)이신 고(故) 이조 판서 농재(農齋) 이공(李公) 휘 익(翊), 자 계우(季羽)의 무덤이다. 이씨는 우봉(牛峰)에서 나왔다. 시조 공정(公靖)은 무략(武略)으로 고려에서 현달하였고, 본조의 관찰사 길배(吉培), 판서 승건(承健), 부제학 지신(之信)은 순량(循良)과 문학(文學)으로 이름이 났다. 만회(晩悔) 부군 휘 유겸(有謙)은 사계 선생(沙溪先生)을 스승을 섬겨 질박한 행실과 순수한 덕이 사림(士林)의 의표(儀表)가 되었으며 호조 참의로 관직을 마쳤다. 부인 파평 윤씨(坡平尹氏)는 처사 홍유(弘裕)의 딸이다. 아들 다섯을 두었는데 공이 그 막내이다.

공은 숭정(崇禎) 기사년(1629, 인조7)에 태어났다. 효종 임진년(1652, 효종3)에 진사시에 합격하고, 정유년(1657)에 문과 알성시(謁聖試)에 급제하였다. 당시 큰형 도정 핵(翮)과 지평에 추증된 둘째 형 흡(翕)은 뛰어난 효행으로 정려(旌閭)되었고, 셋째 형 상(翔)은 유일(遺逸)로 조정의 부름을 받았다. 우리 조부이신 의정 부군(이숙(李䎘))은 한림(翰林)이 되고 공은 시강원 설서가 되었으며, 후에 또 함께 옥당(玉堂)에 들어가 자주 짝지어 숙직하고 만회 부군도 여전히 무탈하였기에 온 세상 사람들이 부러워하고 칭송하였다. 차례로 청요직(清要職)에 올라 시강원 설서·사서·겸필선·겸보덕, 병조 좌랑·정랑,

18 종조……묘표 : 이 글은 이익(李翊, 1629~1690)의 묘표이다. 이익은 본관이 우봉(牛峰), 자가 계우(季羽)이다.

이조 정랑, 사헌부 지평 · 집의, 사간원 정언 · 헌납 · 사간, 홍문관 부수찬 · 수찬 · 부교리 · 교리 · 부응교 · 응교, 예빈시와 사복시의 정(正)을 역임하였다. 통정대부에 올라 승정원 동부승지에 발탁되고 차례대로 승진하여 좌승지에 이르렀다. 호조, 병조, 공조의 참의를 지냈고 여러 번 이조 참의가 되었으며, 대사간, 장례원 판결사, 첨지중추부사 겸 오위장을 지냈다. 외직으로는 봉양을 위해 통진 현감(通津縣監)에 제수되었는데 대간(臺諫)이 조정에 두기를 청하였다. 진주 목사(晉州牧使)로 나간 것은 흉당에게 쫓겨난 것인데, 이미 부임했는데도 오히려 부임하기 싫어 회피했다는 죄목을 씌워 곧바로 그 지역에 편배(編配)시켰다.

삼사(三司)에 있을 때에는 일에 따라 직임을 다하였다. 일찍이 상소를 올려 성상의 허물을 아뢰고 또 정승이 술에 취해 조정의 위의(威儀)를 잃은 정상을 아뢰니,[19] 성상께서 비답을 내려 "전상(殿上)의 한 마리 독수리[20]를 지금 다시 보는구나."라고 하였다. 효종께서 재주 있는 신하를 선발하여 여러 도를 염찰시킬 때 공은 호서 어사로 나갔는데, 미처 일을 끝마치기 전에 효종의 빈전(殯殿)에 복명하였다. 이후 영남과 관동 지방에 어사로 나갔다.

공은 중년에 김익렴(金益廉)의 일을 만나 스스로 인혐하였는데, 말

19 정승이……아뢰니 : 1659년(효종10) 윤3월 4일에 이익(李翊)이 소를 올려 예조판서 채유후(蔡裕後)가 산릉(山陵)을 봉심(奉審)하고 복명(復命)할 때 술에 취해 입궐하여 조정에서 넘어져 다치기까지 하였다고 비난하였다. 《孝宗實錄 10年 閏3月 4日》

20 한 마리 독수리 : 《한서(漢書)》 〈추양전(鄒陽傳)〉에 "사나운 새 수백 마리가 한 마리 독수리만 못하다.〔鷙鳥累百, 不如一鶚.〕"라고 한 데서 온 말로, 강직한 언관(言官)을 가리킨다.

로 서로 대질하는 것은 사대부가 부끄러워하는 바이므로 조정에서 편안하지 못하였다. 김익렴이 공론의 버림을 받고 성상도 공의 편을 들어주었으나 여전히 마음이 편치 못하여 원양 감사(原襄監司)로 나갔다가 기한이 만료되어 체차되었다.

기미년(1679, 숙종5) 의정 부군과 함께 우암(尤庵)의 당적(黨籍)에 연좌되어 각각 서쪽과 북쪽으로 유배되었다가 우레의 변고를 만나 특별히 사면되었다. 이듬해에 조정이 맑아지자 공은 다시 승지가 되었다. 얼마 뒤에 한성부 우윤에 발탁되고, 여러 부서의 참판, 대사헌, 부제학을 지냈다. 외직으로 나가 경상 감사가 되었다가 몇 달 만에 부인의 상을 당하여 특별히 체차되어 돌아왔다. 얼마 뒤에 형조 판서로 발탁되고 이조 판서로 옮겼다.

당시 노론과 소론이 분열되던 때를 당하여 청류(淸流)를 높이고 탁류(濁流)를 내치기를 힘쓰자 군소배들이 미워하였다. 윤세희(尹世喜) 등이 언관(言官)의 신분으로 터무니없이 공을 무고하여 파직을 청하자, 성상께서 진노하여 그들의 말을 통렬히 배척하고 사판(仕版)에서 삭제하기를 명하였고, 좌의정 민정중(閔鼎重) 공 또한 공의 억울함을 변론하였다. 그러나 공은 스스로 몹시 편치 못하여 이후로는 교외 집에 머물며 성상께서 누차 별유(別諭)를 내려 간곡히 불러도 나아가지 않았다. 강화 유수(江華留守)와 경기 감사(京畿監司)에 제수되었을 때는 외직이라 감히 사양하지 못했다. 한성부 판윤, 의정부 참찬, 예조와 병조의 판서, 지충추부사를 거쳐 다시 이조 판서에 제수되었으나 굳게 사양하여 면직되었다.

기사년(1689, 숙종15) 국장도감(國葬都監)의 공로로 정헌대부에 오르고, 광주 유수(廣州留守)로 나가 수어사를 겸하였다. 얼마 뒤에 시국이 크게 변하여 공은 가장 먼저 장흥(長興)에 유배되었다. 당시 도정공과 의정 부군은 이미 세상을 떠났고, 도헌공(都憲公 이상(李翔))은 혹독한 화에 걸려 옥사하였다. 공은 우울하고 답답한 심정이 병으로 발전하여 경오년(1690) 9월 25일 적소(謫所)에서 세상을 떠났으니 향년 62세였다. 4년 후 갑술년(1694) 정국이 바뀌자 공의 관작을 회복시키고 제사를 내렸다. 이후 경신년(1680, 숙종6) 국옥(鞫獄)[21]의 공로를 추록(追錄)하여 좌찬성에 추증되었다.

공은 세 번 장가들었다. 나주 박씨(羅州朴氏)는 부사 정(渟)의 딸이고, 완산 이씨(完山李氏)는 감역 우량(宇梁)의 딸이고, 청송 심씨(靑松沈氏)는 부사 지엄(之淹)의 딸이다. 모두 아들이 없어 측실 소생 만달(晩達)이 제사를 모시고 있다. 만달의 아들 관(綰)은 진사시에 합격하고 봉사를 지냈다.

공은 처음에 수원(水原)에 안장하였다가 정축년(1697)에 용인(龍仁) 장항(麞項) 유좌(酉坐)의 언덕에 이장하였다. 두 부인은 합장하였고 원배(元配)는 별도로 천곡(泉谷) 선영에 안장하였다. 심 부인(沈夫人)은 공이 죽은 뒤로 하늘에 맹세하여 곡기를 끊고 냉수만 마시다가 3년 만에 세상을 떠났으니, 아! 열녀이다.

아! 공은 문학과 재능으로 당세에 현달하였으나 바른 도가 없어진 시대를 만나 군소배들의 미움을 받아 끝내 유배되어 죽고 말았으니 슬퍼하지 않는 사류(士類)가 없다. 그러나 공의 한 몸은 세도(世道)와 그 굴신(屈伸)을 함께하였고 대현(大賢)과 그 영욕을 함께 하였으니, 공이 또한 무엇을 한탄하겠는가.

21 경신년 국옥(鞫獄) : 1680년(숙종6)에 일어난 경신옥사(庚申獄事)를 말한다.

공은 용모가 소탈하고 세속의 기운이 없었기에 만나는 자들이 재상인 줄 알지 못했다. 남과 이야기할 때면 명백하고 절실하여 물 흐르듯 막힘없는 논리가 들을 만하였다. 문장을 지을 때면 붓을 잡자마자 즉시 써내려갔는데 말의 조리가 통창하였다. 당시 홍문관에 우수한 인재가 가득했지만 소장이나 차자는 대부분 공의 손에서 나왔다. 필법도 굳세고 아름다워 정취가 있었다.

나는 어린 시절에 공이 퇴근하여 《소학》을 읽는 모습을 보았다. 이후 어사로 나가 양덕현(陽德縣)을 지날 적에 늙은 관리가 그때까지도 공의 유배 시절의 일을 말하는 것을 들었는데 그의 말도 그러하였다. 또 들으니, 공은 만년에 관직에서 물러나 한가로이 지낼 적에 《심경(心經)》을 끼고서 우옹(尤翁)을 찾아가 질의하였다고 하니, 늙어서도 학문을 좋아함이 이러하였다. 아! 이런 분을 어찌 속된 사람과 함께 이야기할 수 있겠는가.

아직도 기억하건대, 공이 한가로이 처할 때면 늘 손가락을 두드리며 탄식하기를 "인생이 부귀한들 무엇하랴."라고 하며 후사가 없음을 스스로 서글퍼하였다. 공이 유배지에 있을 때 나는 열 살이었는데, 편지로 안부를 여쭙자 손수 답장을 써서 가문의 책임을 권면하였다. 그 말뜻이 강렬하고 간절하여 지금도 가슴에 품고서 잊지 못한다.

지금 나는 늙어서 죽을 날이 얼마 남지 않았다. 공의 평생의 조행(操行)과 공업(功業)이 민몰되어 전해지지 않을까 두려워 공의 이력을 모두 서술하고 또 그 뜻과 사적 가운데 중요한 것을 모아 기록하여 관(綰)의 아들 제인(濟仁)에게 주어 비석에 새기게 한다.

황고비 천표[22]

皇考妣阡表

용인(龍仁) 치소(治所) 동쪽 한천동(寒泉洞)은 우봉 이씨(牛峰李氏)의 세장지(世葬地)이다. 우리 부친 성균진사 부군은 31세에 세상을 떠나 이곳에 안장되었고, 45년 뒤에 모친 여흥 민씨(驪興閔氏)가 합장되었다. 그 왼쪽 언덕에는 증조부 호조 참의 만회당(晩悔堂) 부군과 조부 의정부 우의정 부군이 차례로 자리하고 있다.

나는 불행하게도 5세에 부친을 잃고 모친의 양육과 가르침으로 성년이 되었고, 모친이 세상을 떠난 뒤로는 또 남은 보살핌을 입어 지금까지 이르렀다. 지금은 늙고 병들어 죽을 날이 얼마 남지 않았고 부군이 세상을 떠난 갑자년(1684, 숙종10)이 또 돌아왔으니, 이제야 감히 눈물을 흘리며 무덤에 묘표를 세운다.

부군의 휘는 만창(晩昌)이고 자는 사하(士夏)이다. 의정 부군이 부안(扶安)에 우거할 때에 부군이 태어나, 갑자년 7월 17일 광주(廣州) 관사에서 세상을 떠났으니, 또한 의정 부군이 광주 유수(廣州留守)로 있을 때였다. 진사시에 합격한 것은 숙종 원년 을묘년(1675)이다.

나는 어린 나이에 고아가 되어 부군의 용모조차 기억하지 못하니 그 나머지야 말해 무엇하겠는가. 조금 장성했을 때 모친께서 내게 구공(歐公)의 〈상강천표(瀧崗阡表)〉[23]를 읽게 하고선 듣다가 '네가 반드시

22 황고비 천표 : 이 글은 이만창(李晩昌, 1654~1684)의 천표이다. 이만창은 본관이 우봉(牛峰), 자가 사하(士夏)이다.

성취하리란 것은 알 수 없지만, 네 아버지에게 반드시 훌륭한 후손이 있으리란 것은 알고 있다.'라는 대목에 이르러 탄식하기를,

"어쩌면 이리도 내 심정과 비슷한 말인가."

하였다. 이어 눈물을 흘리며 말씀하기를,

"구공의 아버지가 비록 널리 백성을 이롭게 하지는 못했으나 그래도 미관말직에서 자신의 재주를 시험했는데, 네 아버지는 그렇게도 하지 못했다. 그러나 나는 네 아버지에 대하여 한두 가지를 알고 있다. 시아버지 의정 부군께서는 항상 네 아버지를 언급할 때면 반드시 '우리 효자'라고 하셨다. 시아버지가 또 일찍이 어린아이들을 가르칠 적에 '한창 자라는 초목을 꺾거나 곤충 하나라도 죽이는 것은 인(仁)이 아니다. 어렸을 때부터 이런 일을 한번도 하지 않은 자는 나와 아무개의 아비뿐이다.'라고 하셨다.

네 아버지는 유모가 자신의 아이를 떼어놓고서 눈물을 거두고 네게 젖먹이는 것을 보고는 종일토록 슬퍼하며 '내 아이를 먹이고 남의 아이를 굶기는 것이 차마 할 일인가.'라고 하셨다. 아! 〈상강천표〉에 '가정에서의 행실에 가식이 없고 하는 바가 이러하니, 이는 참으로 마음에서 나온 것이요, 그 마음은 인(仁)에 두터울 것이다.'라고 하였으니, 이는 바로 네 아버지를 위한 말이다."

하였다. 나는 눈물을 흘리며 이 말씀을 기억하고 잊을 수 없다.

내가 또 중부(仲父) 총재공(冢宰公 이만성(李晩成))을 통해 들으니, 부군은 사람됨이 중후하고 겸손하였으며 언론(言論)이 엄정하고 식견

23 구공(歐公)의 상강천표(瀧崗阡表) : 구양수(歐陽修)가 자신의 아버지 무덤에 세운 묘표이다. 구양수는 네 살에 아버지를 여의고 60년 뒤에 직접 부친의 묘표를 지었다.

과 도량이 남들보다 뛰어났다. 글을 읽을 때면 열 줄을 한번에 읽어 내려갔으며, 많은 서적을 두루 읽었으나 주자(朱子)의 《자치통감강목(資治通鑑綱目)》에 가장 익숙하였고 문장은 변려문(騈儷文)에 뛰어났다. 평소 기호와 욕심이 적고 오직 술을 즐겼으며 가슴이 너그럽고 넓어 남들과 격의없이 지냈다고 한다.

모친은 여양부원군(驪陽府院君) 문정공(文貞公) 휘 유중(維重)의 딸이다. 모친의 외조부 동춘(同春) 송 선생(宋先生)이 시를 지어, "부모가 일찍 가르치니 너의 성품 총명해서라네.〔父母教訓早, 聰明爾性然〕"라고 하고, 이어 "신축년(1661, 현종2)에 손녀 항(恒)에게 써서 주다."라고 하였다. 항은 모친의 휘(諱)이다.

재(縡)가 모친에게 들으니, 모친이 8,9세 쯤에 문정공이 가솔을 모두 데리고 광주(廣州) 사촌(沙村)으로 나갔는데 당시 의정 부군이 한강 나루에서 송별하였다. 문정공이 배 안에서 모친을 불러 나와 절하게 하면서 "네 시아버지 되실 분이다."라고 하였다. 경술년(1670, 현종11)에 문정공이 평안도 관찰사로 나갔을 적에 의정 부군이 가서 가관(假館)[24]하여 친영(親迎)의 예를 행하게 하였다.

모친은 엄숙하고 현명하면서도 온화하고 자애로운 분이었다. 군자의 배필이 되어 예에 어긋남이 없었고, 시부모를 섬김에는 정성과 공경을 다하였고, 어머니로서 자애롭고 법도가 있었으니, 부녀자의 도가

24 가관(假館) : 주희(朱熹)의 《가례(家禮)》에 나오는 혼례 의식이다. 본래 친영(親迎)은 신랑이 처가에서 신부를 맞이하여 본가에 가서 예를 행하는 것이지만, 양가가 멀리 떨어져 있는 경우에는 처가 가까운 곳에 집을 빌린 다음 신랑이 처가에서 신부를 맞이하여 그곳에서 예를 행한다. 《家禮 婚禮 親迎》

갖추어졌다. 비록 글을 읽지 않았어도 의리를 환하게 알아 말씀마다 모두 법도에 맞았으니, 두 아우 충문공(忠文公) 진후(鎭厚)와 문충공(文忠公) 진원(鎭遠)이 모두 그 뛰어난 식견에 감복하였다. 그 상세한 사적과 행실이 묘지(墓誌)에 드러나 있는데 나의 출처(出處)와 세도(世道)의 소장(消長)에 관련된 것이 많다.

나는 두 차례나 높은 성적으로 과거에 급제하여[25] 호당(湖堂)에서 사가독서(賜暇讀書)하고 홍문관 대제학과 예문관 대제학이 되었다. 재주가 없고 무능함을 스스로 잘 아는데 이렇게 될 수 있었던 것은 오직 부군이 그 자신이 누리지 않고 후손에게 남겨주었기 때문이다. 대개 들으니 부군이 젊은 시절에 중형(仲兄)과 심회(心懷)를 이야기할 적에 부군의 말씀이 이러했다고 한다. 모친께서는 노년에 늘 분수를 넘는 것을 근심하여,

"네가 어려서 학문을 게을리 할 때엔 이름이 알려진 선비가 되기를 바라면서도 그렇게 되지 못할까 두려웠으니 이렇게 될 줄 어찌 생각이나 했겠는가."

하였다.

모친은 73세에 세상을 떠났으니 무신년(1728, 영조4) 9월 19일이다. 숙종 기해년(1719, 숙종45)에 나로 인해 추은(推恩)되어 부군은 이조참판에 추증되고 모친도 정부인(貞夫人)의 고신(誥身)을 받았다. 내가 또 일찍이 정경(正卿)의 직임에 있었기에 규례상 더 추증되어야 했지만 사직하여 면직되었기 때문에 감히 청하지 못했다. 15년 뒤에 비로소

25 나는……급제하여 : 저자는 1702년(숙종28)에 알성 문과에 병과로 급제하였고, 1707년에 문과 중시(重試)에 을과로 급제하였다.

자헌대부 이조판서 겸 지의금부사 오위도총부도총관에 추증되었으니 실로 지금 성상 기미년(1739, 영조15)이다.

나는 두 번 장가들었다. 해주 오씨(海州吳氏)는 충정공(忠貞公) 두인(斗寅)의 딸이고, 남양 홍씨(南陽洪氏)는 첨정 우현(禹賢)의 딸이다. 홍씨는 1남1녀를 두었다. 아들 제원(濟遠)은 문과에 급제하고 홍문관 교리를 지냈으며, 사위는 참봉 유언흠(兪彥欽)이다. 제원의 아들은 목(木)과 화(禾)이고 나머지 아들과 딸은 모두 어리다.

계부 관찰사 부군 묘표[26]

季父觀察使府君墓表

이만견(李晩堅) 공은 자가 사동(士冬)이다. 처음에는 광주(廣州) 구천(龜川)에 있는 8대조 관찰사 길배(吉培)의 무덤 남쪽에 안장하였다가[27] 12년 뒤 무신년(1728, 영조4) 죽주(竹州) 구봉산(九峰山) 아래로 이장하고 부인 칠원 윤씨(漆原尹氏)를 합장하였다. 형의 아들 재(縡)가 다음과 같이 묘표를 쓴다.

우리 이씨(李氏)는 우봉(牛峰)에서 나왔다. 고려에서 시중을 지낸 공정(公靖)부터 관찰사 길배(吉培)까지가 7대이다. 그 이후 6대 후손이 참의 휘 유겸(有謙)이고, 그 장남 돈녕부 도정 휘 핵(翮)은 효로 정려(旌閭)되었다. 도정의 중형(仲兄)은 우의정 휘 숙(翿)이고, 우의정의 부인 나주 박씨(羅州朴氏)는 첨지중추부사 호(濠)의 딸이다. 이분들이 공을 낳았는데 도정공이 데려다 후사로 삼았다.

공은 어려서 병치레가 많았으나 장성해서는 발분하여 학업에 힘썼다. 숙종 무인년(1698, 숙종24) 반제(泮製)[28]에서 1등하여 이듬해 전

26 계부……묘표 : 이 글은 이만견(李晩堅, 1666~1717)의 묘표이다. 이만견은 본관이 우봉(牛峰), 자가 사동(士冬)이다.

27 처음에는……안장하였다가 : 본서 제46권 〈계부 관찰사 부군 묘지〔季父觀察使府君墓誌〕〉에 따르면, 이길배의 무덤이 광주(廣州) 구천(龜川)에 있었는데, 백 년간 무덤을 찾지 못하였다가 이만견이 광주 부윤(廣州府尹)으로 있을 적에 수소문하여 체직되어 돌아온 뒤에 마침내 찾았다고 한다. 이만견이 기이한 꿈을 꾸고서 항상 "내가 죽으면 반드시 이곳에 묻으라."고 하여 마침내 구천에 장사지냈다.

시(殿試)에 응시하였다. 계사년(1713)에 통정대부에 올랐다. 시강원 설서·겸사서·문학·보덕, 예조·병조·이조의 낭관, 사간원 정언·헌납·사간·대사간, 사헌부 집의, 홍문관 수찬·교리·응교, 의정부 사인, 군자감 정, 승정원 승지, 호조 참의, 장례원 판결사를 역임하였고, 외직으로는 과천 현감(果川縣監), 광주 부윤(廣州府尹), 강원도 관찰사를 지냈다. 숭정(崇禎) 병오년(1666, 현종7) 11월 을유에 태어나 정유년(1717, 숙종43) 6월 14일에 세상을 떠났다.

공의 배위 윤 부인(尹夫人)은 감사 가적(嘉績)의 딸로 유순하여 부덕(婦德)이 있었으며 공이 죽은 지 8년 뒤에 58세의 나이로 세상을 떠났다. 아들 수(綏)는 현감을 지냈고, 유(維)는 문학과 행실이 있었으나 일찍 죽었다. 딸은 대사성 윤급(尹汲), 진사 원경후(元景厚), 홍재(洪梓), 유각(柳慤)에게 출가하였다.

공은 명민하고 정밀하였으며 만년에는 더욱 온화하였다. 양가(養家) 대부인의 나이가 팔십이었는데 힘써 그 뜻에 맞추어 공경히 받들었고, 과부가 된 누이에게 살 곳을 마련해주고 아버지를 잃은 생질을 길러주어 그들을 모두 더없이 기쁘게 하였다. 남과 교류할 적에는 진실하여 꾸밈이 없었다. 역사를 담론하기 좋아하였으며 주자의 《자치통감강목(資治通鑑綱目)》에 매우 해박하였다. 의론(議論)이 엄정하여 삼사(三司)에 있을 때에는 성상의 덕을 바로잡고 사림(士林)을 부지하는 것을 한결같이 중시하였다. 관직 생활은 깨끗하고 신중하였으며 부임하는 곳마다 관리와 백성의 마음을 얻었다. 벼슬에 나아간 때가 적고 물러난 때가 많으며 낮은 관직에서 전전한 것은 공이 겸손하여 자처하

28 반제(泮製) : 반궁 제술(泮宮製述)로, 성균관 유생들에게 시행한 제술 시험이다.

지 않은 탓에 세상에서 공을 제대로 알지 못하고 정사의 재주에 대해서만 알았기 때문이다. 8대조 관찰공의 무덤이 어디 있는지 오랫동안 알지 못했는데 공이 그만두지 않고 정성껏 수소문하여 마침내 찾았으니, 선조를 받드는데 독실함이 이러하였다.

소자가 이 묘표를 지음에 있어 감히 털끝만큼도 과장됨이 없는 것은 공의 겸손한 덕을 손상시킬까 염려해서이며 또 응당 신도비가 있어야 하기 때문이다.

종제 대심 묘표[29]

從弟大心墓表

아! 이곳은 나의 아우인 유(維), 자 대심(大心), 호 지암(知菴)이 묻힌 곳이다. 군은 나의 계부(季父) 관찰사공 휘 만견(晩堅)의 둘째 아들인데 관찰공이 우리 조부이신 의정공(이숙(李翻))의 명으로 도정공(이핵(李翮))의 후사가 되었으니, 군과 나는 실로 똑같은 의정공의 손자이다. 군은 숙종 갑신년(1704, 숙종30) 4월 16일에 태어나 지금 성상 무오년(1738, 영조14) 5월 1일에 세상을 떠났다. 도정공의 무덤 오른쪽 기슭 신좌(辛坐)의 언덕에 안장하였다.

군의 배위 유인(孺人) 안동 김씨(安東金氏)는 군수 시발(時發)의 딸로, 선원 선생(仙源先生 김상용(金尙容))이 그 5대조이다. 제영(緹縈)의 행실이 있어[30] 군이 매우 옳게 여겼으며, 군과 합장하였다. 아들은 없고 외동딸은 사인(士人) 홍락춘(洪樂春)에게 출가하였다. 후취(後娶) 남양 홍씨(南陽洪氏)는 주부 정도(正度)의 딸로, 이조 판서 처량

29 종제 대심 묘표 : 이 글은 이유(李維, 1704~1738)의 묘표이다. 이유는 본관이 우봉(牛峰), 자가 대심(大心), 호가 지암(知菴)이다.

30 제영(緹縈)의 행실이 있어 : 제영은 한(漢)나라 문제(文帝) 때의 효녀이다. 아버지 순우의(淳于意)가 태창장(太倉長)으로 근무하다가 죄를 지어 육형(肉刑)을 당하게 되자, 딸인 제영이 자신이 관비〔定婢〕가 됨으로써 아버지의 형벌을 대신하고자 하였으므로, 문제가 그 마음을 가상히 여겨 순우의의 육형을 사면하였다. 《史記 卷10 孝文本紀》 본서 제46권 〈종제의 부인 유인 안동 김씨 묘지〔從弟婦孺人安東金氏墓誌〕〉에 따르면, 안동 김씨(安東金氏)는 부친 이시발(李時發)을 4년간 옥바라지하면서 도보로 대궐에 걸어가 글을 올려 대신 죽기를 청했다고 한다.

(處亮)의 증손녀이다.

군은 기개가 크고 재주는 소략하였으며 교유를 신중히 하고 의론을 좋아하였다. 선악(善惡)과 사정(邪正)의 구분에 가장 엄격하였으나 항상 급장유(汲長孺)[31]의 풍도가 있어 자신과 가까운 자는 지나치게 인정하고 자신에게 붙지 않는 자는 몹시 미워하였기에 사람들이 대부분 두려워하고 꺼렸다.

군은 어려서부터 내게 배워 성인(聖人)을 믿듯이 나를 독실하게 믿었다. 조금이라도 나를 비난하는 말이 남의 입에서 나와 자신의 귀에 들어오면 반드시 큰 악인처럼 미워하였으니 사람들이 군을 자로(子路)에 비겼다. 사방에서 공부하러 온 선비들을 위해 군이 중간에서 잘 주선해 주었기에 한 사람도 기뻐하지 않는 이가 없었으며, 스승과 제자의 예를 엄격하게 지켜 우리의 도를 더욱 높게 하였다. 일찍이 작은 집에 '대비(大庇)'라는 편액을 걸고서 함께 천하를 구제할 뜻을 두었는데 끝내 하나도 시행하지 못하였다.

군은 성품이 산수(山水)를 좋아하였다. 나를 위해 도모하여 학천(鶴泉) 땅 한 구역을 얻어 즐거워하며 돌아가기를 잊었다. 죽음을 앞두고도 다른 말은 없이 오직 "학천은 그곳에서 죽을 만한 가치가 있으니 내가 죽었다고 해서 버리지 마십시오."라고 하였다.

문장이 통창하고 수식을 일삼지 않았으며 흥이 나면 뜻에 따라 쏟아내었으나 또한 스스로 귀중하게 여기지 않았다. 마을 사람들 중에 찾아

31 급장유(汲長孺) : 한 무제(漢武帝) 때의 강직한 신하인 급암(汲黯)으로, 장유는 그 자(字)이다. 황제의 잘못을 면전에서 사정없이 공박하였으므로 한 무제가 그를 꺼리면서도 옛날의 사직지신(社稷之臣)에 가깝다고 인정하였다. 《史記 卷120 汲黯列傳》

와 배우는 자들이 많았는데 군이 죽자 모두 슬피 곡하였다.

나는 군과 함께 출입하고 거처하며 잠시도 떨어질 수 없을 듯이 생활하였는데 군이 나를 버리고 떠난 것이 이미 9년이 되었다. 지금 고향으로 돌아와 유생 반종술(潘宗述)에게 부탁하기를,

"내가 19년 동안 무덤 아래에 살면서 오직 이 한 가지 일을 끝내지 못했으니 그대가 나를 위해 이루어주겠는가?"

하였다. 반종술 또한 의로운 사람으로 평소에 군의 풍도를 듣고서 깊이 사모하였으니 반드시 내가 살아 있을 때처럼 마음을 다해서 비석에 새겨 줄 것이다.

외조모 풍창부부인 조씨 묘표[32]

外祖母豐昌府夫人趙氏墓表

숙종 7년 신유년(1681) 인현왕후(仁顯王后)가 중전의 지위에 오르니, 우리 외조부 민 문정공(閔文貞公) 휘 유중(維重)은 겸 병조 판서(兼兵曹判書)에서 여양부원군(驪陽府院君)에 봉해졌다. 문정공은 세 번 장가들었는데, 해풍부부인(海豐府夫人) 이씨(李氏)와 은성부부인(恩城府夫人) 송씨(宋氏)는 규례대로 따라 추증되었고, 정경부인 조씨(趙氏)에게도 풍창부부인(豐昌府夫人)의 봉호가 내려졌다. 7년이 지난 정묘년(1687, 숙종13) 문정공이 세상을 떠났다. 기사년(1689)의 변란 때 봉호와 고신을 모두 환수하였다가 갑술년(1694)에 도로 돌려주었다.

조 부인(趙夫人)은 60여 년간 존영(尊榮)을 누려 국가의 길흉대사(吉凶大事)에 왕왕 명을 받들고 대내(大內)에 들어갔다. 문정공의 두 아들 충문공(忠文公) 진후(鎭厚)와 좌의정 진원(鎭遠)은 당세의 명신으로, 부인을 섬김에 있어 정성과 봉양을 극진히 하였다. 부인이 항상 충문공을 칭찬하기를,

"옛날의 이른바 효자가 이 아이에 비하면 어떨지 모르겠다."

하였다. 충문공이 세상을 떠나자 부인은 항상 의정공을 따라 살았으니, 원주(原州)로 귀양 갈 때나 여주(驪州)에서 광주(廣州)로, 광주에

32 외조모……묘표 : 이 글은 민유중(閔維重)의 부인 풍양 조씨(豐壤趙氏)의 묘표로, 1659년(효종10)에 태어나 1741년(영조17) 3월 22일에 세상을 떠났다.

서 서울로 갈 때 매번 모시고 갔다.

의정공이 또 세상을 떠나자 부인은 스스로 남은 날이 얼마 없다고 생각하여 돌아가 문정공의 무덤을 지키고자 하였다. 성상께서 이를 듣고 가엾게 여겨 손자들에게 손수 쓰신 글을 내려 떠나는 것을 만류시키게 하였다. 자주 액례(掖隷)를 보내어 기거를 묻고 병이 들면 끊임없이 의원을 보내 병세를 살폈으며 매년 세초에는 은혜로이 보살피는 물품을 넉넉히 보냈다. 올해는 봉작된 지 60주년 되는 때라, 경연에서 누차 은혜로운 말씀이 있었다.

부인이 우연히 작은 병에 걸려 3월 22일에 하사받은 안국방(安國坊) 집에서 생을 마쳤으니 춘추 83세였다. 성상께서 슬퍼하며 의식대로 조문(弔問)하고 치제(致祭)하였고 중사(中使)를 보내어 장례를 돕게 하였으며 경종께서 매월 내렸던 월름(月廩)[33]을 3년 동안 지급하게 하였으니, 은졸(隱卒)[34]의 은전이 아, 지극하도다!

풍양 조씨(豐壤趙氏)는 고려 시중 맹(孟)에서 비롯되었다. 증조 휘 방량(邦亮)은 참봉을 지내고 승지에 추증되었고, 조부 휘 인형(仁亨)은 정랑을 지냈으며, 부친 휘 귀중(貴中)은 성균 생원이다. 모친 청주 한씨(淸州韓氏)는 장령 진(縝)의 딸로, 뛰어난 행실로 정려(旌閭)되었다.

33 경종께서……월름(月廩) : 최석항(崔錫恒)이 "여양부원군(驪陽府院君) 부인이 이전에는 두 아들의 관질이 높고 봉록이 많아 조정에서 물품을 내리지 않아도 충분히 살 수 있었지만, 지금 장남 진후는 죽었고 차남 진원은 배소(配所)에 있습니다. 듣자니 부부인의 생활이 어려워 조석거리가 부족하다고 하니, 월름을 지급하는 것이 마땅할 듯합니다."라고 아뢰어 경종이 허락하였다. 《承政院日記 景宗 3年 2月 5日》

34 은졸(隱卒) : 임금이 죽은 신하에게 애도의 뜻을 표하는 일을 이른다.

부인은 효종 기해년(1659, 효종10) 2월에 태어났다. 병진년(1676, 숙종2)에 18세의 나이로 문정공에게 출가하였는데, 문정공은 당시 이미 높은 지위에 있었다. 관찰사를 지내고 영의정에 추증된 광훈(光勳), 부윤을 지내고 영의정에 추증된 기(機), 장흥고 영을 지내고 이조 판서에 추증된 휘 여건(汝健)이 문정공의 3대이고, 그 외조부는 연원부원군(延原府院君) 이공(李公) 휘 광정(光庭)이다.

부인은 단정하고 조용하여 어렸을 때부터 '여자 중의 군자'라는 칭찬이 있었다. 정신과 기운이 안정되어 창졸지간에도 말소리와 얼굴빛이 갑작스럽지 않았으며, 항상 엄숙하여 말과 웃음이 적었으나 노년에는 온화하고 완곡하게 바뀌었다. 병들었을 때에도 반드시 옷과 이불을 단정히 정리하였으며 비록 곁에 어린 손자가 있을지라도 몸을 드러내지 못하게 하였다. 의복과 기용이 간소하여 가난한 선비의 집과 다름없이 생활하였다. 80세의 나이에도 손수 바느질하면서,

"사람은 한가로이 앉아 날을 보내면 안 된다."

하였다. 일은 독단적으로 처리하지 않고 반드시 물은 뒤에 행하였다. 여러 아들이 내외의 관직을 차례로 거쳤지만 일찍이 털끝만큼도 사사로이 관여하지 않았다. 누차 대궐을 출입했으나 친숙하게 지내는 궁인이 한 사람도 없었으며 절대 궐내의 일을 남에게 발설하지 않았다. 부인의 덕이 이루 다 쓸 수 없을 정도로 많지만 근면하고 검소하며 치밀했던 것이 부인의 가장 큰 덕목이다. 또 본성이 겸손하여 평생 입으로 자신의 장점을 말하지 않았기에 집안사람이나 자손조차도 다 알 수 없었다.

부인은 1남2녀를 두었다. 아들 진영(鎭永)은 정랑을 지냈고, 딸은 진사 이장휘(李長輝)와 참봉 홍우조(洪禹肇)에게 출가하였다. 정랑의

아들은 직장을 지낸 낙수(樂洙)와 각수(覺洙)이다. 사위 이장휘의 아들은 윤(潤)과 황(潢)이고, 사위 홍우조의 아들은 계승(啓承)과 계능(啓能)이다.

은성부부인(恩城府夫人)이 실로 인현왕후를 낳았는데 돌아가신 우리 모친과 충문공과 의정공이 모두 그 소생이다. 충문공의 아들은 장령 익수(翼洙)이다.

5월 21일에 용인현(龍仁縣) 동쪽 수원동(壽院洞)에 1등(等)의 예법으로 장사지냈다. 장사지낸 뒤에 즉시 무덤 앞에 비석을 세우고 묘표를 지어 비석 뒤에 새기니 또한 성상의 은혜로운 돌보심 덕분이다. 문정공의 묘는 여주(驪州) 섬락리(蟾樂里)에 있는데 두 부인을 합장하였다. 숙종께서 일찍이 비석 전면에 큰 글씨를 써서 표식하였다고 한다.

묘지 墓誌

포은 정 선생 묘지[35]

圃隱鄭先生墓誌

포은 선생(圃隱先生)이 돌아가시고 2백여 년이 지난 뒤에 우암(尤菴) 문정공(文正公) 송시열(宋時烈)이 신도비문을 지어 무덤 앞에 세웠다.[36] 그 후 70년 뒤에 후학 삼주(三州) 이재(李縡)가 또 감히 묘지(墓誌)를 짓는다. 묘지는 다음과 같다.

아! 하늘이 우리 동방을 보살펴주신 지 오래이니, 은(殷)나라 태사 기자(箕子)가 봉해진 이후로 우리의 도가 동쪽으로 왔다. 그러나 고려에 이르러 8백여 년간 중화와 오랑캐의 큰 분한(分限)에 어둡고 불교의 찌꺼기에 빠져서 오랑캐와 금수의 지경에 거의 이르고 말았다. 혼란이 극도에 이르면 응당 다스려지는 법인데 이에 앞서 길을 열어줌이 있다. 이에 우리 선생을 도타이 세상에 내어 우리나라 문명의 시운(時運)을

35 포은……묘지 : 이 글은 정몽주(鄭夢周, 1337~1392)의 묘지이다. 정몽주는 본관이 연일(延日), 자가 달가(達可)이다.

36 우암(尤菴)……세웠다 : 한국문집총간 113집에 수록된 《송자대전(宋子大全)》 권154에 〈포은 정 선생 신도비명(圃隱鄭先生神道碑銘)〉이 실려 있다.

열었으니, 하늘의 뜻이 어찌 우연이겠는가.

선생의 휘는 몽주(夢周)이다. 정씨(鄭氏)는 연일(延日)에서 나왔으니, 지주사(知奏事) 습명(襲明)의 후손이다. 조부 휘 유(裕)와 부친 휘 운관(云瓘)이 모두 높은 관직에 추증되었으니 선생이 귀하게 되었기 때문이다.

선생은 정축년(1337, 충숙왕6) 12월 무자일(戊子日)에 영천(永川) 우항리(愚巷里)에서 태어났다. 모친 이씨(李氏)가 특이한 꿈을 여러 번 꾸었는데, 출생함에 어깨 위에 북두칠성처럼 배열된 검은 점 7개가 있었다.

19세에 부친상을 당하였다. 당시 상기(喪紀)가 크게 무너졌는데 선생은 홀로 유속(流俗)과 다르게 행하였고 시묘살이하면서 슬픔을 다하였다.

정유년(1357, 공민왕6), 진사시에 제3명(第三名)으로 합격하였다.

경자년(1360), 삼장(三場)[37]에서 수석을 차지하여 문과에 장원급제하였다.

임인년(1362), 예문 검열에 제수되었다.

계묘년(1363), 낭장 겸 합문지후(郎將兼閤門祗候)가 되었다. 한방신(韓邦信)의 종사관으로 화주(和州 영흥(永興))에서 여진(女眞)을 정벌하였다.

갑진년(1364), 전쟁에서 승리하고 돌아와 수찬과 전농시승(典農寺丞)에 제수되었다.

을사년(1365), 모친상을 당하였다. 부친상 때와 다름없이 시묘살이

37 삼장(三場) : 초시(初試), 복시(覆試), 전시(殿試)를 말한다.

하였다. 이 일이 알려서 정려(旌閭)되었다.

정미년(1367), 예조정랑 겸 성균박사에 제수되었다. 전쟁 이후로 학교가 황폐했는데 이때에 새로 성균관을 지어 목은(牧隱) 이색(李穡) 공에게 대사성을 겸하게 하였다. 선생은 이숭인(李崇仁) 공, 김구용(金九容) 공, 박상충(朴尙衷) 공과 함께 관직(館職)을 맡았는데, 상사(庠舍)에 수용할 수 없을 정도로 학생들이 모여들었다. 강설(講說)할 때면 선생의 강설이 뛰어나 다른 사람의 생각을 초월하였으니 여러 유자(儒者)들이 미칠 수 없었다. 당시 동방에 들어왔던 경서(經書)로는 주자(朱子)의 《집주(集註)》뿐이었는데, 이후 운봉 호씨(雲峰胡氏)의 《사서통전(四書通典)》을 얻으니 선생이 논한 바와 정확히 일치하였다. 목은이 자주 칭찬하기를, "달가(達可)의 논리는 이렇게 말하나 저렇게 말하나 이치에 맞지 않음이 없다."라고 하였다. 달가는 선생의 자(字)이다.

무신년(1368), 명(明)나라가 개국하자 선생은 명나라로 귀부하기를 힘껏 청하였다.

임자년(1372), 성균관 사성으로 서장관이 되어 명나라에 조회하였다. 귀국길에 바다 가운데 허산(許山)에 이르렀을 때 태풍을 만나 상사(上使)는 익사하고 선생은 간신히 살아남아 13일 동안 말다래를 뜯어 먹으며 연명하였다. 황제가 이를 듣고는 배를 갖추어 돌려보내어 후하게 구휼하고 이어 조유(詔諭)하기를,

> "고려는 경사(京師)와 만여 리나 떨어져 있으니 예전처럼 3년에 1번 조빙(朝聘)하는 예를 따르고, 방물(方物)은 토산품을 보내는 정도로 그치라. 고려 자제들의 입학도 허락한다."

하였다. 이는 특별한 은혜이니, 실로 선생이 잘 전대(專對)한 덕분이

었다.

갑인년(1374), 경상도 안렴사에 제수되었다.

을묘년(1375, 우왕1), 예문 직제학에 제수되고 얼마 뒤에 대사성에 제수되었다. 이전에 김의(金義)가 제멋대로 명나라 사신을 죽였는데도 조정에서 문책하지 않고 딴마음을 품더니, 마침 원(元)나라 사신이 오자 권신(權臣) 이인임(李仁任) 등이 다시 원나라를 섬기고자 하였다. 선생이 개연한 심정으로 동지들과 함께 상소하여 원나라 사신을 맞이하지 말고 전적으로 명나라를 섬기라고 청하였다. 이로 인해 이인임에게 모함당하여 언양(彦陽)에 유배되었다가 2년이 지나 풀려났다.

정사년(1377), 왜구의 잇단 침략으로 바닷가 지역이 소란하였다. 먼저 사신을 보내 화친을 맺었으나 사신이 구금되는 지경에 이르자 선생이 마침내 명에 따라 빙문(聘問)하였다. 사람들은 모두 위태롭게 여겼으나 선생은 어떠한 기미도 드러내지 않았고, 도착해서는 고금 교린(交隣)의 이해(利害)를 극력 진술하였다. 이에 왜추(倭酋)가 경복(敬服)하고 후하게 대접하였으며 돌아올 때에는 포로들을 돌려보내고 세 섬에 더 이상의 침략을 금지시켰다.

기미년(1379), 전공(典工)·예의(禮儀)·전법(典法)의 판서, 진현관(進賢館)·예문관(藝文館)의 제학에 제수되었다.

경신년(1380), 판도 판서(版圖判書), 밀직(密直)·보문각(寶文閣)의 제학에 제수되었다.

신유년(1381), 첨서밀직사사(僉書密直司事)에 제수되었다.

갑자년(1384), 정당문학(政堂文學)에 제수되었다. 당시 국가에 흔단(釁端)이 많아 명나라에서 우리나라에 군사를 출동하여 세공(歲貢)을 늘려 정하고자 하였고, 5년간 약속대로 공물을 바치지 않았다는 이유로 사신을 매질하고 유배하였다. 이때에 절사(節使)를 보내야 하는데 사람들이 모두 가기를 꺼려 회피하는 바람에 최후로 선생에게 사신의 임무가 맡겨졌다. 선생이 명을 듣고는 집에서 묵지 않고 바로 출발하여 갑절로 길을 달려 절일(節日)에 맞추어 표문(表文)을 올리니, 황제가 칭찬하고서 예우하여 돌려보냈다.

병인년(1386), 다시 명나라 경사(京師)에 가서 관복의 제도를 청하였다. 이듬해에 돌아와 비로소 백관의 관복을 의논하여 정하고 오랑캐의 제도를 모두 혁파하였다.

무진년(1388), 삼사좌사(三司左使), 문하찬성사(門下贊成事)에 제수되었다. 사전(私田)을 혁파하여 백성의 폐단을 제거하기를 아뢰었다.

기사년(1389), 예문관 대제학에 제수되었다.

경오년(1390, 공양왕2), 문하 시중(門下侍中)으로 승진하고 익양군 충의백(益陽郡忠義伯)에 봉해졌다. 왕이 승려 찬영(粲英)을 맞이하여 왕사(王師)로 삼으려 하자 선생이 경연에서 진언하기를,

"유자(儒者)의 학문은 모두 일상생활 속의 일이요, 음식이나 남녀 관계는 모든 사람의 공통된 욕망이라 지극한 이치가 깃들어 있습니다. 요순(堯舜)의 도(道)도 여기에서 벗어나지 않으니, 일상생활 속에서 그 바름을 얻는 것이 중요할 뿐입니다. 저 불씨(佛氏)의 가르침은 그렇지 않아 친척을 버리고 남녀 관계를 끊고서 암혈(巖穴)에 홀로 앉아 풀을 엮어 옷을 만들어 입고 나무뿌리를 캐어 먹으며 관공(觀空)[38]·적멸(寂滅)[39]을 종지(宗旨)로 삼으니 이것이 어찌 평상의

38 관공(觀空) : 진공(眞空)을 관조(觀照)하여 진리를 깨달음을 말한다.

39 적멸(寂滅) : 온갖 번뇌에서 벗어나고 생사의 고통에서 해탈한 이상 세계이다.

도이겠습니까."

하였다. 당시 풍속이 불교를 숭상하여 기일(忌日)에 승려에게 공양을 올리고 시제(時祭) 때는 지전(紙錢)만 놓았는데, 선생이 사서인(士庶人)으로 하여금 《주자가례(朱子家禮)》를 본받아 사당을 세우고 신주를 만들어 선조의 제사를 받들게 하도록 청하니, 예속(禮俗)이 다시 일어났다.

임신년(1392) 2월, 《대명률(大明律)》이 전해지자, 선생이 본조의 법령을 취하여 참작하여 새로운 법을 만들어 올렸다. 우리 태조대왕(太祖大王)의 공덕이 날로 성대하여 천명(天命)과 인심(人心)이 이미 귀부하였는데, 유독 선생은 빼앗을 수 없는 굳센 절개가 있어 대간(臺諫)으로 하여금 심복 정도전(鄭道傳) 등을 탄핵해 제거하게 하여 그 세력을 줄이고자 하였다. 당시 조야(朝野)가 두려움에 떨고 아침저녁 사이에 화(禍)가 임박하였다. 어떤 산승(山僧)이 다음과 같은 시를 지어 선생에게 주었다.

강남 땅 만 리에 들꽃이 피었으니	江南萬里野花發
어느 곳인들 봄바람 부는 좋은 산이 없으랴	何處春風無好山

선생은 눈물을 흘리며 사양하기를, "아, 늦었도다, 늦었도다!"라고 하였다. 4월 4일에 큰 거리를 지나가다가 선죽교(善竹橋)에 이르러 조영규(趙英珪)에게 죽임을 당했으니, 선생이 세상을 떠남에 고려가 마침내 망하였다.

아! 선생의 충절은 일월(日月)과 그 빛을 다툰다고 할 수 있으나 선생에게 있어서는 단지 하나의 절개일 뿐이었다. 사람이 사람답게 되는 것은 오직 의리(義理)가 중요한데, 중화와 오랑캐의 구분, 유교와 불교의 분별이 선생에게서 판가름이 났으니, 지금까지 수천 리 우리나라 백성이 오랑캐와 금수가 되는 데서 면할 수 있었던 것이 누구의 은혜이겠는가.

선생의 학문은 주서 길재(吉再)에게 전해졌다. 또 세 사람을 거쳐 한훤당(寒暄堂) 문경공(文敬公) 김굉필(金宏弼)을 얻어 정암(靜菴) 문정공(文正公) 조광조(趙光祖)에 이르렀으니, 동방 이학(理學)의 조종(祖宗)이 된 것이 어찌 참으로 옳지 않겠는가. 아, 성대하도다!

선생은 처음에 해풍군(海豐郡)에 안장되었다. 이후 영락(永樂) 병술년(1406, 태종6)에 용인(龍仁) 모현촌(慕賢村) 문수산(文秀山) 진좌(辰坐)의 언덕으로 이장하고, 부인 경순택주(敬順宅主) 경주 이씨(慶州李氏)를 합장하였다.

슬하에 2남2녀를 두었다. 아들은 종성(宗誠)과 종본(宗本)이고, 사위는 성익지(成翼之)와 이장득(李長得)이다. 후손은 매우 많아 다 기록할 수 없다. 이어 명(銘)을 붙인다. 명은 다음과 같다.

이곳은 선생의 무덤이니	斯惟先生之藏
천지와 더불어 장구하리	與天地而久長
성대한 덕과 큰 업적을	盛德大業
무궁토록 밝게 보이노라	昭視無疆

현감 신공 묘지[40]

縣監申公墓誌

천지 사이에서 오직 사람이 위대한데 사람이 사람답게 되는 것은 오직 충과 효에 있다. 이 둘이 본디 두 가지 이치는 아니지만, 만나는 상황에 따라 각각 성취가 다른 데다 또 혹 드러나고 가려짐이 같지 않기 때문에 충효를 둘 다 온전히 한 사람이 드물다. 나는 만력(萬曆) 연간에서 이런 분을 한 사람 찾았으니 바로 신길원(申吉元) 공이다.

공은 평산(山人) 사람으로, 자는 경초(慶初)이다. 태어나면서부터 탁월한 성품을 지녔으니, 어린 나이에 부모가 병들자 하늘에 울부짖으며 자신이 대신 죽기를 기도하였고 또 손가락을 잘라 약에 피를 타서 올려 모친의 목숨을 구하였다. 14세에 부친상을 당해서는 죽을 먹으며 3년을 마쳤으며, 몹시 슬피 곡읍(哭泣)하는 모습에 조문 온 자들이 눈물을 흘렸다. 평소에 부지런히 부모를 섬겨 변기를 세척하는 일조차 남에게 대신 시키지 않았으며, 집안이 본래 가난하여도 맛난 음식을 떨어뜨린 적이 없었다. 고을에서 이러한 사실을 아뢰자 선조대왕(宣祖大王)이 그 행실을 가상히 여겨 효자의 집으로 정려(旌閭)하고 또 해마다 옷감과 음식물을 지급하였다.

병자년(1576, 선조9)에 사마시에 합격하였다. 태학의 천거로 희릉 참봉(禧陵參奉)에 제수되었으나 출사하지 않았다. 이후 다시 참봉을

40 현감 신공 묘지 : 이 글은 신길원(申吉元, 1548~1592)의 묘지이다. 신길원은 본관이 평산(山人), 자가 경초(慶初)이다.

거쳐 차례대로 여러 관직을 역임하고 문경 현감(聞慶縣監)에 제수되어 3년을 보냈다.

임진년(1592)에 왜구가 침략하여 온 도를 대대적으로 유린하였다. 당시 순변사(巡邊使) 이일(李鎰)이 상주(尙州)에 있었는데, 공이 급히 달려가 대책을 묻고는 병사를 조련하고 군량을 수송하기 위해 다시 문경으로 돌아왔다. 일이 이루어지지 전에 여러 군진이 붕괴되어 적병이 곧 들이닥치려 하였다. 여러 사람이 "병력이 적고 형세가 위급하니 일단 피하는 것이 낫다."고 하자 공이 큰 소리로 말하기를,

"고을을 지키는 수령은 자신이 맡은 땅에서 죽는 것이 의(義)이다."

하였다. 당시 공은 이미 모부인을 먼저 서울로 피난 보냈는데, 서제(庶弟) 길성(吉成)을 돌아보며 말하기를,

"내가 나라의 두터운 은혜를 받고서 지금 죽을 자리를 찾았으니 다시 무엇이 한스럽겠느냐. 너는 돌아가 노모에게 고하라. 모친이 살아있는데 자식이 죽는 것이 본디 효(孝)는 아니지만 나라를 위해 목숨을 바치는 것이 또한 충(忠)이다."

하였다. 또 말하기를,

"나를 위해 집사람에게 말하라. 우리 모친을 잘 봉양하여 내가 죽었다고 해서 달라져서는 안 된다."

하니, 좌우 사람들이 모두 눈물을 흘렸다. 얼마 뒤에 적군이 대거 오자 관부의 관리들은 모두 흩어졌고 김룡(金龍)이라는 관노(官奴) 하나만 떠나지 않았다. 공이 관대 차림으로 인끈을 차고 앉아 있자, 적병이 칼날을 드러내며 위협하기를,

"너는 말을 잘 타느냐?"

하니, 공이 대답하기를,

"나는 유자(儒者)인데 어찌 말을 잘 타겠느냐."
하였다. 적병이 또 말하기를,
"너는 속히 항복하고 서명하라."
하였으나 공은 굴복하지 않았다. 또 공에게 길을 인도하게 하자, 공이 크게 욕하며 말하기를,
"너를 만 조각으로 베어 죽이지 못함이 한스럽다."
하고는 이어 손으로 목을 그으며 말하기를,
"이것이 있을 뿐이다."
하였다. 적병이 노하여 먼저 공의 오른팔을 자르고 말하기를,
"이래도 길을 안내하지 못하겠느냐."
하였다. 공은 안색 하나 변하지 않고 끊임없이 적병을 꾸짖었다. 적병이 마침내 공을 죽이니 4월 27일, 공의 나이 겨우 45세였다. 이 일이 알려지자, 선조대왕이 또 그 문(門)에 '충신(忠臣)'으로 정려하였다.

아! 공은 한 몸으로 부자(父子)와 군신(君臣)의 윤리를 담당하여 살아서는 하늘에 땅에 부끄럽지 않고 죽어서는 집안과 나라를 빛냈으니 어찌 이리도 장렬한가!

내가 들으니, 공은 어려서부터 위기지학(爲己之學)에 독실하여 입으로는 바르지 않은 말을 내지 않았고 몸으로는 예가 아닌 일을 행하지 않았으며, 특히 염락(濂洛)[41]의 여러 서적을 읽기 좋아하여 법도로 삼았다고 한다. 이 때문에 성취한 바가 저처럼 탁월했으니, 비록 남들보

41 염락(濂洛) : '염(濂)'은 염계(濂溪)로 송학(宋學)의 비조(鼻祖)인 주돈이(周敦頤)가 거주하던 곳이고, '낙(洛)'은 낙양(洛陽)으로 정호(程顥)·정이(程頤)가 거주하던 곳으로, 송대 성리학을 개창하고 발전시킨 학자들을 칭한다.

다 뛰어난 품성을 타고 났을지라도 학문의 힘은 또한 속일 수 없는 것이다. 아! 선비 된 자들은 독서하지 않아서는 안 된다.

공은 고려 장절공(壯節公) 숭겸(崇謙)의 후손이다. 본조에 들어와서는 판서 즙(諿)과 대사헌 이(彝)가 가장 현달하였다. 감찰을 지낸 휘 경문(景文), 현감을 지낸 휘 공석(公錫), 지평을 지낸 휘 국량(國樑)이 공의 3대이다. 모친 완산 이씨(完山李氏)는 시녕영(始寧令) 현동(賢仝)의 딸이다.

공은 처음에 동흥부원군(東興府院君) 권상(權常)의 딸에게 장가들었는데 자식이 없었다. 다시 사온서 영(司醞署令) 하세준(河世濬)의 딸에게 장가들어 1남2녀를 두었다. 아들 명휴(命休)는 생원으로 교관을 지냈고, 사위는 목사 이담(李儋)과 장령 이익(李瀷)이다.

선조(宣祖)께서 일찍이 공의 사적을 《삼강속편(三綱續編)》에 싣도록 명하였고, 이후 백여 년 뒤에 고을 사람들이 공이 순절한 곳에 비석을 세워 표지하였으니, 공의 행적을 드러내어 찬양한 것이 거의 유감이 없다.

후손 암(嵒)이 내게 묘지(墓誌)를 청하기에 나 또한 일찍이 공의 풍모와 공렬을 사모해온 사람이라, 즐거운 마음으로 이 일을 맡았다. 공의 무덤은 양주(楊州) 군장리(軍場里)에 있다고 한다. 명(銘)은 다음과 같다.

아 천백 년 뒤에	嗚呼千百代之下
이 무덤을 지나며 경의를 표하지 않는 자	過是墓而不式焉者
사람의 마음이 없음을 내가 알겠노라	吾知其無人心也

교리 이공 묘지[42]

校理李公墓誌

남쪽 지방 학자들은 천묵(天默) 이공(李公)을 성대하게 추대하는데, 공은 인조조(仁祖朝)의 강관(講官)으로 학술에 조예가 깊고 특히 역학(易學)에 밝았다고 한다.

효령대군(孝寧大君) 보(補)는 우리 태종대왕(太宗大王)의 별자(別子)인데, 그 후손 서원군(瑞原君) 휘 친(寀), 고림군(高林君) 휘 훈(薰), 칠산군(漆山君) 휘 선손(璿孫)이 3대를 이어 군(君)을 습봉(襲封)하였다. 공의 부친 휘 욱(昱)은 칠산군의 증손이다. 효성으로 알려졌는데 어버이의 장례에 직접 흙을 날라 무덤을 만들었다. 모친 장흥 임씨(長興任氏)는 대영(大英)의 딸이다.

공은 8세에 영남으로 피난하였는데, 어떤 중국 사람이 공의 관상을 보고서 대인(大人)의 상이라고 하였다. 관례를 올리기 전에 활계(活溪) 이대유(李大崑)에게 경서(經書)를 배웠다. 발분하여 먹는 것도 잊고서 깊이 생각하고 실천하였으며 여력으로 제가(諸家)의 서적을 두루 관통하였다. 만년에 또 사계(沙溪) 문원 선생(文元先生)의 문하에서 수학했는데, 선생이 배움에 민첩하다고 칭찬하였다.

임자년(1612, 광해군4) 사마시에 합격하였다.

을축년(1625, 인조4) 문과에 급제하여 성균관에 보임되었다. 하루

42 교리 이공 묘지 : 이 글은 이상형(李尙馨, 1585~1645)의 묘지이다. 이상형은 본관이 전주(全州), 자가 덕선(德先), 호가 천묵재(天默齋)이다.

는 가주서(假注書)로 강연에 들어갔는데, 우복(愚伏) 정경세(鄭經世) 공과 계곡(谿谷) 장유(張維) 공이 모두 공의 경학(經學)을 추천하였다. 성상께서 강연에 참여하라고 명하고, 《상서(尙書)》의 기삼백(朞三百)과 선기옥형(璿璣玉衡)의 주석 및 밀물과 썰물이 일어나는 이치를 묻고 이어 다른 경전의 의문점을 묻자, 공은 묻는 족족 즉각 대답하였다. 공이 물러간 뒤에 성상께서 환관을 보내어 이 아무개의 집안이 어떠한지 알아보게 하였다.

얼마 뒤에 시강원 설서에 제수되었다가 사서로 옮기고 예조 좌랑으로 옮겼다. 사간원 정원에 제수되었다가 체차되어 성균관 전적이 되었다. 병조에 들어가 좌랑과 정랑을 지내고 사헌부 지평으로 옮겼다. 문학을 거쳐 정언이 된 것이 두 번이었고 지제교를 맡았다. 부모 봉양을 위해 옥과 현감(玉果縣監)으로 자원하여 나갔다. 모친상을 당하였고 상기(喪期)를 마친 뒤에는 홍문관 부수찬에 제수되었다. 상소하여 안으로 정치를 닦고 밖으로 적을 물리치는 대책을 아뢰었는데, 임금의 마음을 바로잡는 것을 근본으로 삼고, 군자와 소인을 분별하는 것을 인재를 얻는 요체로 삼았다.

병자년(1636)에 오랑캐가 도성을 침범하자 어가(御駕)를 호종하여 남한산성(南漢山城)에 들어갔다. 독전어사(督戰御史)가 되어 차자를 올려 성을 지키는 방략을 논하는 한편 머뭇거리는 여러 장수들의 죄를 청하였다. 남한산성이 함락되자 김경징(金慶徵), 장신(張紳), 이민구(李敏求)의 죄는 죽여 마땅하다고 극력 말하였다. 그러나 양사(兩司)에서 세력에 빌붙어 법을 폐하자 곧바로 병을 핑계대고 남쪽으로 돌아갔다. 다시 수찬에 제수되고 지평으로 옮겼다. 밀소(密疏)를 올려 아뢰기를,

"대의(大義)란 삼강(三綱)의 윤리와 오상(五常)의 질서이니, 이것을 버리면 인류가 금수가 되고 중국이 오랑캐가 되니 하루도 폐할 수 없습니다. 우리나라가 2백 년간 명나라 황실을 섬겼으니 의리로는 군신(君臣) 사이이고 은혜로는 부자(父子) 사이와 같습니다. 아, 어찌 잊을 수 있겠습니까. 지금 불행하여 이 지경에 이르렀으나 황조의 조공로(朝貢路)를 곧바로 끊어서는 안 됩니다. 속히 국내에 애통함을 보이고 천하에 진실한 충정을 드러내어 비통하기 그지없는 뜻을 알게 해야 합니다."

하였으나, 받아들여지지 않았다. 다시 교리와 장령에 제수되었으나 모두 나아가지 않았다. 겨울에 보덕에 제수되어 심양(瀋陽)으로 가야 했는데, 공은 병이 심하여 수레에 실려 도성에 들어왔다. 얼마 뒤 면직되어 사간과 교리에 제수되고 또 춘방(春坊)의 직임을 겸하였다. 다시 병으로 돌아갔다.

경진년(1640)에 성상의 체후가 편치 않아, 집의로 한번 소명에 응하였다. 이후로 여러 차례 관직에 제수되었으나 나아가지 않았고, 부르는 명이 있으면 조복(朝服)을 걸치고 눈물을 흘릴 뿐이었다. 병중에는 오직 주자(朱子)의 서적만 읽으며 때때로 책을 덮고 탄식하였으니 그 은미한 뜻을 알 수 있다.

공의 휘는 상형(尙馨)이고 자는 덕선(德先)이다. 태어나고 죽은 해가 모두 을유년이다. 공은 돈후하고 주밀하였으며 겸손으로 자신을 수양하고 평생 남의 죄악을 말하지 않았으니 온화한 군자였다. 그러나 큰일에 임하여 대의(大義)를 지킴에 있어서는 빼앗을 수 없는 확고한 절조가 있었다. 그 진퇴와 출처의 올바름은 아마도 《주역》의 시의(時義)에서 터득함이 있었으리라.

공이 일찍이 말하기를,

"양(陽)이 1분(分) 자라면 음(陰)이 1분 줄어드니, 천리(天理)와 인욕(人慾)도 마찬가지로 서로 소장(消長)한다. 공자(孔子)는 건괘(乾卦)에 이르렀고 안자(顏子)는 태괘(泰卦)에 이르렀다."[43]

하였다. 또 말하기를,

"《주역》은 성인이 사람들로 하여금 선(善)을 진실하게 행하고 허물을 보완하게 하고자 만든 것이다. 사람이 능히 선을 행하는 데 진실하다면 허물을 보완할 수 있다."

하였다. 이 때문에 그 학문은 한결같이 진실하고 속임이 없는 것을 근본으로 삼았다. 승정원에 재직할 때 《주역》에 대해 말하자, 승지 윤지경(尹知敬) 등이 대번에 일어나 절하였다.

배위 선산 임씨(善山林氏)는 부정 극립(克立)의 딸이다. 공보다 15년 앞서 세상을 떠나 임실(任實) 종산(鍾山)에 안장되었다.

슬하에 5남3녀를 두었다. 아들은 문헌(文獻), 문원(文源), 참봉 문재(文載), 문영(文英), 진사 문계(文啓)이고, 사위는 사인(士人) 윤지

43 양(陽)이……이르렀다 : 한국문집총간 21집에 수록된 《천묵유고(天默遺稿)》 권3 〈쇄언(瑣言)〉에서 이 구절에 관해 다음과 같이 설명하였다. "천리와 인욕의 소장(消長)은 음양(陰陽)의 소장과 같다. 한 달은 30일로 나뉘는데 양이 1분 자라면 음이 1분 소멸한다. 동지(冬至)에서부터 4월에 이르면 음이 모두 소진되어 순양(純陽)의 건괘(乾掛)가 되니 바로 공자이다. 동지에서부터 1월에 이르면 삼양(三陽)이 점차 자라 태괘(泰卦)가 된다. 천리가 주장하면 인욕이 물러나 공부가 이미 성인(聖人)의 영역에 나아갔으니 자연히 2월의 대장괘(大壯卦)와 3월의 쾌괘(夬卦)를 지나 건괘에 이를 것이다. 이것이 이른바 '안씨의 아들이 도에 거의 가까웠으리라. 불선이 있으면 알지 못한 적이 없었고 알기만 하면 다시 행한 적이 없었다.'라는 것이고, 《주역》의 '멀리 가지 않고 돌아오기에 후회에 이르지 않으니 크게 길하다.'라는 것이다."

(尹砥), 참봉 양운거(楊雲擧), 사인 오첨희(吳添喜)이다. 성시(聖蓍), 성호(聖虎), 성귀(聖龜), 성봉(聖鳳)은 장남의 소생이다. 차남의 외동딸은 지평 최치옹(崔致翁)의 처가 되었다. 성린(聖麟), 성진(聖眞), 성원(聖元)은 삼남의 소생이다. 성기(聖麒), 성란(聖鸞)은 사남의 소생이다. 오남의 아들은 성헌(聖憲)이고 사위는 승지 윤홍리(尹弘離)이다. 증손 이근(頤根)은 조정에서 초빙하여 세자 자의(世子諮議)로 삼았고, 이정(頤正)도 가학(家學)을 계승하였다.

신재 선생(愼齋先生 김집(金集))이 일찍이 공의 묘갈(墓碣)을 지었고,[44] 이후 공의 아들 문재(文載)가 남은 일을 모아 참봉 방두천(房斗天)에게 청하여 행장을 지었다. 이정(頤正)이 내게 와서 묘지를 청하는데 나 또한 공의 명성과 행실을 사모하는 사람이기에 그 명(銘)을 짓는다. 명은 다음과 같다.

장릉(인조(仁祖))이 즉위하시니	長陵御極
원로와 준걸이 조정에 가득하였네	耆俊盈廷
공은 그 사이에 우뚝이 솟아	公挺其間
붓을 꽂고[45] 경전을 논하였네	珥筆談經
여러 현인들이 공을 천거하고	衆賢推轂
왕은 어느 집 자손인지 물으셨네	王曰誰子
남쪽에 태종의 지손(支孫)이 있어	太支于南

44 신재 선생(愼齋先生)이……지었고 : 한국문집총간 82집에 수록된 《신독재유고(愼獨齋遺稿)》 권8에 〈사간원 사간 이공 묘갈명(司諫院司諫李公墓碣銘)〉이 실려 있다.

45 붓을 꽂고 : 사관(史官)은 기록할 일에 대비하여 항상 관(冠) 옆에 붓을 꽂았다.

3대 동안 벼슬하지 않았네 三世不仕
매우 엄중한 옥당에 玉堂深嚴
마침내 숙유가 처하였네 乃處宿儒
창황히 어가의 고삐를 잡고 蒼黃執靮
강개하여 장수의 북채를 잡았네 慷慨援桴
외로운 성이 삼판[46]의 위기에 처해 孤城三版
땅이 찢기고 하늘이 기울었네 地裂天傾
공은 말하였네, 아 公曰於戲
감히 명나라를 잊으랴 敢忘大明
저 흘러가는 물을 보건대 相彼流水
또한 동쪽으로 흐르네[47] 亦流于東
공의 한마디 말이 아니었다면 微公一言
아, 우리는 오랑캐가 되었으리 噫吾其戎
그 말이 시행되지 않았으나 雖言不行
의리는 해와 별처럼 빛났네 義則日星
병석에 누워 나직이 읊조린 것은 伏枕幽吟
산의 개암나무와 진펄의 감초[48]였네 山榛隰苓

46 삼판(三版) : 몹시 위태로운 상황을 가리키는 말로, 《전국책(戰國策)》〈조책(趙策)〉의 "지백이 한나라와 위나라의 군사를 거느리고 조나라를 공격하면서 진양을 포위하고 물로 공격하니, 성에서 잠기지 않은 부분은 삼판이었다.〔智伯從韓魏以攻趙, 圍晉陽而水之, 城下不沈者三版.〕"라고 한 데서 온 말이다.

47 저……흐르네 : 중국의 모든 강물이 천번 만번 굽이쳐 흘러가도 결국은 동쪽 바다로 흘러 들어간다는 뜻으로, 명나라에 대한 존모의 뜻이 변하지 않음을 비유한 말이다.

48 산의……감초 : 《시경》〈간혜(簡兮)〉의 "산에는 개암나무가 있고 진펄에는 감초

《주역》에는 상이 있으니	維易有象
나아가고 물러남을 시대와 함께하였네	進退偕時
아름다움 머금어 곧음을 지키니[49]	含章守貞
공이 실로 이를 본받았네	公實以之
많은 재물 남겨줄 필요 있으랴	豈必籯金
후손이 잘 계승하였네	後孫其承
내가 그 행적을 명에 새겨	我銘其行
백세토록 증험하노라	百世于徵

가 있도다. 누구를 그리워하는가. 서방의 미인이로다.〔山有榛, 隰有苓. 云誰之思? 西方美人.〕"라는 구절을 말하는데, 임금을 그리워하는 뜻이다.

49 아름다움……지키니 : 《주역》 〈곤괘(坤卦) 육삼(六三)〉에 "아름다움을 머금어 곧을 수 있다.〔含章可貞〕"라고 하였다.

화포 홍 충정공 묘지[50]

花浦洪忠正公墓誌

아! 이곳은 대명(大明)의 충신 화포(花浦) 홍 충정공(洪忠正公) 휘 익한(翼漢), 자 백승(伯升)의 의관(衣冠)이 묻힌 곳이다. 관은 육신을 가리는 것이고 무덤은 관을 묻는 것인데, 육신도 없이 무덤을 만들었으니 거짓이 아닌가. 그러나 기백(氣魄)은 본디 묻을 수 없고 또한 어디든 가지 못하는 곳이 없으며, 의관은 육신이 가까이하고 기운이 의지하던 바이니 그렇다면 또 장사 지내지 않을 수 없다. 장사 지낼 때에는 묘지(墓誌)를 두는 것이 예(禮)이니, 이미 장사를 지낸 만큼 어찌 지문이 없을 수 있겠는가. 이것이 공의 사손(嗣孫) 우석(禹錫)이 일찍이 내게 묘지를 부탁한 이유이다. 묘지는 다음과 같다.

공은 남양(南陽) 사람으로 초명은 습(霫)이다. 고려 금오위위(金吾衛尉) 선행(先幸)이 그 시조이다. 좌찬성을 지내고 장희(莊僖)라는 시호를 받은 숙(淑)이 우리 중종조(中宗朝)에 현달하였다. 이 분이 관찰사 서주(叙疇)를 낳았으니 공의 증조이다. 조부 휘 애(磑)는 현감을 지냈고, 부친 휘 이성(以成)은 진사로, 문학과 행실이 있었다. 모친 김씨(金氏)는 승지 언침(彦沈)의 손녀이다.

공은 만력(萬曆) 병술년(1586, 선조19) 11월 22일에 태어났다. 그 백부(伯父) 병절 교위(秉節校尉) 대성(大成)이 데려다 후사로 삼았다.

50 화포……묘지 : 이 글은 홍익한(洪翼漢, 1586~1637)의 묘지이다. 홍익한은 본관이 남원(南原), 자가 성백(成伯), 호가 화포(花浦)이다.

을묘년(1615, 광해군7) 생원시에 합격하였다.

갑자년(1624, 인조2) 인조(仁祖)가 이괄(李适)의 반란으로 남쪽으로 내려와 공주(公州)에 이르러서 정시(庭試)를 설행하여 많은 선비를 시취하였는데 공이 장원으로 급제하였다. 성균관 전적, 사헌부 감찰, 세자시강원 사서, 사간원 정언, 병조의 좌랑과 정랑을 역임하고 외직으로 고령 현감(高靈縣監), 부안 현감(扶安縣監), 고산 찰방(高山察訪)을 지냈다. 서장관(書狀官)이 되어 배를 타고 명(明)나라에 조회하였으며, 정언으로 있을 때에는 반적(叛賊) 강홍립(姜弘立)이 오랑캐를 이끌고 쳐들어 온 죄를 극력 논하여 주벌을 청했으나 받아들여지지 않았다.

병자년(1636)에 사헌부 장령이 되었다. 이때 오랑캐가 참람하게 황제라 자칭하면서 사신을 보내와 우리나라에게 몽고(蒙固)와 함께 자신을 황제로 높이기를 요구하였다. 이에 공이 통곡하며 상소하기를,

"신은 태어났을 때부터 대명(大明) 천자가 있다고만 들었을 뿐이니, 차라리 노련(魯連)[51]의 말처럼 바다에 몸을 던져 죽을지언정 차마 이런 말로 귓구멍을 더럽힐 수 없습니다. 우리나라는 본디 예의지국(禮義之國)으로 칭해졌고 천하 사람들이 소중화(小中華)라고 불렀으며 열성(列聖)들이 대대로 번국(藩國)의 직임을 닦아 대국을 섬기는 한결같은 마음이 정성스럽고도 근실하였습니다. 지금 오랑캐를

51 노련(魯連) : 전국시대 제(齊)나라의 노중련(魯仲連)이다. 무도한 진(秦)나라를 황제로 받들려는 위(魏)나라 신원연(新垣衍)에게 "진나라가 방자하게 황제가 되어 천하를 다스린다면 나는 동해에 빠져죽을지언정 그 백성이 될 수는 없다."라고 하였다. 《史記 卷83 魯仲連列傳》

받들어 신하 노릇한다면 목숨은 조금 연장된다 할지라도 조종(朝宗)에 대해 어찌하겠으며 천하 후세에 대해 어찌하겠습니까. 묘당(廟堂)에 있는 자들이 어떤 사람들인지 모르겠습니다만, 편안히 누워 깊이 잠자면서 군부(君父)가 모욕받는 것을 예사롭게 여기고 있습니다. 그렇다면 오랑캐가 황제라 자칭하는 것은 오랑캐 스스로 황제가 된 것이 아니라 실로 묘당에서 그렇게 만든 것입니다. 신의 생각으로는 응당 오랑캐 사신을 죽이고 그 서신을 취하여 명나라에 아뢰고, 속히 애통하다는 하교를 내려 팔도의 선비들을 불러 대의(大義)로 깨우친다면 오랑캐를 멸망시킬 날이 멀지 않을 것입니다."

하였으나 받아들여지지 않았다.

최명길(崔鳴吉)이 심양(瀋陽)으로 소역(小譯)을 보내 적정(賊情)을 살피기를 청하였는데, 이는 몰래 화친을 맺으려는 의도였다. 이에 공이 의(義)를 이끌어 면전에서 꾸짖자 최명길이 매우 부끄럽게 생각하고 유감을 품었다. 이보다 앞서 공의 형 익형(翼亨)이 소백산(小白山) 아래에 은거하고 있었는데 공이 형에게 보낸 편지에 "가솔을 데리고 가서 노년에 서로 의지하고 싶다."라고 하였으니, 이미 바다에 몸을 던지려는 뜻을 두었던 것이다. 이해 겨울에 오랑캐가 다시 침입하여 성상이 남한산성(南漢山城)으로 피하였다. 최명길이 말하기를,

"가장 먼저 화친을 배척한 자는 홍 아무개이니, 그에게 적을 막게 해야 합니다."

하고는 마침내 공을 평양 서윤(平壤庶尹)에 제수하고 부임을 재촉하였다. 당시 적군이 들이닥쳐 길이 막힌 상황이라, 공은 모친을 강화도에 모셔두고 바닷길을 따라 서쪽으로 갔다. 평양에 도착하자 이미 적군이 가득 찼기에 보산성(寶山城)으로 들어가 지키면서 병사들과 백성을

불러 타이르니 흩어졌던 사람들이 다시 모여 모두 결사항전을 각오하였다. 얼마 뒤에 최명길 등이 화친을 배척한 사람을 잡아 오랑캐로 보냈는데 공을 첫 번째로 삼았다. 도신(道臣)으로 하여금 임소(任所)에서 공을 붙잡아 오랑캐 진영에 보내게 하였으니 이때가 정축년(1637) 2월 12일이었다.

공은 명을 듣고는 빨리 달려서 의주(義州)에 이르렀다. 의주 부윤 임경업(林慶業)이 맞이하여 말하기를,

"명공(明公)의 이번 걸음은 참으로 장부의 일입니다. 몸은 대의(大義)를 부지하고 이름은 사책(史冊)에 빛날 것이니 죽어도 무슨 여한이 있겠습니까."

하였다. 강을 건너자 길 위의 오랑캐들이 포박당한 채 가는 공의 모습을 보고는 "의로운 선비이다."라고 하면서 감탄하지 않는 이가 없었고 심지어 위로하는 사람들도 있었다. 심양에 이르자 칸〔汗〕이 공을 별관(別館)에 두고서 음식을 매우 성대하게 공급했다. 공은 먹지 않고 물리치며 말하기를,

"이는 예(禮)가 아닌 음식이다."

하였다. 그 장수 용골대(龍骨大)가 사람을 시켜 묻기를,

"너는 무엇 때문에 들어왔는가?"

하자, 공이 대답하기를,

"나는 화친을 배척한 대간(臺諫)으로서 붙잡혀 왔을 뿐이다."

하였다. 용골대가 말하기를,

"화친을 배척한 사람이 어찌 너 한 사람뿐이겠느냐?"

하자, 공이 웃으며 말하기를,

"나는 한번 죽음만 있을 뿐이니, 어찌 다른 사람을 무고하여 끌어들

이겠느냐.”

하였다. 또 용골대에게 말하기를,

“작년에 네가 우리나라에 왔을 적에 상소하여 너의 목을 베자고 청했던 사람이 바로 나다.”

하니, 용골대도 웃으면서 떠났다.

공은 전란에 처했을 때부터 멀리서 국가의 존망을 생각하고 충정과 의분이 격렬하여 왕왕 시를 지어 드러내었다. 이때에도 율시 한 구를 지었는데, 말뜻이 비장하여 듣는 이들이 눈물을 흘렸다.

3월 5일, 칸이 병위(兵衛)를 성대하게 갖추고서 공을 심문하려 하였다. 공은 식사 도중에 그 말을 들었는데 안색이 태연하였다. 식사를 마치자 즉시 공의 두 손을 결박하여 앞으로 데려가면서 몹시 급하게 재촉했으나 공의 걸음걸이는 더욱 편안하고 느긋하였다. 뜰 아래에 우뚝하게 서니, 칸이 결박을 풀어주라고 명하고 말하기를,

“어찌하여 무릎을 꿇지 않느냐?”

하니, 공이 말하기를,

“이 무릎을 어찌 너에게 꿇겠는가.”

하였다. 오랑캐들이 일어나 발돋움하고 바라보았다. 칸이 말하기를,

“너는 어째서 먼저 맹약(盟約)을 위배하고 화친을 배척하여 두 나라의 틈을 벌어지게 하였느냐?”

하자, 공이 말하기를,

“먼저 맹약을 위배한 잘못이 너희에게 있는가? 우리에게 있는가?”

하니, 칸이 대답하지 못했다. 한참 뒤에 말하기를,

“너는 이미 앞장서서 화친을 배척하였다. 그렇다면 우리 대군이 갔을 적에 어째서 맞아 싸우지 않고 도리어 나에게 사로잡혔는가?”

하니, 공이 말하기를,

"내가 지키는 것은 대의(大義) 뿐이니 성패(成敗)는 논할 것이 못된다. 만일 우리나라 신민(臣民)의 뜻이 내 뜻과 똑같다면 너희들은 곧 망하게 될 것이다."

하고는, 곧장 옷을 벗어 땅에 던지고 말하기를,

"듣자니 너희 나라는 형살(刑殺)할 때 반드시 살을 도려낸다고 하던데, 어찌 속히 나를 도려내지 않는가?"

하였다. 이어 붓을 요구하여 쓰기를,

"대명 조선국(大明朝鮮國) 유신(縲臣) 홍익한(洪翼漢)은 화친을 배척한 뜻을 분명히 진술할 수 있으나 언어가 서로 통하지 못하니 응당 문자로 고하겠다. 사해(四海) 안이 모두 형제가 될 수는 있지만 천하에 아비가 둘인 자식은 없다. 조선은 본시 예의(禮義)를 숭상하는 나라요, 간신(諫臣)은 오직 강직함을 기풍으로 삼는다. 그러므로 지난해 봄에 마침 언책(言責)의 소임을 맡아, 너희 나라가 맹약을 위배하고 황제로 자칭하려 한다는 말을 듣고 마음속으로 생각하기를, '과연 맹약을 위배한다면 이는 패륜의 형제이고, 과연 황제라 자칭한다면 이는 두 천자가 있는 셈이니, 한 집안에 어찌 패악한 형제가 있으며, 천지 사이에 어찌 두 천자가 있을 수 있겠는가. 더구나 너희 나라는 우리 조선에 대하여 새로 교린(交隣)의 맹약을 맺고서 먼저 위배하였고, 명나라는 우리 조선에 대하여 예전부터 보살펴 준 은혜가 있어 깊이 결속하였으니, 깊이 결속한 큰 은혜를 잊고서 먼저 위배한 헛된 맹약을 지키는 것은 이치에 매우 어긋나고 사세에 매우 부당하다.'라고 여겼다. 그러므로 이러한 논의를 먼저 내세워 예의를 지키고자 한 것이니, 이는 신하된 자의 직분일 뿐 어찌 다른 뜻이 있겠는가. 다만 신하의 분수와 의리는 충과 효를 다하는 것뿐인데, 위로 임금과 어버이가 계신데 안전하게 보호하지 못하여 지금 왕세자(王世子)와 대군(大君)이 모두 포로가 되었고 노모(老母)의 생사도 알 길이 없다. 참으로 거리낌 없이 쓴 상소 하나로 말미암아 집과 나라에 화란과 패망을 초래하였으니, 충효의 도리로 헤아려보건대 땅을 쓴 듯이 아무것도 남은 것이 없다. 스스로 내 죄를 생각해 보건대 용서할 수 없는 죽어 마땅한 죄이니, 비록 만 번 죽임을 당하더라도 실로 달갑게 여길 것이다. 내 피는 한번 흔고(釁鼓)[52]되더라도 내 넋은 떠나 하늘을 날아 고국에 돌아가 노닐 것이니 얼마나 통쾌하겠느냐. 이 밖에는 더 이상 할 말이 없으니 오직 빨리 죽기만을 원한다."

하였다. 칸이 중국인을 시켜 통역하게 하여 듣고서 탄식하기를,

"이 사람은 어렵겠구나."

하였다. 이어 화친을 배척했던 공의 상소를 내보이며 말하기를,

"나는 황제가 될 수 없는가?"

하니, 공이 말하기를,

"너는 명나라를 배반한 역적이니 어찌 황제가 될 수 있겠는가."

하였다. 칸이 몹시 노하여 두 명의 오랑캐에게 명하여 공을 붙잡고 나가게 하니 바로 형살하는 자들이었다. 공의 하인을 별관에 구금하여 공을 죽인 장소를 알지 못하게 하였는데 후에 공의 안마(鞍馬)와 의금(衣衾)은 모두 돌려주었다. 공이 죽었을 때에 나이 52세였다. 소현세자(昭顯世子)가 당시 심양에 있었기에 공의 의백(衣帛)으로 초혼(招

52 흔고(釁鼓) : 전쟁할 때 적군을 죽여 그 피를 북에 바르고 제사하던 것을 말한다.

魂)하여 고국으로 보내게 하였다. 당시 공의 온 집안이 화를 당하고 모부인 혼자만 무사하였는데 공은 알 수 없었다.

아! 사람은 모두 한번 죽지만 그 죽음이 새털보다 가볍기도 하고 태산보다 무겁기도 한 것은 오직 만난 상황이 같지 않아서이다. 공과 같은 이는 바다 밖 멀리 떨어진 나라의 한 배신(陪臣)으로서 천자를 위해 절개를 지켜 죽었으니, 우리나라 예의의 풍교로 하여금 길이 천하 후세에 할 말이 있게 하였을 뿐만 아니라, 또한 공자(孔子)와 주자(朱子) 이후로 춘추대일통(春秋大一統)[53]의 뜻이 공 덕분에 더욱 명확해졌다. 한유씨(韓愈氏)의 이른바 "우뚝한 태산(泰山)도 높음이 될 수 없다."[54]는 말이 공을 두고 말함이 아니겠는가.

효종께서 일찍이 공의 형 익형(翼亨)을 교관에 제수했으나 나아가지 않았다. 산문(山門) 밖을 나가지 않고서 술 취한 뒤에는 늘 통곡하였는데 그대로 자취를 감추어 생을 마쳤으니, 천지 사이의 정기(正氣)가 공의 집에 모였다고 할 수 있다.

공의 배위 허씨(許氏)가 강화도에서 오랑캐를 만났는데, 아들 수원(晬元)이 몸으로 가려 적의 칼날에 목숨을 잃었다. 수원은 원배(元配) 구씨(具氏)의 소생이었다. 허씨는 스스로 물에 투신하였고, 수원의 아내 이씨(李氏)도 수원의 곁에서 스스로 자결하였으니, 조정에서 그 집과 마을에 모두 정려(旌閭)하였다. 아, 장렬하도다!

53 춘추대일통(春秋大一統) : 《춘추》의 중요한 사상으로, 천자를 높여 정통성을 갖춘 유일한 통치자로 받드는 것을 말하는데, 《춘추》 은공(隱公) 1년에 "어찌하여 왕정월(王正月)이라고 하는가? 크게 하나로 통일하기 위해서이다.〔大一統〕"라고 한 데서 온 말이다.

54 한유씨(韓愈氏)의……없다 : 한유의 《백이송(伯夷頌)》에 나오는 구절이다.

공은 누차 추증되어 의정부 영의정에 이르렀다. 숙종께서는 삼학사(三學士)를 애도하는 시를 지었으며 온천에 행차했을 때에 특별히 관원을 보내어 공의 무덤에 제사지냈다. 무덤은 평택현(平澤縣) 서쪽 경정리(鯨井里) 선영에 있는데 허씨를 합장하였다. 선비들이 그 무덤 아래에 사당을 지어 제사지냈다. 지금 성상 을묘년(1735, 영조11)에는 그 집에 특별히 봄가을 제수(祭需)를 내렸다.

공은 익형의 아들 응원(應元)을 후사로 삼았는데 직장이 되었다. 그 아들 우석(禹錫)은 돈녕부 도정이 되었다. 도정의 아들 주(澍)가 또 후사가 없어 간(侃)을 양자로 들였다. 간은 익형의 현손(玄孫)인데 지금 참봉으로 있다. 내외의 자손들은 다 기록하지 않는다. 명(銘)은 다음과 같다.

하늘처럼 높고 해처럼 밝으니 天高日昭
길이 만세토록 이어지리라 亘萬世也
이 무덤을 밟는 자는 有踐斯墳
사람의 마음이 없는 자로다 無人心者

도사 유공 묘지[55]

都事柳公墓誌

공의 휘는 훤(萱)이고 자는 여실(汝實)로, 문화(文化) 사람이다. 유씨(柳氏)는 고려의 대승(大丞) 차달(車達)에서 나왔다. 본조에서는 우의정 문간공(文簡公) 관(寬)이 청백리로 이름이 났다. 증조 휘 용심(用諶)은 생원으로, 김모재(金慕齋) 형제에게 수학하였다. 조부 휘 익(益)은 참판에 추증되었다. 부친 휘 공량(公亮)은 예조 참판으로 문무(文武)의 재주를 겸비하였는데, 인조(仁祖) 갑자년(1624, 인조2)에 억울하게 참혹한 화를 당했다가 곧바로 신원되어 관작을 회복하였다. 사대부들은 지금까지도 이 일을 탄식하며 슬퍼한다. 모친 여흥 민씨(驪興閔氏)는 진사 사온(思溫)의 딸이다. 삼형제 가운데 공이 둘째이다.

공은 만력(萬曆) 병술년(1586, 선조19)에 태어났다. 7세에 왜란을 만나 서쪽 지방을 떠돌았는데 전란 속에서도 독서를 그만두지 않아 성동(成童)이 되기 전에 사서이경(四書二經)에 모두 통달하였다. 간이(簡易) 최립(崔岦)에게 수학하여 고문사(古文詞)를 배우고, 또 시인 이달(李達)에게 시를 배웠다. 병란을 피해 내려온 많은 사대부 자제들과 종유하였는데 공보다 뛰어난 이가 없었다. 십여 년 만에 비로소 도성으로 돌아와 크고 작은 과시(科試)에 매번 우수한 성적으로

55 도사 유공 묘지 : 이 글은 유훤(柳萱, 1586~1661)의 묘지이다. 유훤은 본관이 문화(文化), 자가 여실(汝實), 호가 절초당(節初堂)이다.

합격하였다.

경술년(1610, 광해군2) 사마시에 합격하였다. 벼슬을 시작하여 수성금화사 별제(修城禁火司別提)가 되고 통례원 인의(通禮院引儀)에 조용되었다가 영동 현감(永同縣監)으로 나갔다.

계해년(1623, 인조1) 반정(反正) 때 성상께서 8도에 어사를 파견하여 관리들을 살펴 숙청하였는데, 어사가 돌아와 공이 자상하게 백성을 사랑하였다고 보고하니 승진시켜 서용하라고 명하였다. 얼마 뒤에 작은 일로 인해 벼슬을 버리고 고향으로 돌아왔다. 책문(策文)으로 한성시(漢城試)에 장원하자, 당시 고관(考官)으로 있던 계곡(谿谷) 장유(張維)가 찬탄하여 "이는 문형(文衡)의 솜씨이다."라고 하였다. 얼마 뒤에 가화(家禍)[56]를 만나 무덤 아래에서 시묘살이하며 상(喪)을 마쳤다. 이때부터 과거공부를 그만두고 이천(利川) 벽계동(碧溪洞)에 우거하며 오직 산수를 즐겼다.

무진년(1628)에 감찰에 제수되었는데 한번 사례하고 곧장 돌아왔다.

을해년(1635)에 종부시 주부를 거쳐 화순 현감(和順縣監)이 되었다. 임기가 만료되자 다시 창평 현감(昌平縣監)에 제수되었다. 그 사이에 호조 좌랑과 의빈부 도사에 제수되었는데 사양하기도 하고 부임하기도 하였다.

공은 호남(湖南)에 있을 적에 남전향약(藍田鄕約)[57]을 현실에 맞게

56 가화(家禍) : 유훤의 부친 유공량(柳公亮)이 이괄(李适)의 난에 동조하였다는 모함을 받아 참수형을 당하였다.

57 남전향약(藍田鄕約) : 송나라 때 남전현(藍田縣)에 살던 여씨(呂氏) 문중에서 만들었던 향약으로 여씨향약(呂氏鄕約)이라고도 한다. 북송(北宋) 말 도학으로 명성을 떨친 여대충(呂大忠), 대방(大防), 대균(大鈞), 대림(大臨) 등 4형제가 일가친척뿐만

손질하여 시행하였고, 또 주자(朱子)의 사창법(社倉法)[58]을 써서 황정(荒政)에 대비하였는데, 관찰사가 고과를 매길 적에 "백성을 교화하고 좋은 풍속을 이루었다."라고 하였고, 또 "정사가 옛 법도를 따랐다."라고 하였다.

창평에서 돌아온 뒤로는 더 이상 벼슬하지 않았다. 나이 76세에 세상을 떠나니, 신축년(1661, 현종2) 윤7월 5일이다. 같은 고을 성재동(聖齊洞) 건좌(乾坐)의 언덕에 장사하고, 배위 기계 유씨(杞溪兪氏)를 합장하였다. 유씨(兪氏)의 부친은 동지중추부사 대기(大祺)이다.

슬하에 4남2녀를 두었다. 아들은 성후(誠厚), 생원 겸후(謙厚), 승지 담후(譚厚), 시정(寺正) 원후(源厚)이고, 사위는 교관 홍무(洪茂)와 어진석(魚震奭)이다. 장남의 아들은 순(畇)이고 사위는 이동연(李東淵)이다. 차남은 아들이 넷인데, 유(畩)와 규(畦)는 모두 생원이고, 래(睞)는 계부(季父)의 양자로 나가고, 주(疇)는 숙부(叔父)의 양자로 나갔으며, 사위는 진사 한빈(韓鑌)이다. 공의 측실 소생의 딸이 출가하기 전에 병자호란에 죽어 그 정절을 정려(旌閭하였다.

공은 사람됨이 단아하였는데 일이 있을 때에는 과감하게 결단하였다. 남달리 총명하여 많이 보고 잘 기억하였는데 특히 예학(禮學)에 밝았으나 감추기를 힘쓰고 자처하지 않았다. 명리(名利)와 재화(財貨)

아니라 향리 전체를 교화 선도하기 위해 만든 향약이다.

58 주자(朱子)의 사창법(社倉法) : 주자가 구황(救荒) 대책으로 건의한 것이다. 맨 처음 일정한 양을 내어 1섬(石)당 1말(斗)의 이자를 받고 대여해 주고, 조금 흉년이 들면 이자를 절반으로 줄이고, 크게 흉년이 들면 이자를 완전히 감면하는 방식으로 운영하다가 이자가 본미(本米)의 10배가 되면 그때부터는 이자를 받지 않고 모미(耗米) 3되(升)씩만 거두는 방식이다. 《朱子大全 卷13》

를 보기를 자신을 더럽힐 듯이 여겼으며 집안이 대대로 가난하여 거친 음식도 넉넉지 못했으나 항상 태연하였다. 형의 손자와 누이의 딸을 보살피고 길러 제때 혼인시켰고 친척들에게도 극진한 사랑을 베풀었다. 제대로 된 사람이 아니면 교류하지 않았다. 종일토록 단정하게 앉아 병이 들어도 조금도 나태하지 않았으며, 창졸지간에도 다급하게 말하거나 조급한 기색이 없었으니 그 덕성이 이러하였다.

혼조(昏朝 광해조)에서 누차 급제하였지만 흉당(凶黨)의 뜻을 거슬러 매번 발거(拔去)되었고, 집안의 재앙을 만나 스스로 밭고랑 사이로 숨었다. 녹봉으로 부모를 봉양하기 위해 억지로 벼슬했지만 자신의 뜻이 아니었으니, 작은 고을을 배회하다 끝내 그 포부를 펴지 못하여 사람들이 모두 애석하게 여겼다. 자호(自號)는 절초당(節初堂)이며 문집 몇 권이 있다.

우리 증조 만회공(晩悔公 이유겸(李有謙))이 일찍이 공과 절친하여 늙어서도 절차탁마하는 공부를 게을리하지 않았다.

공의 후손 문준(文濬)이 공의 묘지(墓誌)를 부탁하였다. 우매한 후생이 무엇을 알겠는가마는 의리상 감히 사양할 수 없기에 우선 그 가장(家狀)에 근거하여 글을 짓고 명(銘)을 붙인다. 명은 다음과 같다.

간이의 문장이요	簡易之文
손곡[59]의 시이니	蓀谷之詩
이 두 가지 아름다움을 갖추었으니	具此兩美
훌륭한 스승을 얻었기 때문이네	蓋自得師

59 손곡(蓀谷) : 이달(李達)의 호이다.

중간에 집안의 재앙을 당하고선	中丁家難
궁하여 돌아갈 곳 없는 듯이 하였네	若窮無歸
간간이 녹봉 때문에 벼슬에 나아가니	間就祿仕
행적이 그 마음이 어긋났네	迹與心違
몇 고을의 현가[60]에서도	數邑絃歌
유교의 교화를 볼 수 있네	猶見儒化
나라를 빛낼 솜씨가	華國之手
시골에서 헛되이 늙어갔네	虛老田舍
뜻을 품은 채로 죽으니	齎志以歿
명인 것을 어찌하리오	命也如何
약간의 시편과 문장이	寂寥篇章
사람을 탄식하게 하네	令人吁嗟
임천의 옛 거처에서	林泉舊居
그 유풍을 상상하네	想像遺風
나는 그 아름다움 드러내어	我闡厥美
무덤 속에 들이노라	以納幽宮

60 현가(絃歌) : 거문고를 타며 시가를 읊조리는 것으로, 예악(禮樂)으로 백성들을 교화하는 뜻이다. 공자의 제자 자유(子遊)가 무성(武城)의 읍재(邑宰)가 되어 백성들에게 예악을 가르쳐 곳곳마다 현가 소리가 울렸다고 한다. 《論語 陽貨》

관찰사 이공 묘지[61]

觀察使李公墓誌

공의 휘는 천기(天基)이고 자는 재원(載元)이다. 연안 이씨(延安李氏)는 저헌(樗軒) 문강공(文康公) 석형(石亨)부터 크게 현달하였다. 그 후손 목사 기(巙)는 유학(儒學)으로 이름이 났다. 이분이 군수 정수(廷秀)를 낳았고, 군수가 현감 윤(贇)을 낳았다. 현감이 의금부 도사 시정(時程)을 낳으니 바로 공의 부친이다. 모친 수안 이씨(遂安李氏)는 현감 형장(亨長)의 딸이다.

공은 풍채가 아름답고 눈썹과 눈이 그린 것처럼 고왔다. 12세에 여러 경전을 통달하였고 문예(文藝)가 날로 진보하였다.

계유년(1633, 인조11)에 사마시에 합격하였다.

을해년(1635)에 성상께서 알성시(謁聖試)로 선비를 시취하였는데 공이 병과(丙科)로 합격하였다. 처음에 승문원에 보임되었다가 천거되어 예문관에 들어가 검열, 대교, 봉교를 지내고 세자시강원 설서를 겸하였다. 성균관 전적, 예조와 병조의 낭관, 사간원 정언, 사헌부 지평으로 옮겼다. 이때 한두 재상이 국법을 범한 노비를 집에 숨겨두었는데, 공이 그 죄를 탄핵하여 바로잡았다. 광해군(光海君)의 부고가 이르자, 백관이 모여 곡하자고 예관(禮官)이 청하였다. 이에 공이 말하기를,

61 관찰사 이공 묘지 : 이 글은 이천기(李天基, 1607~1670)의 묘지이다. 이천기는 본관이 연안(延安), 자가 재원(載元), 호가 허주(虛舟)이다.

"광해군은 종묘사직에 죄를 얻었으니 옛 임금으로 대우해서는 안 된다."

하여, 마침내 의논이 중지되었다. 자원하여 부안 현감(扶安縣監)으로 나갔다가 조정에 들어와 홍문관 수찬과 교리를 지내고 중간에 헌납을 지냈다. 예조에서 왕세손의 책례(冊禮)를 거행하기를 청했는데, 성상께서 왕세손이 관례(冠禮)를 하지 않았다는 이유로 곤란하게 여겼다. 이에 공이 예전의 일을 근거로 들어 왕세손이 쌍동계(雙童髻)에 공정흑책(空頂黑幘)를 쓰고서[62] 책문을 받도록 청하였다.

기축년(1649)에 인조가 승하하였을 때, 《오례의(五禮儀)》에 대신과 예관이 대렴(大斂)에 입참하는 조목이 없는 것과 관련하여 논의하여 아뢰라고 명하니, 공이 〈상대기(喪大記)〉 및 주석가들이 논한 것을 이끌어 상주하였다. 또 아뢰기를,

"등 문공(滕文公)은 세자 시절에 백관의 말을 듣지 않고 끝내 고례(古禮)를 행하였습니다. 지금 신하들이 보위를 이으실 저하께 바라는 것이 어찌 등문공에게 미치지 못하여 도리어 거칠고 완비되지 않은 《오례의》의 제도를 쓰겠습니까."

하였다. 공은 예서(禮書)에 깊이 힘을 썼기에 비록 창졸간에 글을 짓더라도 근거한 것이 정밀하였고 논리가 확실하여 그때마다 공의 의견이 시행되었다.

62 쌍동계(雙童髻)에 공정흑책(空頂黑幘)를 쓰고서 : 공정책(空頂幘)은 왕세자 또는 왕세손이 관례 전에 착용하던 관모(冠帽)로, 면류관에서 평천판(平天板) 없이 각(殼)만을 살리고 모정(帽頂)은 비어 있다. 쌍동계는 공정책을 쓸 때의 머리 모양인데 좌우로 나누어 상투를 트는 것이다.

청음(淸陰) 김 문정공(金文正公 김상헌(金尙憲))이 이조 판서 심액(沈詻)을 탄핵하자 엄정구(嚴鼎耈) 등이 번갈아 상소하여 심액을 편들었는데, 공이 차자를 올려 통렬하게 그 시비를 변론하였다. 당시 두 분 송 선생(宋先生)이 조정에 나와 악을 물리치고 선을 장려하는 것을 소임으로 삼았다. 동춘 선생(同春先生)이 김자점(金自點)을 유배시키자는 의론을 처음 내자, 공도 차자를 올려 거듭 청하였다. 얼마 뒤에 동춘 선생이 그 당여(黨與)까지 아울러 탄핵하려 하자, 공이 헌납으로서 곤란하게 여겨 산릉(山陵)의 역사를 마칠 때까지 천천히 기다려야 한다고 말하였다. 이에 동춘 선생이 인피(引避)하면서 공이 관망한다고 배척하였고, 우암 선생(尤庵先生)이 공의 피혐 계사를 다시 제기하여 힘껏 논변하자, 공이 마침내 파직되었다. 이는 공의 언론이 신중함을 힘썼기 때문인데 대의(大義)에 있어서는 일찍이 두 송 선생과 뜻이 같지 않은 적이 없었다. 이 때문에 우암 선생이 만년에 어떤 사람과 이 일에 관해 논하기를,

"이는 우리들이 서로 잘 알지 못해서 생긴 일이다."

하였다.

신묘년(1651, 효종2)에 이조 좌랑에 제수되었다가 의정부 검상과 사인으로 옮겼다. 휴가를 받아 귀성(歸省)하고 돌아와 호서(湖西) 백성의 고통을 아뢰니, 성상께서 가납하였다. 사간, 부응교, 집의를 지내고 또 외직을 구하여 한산 군수(韓山郡守)에 제수되었는데 부임하기 전에 도로 집의에 제수되었다.

을미년(1655)에 실록 도청의 공로로 통정대부에 올랐다. 김시진(金始振) 공이 추쇄 어사(推刷御史)로 경주(慶州)에 가면서 본 고을의 수령을 별도로 선발해 줄 것을 청했는데, 성상께서 적합한 자가 누구냐고

물으니 공이라고 대답하였다. 마침내 경주 부윤에 제수되어 2년을 지냈다. 어사가 공의 치적을 보고하자 특별히 가자(加資)하라고 명했다가 곧바로 중지하고 말을 하사하였다. 조정으로 돌아와 판결사, 승지, 호조 참의가 되었다. 여주 목사(驪州牧使)를 거쳐 충청 감사(忠淸監司)에 제수되었다. 노모 봉양을 이유로 심정을 아뢰어 사직을 청하니, 특별히 충주 부사(忠州府使)에 제수하여 편리하게 봉양하도록 하였다. 그 후에 또 인천 부사(仁川府使)와 충주 부사가 되었다. 당시 재상 허적(許積)이 그 지방에 살면서 연호군(烟戶軍)으로 자신의 방축을 쌓기를 구했으나 완강히 거절하였으니, 법을 지켜 흔들리지 않음이 이러하였다.

을사년(1665, 현종6)에 모친상을 당했다. 상기(喪期)를 마치고서 두루 여러 부서를 맡았다. 공은 조정에 있는 것을 좋아하지 않아 한가로이 지내고자 철원 부사(鐵原府使)로 나갔다가 경술년(1670) 7월 11일에 관아에서 세상을 떠났으니 향년 64세였다.

공은 돈후하고 진실한데다 품위를 겸비하였으니 바라보면 덕망이 높은 사람임을 알 수 있었다. 부모를 섬김이 지극히 효성스러웠다. 집이 몹시 가난하여 늘 몸소 농사짓고 물고기를 잡아 맛난 음식을 올렸다. 관직 생활 동안 단 하나의 물건도 자신의 누가 되게 하지 않았지만 어버이가 원하는 것이라면 힘을 다해 마련하였으며, 비록 일이 복잡한 큰 고을을 다스릴 때에도 혼정신성(昏定晨省)과 모시고 식사하는 일을 폐한 적이 없었다. 공무가 끝나면 반드시 공복(公服) 차림으로 곁에 앉아 그날 판결한 공사(公事)를 일일이 아뢰어 괜찮다는 말을 들은 뒤에야 만족하여 기뻐하였다. 대부인이 늙어서 실명(失明)하자, 식사 때에는 반드시 수저로 음식을 떠서 올리고 옷을 입을 때엔 반드시 옷을 입혀드렸으며 일상의 모든 움직임마다 직접 부축하여 모셨으니 그 극진한 사랑과 간절한 정성에 보는 자들이 감동하였다.

평생 동안 가산(家産)을 돌보지 않아 도회지에 집이 없었고 밭 한 때기도 늘어나지 않았다. 주군(州郡)을 다스릴 때에 집안의 여러 사람에게 말하기를,

"너희들이 집에 있을 때엔 거친 음식도 실컷 먹지 못했는데 다행히 나라의 은혜에 힘입어 편안히 앉아 배불리 먹으니 분수에 지나치다."

하였다. 이러한데 공물(公物)을 축내어 자신을 살찌울 리 있겠는가. 파직하고 돌아온 저녁에는 식구들이 양식을 꾸어 먹었다. 그러나 똑 부러진 모난 행동으로 명예를 구하는 일이 절대 없었기에 남들도 공을 다 알 수 없었다.

경연에서는 경전의 뜻을 잘 설명하였으며 지은 문장이 간명(簡明)하고 적절하여 당시 성상의 말씀이 공의 손에서 많이 지어졌다고 한다.

대개 공은 평소의 뜻이 담박하고 겸손하여 높은 자리에 오르는데 급급하지 않았기 때문에 중년 이후로는 승진하지 못하고 침체되었다. 경상(卿相)의 지위에 오른 자들이 모두 공의 후배였지만 공은 한산한 관직을 배회하면서도 전혀 성내는 기색이 없었다. 공이 누차 외직을 구한 것은 삼공(三公)의 자리로 하루 동안의 봉양을 바꾸려 하지 않아서일 뿐이다.[63] 세상에서는 더러 공이 기축년(1649)의 일[64] 때문에 침

63 삼공(三公)의……뿐이다 : 이와 관련하여 춘추시대 초(楚)나라 종자기(鍾子期)의 고사가 있다. 친구 백아(伯牙)의 "왜 입신출세하여 역사에 남을 생각은 하지 않고 이런 시골에서 초목과 함께 썩느냐"고 종자기에게 질문하자, "집에 위로는 연로한 부모님께서 계시고 아래로는 도와줄 형제가 없으니, 나무하는 것으로 날을 보내며 부모님의 여생을 지키려는 것이네. 그래서 비록 삼공과 같이 존귀한 자리라 할지라도 차마 하루

체되었다고 의심하지만, 이것이 어찌 공을 아는 자이겠는가. 이후 측출 소생의 동지중추부사 학로(鶴老)로 인해 추은(推恩)되어 이조 참판에 추증되었다.

부인 남양 홍씨(南陽洪氏)는 목사 이일(履一)의 딸이다. 슬하에 5남 3녀를 두었다. 아들은 현감 유로(有老), 숭로(嵩老), 현감 덕로(德老), 경로(景老), 성로(成老)인데, 숭로와 덕로는 모두 남의 후사로 나갔다. 딸은 사인(士人) 송규장(宋奎章)과 조이정(趙爾鼎)에게 출가하였다. 장남의 아들은 현감 헌좌(軒佐), 첨지 상좌(商佐)이고 딸은 최만석(崔晩奭), 최성(崔曐), 첨지 어경룡(魚景龍), 어사주(魚史周)에게 출가하였다. 차남의 아들은 희좌(羲佐), 선좌(宣佐), 명좌(命佐)이고 딸은 황준(黃濬)에게 출가하였다. 삼남의 아들은 원좌(元佐), 신좌(藎佐)이고 딸은 진사 박중석(朴仲錫)과 판서 민진후(閔鎭厚)에게 출가하였다. 문좌(文佐), 형좌(衡佐), 기좌(箕佐), 홍좌(弘佐), 충좌(忠佐), 양좌(良佐)는 사남의 소생이고, 오남은 후사가 없다.

증손은 진사 현상(鉉祥), 태상(台祥), 규상(奎祥), 응상(應祥), 하상(夏祥), 중상(重祥), 현감 태상(泰祥), 무과에 급제한 기상(麒祥), 제상(濟祥), 정상(鼎祥), 관상(觀祥), 진사 최상(最祥), 회상(會祥), 흥상(興祥), 항상(恒祥), 종상(宗祥)인데, 현상이 실로 공의 제사를 맡고 있다. 사위 조이정의 손자는 참판 언신(彦臣), 참의 명신(命臣),

동안의 봉양과 바꾸지 못하는 것이라네."라고 하였다.《警世通言 卷1 兪伯牙摔琴謝知音》

64 기축년의 일 : 김자점의 당여를 탄핵하는 일과 관련하여 송준길, 송시열과 논의가 달라 파직되었던 일을 말한다.

병사 호신(虎臣)이다. 나머지는 다 기록하지 않는다.

공의 무덤은 양지산(陽智山) 막동(幕洞) 계좌(癸坐)의 언덕에 있는데 부인을 합장하였다. 최상이 내게 배웠기에 여러 부형의 명으로 와서 명(銘)을 청하였다. 명은 다음과 같다.

저로의 후손이　樗老之後
정암(靜菴)을 스승삼고 회재(晦齋)를 벗삼았네[65]　師靜友晦
선비의 유풍 전승하여　儒素傳承
공의 세대까지 미쳤네　以及公世
공의 용모는 옥과 같았고　公貌如玉
그 미덕이 내면에 쌓였네　厥美蘊內
금란전[66]에 몸담으니　盛之金鑾
화려한 옷에 패옥이 빛났네　華衣光佩
공경의 벼슬에 오르는데　而公而卿
탄탄대로를 누가 막으랴　晉塗誰礙
그러나 공의 마음 여기 있지 않았으니[67]　非我思存

65 저로(樗老)의……벗삼았네 : 저로는 저헌(樗軒) 이석형(李石亨)이다. 이석형의 증손 이기(李𣚪)는 정암(靜菴) 조광조(趙光祖)의 문인으로 회재(晦齋) 이언적(李彦迪)과 교유하였다.《拙翁集 卷10 折衝將軍僉知中樞府事李公碑銘序》

66 금란전(金鑾殿) : 당나라 덕종(德宗) 때 금란파(金鑾坡) 위에 세운 전각으로 학사와 문인들이 있던 한림원(翰林院)을 가리킨다. 우리나라는 예문관이나 홍문관에 해당한다.

67 공의……않았으니 :《시경》〈출기동문(出其東門)〉"저 동문을 나가기 여자들이 구름처럼 많도다. 비록 구름처럼 많으나 내 마음 여기에 있지 않도다.〔出其東門, 有女如

어버이가 살아계시기 때문이었네 曰有親在
반포지효가 급하니 反哺斯急
노년의 어버이 기다려주지 않네 夕照難貸
좌우에서 보좌하여 左右以相
성대하게 사랑이 깊었네 藹然深愛
영화와 이욕의 마당으로 榮利之場
대중은 달려가나 공은 물러났네 衆趨我退
고을 수령으로 배회하며 低回朱紱
늙어서도 후회하지 않았네 白首靡悔
공의 거처를 둘러보면 環視其居
비바람도 가리지 못했네 風雨不蔽
무엇을 후손에게 남겼나 何以遺後
청렴결백이 가산이었네 淸白家計
지위가 덕에 차지 못해 位不滿德
유식자들이 개탄하였네 有識攸慨
내가 그 숨겨진 덕 드러내어 我闡厥幽
백 년 동안 밝게 보이노라 昭視百載

雲. 雖則如雲, 匪我思存.〕"라고 한 데서 온 말이다.

부제학 심공 묘지[68]

副提學沈公墓誌

심씨(沈氏)는 세계(世系)가 오래되었다. 정안공(定安公) 덕부(德符)부터 세상에 이름이 드러나 자손들이 서로 이어 이름난 공경(公卿)이 되고 왕실의 외척이 되었으니[69] 일이 역사에 실려 있다. 공의 증조 휘 우정(友正)은 장원급제자로, 관직이 여주 목사(驪州牧使)에 그쳤다. 조부 휘 집(諿)은 여러 차례 승진하여 예조 판서에 이르렀다. 부친 휘 동귀(東龜)는 홍문관 응교를 지냈다. 모친 김씨(金氏)는 좌의정 명원(命元)의 손녀이다.

공의 휘는 유(攸)이고 자는 중미(仲美)이다. 현종조와 숙종조에 벼슬하여 청렴한 명성과 곧은 도로 홍문관 부제학이 되었다. 그 지위가 영화롭고 현달하지 않은 것이 아닌데도 논하는 자들이 '이정도로 그치고 말지 않았을 것이다.'라고 하였으니 공의 사람됨을 알 수 있다.

공은 사람됨이 너그럽고 후덕하며 충성스럽고 근실하였다. 의론(議論)이 바르고 공평하였으며 모나고 뚝 부러지게 행동하기를 좋아하지 않았다. 그러나 사정(邪正)과 시비(是非)에 관해서는 정색하고 직언하여 누차 거꾸러져도 후회하지 않았으니 그 의리가 이러하였다.

68 부제학 심공 묘지 : 이 글은 심유(沈攸, 1620~1688)의 묘지이다. 심유는 본관이 청송(靑松), 자가 중미(仲美), 호가 오탄(梧灘)이다.

69 왕실의 외척이 되었으니 : 청송 심씨는 세 명의 왕후를 배출하였는데, 세종(世宗)의 비인 소헌왕후(昭憲王后), 명종(明宗)의 비인 인순왕후(仁順王后), 경종(景宗)의 비 단의왕후(端懿王后)이다.

숭정(崇禎) 갑인년(1674, 숙종즉위년) 이우정(李宇鼎) 등이 기해년(1659, 현종즉위년)의 복제(服制) 논의[70]를 끌어와 우암(尤菴) 송 문정공(宋文正公)을 탄핵하려 하였다. 공이 사간(司諫)의 신분으로 문정공의 무죄와 소인들의 무함한 정상을 진술하자, 성상께서 노하여 공을 파면하였다. 얼마 뒤에 군흉들이 어떤 일로 공을 무함하여 광주(廣州)로 유배되었다가 한참 뒤에 풀려났다. 당시 숙종이 새로 즉위하고 군흉들이 정권을 잡은 때라 조정의 신하들이 두려워 아무도 말하지 못했는데, 공 혼자 개의치 않고 꿋꿋하게 말했던 것이다. 이 때문에 수암(遂菴) 권공(權公 권상하(權尙夏))이 칭찬하기를,

"말 한마디만 입 밖에 나오면 기막힌 화가 당장 이를 형편이었는데 공이 수립한 바가 이러하였으니, 비록 옛날의 곧은 신하인들 어찌 이보다 더하겠는가.[71]"

하였으니, 이것이 공에 대한 실제 기록이다.

공은 어려서부터 영특하였으며 문학에 부지런히 힘썼다. 진사(進士)로 경인년(1650, 효종1) 문과에 급제하였다. 승문원 정자를 거쳐

70 기해년의 복제(服制) 논의 : 효종이 사망한 뒤에 인조의 계비인 자의대비(慈懿大妃)의 복제를 두고 일어난 논쟁으로, 남인은 삼년복을 주장하고 서인은 기년복을 주장하였다.

71 수암(遂菴)……더하겠는가 : 이는 한국문집총간 150집에 수록된 《한수재집(寒水齋集)》 권22 〈오탄집서(梧灘集序)〉에 나오는 말인데, 순서가 조금 다르다. 〈오탄집서〉의 내용은 다음과 같다. "공은 이때 사간으로서 직언하였는데 그 말이 마치 여름의 뜨거운 햇볕이나 가을의 찬 서리와 같았으므로, 사람들이 모두 펄쩍펄쩍 뛰고 손뼉을 치면서 '옛날의 곧은 신하인들 어찌 이보다 더하겠는가.'라고 하였다. 이때에 독한 화염이 하늘에 가득차서 말 한마디만 입 밖에 나오면 뜻밖의 화가 당장 이르는 형편이었는데도 공이 수립한 것이 저처럼 뛰어났다."

승정원 주서로 옮겼다. 예문관에 천거되었으나 사양하고 나아가지 않았다. 얼마 뒤에 성균관 전적과 병조 좌랑으로 승진하고 용안 현감(龍安縣監)에 보임되었다. 현종 초년에 부름을 받고 사헌부 지평에 제수되었다. 이전에 조부 판서공(심집(沈諿))이 남한산성(南漢山城)에서 오랑캐에게 사신갔다가 죄도 아닌 일로 관작이 삭탈되었는데,[72] 공이 상소하여 그 원통함을 아뢰었으나 윤허를 얻지 못했다.

부친상을 당하고 상기(喪期)를 마친 뒤에 사간원 정언에 제수되었다. 외직으로 나가 김제 군수(金堤郡守)가 되었다가 어떤 일로 장성(長城)에 유배되었다. 조정으로 돌아와 장령에 제수되어 정승 허적(許積)이 사명(使命)을 받들어 욕되게 한 죄[73]를 논했으나 받아들여지지 않았다. 헌납으로 옮겨 또 사류(士類)에게 화를 전가한 허적의 무리를 탄핵하고, 또 문곡(文谷) 김공(金公)이 일 때문에 엄한 견책을 받은 것[74]은 불가하다고 말하였다. 얼마 뒤에 사간으로 옮겼다. 연이어 사도시 정과 성균관 사성에 제수되었다. 사헌부 집의로 옮겨 재이(災異)로 인해 상소하여 성덕(聖德)을 닦고 백성을 보호하는 실제 일에 대해 극언하

72 이전에……삭탈되었는데 : 심집(沈諿)이 남한산성에서 강화할 때 임시 대신(大臣)의 직함을 지니고 오랑캐 진중으로 갔었는데, 거기서 형편없는 일들이 많았다고 하여 효종이 나라를 팔고 구차히 살기를 꾀했다는 죄로 관작을 추탈(追奪)하였다.《顯宗實錄 卽位年 7月 29日》

73 허적(許積)이……죄 : 23쪽 주10 참조.

74 문곡(文谷)……것 : 문곡 김수항(金壽恒)이 당시 이조 판서로서 승지를 의망할 적에 김우석(金禹錫)과 이익(李翊)이 승지의 직임에 적합하지 않다고 여겨 의망하지 않았는데, 이 일로 가벼운 벌을 받게 되자 정고(呈告)하였다. 그러자 현종이 신하의 도리에 마땅하지 않다고 하며 추고를 명하였다.《顯宗實錄 8年 9月 15日, 20日》

고, 또 말하기를,

"언로의 개폐(開閉)는 국가의 흥망과 관계되건만 전하께서는 자신을 성인(聖人)인 듯 여기기 좋아하고 직언을 싫어하시니, 이는 성상의 학문이 밝지 못하여 본원(本源)이 많이 가려졌기 때문입니다."

하였다. 공은 전후로 수십 년간 대간(大諫)의 직임을 맡아 일에 따라 할 말을 다하고 강직하게 굽히지 않았다. 그 큰 일이 이러하니 나머지는 생략해도 될 것이다.

공은 고을을 다스림에 정통하였으니, 옥천 군수(沃川郡守)로 있었을 때에는 온 경내의 백성들이 잘 다스린다고 칭송하였고 떠난 뒤에 송덕비를 세워 그리워하였으며 송 문정공(宋文正公)이 기문(記文)을 지었다.[75] 조정으로 돌아와 사간과 지제교에 제수되어 호남(湖南)에서 선비를 시취하였고, 사복시 정, 세자시강원 필선과 보덕을 거쳐 안변 부사(安邊府使)로 나가 몇 년을 지내고 교체되어 돌아왔다. 광주(廣州)의 유배에서 풀려 돌아와서는 다시 사간에 제수되었다. 홍문관 교리와 의정부 사인으로 옮겼고, 응교를 거쳐 승정원 동부승지에 발탁되고 병조 참지와 예조 참의를 지냈다.

계해년(1683, 숙종9) 황해도 관찰사(黃海道觀察使)에 제수되었다가 어떤 일로 파직되었다. 조정에 들어와 대사성, 이조·예조·호조의 참의, 대사간이 되었다. 상소하여 윤증(尹拯)의 거짓되고 패악한 실상을 논척하고 윤증을 구제하려는 무리들까지 아울러 논하였다.

정묘년(1687) 가을에 만수전(萬壽殿)에 화재가 일어나자, 공은 부

75 송 문정공(宋文正公)이 기문(記文)을 지었다 : 한국문집총간 113집에 수록된《송자대전(宋子大全)》권142에 〈옥천군거사당기(沃川郡去思堂記)〉가 실려 있다.

제학으로서 성상을 모시고 경계를 올렸다. 이때 성상이 사당(邪黨)의 말에 넘어가 자못 선류(善類)를 쌀쌀맞게 대하였고, 문곡공(文谷公)이 복상(卜相)의 일로 성상의 뜻을 거슬러 조정을 떠났는데,[76] 공은 기미를 먼저 알아차리고 그치지 않고 반복 진언하여 국가의 화를 늦추기를 바랐으나 성상께서 그 말을 쓰지 못했다. 이듬해에 형조 참의에 제수되었다가 갑자기 7월 6일에 집에서 세상을 떠났으니 향년 69세였다. 통진(通津) 문수산(文殊山) 아래 선영에 안장하였다. 공이 세상을 떠난 다음해에 흉당이 과연 정권을 잡았다.[77] 갑술년(1694)에 정권이 바뀌자 비로소 관원을 보내어 공의 사당에 제사하였다.

공은 곧은 도(道)로 시론(時論)과 어긋났고 조부 판서공이 오랫동안 신원되지 못했기에 원통한 마음으로 진취에 뜻이 없었다. 숙종 경신년(1680)에 문곡공의 진언으로 비로소 그 억울함이 풀렸으니, 공의 효성에 대한 감응이라고 사람들은 말한다.

공은 대부인을 섬김에 그 예를 다하였으며 형제들과 우애로웠다. 그 마음이 세리(勢利)에 담박하고 검약(儉約)을 좋아하여 항상 강가에 살았으니 벼슬살이하면서도 서울에 집을 마련하지 않았다. 평소에 방에 주렴을 드리우고 안석에 기대어 문인학사들과 어울려 술 마시고 시를 지으며 강산 사이에서 유유자적하며 그 밖의 영욕(榮辱)과 이해

76 문곡공(文谷公)이……떠났는데 : 1687년(숙종13)에 숙종이 영의정 김수항(金壽恒)에게 복상(卜相)하도록 명하였다. 당시 숙종은 조사석(趙師錫)을 염두에 두고 있었으나 김수항이 조사석을 의망하지 않으므로 계속 다시 복상하게 하였다. 결국 김수항은 이를 계기로 사직을 청하고 조정을 떠났다.《肅宗實錄 13年 5月 1日, 7月 24日》

77 공이……잡았다 : 기사년(1689)의 환국(換局)으로, 송시열과 김수항이 사사(賜死)되고 남인들이 다시 등용되었다.

(利害)의 일이 있는 줄 몰랐지만 임금을 사랑하고 나라를 걱정하는 마음은 늙어서도 잊은 적이 없었다.

부인 완산 이씨(完山李氏)는 사의 명열(命悅)의 딸이다. 자애롭고 은혜로워 베풀기를 좋아하였으며 군자의 짝이 되어 그 뜻을 어기지 않았다. 공보다 13년 뒤에 세상을 떠나 공의 무덤에 합장하였다.

슬하에 4남3녀를 두었다. 아들은 군수를 지내고 참의에 추증된 한주(漢柱), 한 장(漢章), 한서(漢瑞), 직장 한규(漢規)이고, 딸은 첨정 이홍정(李弘廷), 정도진(丁道晉), 도정 이세정(李世禎)에게 출가하였다. 손자는 목사 봉휘(鳳輝), 정랑 봉의(鳳儀), 봉위(鳳威), 봉일(鳳逸), 봉인(鳳仁), 봉관(鳳觀)이고, 증손은 감사 성희(聖希), 현희(賢希), 사희(士希), 도희(道希), 태희(泰希), 현희(顯希), 원희(元希)이다. 내외의 손자와 증손이 총 약간 명이다.

공은 시에 뛰어났으며 문집이 세상에 간행되었다. 별도로 오탄(梧灘)이라고 자호(自號)하였다고 한다. 명(銘)은 다음과 같다.

진실로 오탄은 允矣梧灘
외면이 바르고 내면이 방정하였네 外夷中方
재주는 민첩하면서 풍부하였고 才敏而贍
학문은 넓으면서 잘 기억하였네 學博而彊
평소 유유자적하여 平居自弛
강산에서 글을 짓고 술 마셨네 文酒江山
조정에 있을 때에는 其在朝廷
과감하게 직언하였네 讜言犯顏
근심이 깊고 생각이 원대했으니 憂深慮遠

사정이 교차하는 시기였네	邪正之交
기미를 알아차리고 미봉하여	彌縫幾先
험난한 상황에서도 어렵지 않게 여겼네	弗艱于嶢
담박 청렴하며 검소 공손함이	恬淸儉恭
오직 덕의 실마리였네	惟德之緖
내가 공의 큰일을 모아	我最其大
길이 명예롭게 하노라	以永終譽

도암집

제41권

묘지 墓誌

판서 분애 신공 묘지[1]

判書汾崖申公墓誌

공의 휘는 정(晸), 자는 인백(寅伯), 호는 분애(汾崖)이며 평산(平山) 사람으로 고려 장절공(壯節公) 숭겸(崇謙)의 후손이다. 부친의 휘는 익전(翊全)이며 참판을 지냈고, 모친 조씨(趙氏)는 한원부원군(漢原府院君) 창원(昌遠)의 딸이다. 공은 숭정 무진년(1628, 인조6) 7월 7일에 태어났다. 무자년(1648), 생원시와 진사시에 합격하고, 갑진년(1664) 빙고 별검을 거쳐 춘당대 정시(庭試)에 급제하였다. 정승 정태화(鄭太和)가 성상께 경하하며,

"이 사람은 선조조의 명신 신흠(申欽)의 후손으로 문학과 재주로 일컬어지는 자입니다."

하니, 성상께서 기쁜 낯빛을 지으셨다. 예전에 참판공(신익전)이 역적 이계(李烓)에게 모함을 받아 오랑캐에게 구속된 적이 있었다. 오랑캐의 역관 정명수(鄭命壽)가 오자, 묘당에서는 구속된 사람의 자제에게 가서 만나보도록 허락하였다. 정명수는 평소 사나워 고관들을 무시하였는데, 공을 만나자 자기도 모르게 무릎을 꿇으며,

"이 수재는 두렵습니다."

하였다. 공의 누이가 왕자(숭선군(崇善君) 이징(李澂))의 아내가 되자 참

1 판서……묘지 : 이 글은 신정(申晸)의 묘지명이다. 신정은 본관이 평산(平山), 자가 인백(寅伯), 호가 분애(汾崖)이다. 1628년(인조6) 7월 7일 태어나 1687년(숙종13) 3월 17일 세상을 떠났다.

판공은 몹시 두려워하고 조심하였는데, 공이 곁에서 도운 일이 많았다. 적신 김자점(金自點)이 혼사를 맺기를 요구하며 혼수를 두 대의 수레로 실어보냈으나 물리쳤다. 신묘년(1651, 효종2) 옥사가 일어나자 김자점의 인척으로 화를 당한 사람이 많았는데, 공의 집안만은 면하였다.

신재(愼齋) 김 문경공(金文敬公 김집(金集))이 참소를 받아 도성을 떠났는데, 그 논의에 앞장선 자가 공의 지친이었다. 그러나 공은 구차하게 동조하지 않고, 개탄하며 여러 선비들의 앞장을 서서 상소하여 붙잡기를 청하였다.

공은 포의 시절부터 평소 무거운 명망이 있었는데, 이때에 이르러 승문원에 분관되고 곧 사국(史局)에 들어갔다. 또 승정원 주서가 되고 설서를 거쳐 예조 좌랑으로 승진하고, 사헌부 지평으로 옮겼다. 어의(御醫) 한씨(韓氏)가 권세를 믿고 방자하게 굴자 공이 대각에 있으면서 체포하여 마침내 법대로 처치하니 도성 사람들이 전율하였다. 누차 사간원 정언이 되었는데, 서필원(徐必遠)이 우암 선생을 비방하자 어진 이를 방해한 죄를 바로잡도록 청하였다.

이에 앞서 우암은 부마의 저택이 지나치게 커서 신하가 살 수 있는 곳이 아니라 하였다. 선생이 도성을 떠난 다음날, 성상이 부마에게 그대로 그 집에 살라고 명하였으나 공이 계청하여 명을 도로 거두어들였다.

정릉(貞陵)[2]이 복위되자 예법상 부묘(祔廟)해야 하는데, 성상이 여전히 난색을 표하셨다. 공이 처음으로 상소하여 논하고, 다시 합사(合

2 정릉(貞陵) : 태조의 계비 신덕왕후(神德王后) 강씨(康氏)를 말한다.

辭)하여 힘껏 청하여 마침내 윤허를 받았다. 옥당에 선발되어 누차 수찬, 교리, 응교에 임명되었다. 당시 왜인(倭人)의 우두머리가 왜관(倭館)을 옮기기 위해 평상성(平尙成)을 사신으로 보냈다. 평상성은 불만스러운 일을 당하면 곧 검으로 사람을 찔렀는데, 특별히 공을 접위관으로 보냈다. 공이 도착하여 위엄으로 굴복시키고 의리로 타이르자 평상성이 "공은 엄명하여 덤빌 수 없습니다." 하고 역관을 통해 사죄하며 다시는 왜관을 옮기는 일을 감히 말하지 못했다.

집의, 사간, 보덕을 거쳐 명을 받고 영남 지역을 염문한 뒤 편의책 십여 조를 올렸는데 대부분 채택되어 시행되었다. 헌납 윤경교(尹敬教)가 정승 허적(許積)의 간사함을 논척하자 성상께서 진노하여 그를 체직하였다. 공이 상소하여 아뢰기를,

"윤경교는 옛날 간쟁하는 신하의 풍도가 있으니 그를 꺾어 언로를 막아서는 안 됩니다."

하고, 전지(傳旨)를 반려하였다는 이유로 승지 여성제(呂聖齊)를 체포한 잘못을 언급하였다. 상소가 들어간 지 9일이 지나자 엄한 하교를 내려 특별히 체직하였다. 정원이 간쟁하였으나 들어주지 않았고, 그 뒤로 누차 낙점을 받지 못했다.

임자년(1672), 묘당의 논의에 따라 자급을 뛰어넘어 전라도 관찰사에 임명되었는데 몸가짐이 청렴하고 일처리가 엄명하였다. 큰 흉년이 든 뒤이므로 마음을 다해 구휼하니 온 도의 백성이 그에 힘입어 소생하였다. 또 군비를 점검하고 선비의 기습을 바꾸는 데 더욱 유념하였다. 얼마 후 아들 진화(鎭華)가 의빈에 선발되자 특명으로 불러들여 병조와 호조의 참의를 지냈다. 공주가 세상을 떠나자 공이 관청에서 지급한 혼인 비용을 의리상 남겨둘 수 없다며 모두 도로 바치고, 심지어 빌려

서 채우기까지 하였다. 성상께서 전례가 없다며 굳이 만류하였으나 하지 못하였다.

대사간을 지낼 때 영남 사람 장응일(張應一)이 영릉(寧陵)의 일을 가지고 사림에게 화를 입히려 하자 상소하여 그 정상을 통렬히 논척하니, 장응일은 마침내 유배되었다. 당시 흉인들이 틈을 타서 날마다 사악한 말을 올리니, 성상께서 사류를 자못 싫어하여 견책이 이어졌는데, 공은 그때마다 힘써 구해주었다. 대사성, 예조 참의에 임명되었다.

갑인년(1674), 중원에 오삼계(吳三桂)의 난이 일어나 중외가 소란하였다. 조정에서는 변방의 방비를 강화하기로 논의하여 마침내 공을 평안도 관찰사로 발탁하였다. 감영에 착호군(捉虎軍) 수백 명이 있었는데 모두 날쌔고 용감한 장사였다. 특별히 그들의 사포(絲布)를 견감하고, 또 장정을 모집하여 보태며, 활과 총을 지급하여 무예를 익히게 하였다. 짐승을 쫓아가 죽인 자가 있으면 후한 상을 내리고 잡은 짐승까지 주었다. 군사들이 감동하고 분발하여 그를 위해 죽고자 하였다.

하루는 바다로 외적이 왔다는 말이 잘못 전해져 성 안이 요동하여 통곡하는 소리가 길에 가득하였다. 공이 말한 자를 먼저 참수하여 조리 돌리니 백성이 조금 안정되었다. 공이 기른 착호군이 일시에 창을 메고 와서 밤까지 경비를 서니 이로 인해 아무 일이 없었다.

약산(藥山)과 자모(慈母) 두 산성은 평안도의 큰 요새였는데, 보루와 무기를 대거 수선하여 원대한 계책으로 삼았다. 매일 중문(重門)을 활짝 열고 백성으로 하여금 곧장 침소까지 들어와 일을 아뢰게 하였다. 새벽부터 일어나 업무를 보고, 밤에는 장수를 불러 곁에서 담론하게 하며 조용히 술을 마셨다. 말이 쓸 만하면 번번이 상을 내려 권면하니, 논하는 자들은 장영(張詠)이 촉(蜀)을 다스릴 때[3]에 비견하였다.

숙종이 즉위한 초기에 흉인들이 정권을 잡아 선조(先朝 현종)의 옛신하들을 거의 다 쫓아냈다. 공도 탄핵을 받고 파직되어 고향으로 돌아가 호서에 은거하여 아침 저녁 끼니도 잇지 못하였다. 얼마 후 서용하는 명이 내렸으니, 역적 윤휴(尹鑴)가 공의 청렴결백은 남이 미치지 못한다고 말했기 때문이었다. 왕릉을 수리한 공로로 가의대부로 승진하여 병조 참판과 공조 참판을 지냈다.

어떤 요망한 승려가 소현세자의 아들이라고 자칭하자 성상께서 공경들에게 회의하라고 명하였다. 허적이 영의정이었는데 결정하지 못하고 머뭇거렸다. 간신들은 둘러 앉아 좌우를 돌아보며 감히 한 마디도 하지 못했다. 공이 곧장 좌중에 들어가 준불의(雋不疑)의 고사[4]를 인용하며 정색하고 단정하기를,

"이 한 마디로 결정할 뿐입니다."

하고, 아전에게 종이와 붓을 가져오게 하여 입으로 계사의 초고를 부르고는 고개를 들고 나왔다. 허적 등은 기가 죽어 마침내 법대로 처치하였다. 중간에 도승지와 여러 조의 참판에 임명되었다.

역적 윤휴가 사인(私人)을 시켜 공문(公文)을 빙자하여 금산(禁山)의 소나무를 대거 벌목하여 자기 집으로 들였는데, 좌윤 남구만(南九

3 장영(張詠)이……때 : 장영은 북송(北宋)의 명신으로 촉 땅의 익주(益州)를 다스렸는데, 은혜와 위엄을 병행하여 촉 땅 백성이 두려워하면서도 사랑하였다. 《宋史 卷293 張詠列傳》

4 준불의(雋不疑)의 고사 : 한 소제(漢昭帝) 때 자기가 위태자(衛太子)라고 주장하는 자가 나타났다. 관원들이 감히 말을 꺼내지 못했는데 경조윤(京兆尹) 준불의는 위태자가 무제(武帝)에게 죄를 지었으니 죄인이라 하고 즉시 감옥에 가두었다. 《漢書 卷71 雋不疑傳》

萬)이 조사하여 다스리기를 청하였다. 성상께서 허락했다가 도로 중지하자 공이 우윤으로서 상소하여 그의 방종한 실상을 폭로하였다. 윤휴의 당파가 미워하여 훗날 탄핵을 받고 파직되었다.

강화도에 익명서를 투서한 자가 있었는데, 역적 이남(李柟)이 시킨 것으로, 장차 관원들을 도륙하고자 한 것이었다. 공은 당시 강가 누각에 있으면서 막내 아우 감사공과 술을 따르며 시를 읊었는데, 시를 다 완성하기 전에 아들 계화(啓華)가 급히 와서 눈물을 흘리며 공의 이름도 고발한 대상에 들어있다고 말하였다. 공이 웃으며 말하기를,

"죽고 사는 것은 운명이다."

하고, 읊기를 그치지 않았다. 이튿날 도성으로 들어가 정승 정치화(鄭致和) 등 여러 공과 함께 대명하였다. 공이 그 시를 읊자 정치화가 손을 흔들어 저지하며,

"적당한 장소가 아니오."

하니, 공이 말하기를,

"평소 공의 풍도가 좋다고 생각했는데 지금 어찌 그리 겁을 내시오? 우리들이 어찌 역적이 되겠소?"

하고, 소리 높여 외웠다. 대명한 지 수십 일 만에 비로소 돌아왔다. 투서한 이유정(李有湞)을 찾아내자 흉당이 급히 주살하여 입을 막았다.

경신년(1680) 정국이 바뀌었을 때 공은 안변 부사(安邊府使)로 있었는데, 대사헌으로 부름을 받아 연경 가는 부사(副使)에 차임되었다. 오시수(吳始壽)가 역적 이남과 함께 오랑캐의 말을 빙자하여 "신하가 강하다."라는 말을 지어내었다. 공은 평안도에 있을 때 이미 조사하여 그 실상을 알아내었기에 돌아와서 성상께 몹시 자세히 아뢰었다. 훗날 오시수의 옥사가 일어나자 공은 오시수의 모함을 받고 체포되었는데,

명백하게 변론하자 성상께서 특명으로 풀어주었다. 오시수는 할 말이 없어 마침내 사사당하였다.

대사간에 임명되어 별의 이변으로 인하여 상소하여 장률(贓律)을 엄격히 하고 민폐를 돌볼 방책을 아뢰니 성상께서 가납하셨다. 이듬해 자헌대부에 올라 대사헌, 우참찬, 예조 판서를 역임하였다. 《현종실록(顯宗實錄)》 편수에 참여하고, 홍문관 제학과 지경연사를 겸하였다. 또 정헌대부에 올랐다.

계해년(1683) 숭정대부에 올라 이조 판서에 임명되었다. 공은 낭관으로 있을 때부터 번번이 선친이 남긴 경계를 인용하며 나아가지 않았는데, 이때에 이르러서도 힘껏 사직하여 체직되니, 공론이 훌륭하게 여겼다. 외직으로 나가 개성 유수(開城留守)가 되었는데, 참판공이 다스리던 곳이었다. 공은 한결같이 옛 법도를 준수하여 백성을 인도하고 풍속을 교화하는 데 힘썼다. 몇 달 지나 파직되자 개성의 백성들이 구순(寇恂)의 고사[5]처럼 1년 유임시켜 달라고 청하였으나 허락받지 못하였다. 그러자 서로 비석을 세워 칭송하였다. 훗날 빈접사로 개성을 지나자 노인들이 대거 와서 맞이하였는데, 대접하는 천막이 몇 리에 이어졌다. 훗날 공이 세상을 떠났다는 소식을 듣고 와서 곡한 백성이 수백 명이었다.

병인년(1686) 매복(枚卜)[6]에 들어갔다가 외직으로 나가 강화 유수

5 구순(寇恂)의 고사 : 구순은 후한(後漢)의 명신이다. 하내 태수(河內太守)를 맡아 선정을 베풀자 백성이 광무제의 길을 막고 구순을 1년 더 머물게 해 달라고 청원하였다. 《後漢書 卷46 寇恂列傳》

6 매복(枚卜) : 정승의 후보를 뽑는 절차를 말한다.

(江華留守)가 되었다. 강화도는 국가의 비상시를 대비하는 곳인데, 요해지에 막을 곳이 하나도 없었다. 공은 어린 시절 성이 함락되는 광경을 목도하였으므로 마음 속으로 항상 개탄하였는데, 이때에 와서 토성(土城)과 돈대(墩臺) 40여 개 소를 수리하고, 무기를 더 만들고 무예를 자주 사열하여 어려운 때를 대비하니, 공이 다스린 때에 와서 요새가 더욱 굳건해졌다.

정묘년(1687) 12월 22일 병으로 관사에서 세상을 떠나니 향년 60세였다. 성상이 애도하며 조회를 중지하고 예법대로 조문하고 제사지냈다. 공은 처음에 여주(驪州)에 장사지냈다가 훗날 이천(利川) 수정리(水井里) 임좌(壬坐)의 언덕으로 옮겼다.

부인 청송 심씨(青松沈氏)는 교리 희세(熙世)의 딸인데 공보다 먼저 세상을 떠났다. 3남을 두었으니 징화(徵華)는 지극한 행실이 있었으나 요절하였고, 서화(瑞華)는 부사를 지냈고, 계화(啓華)는 문과 중시에 급제하여 승지를 지냈다. 딸은 현감 이석형(李碩亨)에게 시집갔다.

계배(繼配) 양천 허씨(陽川許氏)는 판관 섬(暹)의 딸이다. 5남 3녀를 두었으니 진화(鎭華)는 요절했고, 상화(尙華)는 별제를 지냈고, 석화(錫華)는 군수를 지냈고, 택화(宅華)는 효도로 정려문을 받았고, 막내는 종화(從華)이다. 사위는 진사 이익하(李翊夏), 봉교 홍중익(洪重益), 사인 이세규(李世規)이다. 손자는 교리를 지낸 노(魯), 응교를 지낸 석(晳), 매(邁), 적(迪), 현(晛), 희(曦), 휘(暉), 현감을 지낸 야(埜), 학(壆), 군수를 지낸 진(晉)이며 내외 손자와 증손은 다 기록하지 못한다.

공은 사람됨이 호방하고 걸출하며 집안에서의 행실이 몹시 돈독하였다. 어릴 적 흉년을 만나 모부인이 아침을 거르는 모습을 보고는

울며 말하기를,

“저를 팔면 식사를 하실 수 있을 것입니다.”

하였다. 현달한 뒤로는 늘 미처 녹봉으로 봉양하지 못한 것을 지극히 애통해하며 말할 적마다 반드시 눈물을 흘렸다. 또 우애가 독실하여 감사공과 약속하기를,

“과부가 된 형수와 어린 누이가 가난하여 살 수가 없다. 어찌 선친의 재산을 주지 않겠는가. 나와 너는 녹봉으로 먹고 살면 충분하다.”

하고, 하사받은 것이 있으면 번번이 아우와 누이에게 주고 집안에 남겨두지 않았다. 자손을 위해 가산을 마련하지 않고, 매번 양진(楊震)의 “청백리 자손이라는 명예를 남겨준다.”라는 교훈[7]을 외어 타일렀다. 또 검소하게 집안을 다스리고 젊어서부터 베풀기를 좋아하여 자기가 가진 것을 남이 가지고자 하는 기색이 있으면 반드시 주었다. 심지어 노복을 남에게 주는 것도 마치 물에 밥을 말아 먹듯 쉽게 하였다. 매번 “사대부가 한번 절개를 잃으면 나머지는 볼 것이 없다.”라고 하였다.

퇴근하면 문을 닫고 편안히 앉으니 조용하여 사람이 없는 것 같았으며, 공무가 아니면 출입하지 않았다. 마음에 맞는 사람을 만나면 그때마다 기뻐하며 술을 마시고 흉금을 터놓으니, 풍류와 기개가 한 시대를 경도시켰다. 비록 간간이 해학을 섞었으나 시대를 걱정하고 풍속을 근심하는 뜻이 저절로 그 안에 담겨 있었다. 송나라 선비(여희철(呂希哲))가 말하기를, “기상이 좋을 때는 모든 일이 잘 된다.”라고 하였으니

7 양진(楊震)의……교훈 : 후한의 양진은 자손을 위해 가산을 늘리라는 권유를 받으면 “후세에 청백리 자손으로 일컬어지는 명예를 준다면 후하지 않은가.” 하였다. 《後漢書 卷54 楊震列傳》

공을 두고 한 말이리라.

공은 항상 탄식하기를,

"당론이 필시 나라를 망하게 할 것이다."

하였다. 노론(老論)과 소론(少論)이 갈라진 초기에 모시는 자로 하여금 장난삼아 일력(日曆)을 벽에 붙이게 하고,

"아무 날은 노론이고 아무 날은 소론이다."

하였다. 시사를 말하는 손님이 있으면,

"내가 오늘 무슨 논(論)인지 보라."

하였다. 세속에 섞여 세상을 희롱하는 것이 이와 같았으나 실제로는 선악의 구분에 엄격하지 않은 적이 없었다. 선배 중에는 우암을 존숭하여 매번 "남구만은 필시 소인일 것이다."라고 하였는데, 사람들이 그의 선견지명에 감복하였다. 재상의 자리에 있으면서도 득실과 영욕에 초연하였고, 오직 나라를 걱정하고 임금을 사랑하는 일념은 단청처럼 또렷하여 어려운 시절을 말할 때면 장탄식하였다. 간혹 술이 취하면 포은(圃隱) 정몽주(鄭夢周)의 '이 몸이 죽고죽어'라는 노래를 부르고, 노래를 마치면 눈물을 떨구었다. 지금 상상해 보아도 그 사람을 보는 것 같다. 문장은 집안에서 전수받아 관각의 법도가 있었으며, 시에 더욱 뛰어났다. 유집 약간 권이 집에 보관되어 있다.

노(魯)가 살아 있을 때 공의 묘지명을 부탁했는데, 이제 늙고 병들어 곧 죽을 것이기에 차마 망자를 저버릴 수 없어 마침내 명을 짓는다.

훌륭하다 판서여	偉哉尙書
상촌의 손자라네	象村之孫
문장과 사업으로	文章器業

문호를 넓혔네	以大厥門
언론은 강직하여	言議侃侃
선비들의 중망이 귀의했고	士望攸歸
시종일관 한결같은 절개로	一節終始
험지를 평지 다니듯 하였네	履險如夷
농담하고 웃으니	謔浪笑傲
풍류가 뛰어났네	風流弘長
세속에 섞여 세상을 희롱하니	混俗玩世
이 노인 미치지 않았네	此老非狂
답답하고 불평한 마음	牢騷不平
모두 술에 담았네	一寓於酒
선악을 감별하니	鑑別邪正
사람들이 어찌 숨기리오	人也焉廋
기상이 좋았으니	氣象之好
길이 칭송받음이 마땅하네	宜永終譽
세상은 쇠퇴하여	世界衰颯
눈을 뜰 곳이 없네	開眼無所
공이 아니면 누굴 생각하랴	匪公誰思
명을 지어 드러내네	銘以表之

좌의정 노봉 민공 묘지[8]

左議政老峰閔公墓誌

공의 휘는 정중(鼎重), 자는 대수(大受), 호는 노봉(老峰)이다. 여흥 민씨(驪興閔氏)는 고려 때 대대로 융성하였으며, 모두 상의국 봉어(尙衣局奉御) 칭도(稱道)를 시조로 삼는다. 우리나라에 와서 휘 심언(審言)이라는 분은 단종이 선위하려 하자 개성 부유수(開城副留守) 벼슬을 버리고 고향으로 돌아가 노년을 보냈다. 4대를 전해 내려와 입암(立巖)에 이르렀다. 입암의 휘는 제인(齊仁)으로 좌찬성을 지냈으며 을사년(1545, 명종즉위년)의 사류를 구하려다가 유배되어 죽었다. 이분이 군수 휘 사용(思容)을 낳았고, 이분이 장흥고 영 여건(汝健)을 낳았으니 공의 증조이다.

조부 휘 기(機)는 부윤을 지냈고, 부친 휘 광훈(光勳)은 관찰사를 지냈다. 대대로 청렴한 덕과 참된 행실로 알려졌다. 모친 연안 이씨(延安李氏)는 부원군 광정(光庭)의 딸이다. 세 아들을 두었으니 대사헌 시중(蓍重), 문정공 유중(維重), 그리고 공은 두 번째이다. 숭정 무진년(1628, 인조6) 1월 무인일에 태어났다.

어려서부터 지기가 탁월하여 어른이 의심스러운 일을 물으면 맞추는 경우가 많았다. 총명이 남다르고 문예를 일찍 성취하였다. 21세에

8 좌의정……묘지 : 이 글은 민정중(閔鼎重)의 묘지명이다. 민정중은 본관이 여흥(驪興), 자가 대수(大受), 호가 노봉(老峰)이다. 1628년(인조6) 1월 16일 태어나 1692년(숙종18) 6월 25일 세상을 떠났다.

진사가 되고 이듬해 정시에 장원으로 급제하였다. 성균관 전적에 임명되고 병조 좌랑, 시강원 사서로 옮겼다.

효종이 새로 즉위하여 경인년(1650, 효종1) 겨울에 우레가 치자, 공이 산직(散職)으로 있으면서 상소하여 임금의 잘못을 아뢰었는데,

"전하께서 조종(祖宗)의 자리에 올라 종묘사직을 안정시키고 백성을 보호하지 못한다면 하늘에 계신 선왕의 영령이 '내게 훌륭한 후손이 있다.'라고 하시겠습니까. 전하께서는 무슨 면목으로 종묘에 들어가시겠습니까."

하니, 비답을 내려 "너의 충직함이 가상하다."라고 하였으나 얼마 후 온당치 않은 하교 때문에 스스로 사직하였다. 또 전지(傳旨)에 응하여 여덟 가지 일을 논하였는데, 술 마시는 일을 간언하며 정자가 사냥을 좋아한 일을 비유하였다.[9] 논한 내용은 대부분 시행되었으며, "농담을 맑은 흥취로 여긴다."[10]라는 대목에 이르러 성상이 감탄하며 신하들에게 경계할 줄 알도록 하기 위해 고비(皐比)를 하사하여 장려하고,

"곧은 기운을 잘 길러 원대한 경지에 이르기를 바란다."

하였다. 사간원 정언에 임명되자 법을 어긴 재신 법관을 탄핵하니, 성상께서 칭찬하며,

9 술……비유하였다 : 민정중이 당시 올린 상소에 "전하께서 잠저에 계실 때 때때로 술을 가까이 하셨는데, 간혹 큰 잔으로 마시고 통쾌하다고 여기셨습니다. 왕위에 오르신 뒤로는 이미 술을 끊으셨고, 연석에서 거듭 갖가지로 경계하셨으니, 신민의 기쁨이 더욱 끝이 없습니다. 그러나 신의 간곡한 마음으로는 정자가 사냥을 좋아한 일을 경계하지 않을 수 없습니다."라는 내용이 있다. 《老峯集 卷2 應旨疏》

10 농담을……여긴다 : 민정중의 상소에 관원들의 실태를 논하며 "농담을 맑은 흥취로 여기고 한가함을 고아한 습속으로 여긴다.〔詼諧爲淸致, 閑漫爲雅習〕"라고 하였다.

"봉황이 조양(朝陽)에서 우는구나."[11]
하였다. 옥당에 들어가 부수찬이 되자 차자를 올려 존양성찰(存養省察)하고 가르침을 구하는 일을 논하였는데 말이 더욱 간절하였다. 또 불시에 숙위(宿衛)하고 입직하는 관원을 불러 보고 재능이 있는지 시험하여 발탁해 쓰도록 청하였다. 관찰공이 안변 부사(安邊府使)로 부임하자 공이 모친의 병을 이유로 휴가를 청하니, 추가로 약물을 하사하였다. 수찬으로 부름을 받고 돌아와 조 서인(趙庶人)[12]에게 형률을 적용하고 왕자를 보전하는 일을 아뢰었다.

임진년(1652), 김자점의 옥사에서 문사 낭청으로 수고한 공로로 가자를 받았으나 준직을 거치지 않아 개정(改正)되었다. 윤선도(尹善道)가 편안히 지내면서 의리를 멸시하니 근밀한 직임에 발탁해서는 안 된다고 논하였다. 부교리로 옮겼는데 입대하여 아뢰는 일이 명백하여 항상 뜻을 세우고 인재를 얻는 것을 우선하였다.

여름에 가뭄이 들자 첩황 봉사(貼黃封事)[13]를 올려 강빈(姜嬪)의 옥사에 대해 말하였는데, 조 귀인(趙貴人)과 김자점이 패망한 뒤로 민심이 더욱 현혹되었고, 형제의 인륜은 천륜에 근본하니, 원통한 점이 있으면 신원하고, 그렇지 않으면 옳고 그름을 분명히 보이라고 하였다. 또 여러 유현들이 낭패를 당했다는 이유로 어진 이를 구하는 정성을

11 봉황이 조양(朝陽)에서 우는구나 : 《시경》 〈대아(大雅) 권아(卷阿)〉에서 유래한 말로, 훌륭한 간언을 뜻한다.

12 조 서인(趙庶人) : 인조의 후궁이었던 귀인(貴人) 조씨(趙氏)를 말한다. 저주한 일에 연루되어 폐서인 되었다.

13 첩황 봉사(貼黃封事) : 누런 종이에 써서 덧붙인 별지(別紙) 성격의 봉사이다.

버리지 말고, 표류한 중국 사람을 묶어 보내지 말고 제주(濟州)에서 숙식을 제공하게 하였다. 금고된 유계(兪棨)를 다시 신구(伸救)하며,

"유계는 본디 질박하고 어리석으니, 혹시 참소하는 말을 세 번 들은 결과가 아니겠습니까."[14]

하니, 성상께서 속히 사대(賜對)하고 함부로 옥사를 논했다고 꾸짖었는데, 공은 상소의 주지와 같이 대답하였다. 상이 이르기를,

"법으로는 용서할 수 없으나 내가 이미 구언(求言)하였고 그대는 숨기지 않았으므로 벌을 내리지 않겠다. 젊은 그대가 어찌 다 알겠는가."

하고, 옥사의 시말을 몹시 자세히 알려주자 공이 일어나 절하고 사죄하였다. 상이 탄식하기를,

"세상의 허황한 말이 여기에 이르렀으니 내가 실로 부끄럽다."

하였다. 소현세자의 아들들은 그때 섬에 갇혀 있었는데 훗날 풀어주고, 또 사위에게 관직을 주었으니 공의 말을 따른 것이었다. 상이 또 이르기를,

"표류한 사람은 나도 불쌍히 여긴다. 그러나 만일 누설되면 갖가지로 공갈을 받을 것이다. 내가 재주 없고 또 의지할 만한 조정 신하가 없으니 수천 리 땅을 소유하고도 남을 두려워하는 결과를 면치 못한다. 어찌하겠는가."

하였다. 당시 유현(儒賢 송시열)이 오랑캐의 소란 때문에 도성을 떠났

14 참소하는……아니겠습니까 : 참소하는 말을 거듭 들은 결과라는 말이다. 증자(曾子)의 어머니가 베를 짜다가 증자가 사람을 죽였다는 말을 듣고 처음에는 믿지 않았으나 세 사람이 연달아 말하자 북을 버리고 달아났다. 《戰國策 秦策》

는데, 성상이 생각하였으나 규례에 구애되어 등용하지 못했다. 이때에 이르러 면전에서 그 뜻을 하유하고, 등용할 만한 자가 누구인지 다시 물었다. 공이 윤선거(尹宣擧)와 윤휴(尹鑴)를 천거하고, 흰옷 차림으로 소견하기를 바란다고 하였다. 성상이 근신을 돌아보고 써서 들이게 하고, 또 유계의 일에 대해 효유하였다. 이날 일찍 입대하였는데 해질녘에 물러났다. 공이 까마득한 신진으로서 숨김 없이 극언하자 사람들은 모두 공을 위해 두려워하였는데, 이때에 이르러 임금과 신하가 격의 없이 정사를 논하는 아름다움이 있자 사류들이 서로 경하하였다. 그러나 공은 편안히 있지 못하였다.

파직되었다가 서용되어 부수찬, 교리가 되어 허물을 살피거나 작은 고을을 얻어 독서하기를 청하였으나 허락받지 못했다. 이때부터 지우가 더욱 융숭해지자 마음을 바로잡고 마음을 수양하며 백성을 구휼하고 변방을 공고히 하는 여러 조목을 다시 아뢰었다.

을미년(1655), 부교리가 되었다. 성상이 《시경》을 강하자 공은 이부인의 상을 마친 지 얼마 되지 않았다는 이유로 '달을 넘겨서 음악을 연주한다.'[15]라는 뜻을 인용하여 사직하였다. 그러자 하료에게 대신 읽으라고 명하였다. 작은 일로 엄한 하교를 받았는데, 얼마 후 성상께서 이르기를,

"임금과 신하는 아비와 아들 같으니, 어찌 마음 속에 화를 숨길 필요가 있겠는가."

15 달을……연주한다 : 《예기》 〈단궁 상(檀弓上)〉에 "대상(大祥)이 지나면 호관(縞冠)을 착용하며, 이달에 담제를 지내고, 달을 넘겨서 음악을 연주한다.〔祥而縞, 是月禫, 徙月樂.〕"라고 하였다.

하였다. 또 신료들과 함께 천재지변을 계기로 경계를 아뢰니, 성상이 불러 보고 절실하다며 칭찬하였다. 인재를 얻는 데 이야기가 미치자 개탄하며 소열제(昭烈帝)의 군신[16] 사이를 논하고 이어서 묻기를,

"선조(宣祖)께서 이이(李珥)를 높이 등용하지 않은 이유는 무엇인가?"

하니, 공이 말하기를,

"이이와는 뜻이 잘 맞았으나 오래지 않아 죽었습니다. 장수하였다면 어렵지 않게 태평을 이루었을 것입니다."

하였다. 상이 이르기를,

"어찌 꼭 옛사람과 같은 자를 얻어 등용할 수 있겠는가. 가까운 신하 중에서도 알아보고 발탁해야 한다."

하니, 대답하기를,

"정직한 사람은 마음에 거슬리는 경우가 많으니 이는 더욱 잘 살펴야 합니다."

하였다. 나중에 또 정자(程子)의 "먼저 나오게 하고 나중에 관직을 준다."라는 말을 외며 유자가 나올 길을 열고 그 다음 능력을 구별하여 등용하도록 청하였다. 또 아뢰기를,

"김자점이 역모를 도모하면서 오직 송준길(宋浚吉) 등을 꺼려 반드시 외적의 화를 만들고자 하였으니, 이 사람이야말로 오늘날의 급암(汲黯)이 아니겠습니까."

하니, 상이 몹시 옳다고 여겼다. 공은 이처럼 부지런히 어진 이를 부르고자 하였다.

16 소열제(昭烈帝)의 군신 : 촉한(蜀漢)의 유비(劉備)와 제갈량(諸葛亮)을 말한다.

명을 받고 우리나라 지도를 만들어 바치니 담비 가죽 엄이(掩耳)를 하사받고, 성묘하자 다시 역마를 하사받았다. 영남에 기근이 들자 어사를 보내 진휼하기를 청하였다. 오랑캐가 조사하러 오자 공이 일을 계기로 경계하며 아뢰기를,

"먼저 큰 뜻을 떨치고 자리만 채우는 신하를 두지 마십시오. 평소 절의를 가다듬어야 급한 일을 당하여 충성과 힘을 요구할 수 있습니다."

하니, 비답을 내리기를,

"기운이 산처럼 솟게 한다."

하였다. 사직에 기도하러 가서 희생을 살피는데 비가 내리자 대신이 보사제(報謝弟)를 지내자는 뜻을 다시 아뢰고자 하였다. 공이 외람되다고 쟁집하였다. 대사간 유철(兪櫶)이 국문을 받고 안치되자 논하여 구해주었다. 김 문경(金文敬 김집) 선생의 상을 당하자 은전을 베풀도록 청하였다.

체직되어 직강이 되고 다시 교리가 되어 새로 대궐 짓는 공사를 중지하도록 청하였다. 또 천명과 인심이 오가는 기미를 논하였다. 공은 평소 병을 자주 앓았는데, 광주(廣州)의 천곡(泉谷)에 서실을 짓고 물러나 살며 조리하였다. 누차 관직에 제수되었으나 나아가지 않았다. 중간에 소명을 받고 나아가 언로에 대해 논하였으나 체직되어 다시 돌아왔다.

문정공(文貞公 민유중)이 헌관(憲官)으로 있다가 특별히 경성(鏡城)에 보임되자 대신들이 구하려 하였다. 성상이 공에게 화를 옮기며,

"아무개는 속된 무리가 아니니 높이 등용할 만한데, 근래에는 잘못 들어왔다."

하였다. 교리로 있으면서 견책을 청하니 성상이 비답을 내리기를,

"지난날의 하교는 그대를 사랑해서이다. 잘못이 있으면 고치고 없으면 힘쓰라."

하였다. 도성에 들어가 사직하니, 성상께서 이르시기를,

"임금을 사랑하는 그대의 충성을 가상히 여긴다."

하였다. 다시 교지에 응하여 10조목을 아뢰었는데, 아랫사람을 대하는 방법을 논하면서,

"재상에게 꾸짖음과 욕설이 미치고 경사(卿士)에게 매질과 꾸짖음이 미치며, 좇아내어 떠나게 하고, 불러서 오게 합니다. 옛날 사호(四皓)는 한 고조(漢高祖)가 꾸짖기를 잘한다는 이유로 도망하여 숨었으니,[17] 오늘날에도 의리상 치욕을 당할 수 없는 자가 어찌 없을 줄 어찌 알겠습니까."

하니, 성상께서 가납하고 이르기를,

"오늘날 도망하여 숨은 자는 그대인가?"

하니, 공이 사죄하였다. 또 전약수(錢若水)의 일[18]로 풍자하니 성상이 농담이라고 답하였다.

17 옛날……숨었으니 : 한 고조가 상산사호(商山四皓)에게 몇 년 동안 불러도 나오지 않은 이유를 물었더니, "폐하는 선비를 경시하고 꾸짖기를 잘하십니다. 신들은 의리상 치욕을 당할 수 없으므로 두려워 도망하여 숨었습니다."라고 대답하였다. 《史記 卷55 留侯世家》

18 전약수(錢若水)의 일 : 전약수는 송나라 사람으로 40세도 못 되어 용퇴하였다. 민정중은 상소에서 "만약 조정에 있는 신하가 송나라 신하 전약수가 했던 것처럼 벼슬을 아까워하지 않고 염치를 지킨다면 필시 위로 성상의 마음을 감동시키고 아래로 세도에 보탬이 될 것입니다."라고 하였다. 《老峯集 卷3 因批旨未安辭職疏》

부응교로 승진하였다. 충청 감사(忠淸監司) 서필원(徐必遠)이 도내의 서원들을 훼철하도록 아뢰자 공이 그 잘못을 논척하여 그만두었다. 중간에 사예가 되었는데, 성상이 조정에 나와 정신을 가다듬고 동춘 선생이 날마다 시강하였다. 공은 감격하고 분발하여 감히 병을 말하지 못하고 출입하며 정무를 논하였다. 동춘과 권시(權諰) 공을 강원(講院)에 숙직하게 하고, 야대에서 《심경》을 강하며, 아울러 윤문거(尹文擧) 등 여러 사람을 부르도록 청하였다. 또 강하지 않는 날에는 숙직한 관원에게 본받고 경계할 만한 옛일을 써서 들이며, 강할 때는 의심나는 대로 자문하여 부본(副本)은 홍문관에 두도록 청하였는데, 마침내 법식으로 삼았다.

무술년(1658), 수찬으로 있다가 사간으로 옮겼다. 공은 예전에 호남과 호서의 어사가 되어 모두 성상의 뜻에 맞게 업무를 수행하였으며, 다시 영남 우도를 염찰하였다. 집의로 옮겨져 돌아와서는 편의대로 조처한 일을 조목별로 아뢰고 대명(待命)하니, 성상께서 가상히 여기고 칭찬하셨다. 또 특별히 불러 하고자 하는 말을 써서 바치게 하였다.

성상께서 인평대군(麟坪大君)의 상가(喪家)에 갈 적에 무축(巫祝)과 도열(桃茢)[19]을 앞세우지 않자 동료들과 함께 승정원이 직분을 수행하지 못했다고 탄핵하였다가 엄한 비답을 받고 스스로 탄핵하였다. 창졸간에 계사의 초고를 지었으나 문장과 이치가 모두 뛰어났다.

동래 부사(東萊府使)에 임명되어 가서는 잠상(潛商)을 효수(梟首)

19 무축(巫祝)과 도열(桃茢) : 《예기》 단궁편(檀弓篇)에 "임금이 신하의 초상에 조문갈 적에는 무축과 도열이 따른다." 하였다. 무축은 무당이며 도열은 귀신을 쫓는 도구이다.

하고 약조를 엄하게 지켰다. 연회를 벌이는데 왜인(倭人)이 갑자기 일어나 칼을 던졌으나 공은 태연자약하였다. 왜인이 객관 밖으로 뛰쳐나가자 또 군사를 정돈하여 기다리자, 이때부터 난동을 그치고 복종하였다. 역관과 아전이 왜인과 내통하는 실상을 캐내고 변방으로 보내도록 청하였으며, 군사를 증원하여 변방의 방비를 더욱 굳건히 하였다. 동춘이 편지를 보내 공의 노고를 치하하며 한기(韓琦)와 범중엄(范仲淹)에 비유하였다. 공이 풍토병에 걸리자 기해년(1659) 묘당에서 파직을 청하였다. 상이 이르기를,

"나라의 형세가 미약한데 민 아무개를 얻은 뒤로는 조금 기운이 생겼다. 역관이 괴롭게 여기니 필시 죄를 지어 파직되었다고 거짓으로 말하여 왜인들로 하여금 날뛰게 만들 것이다."

하고, 마침내 예조 참의로 불렀다가 얼마 후 체직하였다.

효종께서 승하하시자 공이 옛 상례를 따르도록 청하였으나 시행되지 않았다. 병조 참지가 되었다가 부친상을 당하였다. 상을 마치고 대사간이 되었다. 호남에서 불상이 땀을 흘린다고 아뢰자 공이 부수어 사람들의 의혹을 풀도록 청하였다.

임인년(1662, 현종3), 첨지중추부사, 승정원 승지, 대사성이 되었다. 경기의 양전(量田)을 다시 하게 되자 공이 좌도를 양전하라는 명을 받으니 경계가 바르게 되었다. 대사간으로 청대하니 성상이 병을 이유로 사양하였다. 공이 스스로 논핵하며 "사람을 천 리 밖에서 막는 기색이 있습니다."라고 하니, 성상께서 몹시 노하여 약원에서 약을 의논하도록 청하였으나 듣지 않았다. 공이 다시 인피하고 또 아뢰기를,

"선왕께서 가벼운 병 때문에 경연을 중지하셨을 때 신이 옥당으로 경계를 아뢰니 즉시 사대(賜對)하셨는데, 용안을 우러러보니 남은

땀이 아직 그치지 않았습니다."
하였으나 답하지 않았다. 며칠 뒤 소견하자 강연에 나오고 궁장(宮庄)을 혁파하도록 청하였다. 또 후사를 세운 뒤 아들을 낳으면 후사로 삼은 아들을 적자로 삼는 일과 하번 사관이 기년상을 당했을 때 휴가를 주는 일을 논하였으나 모두 거부당하였다. 말을 들어주지 않았다는 이유로 체직하고, 다시 임명될 때마다 사직하였다.

계묘년(1663), 대사성이 되었다. 영남 사람이 율곡(栗谷)과 우계(牛溪) 두 현인을 모욕하자 공이 그 무함을 통렬히 변론하였다. 또 학정(學政)은 임금이 학문에 힘쓰는 것이 근본이라고 아뢰고, 옛제도를 덜고 보태어 조목별로 아뢰고, 통독(通讀)을 만들어 시험하는 규식을 엄하게 하였다. 사마(司馬)가 차례로 앉을 때 방목(榜目) 순서가 아닌 나이 순으로 앉게 하고, 또 사찰을 철거하여 학교로 삼으니 우재(尤齋 송시열) 선생이 벽입재(闢入齋), 일양재(一兩齋)라고 명명하였다. 매번 스승의 자리에서 낯빛을 바로하자 선비들이 모여들어 경전을 펼쳐놓고 논란하니, 삼대의 기풍이 늠름하였다. 그 뒤로 다른 관직으로 옮기더라도 항상 겸대하였다. 사직하면 유생들이 붙잡기를 청하였으므로 체직되지 못하였다. 지금까지도 선비를 가르치는 정사를 논하면 공보다 나은 자가 없다.

비변사와 승문원의 부제조를 지내고 또 진휼하는 일을 담당하였다. 대신(大臣)이 문서를 모두 맡기니 물 흐르듯 수응하였다. 이조 참의로 옮겼다.

갑진년(1664), 참판으로 승진하였다. 시종신이 조모의 원수라는 이유로 오랑캐 사신을 회피하고자 하였는데, 승지 서필원(徐必遠)이 그 상소를 반려하였다. 우재가 예법에 따르면 복수는 5대가 지나도 할 수 있다고 하며 이치에 어긋난다고 배척하니 시비가 어지러이 일어나 다투었다. 공은 격탁양청(激濁揚淸)하는 논의를 하였는데, 전주(銓注)가 성상의 뜻을 거슬러 특별히 파직하였다가 곧 도로 거두어들였다. 외직으로 나가 함경도 관찰사가 되었다가 작은 혐의로 사직하였다. 변방 고을 한 곳을 얻어 충성을 바치기를 청하였으나 대답을 듣지 못했다.

변방의 풍속은 거칠고 누추하였으나 공은 비루하게 여기지 않고, 고을의 수재를 선발하여 예서(禮書)를 가르쳤다. 또 노자를 주어 두 송 선생의 문하로 보내서 서로 전하여 익히게 하였다. 서원을 세우고 경전을 널리 배포하였으며, 양로연, 향음주례, 향사례를 시행하였다. 그러자 북방 사람들이 비로소 학문이 있는 줄 알고 글 읽는 소리가 들렸다. 임진년(1592, 선조25) 의병을 일으킨 선비의 사당을 세워 풍교(風教)를 수립하고, 변방의 방비를 굳건히 하고 군사를 훈련시켰다. 한번은 군대의 위용을 성대히 하여 강가에서 큰 사냥을 벌이니, 오랑캐가 그 위엄을 두려워하였다. 마부를 꾸짖으며 험한 길을 달려 변방의 수자리를 두루 순시하여 늙고 지친 병졸도 각기 속마음을 다 말하게 하였다. 또 상정법(詳定法)을 제정하여 세금을 대거 균등하게 하여 영원히 은혜를 베풀었다. 임기가 차자 거듭 유임하였다.

정미년(1667), 체직되어 동중추부사가 되고 번갈아 삼사(三司)의 장관(長官)이 되었다. 부제학으로 있을 때 진휼하는 일을 논의하다가 대신과 뜻이 맞지 않아 떠났다가 다시 대사성, 이조 참판을 지내고 경연관과 빈객을 겸하였다.

무신년(1668), 온천 행차에 따라갔다가 말이 쓰러지자 역마를 하사받았다. 얼마 후 호조 판서에 발탁되었다. 관원들에게 녹봉을 더 주어 염치를 가다듬게 하도록 청하였다. 충청도와 황해도를 양전(量田)하고, 또 자신의 사욕을 이기며 백관을 신칙하도록 경계를 아뢰니, 성상이 두려워하며 받아들였다. 우재가 한강을 건너자 공은 명을 받들고 전유하러 갔다가 돌아와 그의 뜻을 아뢰었다. 정승에서 면직하자 우재가 비로소 입조하여 가장 먼저 쓸데 없는 비용을 줄이도록 청하였다. 공이 말하기를,

"일은 점진적으로 하는 것이 중요합니다."

하니, 성상이 속히 한두 가지 어공(御供)을 파하도록 청하고, 또 공물을 줄일 것을 논의하였다. 하례(下隷)들이 선동하여 비방을 일으키고 조정에서 논의하는 자들이 또 부추기자 우재는 마침내 돌아갔다. 공은 일을 함께 하였다는 이유로 사직하여 체직되었다.

지중추부사, 공조 판서를 거쳐 정사(正使)로 연경에 갔다. 몸가짐이 청렴하고 엄격하여 일행이 두려워하였다. 오랑캐 사냥꾼이 사냥감을 바치기도 하였으니 두려워하고 공경함이 이와 같았다. 돌아와 의주에 도착하여 상금을 창고에 귀속시키고 안장과 말을 무사에게 주니, 행낭이 텅 비었다. 숭정 황제(崇禎皇帝)의 어필을 얻어 돌아오니, 우재가 화양동 집 근처에 새겼다.

경술년(1670), 신덕왕후(神德王后)의 부묘(祔廟)를 논하고, 돈장(敦匠)한 공로로 정헌대부에 올라 대사헌을 거쳐 형조로 옮겼다. 김징(金澄) 공이 수친연(壽親宴) 때문에 장오죄(贓汚罪)에 연좌되려 하였는데, 옥사를 담당한 자가 평소 공에게 유감을 품었기에 공이 그의 뇌물을 받았다고 하며 함께 해치려 하였다. 공이 묘소 아래에서 인혐하니 곧장 위로하며 황정(荒政)에 힘쓰라고 권면하였다. 예조 판서, 판윤, 참찬에 제수되었다. 당시 큰 기근이 들어 사람들이 다 죽을 지경이

었는데, 공은 명을 받고 진휼하며 마음과 힘을 다하였다. 죽을 쑤고 마른밥을 지어주었으며 의약으로 구제하였다. 또 버려진 아이를 데려다 기르라는 명령을 내려 수만 명을 살렸다. 당상과 낭청도 전염되어 죽은 자가 많았는데 공은 새벽부터 저녁까지 진휼하는 곳으로 갔고, 또 몸소 질녀(姪女)와 질서(姪壻)의 병을 간호하였으나 끝내 무사하였다. 병조 판서에 임명되자 청탁이 통하지 않았으며, 사람을 가려뽑아 인재를 얻었다. 체직되어 대사헌이 되었다.

동춘의 병이 위독해지자 정승 허적의 간사한 정상을 논하였다. 그러나 성상이 대답하지 않아 은혜와 예우를 끝까지 베풀지 못했다. 공은 목욕 휴가를 받고 고향으로 내려가 상소하여 간언하고, 이어서 이민적(李敏迪)과 이단하(李端夏)의 무죄를 말했다. 이후로 관직에 임명되면 번번이 사직하였다. 영릉(寧陵)의 면례(緬禮)를 치르자 도성 밖으로 왔는데, 성상이 누차 소명을 어겼다고 꾸짖으며 삭직하였다. 양사가 다투어 구하며 공을 두고 나아가기는 어렵게 여기고 물러나기는 쉽게 여기는 사람이라고 하였더니, 성상이 노하여 그 사람을 유배보냈다. 허적이 한창 총애를 받아 일을 아뢰며 얼굴빛으로 아첨하고 말솜씨를 부리니, 공은 그의 모습이 미워서 천천히 한 마디 하여 기세를 꺾어 몹시 시기를 받았는데, 이때에 이르러 견책을 받았다.

갑인년(1674), 대신이 공을 위해 신해년(1671)에 진휼한 일을 거론하며,

"제 몸을 잊고 나라를 위해 몸 바치기로 이와 같은 사람은 없습니다." 하니, 마침내 서용되었다. 현종이 승하하자 조정에 들어와 산릉을 감독하였다. 참찬과 대사헌을 지냈다. 현석(玄石) 박세채(朴世采) 공이 민업(閔業) 집안의 상례를 논하였다가 죄를 입었다. 공도 예전에 참여

한 적이 있다는 이유로 함께 감률(勘律) 받기를 청하였다. 다시 충주(忠州)로 돌아와 숭정대부 이조 판서로 승진하였으나 체직되었다. 문정공도 재야에 머물면서 필마를 타고 왕래하며 글을 짓고 술을 마시며 즐겼다. 흉당이 공의 형제가 조정을 더럽게 여겨 벼슬하지 않는다고 하며 삭출하도록 논죄하니, 얼마 후 하교하기를,

"민 아무개 등의 재주와 국량은 중임을 맡길 만한데, 그의 서용을 또 막는 자가 있다."

하였다. 숭릉(崇陵)의 사토(莎土)가 무너지자 공을 형리에게 내리고 고신(告身)을 거두었다.

무오년(1678), 서용되어 판중추부사가 되었다. 우재가 위리안치 당하고 동춘 역시 추탈을 당하자 공이 상소하여 윤수(尹洙)와 범중엄(范仲淹)을 함께 좌천시킨 고사[20]처럼 하기를 청하였다. 이전에 윤휴가 명성을 훔쳐 세상을 속였는데, 공은 젊어서 그와 친분이 있었기에 효종에게 힘껏 천거하여 마침내 초치하게 하였다. 예론이 나오자 사람들이 비로소 윤휴가 화를 일으킬 마음을 품었다는 것을 알았으나 공은 그래도 갑자기 배척하지 못하였다. 그러다가 윤휴가 간당(奸黨)의 추대를 받자, 어떤 이가 "윤휴는 장차 어찌하겠습니까?"라고 물으니, 공이 말하기를,

"윤휴는 항상 큰소리치기를, '선비가 지금 세상에 머리를 조관(朝冠)으로 더럽혀서는 안 된다.'라고 하였으니, 그는 출사하지 않을 것이

20 윤수(尹洙)와……고사 : 구양수(歐陽脩)가 지은 윤수의 묘지명에 따르면 범중엄이 요주(饒州)로 좌천되자 윤수가 그와 사우(師友)라는 이유를 들어 함께 좌천되기를 청하여 결국 그렇게 되었다. 《宋文鑑 卷140 尹師魯墓誌銘》

다. 출사한다면 무슨 짓인들 못하겠는가."

하였다. 이때에 이르러 윤휴가 출사하여 국정을 장악하니 죄악이 가득하였다. 공이 비로소 깨닫고 부끄러워하며 윤휴의 죄를 성토하였다. 그리고 자신을 그르치고 임금을 그르친 죄를 반성하였다. 간신들이 유배보내기를 청하여 마침내 삭출당하였다. 1년 뒤 다시 우재의 당을 논죄하자 공과 문정공 및 우리 조부 의정공 형제가 모두 유배되었는데, 공은 장흥(長興)으로 유배되었다.

10월, 큰 우레가 치자 성상이 두려워하고 경계하여 모두 석방하게 하였다. 흉당이 번갈아 쟁집하여 경신년(1680) 여름에 비로소 돌아왔다. 마침 허견(許堅)과 이담(李枏) 등이 역모를 꾀하다 복주당하여 조정이 깨끗해졌다. 공은 서용되어 공조 판서가 되고, 올라오는 길에 의정부 우의정에 임명되었다. 문곡(文谷) 김수항(金壽恒) 공과 한 마음으로 충성을 다해 보좌하여 간사한 이를 제거하고 탐학한 이를 쫓아내며 억울한 이를 신원하고 적체된 이를 진작시켰다. 팔도에 따로 어사를 보내 백성의 질고를 물으니 중외의 사람들이 몹시 기뻐하였다. 장곡강(張曲江)의 전례[21]에 따라 동춘의 묘에 제사지내도록 청하였다.

좌의정으로 승진하였다. 장성(長星)이 나타나자 성상을 면대하여 수신하고 반성하는 방책을 아뢰었다. 물러나서 또 차자를 올리기를,

"대체(大體)를 보전하여 살피기 좋아하고 조급한 것을 경계하며, 성실에 힘써 빨리 나아가고 속히 물러나는 일이 없도록 하며, 비용을

21 장 곡강(張曲江)의 전례 : 장곡강은 당 현종(唐玄宗) 때의 재상 장구령(張九齡)이다. 그가 안녹산(安祿山)을 제거하라 하였으나 현종은 듣지 않았는데, 난리를 평정한 뒤 후회하며 그의 집에 신하를 보내 제사지내게 하였다. 《新唐書 卷126 張九齡列傳》

절약하여 사치를 금지하고, 시비를 밝혀 기강을 펼치고, 관작을 아끼고 절개를 칭찬하며, 마음을 해와 달처럼 지키고 천지와 같은 덕을 쌓으소서."

하니, 융숭한 비답을 내려 가납하였다. 인경왕후(仁敬王后)가 승하하자 총호사(摠護使)에 차임되었다. 예관이 장렬대비(莊烈大妃)는 상복을 입지 말고, 성상은 장기복(杖期服)을 입되 달이 바뀌면 상복을 벗어야 한다고 논하였다. 공이 차자를 올려 아뢰기를,

"예법에 적부(適婦)의 상에는 대공복(大功服), 적손부(適孫婦)의 상에는 소공복(小功服), 적증손부(適曾孫婦)의 상에는 복을 입지 않는다고 하였습니다. 그런데 후세 사람이 적부의 상에 기년복을 입도록 고쳤으니, 적손부 이하는 점차 줄이더라도 의기(義起)[22]로 대공복과 소공복을 입어야 합니다. 전하께서는 상에 임하여 최복(衰服)을 입고 조정에서 업무를 볼 때는 소복(素服)을 입으며, 자전을 모실 적에는 반길복(半吉服)을 입으며, 연제(練祭), 상제(祥祭), 담제(禫祭)는 모두 예법대로 해야 합니다."

하였다. 널리 하문하였으나 논의가 일치하지 않은 채 파하였다. 그러나 대비의 상복은 시마복(緦麻服)을 입도록 명하였다.

또 조경(趙絅)을 종묘에 배향하는 것은 의리가 없으며, 훈적(勳籍)에 추가로 녹훈하는 것은 잘못이며, 오시수(吳始壽)의 사형을 감해준 것은 잘못이라고 논하였다. 어떤 간관이 눈치를 보느라 오시수를 드러내놓고 편들자 공이 또 논파하였다. 오시수는 죽고 조경 역시 출향(黜享)되었다.

22 의기(義起) : 예문(禮文)에 없으나 의리를 감안하여 예를 행하는 것을 말한다.

임술년(1682), 청나라 황제가 심양에 가자 사신을 보내 문안하려 하였는데 대부분의 사람들이 가기를 꺼렸다. 공이 스스로 가기를 청하여 급히 사명(使命)을 수행하였다.

우재가 조정에 나왔다가 윤휴 일당의 무고를 받고 물러나려 하자, 공이 입대하여 변론하여 밝히고 또 예론(禮論) 및 출처의 시말을 한 편의 장계로 작성하여 아뢰었는데, 사관(史官)에게 청하여 부치도록 하였다. 성상께서 마침내 우재에게 권면하여 머무르도록 하니, 여러 선비들도 소명에 응하였다. 공이 비로소 성상의 안부를 묻기 위해 들어가 사은하였으나 오랫동안 벼슬에 있으려 하지 않았다. 인현왕후(仁顯王后)가 중전의 자리에 돌아온 뒤로는 더욱 억제하고 두려워하였으나 시세가 위태로워 차마 과감히 떠나지 못하다가 이때에 이르러 비로소 물러나기를 청하였으나 허락받지 못했다.

성상의 나이가 어려 간신들이 강한 종친을 끼고 난리를 도모하였는데, 청성(淸城 김석주)을 비롯한 여러 공이 충성을 다한 덕택에 종묘사직을 보전하였으나 민심은 여전히 위태롭게 여기고 의심하였다. 어영대장 김익훈(金益勳)이 밀지(密旨)를 받고 기찰하여 대신(大臣)들에게 고하니, 공이 몹시 경계하였다. 하루는 김익훈이 뵈러 와서 소매 속에서 종이를 꺼냈으나 공은 보지 않았다. 얼마 후 급서(急書)가 올라와 흉당(凶黨)에서 벗어난 자가 드물었는데, 공이 대부분 평번(平反)[23]을 위주로 판결하였기에 옥사가 지나치게 커지지는 않았다. 젊은이들은 훈척을 공격하는 것을 청론(淸論)이라 여겨 김익훈의 흠을 극렬히 논죄하였다. 노성한 이들은 공과를 참작하여 김익훈을 파출하는 것으

23 평번(平反) : 다시 조사하여 죄를 경감시키는 것을 말한다.

로 조정하고자 하였으나 여러 사람의 분노는 더욱 격렬해졌다. 김익훈이 사면을 받자 언관이 간쟁하였는데, 공이 집에서 한 이야기를 잘못 인용하니, 성상께서 김익훈을 파직하셨다. 공이 너그러이 용납하여 김익훈의 죄안을 돌이켜 들뜬 논의를 진정시키도록 청하였다. 그러나 우재는 이미 돌아가기로 결심하고 조정의 논의는 마침내 갈라져 더 이상 구원할 수가 없었다.

성상께서 천연두를 앓자 공은 제자리에서 민심을 안정시키며 마치 걱정이 없는 것처럼 행동했다. 의원들의 논의가 갈라지자 공이 진찰하고 나와서는 손수 약을 지어 드리니 즉시 효험이 나타났다. 성상이 겨우 나으시자 명성왕후(明聖王后)가 승하하셨다. 공이 또 총호사(摠護使)가 되었는데 응대가 법도에 맞아 표범 가죽을 하사받았다. 공이 누차 휴가를 청하며 더욱 간절히 하니, 갑자년(1684) 겨울 비로소 허락을 받아 판중추부사에 부직되었다. 성상이 능에 알현하자 공은 이미 중병에 걸렸으나 제발로 나아갔다. 성상은 몹시 위독한 모습을 보고 위로하였다. 공은 삼청동(三淸洞)의 산수를 좋아하여 그곳에 살았는데, 멀리 속세를 벗어나려는 생각이 있었다. 매복(枚卜)할 때마다 액례를 보내 반찬을 하사하고 병이 어떠한지 물었으니, 다시 등용하려고 생각했기 때문이었다.

윤증(尹拯)은 젊어서 우재에게 배웠는데, 한번은 자기 부친 윤선거(尹宣擧)의 묘도문을 청하였다가 칭찬이 뜻에 맞지 않자 심한 원한을 품었다. 겉으로는 사제의 명분을 지켰으나 몰래 남에게 편지를 보내 우재의 속마음을 비방하였다. 우재 문인이 그 일을 조정에 아뢰자 젊은 이들은 그래도 윤증을 심하게 편들며 '잘못을 보면 인(仁)을 알 수 있다.'[24]라고 하였다. 공이 말하기를, "이는 사문의 변고이다." 하고, 마침내 문곡과 함께 성상께 아뢰어 윤증을 예우하지 말고 그가 스스로 새로워지기를 기다리도록 청하였다. 이로부터 사론이 크게 진정되었다.

윤증의 무리가 원통하다고 하소연하며 대로(大老 송시열)을 비방하자 대신(大臣)이 진정시키고자 상소를 봉입하지 말도록 미리 청하였다. 공은 그것이 체모를 잃었다고 말하니, 과연 상소가 들어와 그 사람을 벌주었다. 그 뒤 윤증을 힘껏 구원하는 정승이 있었는데, 공이 다시 의리에 근거하여 통렬히 변론하였다. 현석 박세채가 이조 판서로 있으면서 궁금(宮禁)의 일을 논하였다가 엄한 비답을 받고 돌아갔는데, 두 대신이 논하여 구하다가 모두 북쪽으로 유배되었다. 공이 차자를 올려 간언하고, 성상이 《주역》을 강론할 때 분노를 징계하고 욕심을 막으며 잘못을 고치고 선으로 옮기는 의리를 간곡히 아뢰었다. 성상께서 온당치 않은 비답을 내렸다가 곧 삭제하여 고쳤다. 공은 처지가 위태로웠으나 병든 몸을 억지로 일으켜 충언을 바치니, 사람들이 시간(屍諫)에 비유하였다. 영중추부사로 승진하였다.

기사년(1689), 영돈녕으로 옮겼다. 역당(逆黨)이 다시 들어와 경신년 옥사를 전부 뒤집고 다음으로 옥사를 처리한 대신에게 화를 끼치려 하였다. 그러다가 중전이 자리에서 물러나자 먼저 공을 삭직하도록 명하였다. 오래지 않아 우재와 문곡이 사사(賜死)당하고, 공도 벽동군(碧潼郡)에 위리안치되었다. 공은 여러 해 병을 앓았기에 사람들이 모두 불쌍히 여겼으나 친구들과 웃으며 이별하였다. 들것에 실려 길에

24 잘못을……있다 : 《논어》 〈이인(里仁)〉의 "잘못을 보면 인(仁)을 알 수 있다."라는 말을 인용한 것으로, 여기서는 잘못은 잘못이지만 좋은 의도에서 한 행동이라는 뜻이다.

오른 뒤 이어서 안율(按律)하라는 계사가 나왔다는 소식이 전해지자 일행이 두려워하였으나 공은 조금도 기색을 드러내지 않았다. 금오랑이 돌아와 자기 당파에게 말하기를,

“이 사람은 하늘이 내었으니 어찌 사람의 힘으로 해치겠는가.”

하였다. 이원정(李元禎)은 경신년(1680, 숙종6)에 죽었는데, 그의 아들 이담명(李聃命)이 복수를 한다면서 삼사(三司)에 충원된 영남 사람을 사주하여 번갈아 공을 해치게 하였다. 장차 청대(請對)하려 하는데 한 사람이 홀연 피를 토하고 죽었다. 하문하였으나 조정에 논의를 달리하는 사람이 많았다. 이담명 홀로 강력히 청하였으나 뜻대로 되지 않아 한 해 남짓이 지나자 정계(停啓)하였다. 공은 한번도 대각의 상소에 대해 묻지 않았고, 딸의 부고를 받고서도 지나치게 슬퍼하는 기색이 없었다. 예전에 관찰공의 묘소를 옮기려고 하였지만 병 때문에 하지 못하여 지극한 한으로 여겼는데, 이때에 이르러 비로소 자제를 보내 이장하게 하고, 힘을 내어 애도하자 병이 더욱 심해져 임신년(1692) 6월 25일 위리안치 도중에 세상을 떠났다. 귀한 사람과 천한 사람, 아는 사람과 모르는 사람을 막론하고 모두 “어진 재상이 죽었다.”라고 하였다. 반장(返葬)할 적에 맞이하여 곡하는 선비들이 길에 이어졌고, 북도의 백성은 곡위(哭位)를 설치하여 곡하였다.

갑술년(1694), 중전의 자리가 다시 바르게 되자 공을 복관하고 사제(賜祭)하였으며, 관청이 일을 맡아 이장하였다. 또 문충(文忠)이라는 시호를 내리고, 자취가 닿은 곳에 많은 서원을 지어 제향하였다.

부인 신씨(申氏)는 동양위(東陽尉) 익성(翊聖)의 손녀이며 부친 변(昪)은 세마를 지냈다. 정숙하고 현명하여 부덕(婦德)이 있었으나 일찍 세상을 떠나 공이 종신토록 애석해 하였다. 딸 하나를 두었으니

사인 이인식(李寅烒)에게 시집갔다. 계배(繼配) 남양 홍씨(南陽洪氏)는 관찰사 처윤(處尹)의 딸이다. 공보다 15년 뒤에 세상을 떠나자 조정에서 달마다 늠료(廩料)를 보내주었다. 아들 진장(鎭長)은 문과에 장원 급제하고 우의정을 지내 선조의 미덕을 잘 계승하였으며 효도로 정려를 받았다. 측실 소생의 딸은 이훤(李煊)에게 시집갔다.

우의정은 판서 남이성(南二星)의 딸과 혼인하여 5남 3녀를 두었으니 재수(在洙)는 현령을 지냈고 계수(啓洙)는 현감을 지냈고, 안수(安洙), 학수(學洙), 덕수(德洙)는 모두 요절하였다. 사위는 좌랑 홍중석(洪重錫), 감사 박사익(朴師益), 판서 이헌(李瀗)이다.

이인식의 아들 성곤(成坤)은 군수를 지냈고, 태곤(泰坤)과 원곤(元坤)은 모두 참봉을 지냈다. 딸은 판서 홍치중(洪致中), 사인 곽희적(郭熙績)에게 시집갔고 증손과 현손 약간 명이 있다.

공은 타고난 자질이 몹시 훌륭하여 마음가짐과 일처리는 첫째 가는 의리가 아니면 하지 않았다. 젊은 시절 발분하여 《중용》을 열심히 읽으니 글재주와 생각이 용솟음쳤다. 종고부(從姑夫) 낙정(樂靜) 조석윤(趙錫胤)이 위기지학을 한다는 말을 듣고 날마다 〈숙흥야매잠(夙興夜寐箴)〉을 외우며 통렬히 자신을 가다듬었다. 아래로 세상을 다스리는 업무에 이르기까지 하나라도 통달하지 않으면 부끄러워하였다. 한번은 경기에 땅을 사서 부지런히 농사지어 늙은 어버이를 봉앙하려 하였다. 또 옛사람이 의장(義庄)에 함께 살았던 법도[25]를 모방하려 하였으나 결국 성취하지 못하였다. 두 송 선생의 문하에서 훈도를 받아 조예

25 옛사람이……법도 : 송(宋)나라 범중엄(范仲淹)이 의장(義庄)을 마련하여 가난한 친족들을 구휼한 고사를 말한다.

가 날로 깊어졌다. 예의로 자신을 다스리고 공경으로 뜻을 지키며 아무리 짧은 시간이라도 수양하니 말하고 침묵함에 절도가 있고 기쁨과 성냄을 낯빛에 드러내지 않았다. 항상 말하기를,

"사람이 영욕(榮辱)과 화복(禍福)을 도리에 맞게 대처하더라도 만약 가슴 속에 터럭만큼이라도 남은 것이 있다면 거기에 흔들린 것이다."

하였다. 언론은 더욱 준엄하고 강직하여 남의 시비와 선악을 논할 적에는 반드시 중요한 부분을 거론하며,

"작은 일이라고 해서 용서한다면 이해(利害)를 따지는 마음이 우세한 것이다."

하였다. 사람을 가르칠 적에는 《소학》을 먼저 가르쳤다. 동춘이 말하기를, "지금 《대학》을 잘 알기로는 아무개만한 사람이 없다."라고 하였으니, 그가 평생 받아 쓴 것은 두 책을 벗어나지 않았다.

당화(黨禍)가 일어났을 때 어떤 이가 배우는 이들을 내보내라고 권하자 주자의 말[26]로 대답하였다. 관직이 높아 일이 많았기에 새벽에 일어나면 곧 책을 읽고 손수 〈태극도설(太極圖說)〉, 〈동명(東銘)〉, 〈서명(西銘)〉을 썼다. 또 대나무 조각에 《상서(尙書)》를 쓰고 마구 뽑아 번갈아 강하였다. 또 남의 손을 빌려 사서(四書)를 비롯한 여러 경전을 필사하되 글자를 크게 하였으니, 늙어서도 배우기를 좋아함이 이와 같았다. 그러므로 실천이 독실하고 겉과 속이 투명하였다. 한번은 말하기를,

26 주자의 말 : 주자가 경원(慶元) 연간 위학(僞學)으로 몰려 문인들이 화를 피하라고 권하자 "내가 만 길 절벽처럼 우뚝 선다면 우리 도가 더욱 빛나지 않겠는가." 하였다. 《朱子語類 卷107》

> "추석 달밤에 난초 달인 물에 목욕하고 새옷을 입고서 향을 피우고 시를 외면 기상이 어떠하겠는가. 사람은 항상 이러한 생각을 지녀야 한다."

하였으니, 공을 알고자 하는 사람은 이 말에서 보아야 할 것이다. 공은 평소 학문을 자처하지는 않았으나 그의 도는 수신(修身)에서부터 제가(齊家)와 치국(治國)으로 나아갔다. 어릴 적 제천(堤川) 골짜기에 있을 적에 관찰공의 병을 간호하며 비바람을 피하지 않고서 약을 캐고 의원을 불렀다. 이 부인(李夫人)이 집안 살림을 하느라 피곤하여 밤에도 잠을 이루지 못하자 늘 간절히 간언하였고, 또 머뭇거리며 떠나지 않고 촛불이 꺼지기를 엿보니, 부인이 이 때문에 억지로 쉬었다. 상을 당했을 적에는 슬퍼하여 이웃을 감동시켰으며, 제사 지낼 때는 정성을 다해 재계하였다. 공적으로나 사적으로나 선물을 받으면 반드시 따로 제수(祭需)를 갈무리해 두었다가 종가(宗家)에 바치고, 나머지는 친족에게 두루 나누어주었다. 오래된 선조의 묘소를 수리하는 일도 빠뜨리지 않았다. 날마다 형제들과 화목하고 즐겁게 지냈는데 대헌공이 세상을 떠나자 그 딸을 시집보내고 낡은 집을 새로 지어주었으며, 토지를 떼어 과부가 된 누이에게 밑천으로 주고 아비 잃은 생질을 자기 자식처럼 키웠다.

집에 있을 적에는 사마광(司馬光)의 〈거가잡의(居家雜儀)〉를 모방하여 사례(四禮)를 가장 신중히 하였으며, 의심스러운 예문(禮文)이 있으면 사우에게 질정하여 한 집안의 법도를 만들었다. 명분을 바로잡고 은의를 돈독히 하여 집안이 조정처럼 엄숙하였고, 자제들을 가르침에 법도가 있어 용모와 행동을 삼가고 교유를 조심하게 하였으며, 벼슬하면 직분을 다하도록 경계하였다. 노비를 대할 적에는 엄숙하면서도 자애로웠다. 또 효도와 공경을 강조하고 죽으면 소식을 하였다. 남과 교유할 적에는 공경스럽고 신의가 있어, 억울한 일을 당하면 신원해 주고, 죽으면 후손을 돌봐주니, 멀고 가까운 친척을 막론하고 집으로 돌아오는 것처럼 의지하였다. 허심탄회하게 선비를 사랑하여 집에 머물러 있는 손님이 없었다.

평소에는 엄숙하여 범할 수 없는 것 같았지만 다가가면 더욱 온화하고 정다워 서로 지위를 잊었다. 조정에 있을 때는 자신을 바로잡고 임금을 바로잡는 것을 임무로 여겼으며, 격앙되어 정사를 논하는 것을 좋아하였다. 말을 꺼내기에 앞서 정성이 지극하고 간절하였으므로 말을 꺼내면 윗사람과 아랫사람이 믿고 따랐다. 나라를 집안처럼 걱정하고 쉬운 일과 어려운 일을 한결같이 보았다. 큰일을 당하면 산악처럼 우뚝하고, 과감히 움직이면 천 길 높이에서 물이 떨어지는 것 같았다. 엄격히 법을 지키면서도 변통에 능하고 규모가 크면서도 조리가 치밀하였다. 아랫사람을 위엄 있게 대하면서도 먼저 은혜를 베풀었기에 간사하고 교활한 자들이 마음을 바꾸었다. 심지어 무인(武人)들까지도 서로 말하기를,

"급한 일이 생겼을 때 공을 장수로 모신다면 끓는 물과 불 속에 뛰어드는 일이라도 어찌 사양하겠는가."

하였다. 재주에 따라 선발하고, 번번이 고단하고 한미한 이를 먼저 하였다. 좋은 점을 보면 마치 자기에게 있는 것처럼 여기고, 보잘것없는 사람의 말이라도 반드시 채택하였다. 미천한 사람이 두려워하지 않고 소리 높여 말하면 자신을 굽혀 그의 아름다움을 이루어주었고, 동료가 잘못을 저지르면 문지도리처럼 뒤집었다. 동춘이 예전에 말하기를,

"엄하고 깨끗한 사람은 도량이 부족한 경우가 많은데 아무개만은 겸하였다."

하였다. 남을 사랑하는 데 마음을 두어 구휼할 적에는 보답하지 못할 사람들에게 더욱 힘을 다하였다. 백성에게 이익이 되는 일이라면 반드시 자신을 잊고 하였으며, 비록 재야에 있더라도 조정에 잘못이 있으면 하루종일 기뻐하지 않았다. 한번은 문정공(文貞公 민유중)이 표류한 한인을 구해달라고 청한 상소를 읽고서 눈물을 흘리며 말하기를,

"후손이 반드시 번창할 것이다."

하였다. 유배지에서 병이 위독했을 때도 대군이 태어났다는 소식을 듣고는 벌떡 일어나 기뻐하였으니, 나라에 충성하고 임금을 사랑하는 간곡한 마음은 본래의 성품이었다.

주량이 남보다 뛰어나 조금 취하면 풍류가 드러나 좌중이 심취하였다. 부정한 여색을 보면 마치 더러운 물건이 와서 더럽히는 것처럼 여겨 종신토록 가까이 한 적이 없었다. 입는 옷과 먹는 음식이 늘 있던 것이 아니면 반드시 어디서 왔는지 따졌으며, 마초값을 집에 들이지 않았고 채찍이나 가죽신도 받지 않았다. 심양(瀋陽)에 갔다가 돌아와서는 따로 하사받은 노자를 담당 관사에 돌려주었는데, 성상이 받지 말라고 명하자 가져다가 공복(公服)을 준비하고 나머지는 모두 책을 구입했다. 어떤 이가 집을 사라고 권하면 응하지 않았다. 일상생활에 사용하는 모든 물건을 가지런히 늘어놓고 누차 부수고 누차 만들더라도 반드시 마음에 만족한 뒤에야 그만두었다.

북관에 있을 때 건물 수백 칸을 지었는데, 수십 년이 지나도록 한결같이 견고하였다. 크고 작은 일을 막론하고 하나하나 정신을 쏟아부었다는 것을 알 수 있다. 조정에 선 지 50년 동안 물러난 때는 많고 나아간

때는 적었으니, 조정과 재야에서는 그의 출처를 보고 세도의 융성과 쇠퇴를 점쳤다. 조회할 때마다 홀을 바로 들고 단정히 손을 모으니 반열이 숙연하여 바라보면 마치 기린이나 봉황 같았다. 문정공이 말하기를,

"우리 형과 문곡(文谷 김수항)은 모두 세상에 드문 인물이다."

하였는데, 사람들은 사정이 개입된 말이라고 여기지 않았다.

아, 하늘이 성군을 낳으면 반드시 세상에 이름난 현인을 내어 돕게 하는 법이다. 공은 영특한 자질과 세상을 다스릴 재주로 효종을 만나 한 마디로 남다른 지우를 맺었다. 당시에는 두 대로(大老)가 있어 또 주도하였으며, 들어와서 고하고 나가서 권면한 것은 모두 천리를 밝히고 인륜을 수립하는 것이었다. 때때로 사대(賜對)하면 은밀히 큰 계책을 의논하느라 강개하여 거의 눈물이 흐를 정도였다. 비록 뜻과 사업을 마치지 못해 천고에 통탄을 남겼으나 군신의 만남을 볼 수 있다.

성조(聖祖)께서는 공을 발탁한 뒤 후사를 보좌하게 하였으며 공도 세도(世道)를 자임하였으나 세상의 변화가 없는 것이 없었다. 먼저 걱정하고 나중에 즐기겠다는 공의 뜻을 끝내 널리 시행하지 못하고, 마침내 사문과 흥망을 함께 하였다. 비록 화를 당한 정도는 다르지만 의리를 다하고 충성으로 순절하기는 마찬가지였다. 송(宋)나라의 사마광(司馬光)과 여공저(呂公著)는 원우(元祐)의 치세를 이룩하였으나 장돈(章惇)과 채경(蔡京)의 화는 막지 못했으니, 하늘이 돕지 않는데 어찌하겠는가.

그러나 공의 출처와 사업은 마치 푸른 하늘의 태양처럼 크고 빛나 노예들도 모두 알고 있으니, 백세가 지나도록 불후히 전할 만하다. 이렇게 된 이유를 찾아보면 맹자가 이른바 먼저 그 큰 것을 세워 의(義)

를 모아 기(氣)를 기르고 인(仁)을 미루어 남을 이롭게 하며, 넓어서 중임을 견디고 굳세어 멀리 도달한 것이다. 공과 같은 사람은 하늘이 부여한 본성을 온전히 하였으며, 성조의 높은 기대를 저버리지 않았다고 하겠다. 아, 훌륭하다.

평생 지은 소장은 명백하고 격렬하여 읽으면 의젓하게 기운이 생긴다. 한때 공의 풍도를 들은 자들은 모두 명분과 절개를 중시하고 예의와 겸양을 숭상할 줄 알았다. 주자는 "우리나라 사대부를 진작시킨 공로는 범문정(范文正)이 많다."라고 하였는데, 옛일을 논하는 자들은 공에 대해서도 간혹 그렇게 이야기한다.

공의 장지(葬地)는 처음에 양주(楊州)에서 여주(驪州)의 대거리(大居里)로 옮기고 다시 갑좌(甲坐)에 가까운 언덕으로 이장하였으니, 영릉(寧陵)에서 십리 떨어진 가까운 곳이었다. 아, 이것이 어찌 우연이겠는가. 나는 문정공의 외손으로 어릴 적 삼청동 집에서 공을 뵈었다. 희고 아름다운 수염에 눈빛이 뚜렷하게 사람을 비추었다. 당시 늙고 병들어 지쳐 있었으나 호기는 쇠하지 않았다. 예전에 들으니 동양공(東陽公 신익성)이 공을 가을 매에 비유하였다고 하는데, 젊은 시절에는 어떠했는지 알 만하다. 자라서 공의 지난 일을 듣고서 실로 높은 산처럼 우러르고 큰 길처럼 따라가고픈 생각이 들었으나 이미 묘소의 나무가 한 줌이 되었다. 지금 사증손(嗣曾孫) 백남(百男)이 묘지를 부탁하였는데, 어리석고 고루하여 만분의 일도 드러내지 못할까 두렵다. 단지 중요한 언행을 모아 묘소에 넣으니, 후세의 군자들이 그나마 살펴보고 믿을 수 있을 것이다.

좌랑 이공 묘지[27]

佐郞李公墓誌

이기상(李箕相) 공은 나이 54세 되던 숙종 신유년(1681, 숙종7) 급제하였다. 우암(尤菴 송시열) 선생이 공에게 편지를 보내 회옹(晦翁 주자)이 동보(同甫 진량(陳亮))를 축하한 것처럼 축하하며, "후생의 무리 속에서 한 번 기염을 토하였으니, 관직에 올라 임금을 섬기는 일이 여기서 시작될 것이다."라고 하였으니, 원대한 경지에 이르기를 기약한 것이었다. 불행히 공은 몇 해 만에 세상을 떠났으니, 그 일 또한 동보와 비슷하다. 어찌 운명이 아니겠는가.

공은 자가 열경(悅卿)이며 계보는 중종의 왕자 덕양군(德陽君) 기(岐)에서 나왔다. 덕양군의 손자 수(晬)는 귀천군(龜川君)으로 시호는 충숙(忠肅)인데, 이분이 혼조(昏朝 광해군) 때 큰 절개를 세웠다. 이분이 휘 형윤(炯胤)을 낳았으니 봉래군(蓬萊君)으로 시로 이름났다. 이분이 공의 부친 휘 지(至)를 낳았으니 현감을 지냈다. 모친은 진주 소씨(晉州蘇氏)이며 그 부친은 감찰 정진(挺震)이다.

공은 재주를 일찍 이루었는데, 아홉 살에 오랑캐의 난리를 피해 영남으로 갔다. 도보로 열흘 동안 가는 데도 피로한 기색이 없었다. 서울로 돌아와 조부와 증조부를 섬겼는데 그들의 뜻을 잘 따랐다. 부친이 호서 산골에 머물러 살며 돌아오지 않자 번번이 눈물을 흘리며 그리워하였

27 좌랑 이공 묘지 : 이 글은 이기상(李箕相)의 묘지명이다. 이기상은 본관이 전주(全州), 자가 열경(悅卿)이다. 1628년(인조6) 태어나 1683(숙종9) 2월 12일 세상을 떠났다.

다. 18세에 향시에 합격하고 25세에 사마시에 합격하였다. 임자년(1672, 현종13) 처음 관직에 올라 창릉 참봉(昌陵參奉)을 지내고, 차례로 승진하여 돈녕부 봉사, 사도시 직장을 지냈다. 부친상을 당하고 6년 뒤 다시 선공감 부봉사에 임명되었다. 이해 가을 알성시에 제5명으로 급제하였는데, 자급이 다하였다는 이유로 성균관 전적으로 승진하고 병조 좌랑에 임명되었다.

조급한 성격의 이름난 관원이 어떤 일 때문에 화를 옮겨 공이 갑자기 승진하였다고 논하였다. 우리 조부 의정공(이숙(李䎘))이 이조 판서로 계시면서 공의 재주와 행실을 아뢰어 변호하니, 체직되어 예조 좌랑에 임명되었다. 어버이 봉양을 위해 부안 현감(扶安縣監) 자리를 얻어 호족을 억누르고 고아와 과부를 돌보며 부지런히 직무를 수행하였다. 마침 홍수로 농사를 망치자 직접 농지를 살피고, 또 공무로 산과 바다를 돌아다녔다. 당시 공은 병에 걸린 지 오래였는데, 자제들이 간언하면,

"녹봉을 먹으면서 어찌 감히 그 일을 게을리 하겠는가."

하였다. 병이 심해지자 해직되어 돌아왔다. 얼마 후 서용되어 차츰 쓰이기 시작하였으나 계해년(1683, 숙종9) 2월 12일 마침내 일어나지 못하였다. 대부인께서 당시 집에 계셨는데, 공은 임종을 앞두고도 오늘 안부가 어떠한지 물었으니, 들은 이들이 슬퍼하였다.

공은 집안에서의 행실이 독실하여 부친이 병들자 한데 서서 하늘에 기도하였다. 삼년상을 치르는 동안 춥거나 덥거나 바람이 불거나 비가 오거나 매일 묘소에 올라가 통곡하였다. 상을 마치고도 새벽마다 가묘에 알현하기를 그만두지 않았다. 평소 말수가 적었으나 남의 선을 말하기 좋아하였으며, 노복에게도 꾸짖거나 욕하지 않아 자애롭고 온화하였으나 속으로는 실로 지조를 지켰다. 젊어서 성균관의 재임(齋任)이

되었는데, 공의 부친의 벗이 공을 천거하려고 하였다. 여러 사람이 권유하였으나 끝내 응하지 않았다. 공무를 볼 때는 또 지극히 삼가고 근엄하였다. 집안의 재산을 묻지 않고 조용히 앉아 책을 보며 교유를 삼가 한번도 권세가의 집을 찾아가지 않았다. 만년에 굴곡을 겪었으나 유유자적하게 처신하였다. 비록 재주를 크게 펴지는 못했으나 뜻과 행실은 대략 알 만하다. 아, 애석하다.

광주(廣州) 낙생(樂生)의 선영에 장사지내고 윤 숙인(尹淑人)을 부장하였다. 숙인은 파평(坡平)의 큰 집안 출신으로, 도사 유진(惟晉)의 딸이다. 아무 해에 태어나 아무 해에 세상을 떠났다. 4남을 두었으니 부사 시징(蓍徵), 시응(蓍應), 시창(蓍昌), 현령 시명(蓍命)이다. 기징의 아들은 관제(觀濟), 익제(益濟)이며, 시응의 아들은 광제(光濟), 민제(敏濟), 도제(道濟)이다. 시창의 아들은 진사 겸제(謙濟), 태제(泰濟)이다. 시명이 후사로 삼은 아들은 경제(經濟)이며 증손과 현손 약간 명이 있다. 부사공이 손자 동필(東苾)을 시켜 나를 찾아와 "선친의 묘소에 지금까지 표식이 없는데, 내가 늙어 죽으면 지하에서 도움을 받을 수가 없다."라고 하기에 내가 감히 사양하지 못하였다. 명은 다음과 같다.

상록수는 일찍 시드는 것이 晩翠早萎
일반적인 이치라네 乃理之常
공은 홀로 이와 반대였으니 公獨反是
처자처럼 소박하였네 拙若處子
덕이 어찌 그리 굳센가 何德之剛
영원히 알리노라 用告無止

참봉 현공 묘지[28]

參奉玄公墓誌

호남은 예로부터 산수와 누대의 승경이 많다고 일컬어졌다. 영암(靈巖)의 구림(鳩林)은 낙원이라 불렸는데, 현씨(玄氏)의 죽림정(竹林亭)이 최고였으니 참봉 휘 징(徵), 자 사휴(士休)가 살던 곳이다. 공의 중부(仲父) 유후(裕後) 역시 참봉이 되었으나 벼슬하지 않았는데, 취음정(就陰亭)이라는 정자를 소유하였으나 후손이 쇠퇴하여 지키지 못했다. 공이 상심하여 주인에게 그 값을 주고 옮겨 지어 옛 모습을 되찾았다. 문곡 김 상국(金相國 김수항)이 그 이유를 듣고서 감탄하며,

"사휴가 이렇게 친족에게 독실하구나."

하고, 마침내 완씨(阮氏) 집안 숙질이 뜻이 맞았던 일을 취하여 이름 지었다. 문곡의 아들 농암(農巖 김창협(金昌協)), 삼연(三淵 김창흡(金昌翕)) 등 여러 공이 서로 그 일을 노래하였다. 공은 늙기 전에 관직을 사양하고 돌아와 수십 년 동안 한가로이 지내다 세상을 떠났다. 많은 사대부들이 그의 흥취를 숭상하였다.

현씨는 고려 때 병부 상서를 지낸 덕수(德秀)가 성주(星州)에 본적을 두면서 시작되었다. 고조는 현감 휘 구(球), 증조는 종사랑 휘 덕형(德亨)이며, 조부 휘 건(健)은 주부에 임명되었으나 나아가지 않았다. 부친은 휘 진후(振後), 모친은 파평 윤씨(坡平尹氏)로 부원군 지임(之

28 참봉 현공 묘지 : 이 글은 현징(玄徵)의 묘지명이다. 현징은 본관이 성주(星州), 자가 사휴(士休)이다. 1629년(인조7) 태어나 1702년(숙종28) 1월 16일 세상을 떠났다.

任)의 후손이다.

공은 일곱 살에 부친을 여의고 어른처럼 슬퍼하여 몸을 상하였다. 중부가 걱정하여 데려가서 기르고 또 글을 가르치니 문장을 일찍 이루었다. 얼마 후 돌아와 모부인을 모시고 집안 살림을 꾸렸는데, 비록 생계가 막막하였으나 맛있는 음식이 부족하지 않게 하였다.

무자년(1648, 인조26), 계획대로 서울에 갔다가 부고를 받고 분상(奔喪)하였으니 죽을 때까지 통한으로 여겼다. 상을 마치자 마침내 과거를 그만두었다. 중부가 강요하여 경자년(1660, 현종1) 진사시에 합격하고 누차 회시에 합격하였으나 마침내 급제하지 못했다.

경신년(1680, 숙종6) 정국이 바뀌자 광릉 참봉(光陵參奉)에 임명되었다. 한번은 숙직하는 곳에서 기일을 만나자 시를 지어 마치 제사지내지 않은 것 같은 회포를 서술하고는, 곧 사직하고 돌아왔다. 사람들이 그 이유를 묻자 "병들어 할 수가 없다." 하였다. 문곡이 공을 위해 가까운 곳의 벼슬을 얻어주려고 전랑(殿郎)의 자리가 비기를 기다리게 하였으나 오히려 기꺼워하지 않았다. 그래서 뒤늦게 편지를 보내,

"돌아가는 소매가 시원하여 다시 잡을 수 없네."

하였다. 공이 예전에 말하기를,

"나는 부모 없는 사람이니, 뒤늦게 봉양하는 방법은 제사뿐이다."

하고, 심한 병이 아니면 한 번도 목욕을 그만둔 적이 없었다. 제사에 임하여 제수가 행여 갖추어지지 않았으면 상심하고 탄식하며 음식을 물렸다. 만년에 다릿병을 앓았는데도 제삿날에는 부복하며 슬픔을 다하였다. 제사를 마치고 나오면 통곡을 그치지 않으니, 슬픔이 이웃을 감동시켰다.

공은 사람됨이 도탑고 정성스러워 게으른 모습을 한 적이 없었다.

집에는 놀이하는 도구를 두지 않았으며, 고을에 있을 적에는 온화하고 공손하여 남의 잘못이나 단점을 말하지 않았다. 젊어서 글공부에 힘쓰고 늙어서도 책을 놓지 않았다. 옛날에 가숙(家塾)이 있었으나 중간에 폐지되었는데, 다시 세우고 늘려서 마을의 수재들로 하여금 날마다 그곳에서 학업을 익히게 하였다. 초하루와 보름마다 정자에 모여 시험을 보고 상과 벌을 내리니, 인재를 양성한 공로가 많았다. 여가가 있으면 또 어른들과 함께 고기를 잡고 술을 마련하여 시를 읊고 마시며 밤을 새었는데, 지금까지도 대단한 일로 전한다.

예전에 들으니 우리 숙조 총재공(冢宰公)께서 기사년(1689, 숙종 15)의 화를 당하여 관산(冠山)으로 유배되자 공이 찾아와 인사를 드리고 조용히 이야기를 나누다가 웃으며 말하기를,

"나와 공은 같은 해 태어났고 태어난 달과 날도 같습니다. 그런데 궁달이 현격히 다르니, 이른바 운명이 아니겠습니까."

하니, 총재공이 말하기를,

"나는 비록 정승의 지위에 올랐으나 그대는 평생 산수의 청복(淸福)을 누렸으니 도리어 낫지 않은가?"

하였다.

공은 나이 74세 되던 임오년(1702, 숙종28) 1월 16일 세상을 떠나 고을 북쪽 입석산(立石山) 신좌(辛坐)의 언덕에 장사지냈다. 부인 죽산 박씨(竹山朴氏)를 부장하였다. 공은 후사가 없어 조카 약호(若昊)를 데려다 아들로 삼았다. 약호는 4남 1녀를 낳았으니 아들은 수초(守初), 수중(守中), 수범(守範), 수우(守愚)이며 딸은 임상하(林尙夏)에게 시집갔다. 증손은 명직(命直), 진사 명익(命益), 명덕(命德)이다. 명직은 내게 배웠는데, 와서 묘지를 청하였다. 나는 오래 전에 죽림정

의 이름을 듣고서 한 번 이 정자에 오르고자 하였으나 하지 못하였다. 또 공의 맑은 지조를 사모하여 마침내 명을 짓는다. 명은 다음과 같다.

오래된 집안 계승하였으니	故家肯構
정자가 높은 것이 아니라네	非亭爲高
소완은 맑고 진실하여	小阮淸眞
속세를 헌신짝 버리듯 했네	脫屣塵囂
친구는 속되지 않고	所友不俗
아이들을 내려다보았네	眼底兒曹
충후하고 효성스럽고 공경스러우니	忠厚孝悌
실로 신명의 도움이라네	寔神攸勞
산수의 풍류도	湖海風流
자랑하기 충분하네	亦足自豪
술과 시로 손님 즐겁게 하고	觴咏娛賓
글을 가르쳐 인재를 길렀네	絃誦造髦
이 기이한 기운을 품고서	抱玆奇氣
재야에서 늙어 죽었네	老死蓬蒿
명을 지어 기록하여	銘以志之
그 덕을 빛내리라	厥德載昭

참판 한공 묘지[29]

參判韓公墓誌

숙종대왕에게 강직한 신하가 있었으니 한성우(韓聖佑) 공이다. 장씨(張氏)를 숙원(淑媛)으로 봉할 적에 공은 사간원 정언이었는데, 총애를 아끼고 명분을 신중히 하며 참소를 막으라고 경계를 아뢰었다. 또 송 인종(宋仁宗)이 눈물을 흘리며 궁녀를 내보낸 일을 인용하며,

"신이 어찌 감히 전하께서는 할 수 없다고 말하겠습니까."

하였다. 성상이 진노하여 그의 직임을 갈라고 명하였으나 온 조정 관원들이 번갈아 간언하여 도로 거두어들이려 하였는데, 얼마 못가 기사년(1689, 숙종15)의 변고가 일어났다. 군자가 말하기를, "강직할 뿐만 아니라 기미를 먼저 아는 데 밝았다."라고 하였다.

공은 자가 여윤(汝尹)으로 젊어서 고문사(古文辭)를 좋아하여 과거에 이롭지 않아 37세에 진사시에 합격하고 52세에 문과에 급제했다. 성균관에 있을 때 여러 선비들의 앞장을 서서 우암 선생의 원통함을 바로잡았다. 현릉 참봉(顯陵參奉)으로 벼슬을 시작하여 몇 개의 관직을 거치고, 이때에 이르러 6품으로 승진하여 예조와 병조의 낭관에 임명되었다. 권력자를 거슬러 함경 도사(咸鏡都事)로 나갔다가 사헌부 지평에 임명되었다.

29 참판 한공 묘지 : 이 글은 한성우(韓聖佑)의 묘지명이다. 한성우는 본관이 청주(淸州), 자가 여윤(汝尹)이다. 1633년(인조11) 태어나 1710년(숙종36) 11월 13일 세상을 떠났다.

정승 이상진(李尙眞)이 민희(閔熙)와 홍우원(洪宇遠)을 풀어주도록 청하자 공은 그가 사악한 논의를 고무한다고 탄핵하였다. 또 사명(使命)을 받든 자가 돈을 바치고 용서받는 치욕을 끼친 일을 논박하였다. 궁액(宮掖)에 관한 일을 논하자 누차 대각에 의망되었으나 윤허를 받지 못하였다. 3년 뒤 비로소 예빈시 정에 임명되었다. 세도가 비색해지자 스스로 선영 아래로 물러나 한 번도 도성문에 발을 들이지 않았다. 갑술년(1694, 숙종20), 여러 사람과 함께 나아가 홍문관 수찬, 교리, 응교에 임명되고, 중간에 집의, 사간이 되었다. 한번은 정승 윤지완(尹趾完)의 비답을 지었는데, '인륜을 망쳤다.〔彝倫斁敗〕'라는 말이 있었다. 윤지완이 몹시 성을 내었으나 공은 돌아보지 않았다. 기사년의 방(榜)은 명분과 의리를 저버렸는데, 명문가 집안의 자제로 병조낭청이 된 자가 있었기에 공이 사람을 시켜 풍간하기를,

"속히 스스로 처신하라. 내가 곧 논박할 것이다."

하였다. 그 방에 들어간 사람이 또 예문관에 의망되자 공이 굳게 막아 장관도 논란하지 못했다. 하루는 칠(漆) 서 말과 호초(胡椒) 수십 말이 대내로 들어가자 공이 차자를 올려 간언하였는데, 그 말이 마치 따지는 것처럼

"전하께서는 어디에 쓰려고 하십니까. 대궐이 비록 깊으나 하늘이 환히 보고 있습니다."

하였다.

국청(鞫廳)의 좌기(坐起)에 참석하였을 때 남구만(南九萬)이 위관(委官)으로서 이의징(李義徵)을 생의(生議)에 회부하였다. 공이 강력히 쟁집하였으나 되지 않자 일어나 나갔기에 이의징이 마침내 죽었다. 승정원 동부승지에 발탁되었다가 체직되고 다시 들어가 좌승지에 이르

렀다. 공은 평소 나아가기를 좋아하지 않아 누차 외직을 구하여 회양(淮陽), 삼척(三陟), 철원(鐵原), 광주(光州)의 수령이 되었는데, 그 다스림은 한결같이 청정하였다. 세 번 대사간에 임명되었는데, 한번은 천재지변을 계기로 임금의 덕을 바로잡고 세자를 보도(輔導)하며 염치를 가다듬고 장오죄(贓汚罪)를 엄하게 하며 붕당을 제거하라는 내용으로 수백 자를 아뢰었다.

신사년(1701), 전라도 관찰사에 임명되었다. 청렴함과 공정함을 지켜 온 도가 숙연하였다. 궁가(宮家)들이 산택(山澤)을 광범위하게 점유하여 백성의 해가 된 지 오래였다. 공이 조목별로 열거하여 혁파하도록 청하고 거취를 가지고 쟁집하면서,

"백발의 늙은 신하는 한결같은 마음이 단청과 같습니다."

하였다. 체직되어 호조, 병조, 예조 참의, 장례원 판결사에 임명되고, 또 대사간에 임명되었다.

성상께서 비용이 부족하다는 이유로 미리 시전(市廛)에서 거두고 또 선혜청의 쌀을 가져다 쓴 적이 있었다. 공이 개탄하며 간언하기를,

"빌리는 일은 시골에서 자신을 아끼는 자도 말하기 부끄러워합니다. 전하의 한 마디가 거의 나라를 잃을 정도인데 조정의 신하들은 받들어 따르기에 겨를이 없으니, 이러고도 나라에 사람이 있다고 하겠습니까."

하였다. 정언 김만근(金萬謹)이 이조 판서 이유(李濡)를 탄핵하여 조정에서 쫓아내 남쪽 고을에 보임하였다. 공이 간쟁하기를,

"성상의 조정에서 30년 동안 먼 변방에서 말 때문에 죽은 자가 몇입니까. 김만근을 또 더운 날 길에서 죽게 한다면, 전하의 익숙한 손[30]이 어찌 후세의 비난을 받지 않겠습니까."

하고, 이어서 대신(臺臣) 김재(金栽)가 아첨하느라 말하지 않는다고 논척하였다.

을유년(1705) 존호 올리는 일을 논의하였는데, 공이 예조에 있으면서 겸손에 누가 되고 일의 체모를 손상한다는 육지(陸贄)의 말을 인용하여 경계를 아뢰었다. 성상께서는 평소 공이 강직하다는 것을 알고 있었기에 누차 귀에 거슬리는 말을 해도 벌을 내리지 않았다. 이때에 이르러 나라에 충성하고 임금을 사랑한다고 칭찬하였다. 이해 가을 개성 유수(開城留守)에 임명되고, 조정으로 들어와 병조 참판이 되었다.

이동언(李東彦)은 과감히 말하는 선비였는데, 남에게 무함을 당해 감옥에 갇혀 죽게 되었다. 공이 동의금부사로 상소하여 구해주고, 옥안(獄案)을 변론하였다. 또 이동언이 계모를 효성스럽게 섬겼다고 말하니, 당시 논자들이 몹시 놀랐다. 이동언이 죽자 억울함을 씻어주었다. 예조 참의, 한성부 좌윤과 우윤을 거쳐 이조로 옮겼다. 당시 선한 이들은 대부분 금고를 당하였는데, 공이 홀로 정사(政事)를 하여 하룻만에 적체된 이들을 모두 해소하였다. 아전이 정사의 규례를 고하자 손을 저으며 꾸짖었다. 곧 소인들의 배척을 받고 사직하여 체차되었다.

공조를 거쳐 성균관 대사성으로 옮겼다. 공은 늙어서 벼슬할 뜻이 없었기에 일곱 번 소명을 어겨 파직되었다. 산수를 소요하고 읊조리며 유유자적하였다. 나이 78세 되던 경인년(1710) 11월 13일 서울 집에서

30 익숙한 손 : 당 문종(唐文宗)이 환관을 보내 유배지에 있는 양사복(楊嗣復), 이각(李玨) 등을 죽이려 하자 두종(杜悰)이 이덕유(李德裕)를 만나 "새로 즉위하여 이런 일에 손이 익숙해져서는 안 된다."라고 하였다. 《資治通鑑 卷246 唐紀62》

세상을 떠났다. 병이 위독해지자 입으로 불러 유언으로 경계를 남겨 자손에게 주었다. 예법에 따라 부조하고 제사지냈다.

공은 타고난 자질이 바르고 깨끗하며 얼굴이 붉은 옥과 같아 바라보면 한 점의 더러운 것도 없었다. 말이 마치 입에서 나오지 못하는 것 같았으나 일을 만나 가부를 결정할 때는 기운이 솟아 멈추지 않았다. 지키는 바가 확고하여 분육(賁育)이 용맹을 잃을 정도였다. 그러나 성품이 자애롭고 선량하여 곤충 같은 미물도 차마 해치지 못하였다. 남과 교유할 적에는 지나치게 가까이 하지 않았으며 간격을 두지도 않았다. 선하지 않은 이를 보면 자기가 더럽혀질 것처럼 여겼으며, 선한 일을 들으면 기뻐하며 널리 알렸다. 임금을 섬길 적에는 충성과 사랑이 가득하였다. 항상 말하기를,

"나라에 보답할 날이 짧으니, 나는 차마 묵묵히 순종하며 구차하게 용납받지 못하겠다."

하고, 숨김 없이 말을 다하였으며, 또한 과격하지도 않았다. 누차 고을을 맡았는데 밭은 몇 이랑도 늘어나지 않았으나 친족의 급한 처지를 도와줄 때는 아끼지 않았다. 문을 닫고 출입을 드물게 하였으며, 퇴근하면 조용히 앉아 책을 보아 집안이 조용하였다. 한번은 열 곳의 명산을 병풍에 그려 아침저녁으로 와유(臥遊)하였다. 책 중에는 회암(晦菴 주자)과 서산(西山 진덕수)의 것을 가장 좋아하여 평소 손에서 놓지 않았으며, 만년에는 또 《소학》을 써서 곁에 두었다.

공은 집안에서의 행실이 몹시 독실하였다. 어버이가 병들자 손가락의 피를 내어 바쳤고, 상을 치를 적에는 여막에서 슬픔을 다하였다. 제사를 지낼 때마다 눈물을 흘리며,

"어려서는 형제들과 남은 음식을 나누어 먹었는데, 다시 이렇게 하려

고 한들 되겠는가."
하고, 제사 음식을 가져다 먹었다. 형 청원공(淸原公)은 성품이 엄격하여 인정하는 경우가 드물었는데, 자제에게 말하기를,
"내 아우가 나를 섬기는 것을 너희들은 본받아야 한다."
하였다. 막내가 몹시 가난하자 땅을 떼어 밑천으로 주었으며, 외선조를 위해 묘소에 비석을 세우고 또 제사를 도왔으니 모두 효성을 넓힌 결과였다.

공은 젊어서 두 송 선생을 섬기고 죽을 때까지 경모하였다. 항상 자신을 단속하여 일찍 일어나 단정히 앉으니 사람들이 게으른 모습을 보지 못했다. 좋아하는 물건이 없고 늙어서는 함양이 더욱 깊어졌다. 이 때문에 조정에서의 언행이 결백하고 준엄하여 우뚝히 사류의 존경을 받았다. 경연에 있을 적에는 들어가서는 아뢰고 나와서는 차자를 올리니, 사람들이 그의 해박함에 감복하였으며, 시문 또한 전아하고 중후하여 예스러운 뜻이 있었다.

한씨는 청주(淸州)의 큰 성(姓)으로, 우의정 청평부원군(淸平府院君) 응인(應寅)에 이르러 더욱 알려졌다. 이분이 휘 덕급(德及)을 낳았으니 동지돈녕부사를 지냈고, 이분이 휘 수원(壽遠)을 낳았으니 목사를 지냈으며 바로 사계(沙溪 김장생) 선생의 외손이었고, 공은 그의 몇 번째 아들이다. 외조는 용계(龍溪) 처사 이영원(李榮元)이다. 부인 남양 홍씨(南陽洪氏)는 관찰사 처후(處厚)의 딸이다. 부인의 덕이 순수하고 완벽하여 친족들이 본받았다. 4남을 두었으니 목사 배의(配義), 배도(配道), 배문(配文), 배기(配琦)이다. 사위는 교관 조명휘(趙命徽)이며, 측실 소생 아들은 덕희(配熙)이다. 박필무(朴弼懋)의 처와 진사 사범(師范)은 장남 소생이고, 참봉 사일(師逸)은 삼남 소생이다.

배도가 후사로 삼은 아들은 사식(師軾)이다. 사위 조명휘의 아들은 한종(漢宗), 한명(漢明), 한 장(漢章)이다. 사범(師范)의 아들은 교리 현모(顯謩), 익모(翼謩), 경모(敬謩)이다. 나는 통교하는 집안의 자식으로 외람되게 인정과 칭찬을 받았다. 공이 한번은 회옹(晦翁 주자)의 책을 꺼내 보여주며,

"사대부는 이 책을 읽지 않으면 안 된다."

하였다. 물러나 자취를 살펴보니, 공은 논의가 바르고 강직하여 근래의 아부하는 버릇이 전혀 없었다. 참으로 회옹의 책을 잘 읽었다고 하겠다. 그분의 가르침을 명심하였으니, 잊은 적이 있겠는가. 목사공이 묘지를 부탁하기에 의리상 감히 사양하지 못한다. 명은 다음과 같다.

나는 늦게 태어났지만	余生也季
다행히 공을 만났네	尙及公幸
차가운 얼음처럼 맑고	瑩如寒冰
옛 우물처럼 고요했네	恬如古井
겁내듯 이익을 피하고	避利若怯
의리에는 맹렬히 달려갔네	趨義何猛
그 말이 강직하니	諤諤其言
온 세상 사람들 목을 움츠렸네	擧世縮頸
공의 머리 백발이 되었으나	公髮旣皤
공의 절개 더욱 굳세었네	公節彌勁
자양(주자)의 글은	曰紫陽書
스승께서 명하신 것이네	維師所命
악인을 미워하고 정도를 지킴은	嫉惡持正

나의 천성이라네	矧我天性
아, 저 나약하고 용렬한 자들	唉彼懦庸
함정에 빠지는 것처럼 여겼네	視若蹈阱
행적을 보아 조짐을 살피고[31]	考履旋吉
해질녘 질장구 두드리며 노래했네	缶歌昃景
아, 잊을 수 없구나	於戲不忘
우리 임금이여	惟我王聖
효성과 우애, 청렴결백은	孝友淸白
작은 행실이 아니라네	非曰細行
나는 그 강직함을 모아	我最其直
말세의 경계로 삼노라	衰世是警

31 행적을……살피고 : 《주역》〈이괘(履卦) 상구(上九)〉의 "행실을 보아서 선악 화복(善惡禍福)의 조짐을 살피되, 완벽하게 하면 원하고 길하리라.〔視履, 考祥, 其旋, 元吉.〕"라는 말을 인용한 것이다.

부사 조공 묘지[32]

府使趙公墓誌

공은 휘가 현기(顯期), 자가 양경(揚卿)이며 선조는 임천군(林川郡) 사람이다. 시조 천혁(天赫)은 고려에 벼슬하여 가림백(嘉林伯)에 봉해졌다. 우리나라에 들어와 휘 원(瑗)은 호가 운강(雲江)인데 진사시에 장원하고 문과에 급제하여 승정원 승지를 지내고 이조 판서에 추증되었다. 이분이 장악원 정을 지내고 승정원 도승지에 추증된 휘 희진(希進)을 낳았으니 공의 조부이다. 출계하여 통례원 좌통례에 추증된 족부 휘 인(璘)의 후사가 되었다. 통례공은 성종조의 명신 지족당(知足堂) 휘 지서(之瑞)의 증손이다. 부친의 휘는 시형(時馨)으로 마전군수(麻田郡守)를 지내고 호조 참판에 추증되었다. 모친은 정부인 청송 심씨(青松沈氏)로 참의에 추증된 정양(廷揚)의 딸이다.

조씨는 명종, 선조 때부터 더욱 창성하여 세상 사람들이 문장가 집안이라고 불렀다. 공과 공의 아우 졸수재(拙修齋) 성기(聖期)에 이르러 문학과 경세제민으로 자임하여 당시의 유명인이 되었다. 그러나 공의 높은 재주와 넓은 견문으로 장차 당세에 큰 일을 할 것 같았지만 낮은 자리에서 곤궁하게 지내며 쓰지 못한 채 늙어 죽었으니, 포부가 클수록 합치하기가 더욱 어렵다는 말이 아니겠는가.

32 부사 조공 묘지 : 이 글은 조현기(趙顯期)의 묘지명이다. 조현기는 본관이 임천(林川), 자가 양경(揚卿), 호가 일봉(一峯)이다. 1634년(인조12) 4월 11일 태어나 1685년(숙종11) 10월 25일 세상을 떠났다.

공은 젊어서 진사시에 높은 성적으로 합격하여 빙고 별검, 의금부 도사에 임명되고, 상의원 주부로 승진하였으며 천안 현감(天安縣監), 진보 현감(眞寶縣監)으로 옮겼으나 모두 사직하고 나아가지 않았다. 공에게는 큰 뜻이 있어 탁월하고 우뚝하여 천하의 일을 모두 자기 분수상 해야 할 일로 보았다. 한번은 성인의 육경과 《사기》, 제자백가의 말, 고금 치란의 변화를 궁구하여 장차 논의로 드러내고 사업에 시행하여 한 시대의 다스림을 안정시키고자 하였다. 효종조에 천재지변으로 구언 교지를 내렸는데, 공은 21세의 나이로 유생들과 봉사 수만 자의 초고를 지었으나 마침 올리지 못했다. 그러나 그 요점은 임금을 바로잡고 백성을 구제하는 방법을 말하였으니, 세상을 다스리는 글이었다.

숭정 갑인년(1674, 현종15), 오삼계(吳三桂)가 광서(廣西)에서 군사를 일으키자 중원(中原)에 일이 많아졌다. 공은 듣고서 훗날 반드시 나라의 근심거리가 될 것이라 여겨 마침내 글을 올려 성상께 큰 뜻을 떨치고 몸소 여러 정무를 보며 어진 이를 구하고 백성을 사랑하며 군사를 조련하도록 권하였으니, 실로 스스로 강해지는 방도였으며 모두 만여 자였다. 훗날 현종께서 대신에게 칭찬하며 받아들일 뜻이 있었으나, 얼마 지나지 않아 승하하여 결국 쓰지 못하였다.

숙종께서 즉위하자 권력자들이 번갈아 공을 천거하여 마침내 한성부 판관에 임명되었으나 또 나아가지 않았다. 얼마 후 온양 군수(溫陽郡守)가 되자 어버이가 늙었다는 이유로 억지로 한 번 나아가려 하였다. 희정당(熙政堂)에서 소견하고 위로하여 보내려고 하였는데, 공이 사직하고 이어서 붕당의 폐해 및 군사와 백성이 근심하고 원망하는 폐단을 극언하였다. 그리고 인재를 선발하여 급할 때를 대비하고, 호포법을 제정하여 백성의 수고를 덜어주도록 청하였다. 성상께서 들어주고 시행하려 하였는데, 공을 좋아하지 않는 자가 간관에게 청탁하여 직분을 벗어나 일을 말하였다고 논하게 하였다. 또 서산 군수(瑞山郡守)가 되었으나 오래지 않아 파직되어 떠났다.

공의 정사는 백성을 기르는 데 근본을 두었으며 가르침을 펴는 데 부지런하였다. 보살피고 어루만져 문장이 잘 다스려졌다. 온양에 있을 적에는 고을의 자제들을 가려뽑아 주자의 독서하는 차례에 의거하여 입으로 가르치며 익히게 하였으며, 초하루와 보름에는 반드시 학교로 가서 유생들을 데리고 당에 올라 강독하기를 달마다 하였다. 그러자 유생들이 모두 분발하여 학문하니 와서 수업하는 자가 항상 4~50인이었다. 백성을 위해 이익을 늘리고 폐해를 제거하는 데 힘쓰기를 굶주리고 목마른 사람보다 급히 하니, 온 경내가 잘 다스려졌다.

서산에 부임한 이듬해, 흉년이 들어 창고의 곡식을 꺼내 가난한 이들을 진휼하였는데, 따로 수천 곡(斛)의 곡식을 마련하여 돕자, 이웃 고을 사람들이 모두 다투어 찾아와 온전히 살린 자가 2만여 명이나 되었다. 어사가 장계를 올려 도내에서 치적이 제일이라고 아뢰었고, 고을에서는 동비(銅碑)를 세워 칭송하였다. 얼마 후 장악원 첨정에 임명되고, 외직으로 나가 인천 부사(仁川府使)가 되었다. 그러자 재상들이 번갈아 공의 재주가 크게 쓸 만하다고 아뢰었다. 상이 이르기를,

"나는 원래 그 사람을 알고 있으니, 장차 관찰사의 직임으로 시험해 보겠다."

하였다. 그러나 미처 시험하기 전에 공은 이미 병에 걸렸다.

아, 선비는 항상 지위가 낮아 쓰이지 못하는 것이 걱정이다. 저 높은 지위에 있는 자들은 재주도 없으면서 큰일을 하려고 하니, 천하의 다스림이 날마다 쇠퇴하고 구차해져 진작되지 못하는 것이 마땅하다. 공의

재주는 고금을 포괄하고 사물을 재단하였으며, 개연히 천하와 국가를 자기의 책임으로 여겼다. 만약 높은 지위에 올라 그 뜻을 실천하였다면, 그 시행과 조처가 탁월하여 볼 만한 점이 있었을 것이며, 배운 바를 저버리지 않았을 것이다. 그러므로 졸수공(拙修公 조성기)이 공을 곡하는 글에,

"차라리 한 몸이 힘들고 괴롭더라도 천하가 즐겁고 편안하면 바꾸려 하였다."

하였으니, 여기서 공의 훌륭한 점을 볼 수 있다. 그런데 고을에서 문서를 처리하면서 늙어 그 효과를 당세에 보아 경장(更張)의 교화를 이루지 못하게 하였으니, 어찌 공 혼자만의 불행이겠는가. 공은 을축년(1685) 10월 25일 집에서 세상을 떠났으니 춘추는 52세이다. 이듬해 1월 아무 날에 아무 고을 아무 언덕에 장사지냈다. 숙인 김씨(金氏)를 부장하였다.

공은 사람됨이 준엄하고 정결하며 효성과 우애에 독실하였다. 남과 교유할 적에는 즐겁고 관대하며 담소하고 해학하면 마치 호방하여 구애받지 않는 사람 같았다. 그러나 속으로 지키는 지조는 항상 부귀로도 더럽힐 수 없고 위엄으로도 굴복시킬 수 없으며, 불러도 오지 않고 쫓아도 가지 않기로 뜻을 정하고, 나라의 급한 일을 위해 몸을 바치기로 생각하였다. 또 부지런히 배우고 옛것을 좋아하며 독실한 뜻이 확고하여 이설(異說)의 현혹에 흔들리지 않았던 것은 남이 미치지 못하는 점이었다. 선배와 노유(老儒)의 저술이라도 주자의 뜻과 어긋나는 것이 하나라도 있으면 반드시 힘껏 거부하고 심하게 배척하였다. 문장을 좋아하고 경학에 전념하지 않는 사람이 있으면 번번이 편지를 보내 드러내놓고 꾸짖으며 조금도 용서하지 않았다. 아, 여기서 공의 큰

뜻과 주밀한 계획이 실로 바른 의리에 근본을 두었으며, 좋아할 만한 공명과 의리에 관한 논의가 아니었다는 것을 알 수 있다.

김부인(金夫人)은 병조 판서 좌명(佐明)의 딸이며 정승 문정공(文貞公) 육(堉)의 손녀이다. 단정하고 온화하여 덕 있는 이의 짝이 되어 어기는 일이 없었다. 공보다 14년 뒤에 세상을 떠났다. 아들 여섯과 딸 일곱을 두었으니 장남 정위(正緯)는 사간원 정언, 다음 정신(正紳)은 첨정, 다음 정서(正緖)는 현감, 다음 정강(正綱)은 좌랑, 다음은 정경(正經), 다음 정순(正純)은 사헌부 지평을 지냈다. 군수 김노득(金魯得), 감역 이(李), 이조 판서 이인엽(李寅燁), 병조 판서 이사명(李師命), 형조 판서 유명웅(兪命雄), 좌랑 심윤현(沈胤賢), 진사 윤경종(尹敬宗)은 사위이다. 손자들은 명복(明復), 대사헌 명택(明澤), 명관(明觀), 명제(明濟), 서윤 명진(明震), 대사성 명리(明履), 교리 명건(明健), 감사 명겸(明謙), 명항(明恒), 수찬 명정(明鼎)이다. 훗날 손자 명겸이 추은(推恩)하여 공을 이조 참의에 추증하였으며 숙인을 숙부인에 추증하였다. 공이 지은 《일봉유고(一峰遺藁)》 약간 권이 집에 보관되어 있다. 명은 다음과 같다.

마씨 집안 다섯 형제를	馬氏五常
나는 임천 조씨에서 보았네[33]	吾見嘉林
눈은 넓은 천지를 보고	目大天地

33 마씨……보았네 : 마씨 집안 다섯 형제는 후한(後漢) 마량(馬良)의 다섯 형제를 말한다. 모두 재주가 있었으나 둘째 마량이 가장 뛰어났다. 여기서는 조현기와 형 조원기(趙遠期), 아우 조성기(趙聖期), 조창기(趙昌期), 조형기(趙亨期)를 말한다.

마음은 고금을 통달하였네　心通古今
변론이 해박하고 논의가 높아　博辯高論
강물이 쏟아지듯 통쾌하였네　快若決河
울타리를 부수면　剖破藩籬
이것이 바로 대가라네[34]　是則大家
아, 말세에 와서　嗚呼叔季
이러한 사람 있었으니　乃有斯人
어찌 크게 시행하여　曷不大施
우리 백성에게 은혜를 베풀지 않으랴　以惠吾民
공의 몸은 비록 액운을 당했으나　公身雖阨
그 뜻은 영원하리라　其志則長
내가 명을 지으니　我作銘詩
오랜 세월 흘러도 더욱 드러나리라　百世彌章

34 울타리를……대가라네 : 정자의 문인 사양좌(謝良佐)의 "시험삼아 맑은 밤에 깊이 성찰해보라, 울타리를 부수면 곧 대가라네.〔試於淸夜深思省, 剖破藩籬卽大家.〕"라는 시를 인용한 것이다. 주자는 교만과 인색을 버리는 것이 울타리를 부수는 것이라고 하였다.《朱子語類 卷35》

찰방 민공 묘지[35]

察訪閔公墓誌

공의 휘는 태중(泰重), 자는 사앙(士仰)이며 여흥(驪興) 사람으로 참판 진의(振衣) 휘 여임(汝任)의 증손이며 사직서 영 계(枅)의 손자이며 황간 현감(黃澗縣監) 광혁(光爀)의 아들이다. 진의공은 청렴한 덕으로 이름났는데, 충효에 관한 시를 지어 자손에게 남겼다고 한다. 공은 어려서 족형 문정공 유중(維重) 형제에게 배우고, 자라서는 두 송 선생(송시열, 송준길)의 문하에 유학하였는데, 동춘(同春 송준길)이 칭찬하며,

"사앙은 훗날 반드시 사림의 사표(師表)가 될 것이다."

하였다.

현종 임인년(1662, 현종3) 진사가 되고 숙종 경신년(1680, 숙종6) 학행으로 천거를 받아 이듬해 영희전 참봉(永禧殿參奉)에 임명되었으나 나아가지 않았다. 병인년(1686), 또 금정도 찰방(金井道察訪)에 임명되자 공은 늙은 어버이를 위해 한 번 부임하였다. 장흥고 직장(長興庫直長)으로 옮기자 나아가지 않았다.

공이 예전에 성균관에 있으면서 유생들과 상소하여 우암의 무고를 밝혔는데, 현종께서 엄한 하교를 내리자 공은 개탄하며 스스로 물러나

35 찰방 민공 묘지 : 이 글은 민태중(閔泰重)의 묘지명이다. 민태중은 본관이 여흥(驪興), 자가 사앙(士仰)이다. 1640년(인조18) 11월 8일 태어나 1692년(숙종18) 3월 13일 세상을 떠났다.

진천(鎭川)의 평사(平沙)에 집을 지었다. 평사는 산수의 승경이 있는 곳이기에 공의 마음 속으로 즐거워하며 호로 삼았다. 원근에서 배우러 오는 자가 많아 가르치고 인도하니 모두 도움을 받았다. 평소에 예서(禮書) 읽기를 좋아하였고, 간혹 제기를 늘어놓고 연습하니, 예를 지키는 모습이 볼만 하였다.

기사년(1689) 우암이 사사되자 공은 죄인으로 자처하고 좋아하던 거문고와 학을 모두 버렸다. 평소 앓던 병이 이때 와서 더욱 심해져 마침내 임신년(1692) 3월 13일 평사의 낙진당(樂眞堂)에서 세상을 떠났다. 임종 때 거듭 의관을 정제하였고 정신이 평소와 같았다. 향년은 53세이다. 상복을 입은 문인이 거의 백 명이었다. 같은 현 은성(銀城)에 장사지냈다가 훗날 기묘년(1699)에 도촌(陶村) 자좌(子坐)의 언덕에 이장하였다.

공은 타고난 자질이 욕심이 적어 자연히 도에 가까웠다. 또 사우의 힘에 도움을 받아 덕의 바탕을 성취하여 남과 전혀 달랐다. 그의 용모를 보면 독실한 군자라는 것을 알 수 있었다. 그의 행실은 효에 근본하였으니, 한번은 유검루(庾黔婁)의 고사[36]에 감동하여 밤마다 묵묵히 어버이의 장수를 빌었는데, 처자도 몰랐다. 평소에는 공경을 다하고 봉양할 적에는 즐거움을 다하였으며 상을 당했을 적에는 슬픔을 다하고 제사 지낼 적에는 정성을 다하였다. 심지어 선대의 묘소를 마련하는 일도 모두 스스로 경영하여 외가에까지 미쳤다.

모친 김부인이 연로하고 공도 늙어 지팡이를 짚고 다녔는데, 중문

36 유검루(庾黔婁)의 고사 : 유검루는 양(梁)나라의 효자이다. 부친이 병들자 변을 맛보고, 대신 죽게 해달라고 빌었다. 《梁書 卷47 孝行列傳 庾黔婁》

(中門)에 들어서면 지팡이를 밖에 두어 김부인이 모르게 하였다. 집이 몹시 가난하였으나 정성을 다해 맛있는 음식을 바쳤다. 김부인은 베풀기를 좋아하였기에 음식을 올리면 반드시 남도록 하였으며, 명절과 생신이 되면 또 따로 술과 음식을 준비했다가 누구에게 주고 싶은지 묻고서 주었다. 막내 누이가 과부가 되어 멀리 살았는데, 반드시 해마다 한번 불러 김부인의 마음을 즐겁게 하였다. 이웃들이 모두 칭찬하며 "효성스럽다."라고 하였다. 공이 세상을 떠났을 때 김부인은 여전히 무탈하였으니, 들은 사람들이 슬퍼하였다.

그의 학문은 문로가 올바르고 견식이 투철하였으며 특히 사례(四禮)에 조예가 깊었다. 비록 병 때문에 각고의 노력으로 공부하지 못하는 것을 한스러워 하였으나 엄숙히 공경하고 몸가짐을 지키는 공부는 죽을 때까지 게을리하지 않았다. 항상 조용하고 과묵하여 남과 다투지 않을 듯하였으나 바른 것과 삿된 것, 의리와 이익의 구분은 일도양단(一刀兩斷)하여 굳세어 흔들 수 없는 용맹이 있었다. 남과 이야기할 적에는 성의가 간절하고 분위기가 온화하였다. 그러나 옳지 않은 점을 보면 곧장 지적하였으며, 아무리 작은 일이라도 용서하지 않았다. 한 시대의 사대부가 모두 공의 덕행을 중시하였으나 공은 물러나 스스로를 지키며 마치 무능한 것처럼 하였다. 또 어려운 시대를 만나 끝내 쓰이지 못했다. 공이 세상을 떠난 지 몇 년 뒤 관찰사가 추가로 포상하도록 청하여 비로소 사헌부 장령에 추증하라고 명하였다.

김부인의 부친은 입(岦)으로 본관은 경주(慶州)이며 상촌(桑村) 자수(自粹)의 후손이다. 배위 전주 이씨(全州李氏)는 복선(復先)의 딸로 부덕(婦德)이 있었다. 아들이 없어 조카 진교(鎭喬)를 후사로 삼았다. 진교는 4남을 두었으니 정수(正洙), 택수(宅洙), 지수(志洙), 유수(游

洙)이다. 딸은 사인 곽내복(郭來復), 박윤흥(朴胤興)에게 시집갔다. 문정공은 나의 외조부이다. 나는 이 때문에 어려서부터 공을 몹시 사모하여 매번 그분을 미처 보지 못한 것을 한스러워하였다. 그러나 예전에 권 수암(權遂菴)이 공을 곡한 글을 보니, "강건하고 호방하며 뛰어나고 남다르다."라고 하였다. 수암은 공의 친구인데 이렇게 말하였으니 공의 사람됨을 상상할 수 있다. 정수가 와서 묘지문을 청하기에 마침내 명을 짓는다.

아, 아름답도다	於虖休矣
진의의 시여	振衣之詩
자손에게 남긴 것은	貽厥孫子
오직 인륜이었네	曰惟秉彝
공은 효성을 얻어	公得其孝
닮은 손자 되었네	是爲肖孫
이 아름다운 덕이	惟此順德
학문의 근원이라네	乃學之源
지키는 것 있었으니	爰有據守
예가 중요하였네	維禮爲大
엄격하면서도 온화하여	旣嚴且和
속에 쌓인 것이 밖으로 드러났네	積中發外
제몸에서 집안으로	自身而家
고을에까지 미쳤네	施及鄕里
사람들이 말하기를 다행이로다	人曰幸哉
이와 같은 아들 있으니	有子若是

왼쪽에 거문고, 오른쪽에 학	左琴右鶴
저 비수에서 즐거워했네	樂彼泌水
산악이 무너지자	山嶽旣頹
공의 병도 위독해졌네	公疾亦殊
수옹이 말했네, 아!	遂翁曰噫
우리 도가 더욱 외롭구나	吾道益孤
나는 유풍을 그리워하니	我懷遺風
사수는 맑게 흐르네	沙水清漪
무덤에 비석을 새겨	刻石幽墟
그 미덕을 밝게 전하네	厥美昭垂
아, 후손이여	嗟爾後人
능히 닮을지어다	尙克似之

사어 이공 묘지[37]

司禦李公墓誌

공은 휘가 세택(世澤), 자가 사윤(士潤)으로 우리 세종대왕(世宗大王)의 별자(別子) 밀성군(密城君) 침(琛)의 후손이다. 밀성군으로부터 4대가 내려와 첨정 극강(克綱)이 처음으로 문과를 통해 벼슬에 나아갔다. 이분이 신록(申祿)을 낳았으니 감찰을 지냈고, 이분이 석여(碩輿)를 낳았으니 현감을 지냈다. 현감은 두 아들을 두었는데 민학(敏學)은 통덕랑을 지냈고 민행(敏行)은 무과에 급제하여 부사를 지냈다. 공은 장남의 소생인데 부사에게 후사가 없어 그가 세상을 떠나자 종인(宗人)들이 논의하여 공을 후사로 삼았다.

공의 집안에는 백강(白江 이경여(李敬輿)) 정승이 있어 세상 사람들이 명상(名相)이라 일컬었는데 현감공과는 종형제 사이였다. 공은 또 백강의 아들 죽서공(竹西公 이민적(李敏迪))에게 배웠다. 그의 가르침은 경전을 근본으로 삼고 옆으로 자서(子書)와 사서(史書)에 미쳤다. 공 역시 실천에 애쓰느라 글짓기를 좋아하지 않았으니 천성이 그러한 것이었다. 공은 누차 상(喪)을 겪은 뒤 한결같이 상을 치르는 데 정성을 다하였다. 부사공의 부인이 홀로 집에 계셨는데, 공은 봉양을 위해 늙지도 않았는데 과거 공부를 그만두고 힘써 맛있는 음식을 마련하고

37 사어 이공 묘지 : 이 글은 이세택(李世澤)의 묘지명이다. 이세택은 본관이 전주(全州), 자가 사윤(士潤)이다. 1641년(인조19) 태어나 1718년(숙종44) 3월 14일 세상을 떠났다.

뜻을 따르기에 힘썼다.

숙종 병인년(1686, 숙종12) 벼슬을 시작하여 선공감 감역, 사섬시 주부, 직산 현감(稷山縣監)을 지냈다. 기사년(1689)에 화가 일어나자 관직을 버리고 고향으로 돌아갔다. 갑술년(1694) 상을 당하고 기묘년(1699) 비로소 복직하여 의금부 도사, 익위사 익찬과 사어를 지냈는데 사어를 두 번 지냈다. 또 양구 현감(楊口縣監), 부여 현감(扶餘縣監), 기린도 찰방(麒麟道察訪)이 되었는데 부여에는 부임하지 않았다.

공은 부지런하고 신중히 직분을 수행하고 일을 정밀하게 다스렸다. 성상께서 한번은 영릉(英陵)에 행차하여 새로 고친 혼유석(魂遊石)을 보시고 만드는 일을 감독한 자가 누구냐고 물으셨다. 이 뒤로 전조(銓曹)에서 공의 이름을 의망하여 누차 차례를 건너뛰어 제수하였다. 직산은 큰 길가의 작은 고을이다. 관직에 부임한 지 며칠 만에 태조(太祖) 영정의 행차를 만났는데, 모든 물건을 가지런히 준비하여 넉넉히 응대하였다. 또 1년이 지나지 않아 문묘를 옮겨 세웠는데 백성이 힘든 줄 몰랐으니, 그의 재주가 이와 같았다. 다만 공은 분수에 따라 벼슬하고 조금도 도모하는 것이 없었으며, 집안이 융성하였으나 자랑하지도 않았다. 문을 닫고 깊이 숨어 살며 마치 무능한 사람처럼 물러났으니, 그를 아는 사람도 드물었다. 깨끗하고 고요하게 일생을 마쳤다. 나이 78세 되던 무술년(1718) 3월 14일 세상을 떠나 여주(驪州)의 활대(活臺)에 장사지냈다. 숙인 남양 홍씨(南陽洪氏)를 부장하였다.

숙인은 성균 진사 준(浚)의 딸이다. 집안을 엄정히 다스렸으며 여사(女士)의 식견이 있었다. 공과 같은 해 태어나 10년 먼저 세상을 떠났다. 3남을 두었으니 성언(聖彦)과 최언(最彦)은 모두 좌랑을 지냈고 중언(重彦)은 현감을 지냈다. 딸은 생원 김석후(金錫垕), 진사 한이홍

(韓以興), 사인 정래창(鄭來昌)에게 시집갔다. 도상(道祥), 정상(定祥), 준상(駿祥)은 손자이다. 둘째 아들의 계자는 경상(庚祥)이고, 사위 김석후의 아들은 상일(相一)이며, 사위 한이흥의 아들은 생원 학증(學增), 택증(宅增), 복증(福增)이며, 사위 정래창의 아들은 운부(運孚)이다. 증손은 영간(英幹), 영원(英源), 영수(英秀), 영보(英保)이며 나머지는 어리다.

공은 도량이 엄중하고 남과 교유할 적에는 말투가 몹시 공손하였다. 평소 조정의 잘잘못과 인물의 장단점을 입에 담지 않았다. 오직 독서를 좋아하여 늙어서도 여전히 《중용》, 《대학》, 〈사물잠(四勿箴)〉, 〈경재잠(敬齋箴)〉, 〈동명(東銘)〉, 〈서명(西銘)〉 따위를 날마다 번갈아 외었다. 매번 아들들을 경계하며,

"너희들은 몸가짐을 처녀처럼 해야 한다."

하였다. 사익을 구차하게 도모하는 세상 사람을 보면 자신이 더러워지는 것처럼 여겼다. 친족 중에 이치에 맞지 않는 일을 하는 자가 있으면 "아무개가 알지 못하게 하라."라고 하였다. 후사로 들어간 집의 재산은 일체 서모(庶母)에게 맡기고 묻지 않았으며, 관직 생활 30년 동안 땅과 집은 한 구역도 늘어나지 않았다. 공과 같은 사람은 삼가고 중후한 어른이라 하겠으니 그 깨끗함은 더욱 숭상할 만하다. 명은 다음과 같다.

후손이 지금에 와서	世支于今
우뚝히 큰 집안 되었네	蔚爲大家
홍성은 쇠퇴의 시작이니	盛爲衰始
어진 이는 한탄하였네	賢人攸嗟
공은 스스로를 감추어	公惟自晦

정성스럽고 꾸밈이 없었네	悃愊無華
덕은 높았으나 지위는 낮았으니	德鉅位細
부족하게 여기지도 상심하지도 않았네	不餒不怜
장수하고	而年之永
자손이 많으니	而子孫之多
아, 공을 아는 것은 하늘이다	嗚呼知公者天耶

사의 오공 묘지[38]

司議吳公墓誌

양곡(陽谷) 오 충정공(吳忠貞公 오두인(吳斗寅))에게 종제가 있으니 이름은 두성(斗宬)이며 자는 덕유(德裕)이다. 숙종 기사년(1689, 숙종 15), 충정공이 국모를 위해 간언하다 죽음을 당하자 공은 관원들과 함께 그 상소에 참여하였다. 성상께서 충정공의 친족을 금고하라고 명하니 공도 연좌되어 버려졌다. 몇 년 뒤 다시 공을 서용하였으나 관직 생활 30년 동안 관직은 작은 고을의 현령에 불과하였고, 관직이 없으면 항상 두문불출하였다. 사람들이 그 졸렬함을 문제삼으면,

"이것이 내 분수이다."

하였다. 충정공의 가법은 조용히 지조를 지키며 남과 교유하기를 좋아하지 않는 것이었다. 공도 전수받은 바가 있었고 천성이 그러하였다.

공은 일찍 글을 배워 글방에 나가면 번번이 동년배를 굴복시켰다. 경신년(1680), 벼슬을 시작하여 효릉 참봉(孝陵參奉)을 지냈다. 충정공의 아들 오태주(吳泰周)가 혼인하자 명을 받든 수고로 6품에 조용되었다. 내직으로는 의금부 도사, 와서 별제, 군자감 주부, 사헌부 감찰, 장례원 사의, 익위사 익찬을 지냈고, 감찰을 두 번 지냈으며 의금부에는 네 번 들어갔다. 외직으로는 석성(石城), 음죽(陰竹), 적성(積城),

38 사의 오공 묘지 : 이 글은 오두성(吳斗宬)의 묘지명이다. 오두성은 본관이 해주(海州), 자가 덕유(德裕)이다. 1642년(인조20) 9월 10일 태어나 1708년(숙종34) 1월 11일 세상을 떠났다.

연천(漣川), 포천(抱川)의 현감이 되었으며, 석성은 어버이가 늙었다는 이유로 부임하지 않았다.

사헌부의 고사에 따르면 상유사(上有司)는 반드시 명망이 있는 사람에게 돌아갔기에 비어 있는 경우가 대부분이었다. 동료들이 모두 공을 추천하여 폐지된 규례를 거행하니, 분명하게 법을 지켰다. 장례원은 송사를 담당하는 곳인데 교활한 아전을 엄격히 단속하여 뇌물이 통하지 않았다.

적성의 관청은 옛날 불에 탄 뒤로 중수하지 않았는데, 공에 이르러 찬란히 일신되었으나 백성은 몰랐다. 송사를 처결하는 데 더욱 뛰어나 도내의 의심스러운 옥사가 모두 모여들었다. 연천에 있을 때는 가장 먼저 학정(學政)을 진흥하여 백성의 풍속이 조금 변하였다. 포천은 동북쪽의 큰길에 있어 사신의 행차가 이어졌는데, 보민청(保民廳)을 설치하여 편의에 따라 대접하니 영원히 은혜를 베풀게 되었다. 또 기민(飢民)을 진휼하는 일을 잘하여 사방에 굶어죽은 이가 하나도 없어 어사가 칭찬하며 아뢰었다.

고을에 무력을 사용하는 호족이 있었는데, 공이 엄격히 법으로 다스리자 비방이 크게 일어났다. 마침내 어떤 일로 모의하여 쫓아내었다. 관찰사는 무고라는 사실을 알고 공을 도로 부임하게 하였으나 공은 끝내 그렇게 하려고 하지 않았다. 호족이 성내기를 그치지 않아 다시 그의 흉계에 빠졌다. 몇 년 뒤 대관(臺官) 조태억(趙泰億)이 김덕기(金德基)가 어사가 되어 고을에서 뇌물을 받았다고 탄핵했다. 김덕기는 공을 표창한 자인데, 조태억을 편드는 자들이 반드시 그 일을 사실로 만들려고 누차 조사하는 옥사를 일으켰다. 아전은 몹시 혹독한 고문을 받았으나 끝내 다른 말을 하지 않아 공의 무고가 마침내 밝혀졌다.

공은 이때부터 더욱 세상에 생각이 없어 관직을 그만두고 양성(陽城)의 선영 아래로 돌아와 세상을 떠났고 그곳에 장사지냈다.

공은 해주(海州) 사람이다. 임오년(1642, 인조20) 9월 10일에 태어나 무자년(1708, 숙종34) 1월 11일에 세상을 떠났다. 부친 휘 빈(翻)은 지중추부사를 지냈고, 모친 정씨(鄭氏)는 해풍군(海豐君) 효준(孝俊)의 딸이다. 배위 함평 이씨(咸平李氏)는 부친이 돈녕부 도정 초로(楚老)이다. 이모의 아들 수암(遂菴) 권공(權公 권상하)가 그 행실을 기록하였는데 공보다 6년 먼저 세상을 떠나 공의 묘소에 부장하였다.

아들 윤주(胤周)는 진사시에 합격하여 군수가 되었고, 딸 다섯은 참판 이세근(李世瑾), 사인 이희직(李希稷), 진사 정희주(鄭熙周), 사평 조흥빈(趙興彬), 집의 이용(李榕)에게 시집갔다. 윤주의 아들은 집(㙫)이고 세 딸은 병사 이의풍(李義豐), 내승 송재항(宋載恒), 사인 이일증(李日曾)의 아내이다. 이세근의 아들 정주(挺柱)는 현감을 지냈고 정해(挺楷)는 참봉을 지냈고 정재(挺材)는 진사를 지냈다. 사위는 김명(金溟)과 진사 권강(權絳)이다. 이희직의 아들 준(竣)은 진사를 지냈고 딸은 부사 조재박(趙載博)에게 시집갔다. 이용은 3남을 두었으니 경태(慶泰)는 진사를 지냈고 나머지는 경항(慶恒)과 경복(慶復)이다. 홍계승은 그의 사위이다.

공은 어버이 봉양을 잘하여 집이 가난해도 맛있는 음식을 빠뜨리지 않았다. 지추공의 병이 위독해지자 손가락을 잘라 피를 바쳤으며, 상을 당하자 슬픔과 예의를 다하였다. 묘소를 조성하는 일을 3년 동안 모두 마쳤으며, 과부가 된 형수가 몹시 가난하자 크고 작은 제사를 힘을 다해 도왔다. 누이가 전염병으로 죽자 손수 염습하고 과부가 된 조카를 죽을 때까지 돌보아주었다. 집안에서의 행실이 이처럼 독실하였다.

나는 젊어서 충정공의 집안에 장가들어 누차 공의 얼굴을 뵈었다. 사람을 대할 적에는 가깝고 멀고 귀하고 천하고를 막론하고 마음을 털어놓고 속내를 다 보였다. 그러나 타고난 천성이 개결하여 좋은 낯빛과 부드러운 말로 세상에 아부한 적이 없었다. 또 남의 잘못을 용납하지 못해 속에 담은 생각이 있으면 마치 목이 막힌 사람이 반드시 뱉어내는 것처럼 하였으니, 죽을 때까지 불우했던 것은 실로 이 때문이다. 윤주가 묘지를 청하기에 의리상 사양하지 못한다. 명은 다음과 같다.

사람들은 자랑하며 잘난 체 하지만	衆方矜衒以自賢兮
나는 홀로 나의 졸렬함 지킨다	吾獨守吾拙也
남들은 간혹 서로를 비방하지만	人或垢膩以相加兮
나는 나의 깨끗함을 믿는다	吾則信吾潔也
천덕(天德)의 언덕이여	天德之崗
그 무덤 몹시 편안하네	其宅孔寧
누가 명을 지었는가	誰其銘者
양곡의 사위라네	陽谷之甥

도암집

제42권

묘지
墓誌

영의정 수곡 이공 묘지[1]

領議政睡谷李公墓誌

숙종 만년에 이여(李畬) 공을 정승으로 삼으니, 공이 군덕(君德)과 세도(世道)를 자신의 소임으로 여겨 입대할 적마다 아뢴 말이 의리에 근거하여 번번이 경전의 가르침을 이끌어왔다. 내가 당시 사관으로 있었는데 물러나와 감탄하기를,

"참으로 글을 읽은 재상이다."

하였다. 공이 조정을 떠난 뒤로는 다시 이런 말을 듣지 못하였다.

또 한 번은 여강(驪江) 가로 공을 찾아뵈었는데, 쓸쓸히 지내는 누추한 집에 한 점의 부귀(富貴)한 기상이 없었다. 공이 세상을 떠난 지 10년이 되었을 때 공의 아들 태진(台鎭)이 찾아와 묘지문을 부탁하였다. 아! 구원(九原)에서 죽은 자를 다시 살릴 수만 있다면 내가 내 누구와 돌아가겠는가.[2]

공은 자가 자삼(子三)이었는데 나중에 치보(治甫)로 고쳤으며, 수

1 영의정……묘지 : 저자가 이여(李畬, 1645~1718)를 위해 쓴 묘지명이다.

2 구원(九原)에서……돌아가겠는가 : 진(晉)나라 대부 조문자(趙文子)가 숙예(叔譽)와 함께 구원(九原)에 가서 무덤을 구경하였는데, 조문자가 "여기 죽은 자들을 만일 살릴 수 있다면 내 누구와 더불어 돌아가겠는가.〔死者, 如可作也, 吾誰與歸.〕"라고 하였다. 숙예가 "양처보(陽處父)와 구범(舅犯)이다." 하자, 조문자는 이들의 결점을 열거하고 "나는 수무자(隨武子)를 따르겠다. 그는 군주를 이롭게 하면서도 자기 몸을 잊지 않았고, 자기 몸을 돌보면서도 친구를 버리지 않았다." 하였다. 《禮記 檀弓下》

곡(睡谷)은 호이다. 고려(高麗) 중랑장 돈수(敦守)가 시조이다. 부친 휘 신하(紳夏)는 예빈시 정을 지내고 영의정에 추증되었으며, 모친 영월 신씨(寧越辛氏)는 교관 후원(後元)의 따님이다. 국조(國朝)의 문장으로는 용재(容齋 이행(李荇))와 택당(澤堂 이식(李植))을 일컫는데, 택당은 용재의 현손이고 공은 택당의 손자이다. 공의 계부인 외재(畏齋 이단하(李端夏))와 공까지 4대가 연달아 문형(文衡)을 잡았으니 고귀하고 현달함이 덕수 이씨(德水李氏)보다 성대한 집안이 없었다.

공은 숭정(崇禎) 을유년(1645, 인조23) 정월 23일에 태어났는데, 어려서부터 총명하고 출중하였다. 한번은 외재공(畏齋公)으로부터 〈맥수가(麥秀歌)〉[3]를 배우고는 엎드려 눈물을 흘리며 차마 읽지 못하였다. 10세에 의정공이 공의 조급한 행동을 경계하였는데, 공이 한창 《소학(小學)》을 읽고 있던 터라 스스로 요체가 되는 말 몇 조목을 뽑아서 몸소 실행하니 며칠 되지 않아 행동이 차분해져 의정공이 기뻐하였다. 문장이 날로 진보하여 관례를 치르기 이전에 지은 시가 세상에 유행하였다. 18세에 생원시에 합격하였다. 공은 문예를 자부하지 않고 오직 경전을 깊이 공부하였다.

을묘년(1675, 숙종1) 이후로 과거공부를 그만두고 몸소 농사를 지으며 밤에는 독서하였는데, 집이 가난하다고 해서 어버이에게 올릴 맛난 음식을 빠트리지 않았다.

3 맥수가(麥秀歌) : 은(殷)나라가 망한 뒤에 기자(箕子)가 주(周)나라에 조회하러 가는 길에 은나라의 옛터를 지나다 보니, 궁실이 다 허물어진 폐허에 벼와 기장 등의 곡식이 무성하게 자라고 있었다. 기자가 이것을 보고 상심한 나머지 지은 시가 〈맥수가(麥秀歌)〉이다. 이여(李畬)가 멸망한 명(明)나라 때문에 슬퍼하여 눈물을 흘리며 차마 〈맥수가〉를 읽지 못한 것이다.

경신년(1680, 숙종6)에 노봉(老峰) 민 문충공(閔文忠公 민정중(閔鼎重))이 공을 문장과 행실로 조정에 천거하여 참봉에 제수되었으나 나아가지 않았다. 이해 가을에 정시(庭試)에 급제하여 조야(朝野)에서 인재를 얻었다고 기뻐하였으나 공은 걱정에 잠을 이루지 못하였다. 급제자로 호명되고 3일째 되는 날 사관에 천거되었으나 함께 천거된 자로 인하여 막혔다. 이듬해 승문원을 거쳐 비로소 예문관에 들어가고 차례대로 승진하여 봉교에 이르렀다. 홍문관에서는 정자(正字)를 가장 중시하였으나 공석이 된 지 거의 50년이었는데 비로소 공이 들어왔다. 정자, 박사를 역임하고 호당에서 사가독서를 한 다음 수찬에 올랐다. 성상께서 자의대비(慈懿大妃 인조의 계비)를 위해 진연(進宴)을 시행하려고 하자, 여러 동료들과 함께 청대(請對)하여 흉년으로 백성이 궁핍하니 시행해서는 안 된다고 힘써 아뢰니 마침내 중지하였다. 사간원 정언으로 옮겼다.

계해년(1683, 숙종9)에 관동(關東)의 선유어사(宣諭御史)가 되었다. 부로(父老)들을 불러 모아 성상의 뜻으로 인도하고 고무시키니 왕왕 눈물을 흘리는 자도 있었다. 조정에 돌아와서는 성상께 아뢰어 그곳의 적폐를 제거하니 백성이 송덕비를 세워 공을 기렸다. 병조와 이조의 좌랑, 교리, 응교, 헌납, 사간, 사헌부 집의, 종부시 정, 의정부 사인을 지냈다. 이전에 공이 북평사(北評事)에 제수되었는데 부임하기 전에 부친의 병을 이유로 고향으로 돌아가자 성상께서 가엾게 여겨 공을 체직시켰다. 공을 미워하는 자가 북평사에서 모면하기를 도모했다고 논척하자 공은 편안하지 못하여 오랫동안 교외에 은거하였다.

대신이 공의 문학(文學)이 아깝다고 아뢰어 얼마 뒤에 승정원 동부승지에 발탁되었다. 성상의 자문에 응해 정사를 논하면서, 날마다 어전에 들어 신하들이 면대하여 아뢴 말을 들어서, 조종(祖宗)에서 상참(常參)하는 유의(遺意)를 보존하며, 허황된 논의는 억누르고 실질적인 사업에 힘써 군주로서 만민의 표준이 되는 의리를 다하기를 청하였다. 이조 참의로 옮겼다가 승문원 부제조에 차임되었다. 부제학에 제수되어 《주역(周易)》의 '중정(中正)'의 도[4]를 곡진하게 아뢰었다. 성상께서 이 책을 강독할 적에는 《주역》에 정통한 조정의 신하나 유사(儒士)를 불러와서 강론하여 확정하는 데 도울 수 있도록 청하였다. 성균관 대사성으로 옮겼다가 어버이 봉양을 위해 외직으로 나가 이천 부사(利川府使)가 되었다. 재임한 7개월 동안 치적이 도의 으뜸이었다. 부제학으로 조정에 불려들어와서 중간에 예조와 병조의 참의, 대사간을 지내고 이조의 벼슬에 여러 번 제수되었다.

홍문관에 돌아와서는 성상의 허물을 아뢰기를,

"신하들의 말에 후궁을 언급하면 헐뜯는다고 의심하고, 가까운 종친을 언급하면 날조하여 해치려한다고 의심을 하시니, 항상 답답하고 불평한 기운이 쌓여 없어지지 않고 있는 듯합니다. 삼가 생각건대 성상의 마음으로는 필시 '나는 이러한 일이 없는데 함부로 살피고 억측하여 임금의 허물을 불러들인다.'고 여길 것입니다. 그러나 이것은 노여워할 만한 일이 아니니, 허물이 없으면 '네 말이 잘못되었다.' 하고, 허물이 있으면 속히 고칠 일입니다. 전하께 허물이 있든

4 중정(中正)의 도 : 《주역(周易)》에는 군주의 도리와 관련된 내용이 많이 보이는데, 그 대표적인 것으로 관괘(觀卦) 단사(彖辭)에 "뭇사람들이 우러러보는 가장 윗자리에 거하여 아랫사람들을 순종시키면서, 중정(中正)한 덕으로 천하에 모범을 보여 준다. 〔大觀在上, 順而巽, 中正以觀天下〕"라는 말이 나온다.

없든 신하들은 응당 일월처럼 우러러볼 따름입니다. 지금 전하의 노여움은 날로 가중되고 백성의 의심은 한창 심하기에 사방에서 전해 듣고서 비로소 전하께서 진정 한쪽으로 치우친 허물이 있다고 여기는 것입니다. 예로부터 위아래가 서로 막힌 나라치고 망하지 않은 경우가 없었으니, 간사하고 사특한 이들이 이간질한다면 어찌 나라가 위태롭지 않겠습니까."

하였다. 걱정하고 사랑하는 공의 마음을 성상께서 가상히 여겼다. 이후로 성상의 노여움이 조금 풀어지고 성상의 뜻을 거스른 자도 차츰 복직되었다.

기사년(1689, 숙종15)에 대사간과 이조 참의에 제수되었으나 모두 사직하여 체직되고 여강(驪江) 가로 돌아왔다. 얼마 뒤 사화(士禍)가 일어났는데 공은 병이 든 의정공을 수발하고 있다가 그대로 두문불출하며 자숙하였다. 이듬해 의정공의 상을 당하여 상복을 벗지 않고 3년을 하루처럼 하였다.

갑술년(1694, 숙종20)에 특명으로 형조 참판에 올랐다. 이때 곤성(坤聖 인현왕후)이 복위되자 공이 곤성의 복위에 대한 교명문(教命文)을 찬진(撰進)하게 되었는데, 강교(江郊)로 나가 사직을 청하며 의정공의 유훈을 거론하여 말하기를

"신의 아비는 신이 분에 넘치는 성상의 은혜를 입고서 털끝만큼도 보답하지 못한 것을 보고 쉼 없이 밤길을 더듬거리다가[5] 결국엔 필시

5 밤길을 더듬거리다가 : 원문의 명행(冥行)은 캄캄한 밤에 맹인(盲人)이 지팡이로 땅을 더듬거리며 길을 찾는다는 뜻인데, 사리를 분별하지 못하고 맹목적으로 행동함을 비유한 것이다. 양웅(揚雄)의 《법언(法言)》 〈수신(修身)〉에 "맹인이 지팡이로 땅을

망칠 것이라 여겼기에 죽음을 앞두고 신에게 다시는 벼슬에 나아가지 말라고 경계하였으니, 생각건대 자식을 제대로 아는 것은 아비만 한 사람이 없습니다."

하였다. 성상께서 허락하지 않는다는 비답을 내렸다. 응제(應製)한 다음 모친의 병을 아뢰어 돌아왔다.

대사간에 제수되었다. 나라의 역적 장희재(張希載)를 주벌해야 하는데도 영의정 남구만(南九萬)과 판의금부사 유상운(柳尙運)이 화복을 따져 일부러 옥사를 느슨하게 처리하니, 유생 박상경(朴尙絅)이 상소하여 통렬히 논척하다가 이 일로 인해 유배되었다. 공이 멀리서 상소를 올려 그를 구원하기를,

"상경(尙絅)이 경망하고 허술하나 그가 아뢴 말은 천지의 떳떳한 법도요 고금의 공통된 의리입니다."

하였다.

홍문관 제학을 겸하였다. 성상께서 별유(別諭)를 내려 간곡히 불렀는데, 공이 다시 선친의 경계를 간곡히 아뢰니 성상께서 대대로 녹봉을 받는 신하의 의리로 면려하였다. 예조・호조・이조・공조의 참판, 한성부 우윤, 대사성, 부제학, 도승지를 지내고 동지경연사・우부빈객을 겸직하였다.

모친을 모시고 형님이 계시는 보은현(報恩縣)으로 갔다. 당시에 큰 흉년이 들었는데 공이 상소를 올려 임금에게 바치는 물건을 비롯하여 이하의 관아에서 사용하는 물품까지 통렬히 줄이기를 청하였다. 병자

더듬거리면서 밤길을 찾아다님과 같을 뿐이다.〔素擿埴索塗, 冥行而已.〕"라고 한 데서 나온 말이다.

년(1696, 숙종22) 봄에 또 창고를 열어 백성의 급한 처지를 풀어주기를 청하면서, 붕당을 없애고 조정을 화합시키기를 덧붙여 아뢰었는데 모두 수백 자였다.

공은 중간에 성상의 부름에 달려갔으나 조정에 오래 있으려고 하지 않았다. 대신이 공의 노모가 멀리 계시기 때문이라고 아뢰자 성상께서 공의 형님을 과천 현감(果川縣監)으로 바꾸어 제수하였다. 얼마 뒤 성상께서 공을 한성부 판윤으로 발탁하면서 말하기를,

"경은 과격한 것을 좋아하지 않아 그 충성스럽고 박실함을 높일 만하구나."

하였다.

예조 판서로 옮겼다. 세자빈이 영소전(永昭殿)[6]에 전알(展謁)하려고 하자 공이 반대하며 말하기를,

"옛날에는 천자와 제후의 종묘 제사를 후부인(后夫人)이 실제 주관하였는데, 후세에는 시행하지 않고 있습니다. 빈궁께서 종묘에 전알하지 않고 별묘에 전알하는 것은 옛날의 예법으로 보더라도 갖추어져 있지 않고, 지금의 예법으로 보더라도 조종(祖宗)으로부터 전수받은 것이 아닙니다."

하였다.

공은 우암(尤菴) 선생을 독실하게 믿었는데, 화양동(華陽洞)이 곧 주자(朱子)의 무이산(武夷山)이라고 여겨 특별히 서원에 사액해주기를 청하였다. 우암이 저술한 《심경석의(心經釋疑)》가 화재에 훼손되

6 영소전(永昭殿) : 숙종의 첫 번째 비 인경왕후(仁敬王后) 김씨(金氏)의 신주를 모신 혼전(魂殿)이다.

었는데, 공이 성상께 아뢰어 다시 간행되었다.

정언 신임(申銋) 공이 대신 유상운(柳尙運)과 서문중(徐文重)을 논핵하다가 변방의 고을에 보임되었는데, 공이 상소하여 상하가 의심하여 막히는 근심을 아뢰고 또 서문중은 돈녕부의 상소에서 가장 심하게 비방을 받았다고 말하였다.[7] 서문중이 대번에 스스로 변명하자 성상께서 옳지 못하다고 공을 꾸짖었고, 서문중을 돕는 조정의 신하들이 교대로 공을 비난하자 공은 관직을 버리고 곧장 돌아갔다. 연이어 한성부 판윤과 대사헌에 제수되었으나 그때마다 함부로 말한 허물을 인혐하자 성상께서 공을 위로하며 말하기를,

"본심을 살펴보니 결코 좋아서 한 일이 아니구나."

하였다.

지중추부사로 조정에 돌아왔다가 경기도 관찰사에 제수되었다. 공은 항상 국가가 장차 양식이 고갈되어 망할 것이라 생각하였기에 절용하고 비축하여 왕제(王制)를 준행하기를 여러 번 아뢰었다. 경기도의 백성이 마침 기근에 시달려 공이 정성을 다하여 구휼하였는데 몹시 고생하여 병이 생겼다. 이조 판서에 제수되자 힘써 사직하여 체직되었다. 예문관 제학을 거쳐 양관 대제학으로 승진하였는데, 남들은 대제학에 오른 것이 더디다고 여겼다. 참찬, 대사헌, 예조 판서를 역임하였다.

모친상을 당하였다. 노쇠하였음에도 온 힘을 다하여 예법을 행하였

7 정언……말하였다 : 신임(申銋)은 사헌부에 있을 적에 장희재(張希載) 일가를 두둔하다가 물러났던 유상운(柳尙運)과 서문중(徐文重)이 다시 정승에 임명된 것에 부당함을 논하여 탄핵시켰다. 이를 두고 조정에서 의견이 분분했는데, 이여(李畬)가 상소를 올려 신임을 두둔하였다. 《肅宗實錄 22年 9月 19日》

다. 상기를 마치고 예조 판서에서 이조 판서로 옮겼다. 공이 매번 부친이 남긴 경계를 들어 벼슬을 사양한다고 생각한 대신이 변곤(卞壼)이 아뢴 말[8]을 끌어와 성상께 아뢰면서 공이 나오도록 청하니, 성상이 옳다고 여겨 말하기를,

"내가 이조 판서 자리에 적임자를 얻은 것이 기쁘다. 부친의 경계와 신하와 의리 가운데 무엇이 무겁고, 무엇이 가벼운가?"

하였다. 공이 처벌을 기다리며 애통한 심정으로 호소하여 잇달아 상소하기를 그치지 않았다. 그러자 성상이 비답을 내려 말하기를,

"만약 경의 부친이 살아있고 임금이 혐의를 풀어주는 것이 이와 같다면 필시 굳게 지키게 했을 리 없을 것이니 경이 훗날 부친에게 돌아가서 고하더라도 또한 변명할 말이 있을 것이다."

하였다. 신사년(1701, 숙종27) 정월에 비로소 성상의 명에 응하였다. 공은 초심을 지키지 못하였음을 스스로 가슴아파하여 집안사람을 만나면 눈물을 흘렸다. 공은 일찍이 강연(講筵)에서 말하기를,

"사람이 입지(立志)가 견고하지 못하면 모든 일을 잘 해낼 수 없는데, 더군다나 군주의 한 마음은 공격하는 것이 많으니, 욕심을 줄이는 것이 더욱 더 절실하고 중요한 공부가 됩니다."

하였다. 또 말하기를,

8 변곤(卞壼)이 아뢴 말 : 변곤은 진(晉)나라 명제(明帝) 때의 충신이다. 일찍이 악광(樂廣)의 아들 악모(樂謨)와 유민(庾珉)의 아들 유이(庾怡)가 부친의 유명(遺命)이 있다는 이유로 조정에서 제수한 벼슬을 사직하자, 글을 올려서 아비가 아들을 마음대로 소유하여 벼슬을 못하게 하는 것이 매우 온당치 못한 일임을 주장하고 앞으로 이러한 이유로 사직소를 올리지 못하도록 하여 이를 영구히 제도화 할 것을 청하였다. 《晉書 卷70 卞壼列傳》

"한 가지 일과 한 가지 생각이 천리(天理)에 합치되지 않으면 곧 사욕(私欲)입니다. 무왕(武王)께서는 성인(聖人)인데도 작은 행실에 조심하지 않을까 소공(召公)이 경계하였으니,[9] 작은 것을 경계하지 않으면 그것이 쌓여서 커지기 때문입니다."

하였다. 또 말하기를,

"하늘을 공경히 대하는 도는 말에 달려있지 않고 마음에 달려있습니다."

하였다. 대저 공이 아뢴 말은 모두 마음에 근본한 것이었는데, 의리(義利)를 분별하고 희로(喜怒)를 신중히 하며 절검(節儉)을 숭상하는 도에 더욱 더 뜻을 다하였다.

판의금부사에 발탁되자 공은 더해지는 직책이 몹시 성대하다고 여겨 여러 번 사직상소를 올렸다. 이조의 직책에서 풀려난 지 겨우 6일 만에 도로 제수하며 말하기를,

"나는 경에게 맡겨 책임을 완수하게 하려는 것이다."

하였다.

다시 대제학을 맡았다. 9월에 궁중에 옥사가 일어났는데, 공이 상국 이세백(李世白)과 함께 옥사를 다스려 장희재(張希載)가 비로소 복주되었다. 성상께서 이항(李杭)이 사사되는 것은 용서하려고 했으나 공이 쟁론하며 말하기를,

9 작은……경계하였으니 : 소공(召公)이 무왕(武王)에게 경계하기를 "작은 행실이라도 조심하지 않으면 끝내 큰 덕에 누를 끼칠 것입니다. 이는 마치 아홉 길의 산을 만들다가 한 삼태기의 흙이 부족하여 그 공을 망치는 것과 같습니다."라고 하였다. 《書經 旅獒》

"신은 결코 이 역적과 함께 살아갈 수 없습니다."

하였다. 마침내 이항은 사사되었다.

임오년(1702, 숙종28)에 휴가를 얻어 돌아왔다. 다시 힘써 본직을 사직하니 성상께서 윤허하고 좌참찬에 제수하였다. 이해 봄 성상께서 성균관을 시찰하고 인재를 선발하였는데, 공이 실제 시험을 주관하였다. 공을 미워하는 자가 급제자 가운데 고관(考官)의 친속이 많다고 생각하여, 고을 사람 최세일(崔世鎰)을 사주하여 투서하면서 공이 사정(私情)을 썼다고 지적하니, 성상께서 잡아다 심문하라고 명하였다. 최세일이 자복하여 마침내 사주한 자와 함께 유배되었다. 이는 숙유(宿儒)로서 급제한 임방(任埅) 공이 공과 인척관계였기 때문이었다. 이희무(李喜茂) 공은 함께 고관을 맡은 자로서 상소하여 말하기를,

"공정한 마음가짐은 저 위에 있는 하늘의 해가 알고 있습니다."

하였고, 성상께서도 이르기를,

"나라를 위한 충심은 내가 알고 있다."

하였다. 공은 일찍이 한 마디의 말도 스스로 변명하지 않고 근심하며 자신의 허물을 탓할 뿐이었다. 이어 사직하여 대제학에서 체직되었다.

계미년(1703, 숙종29) 8월에 좌의정에 발탁되었는데 성상께서 융숭하게 권면하자 마침내 숙배하였다. 왕자가 길례(吉禮)를 행하려고 할 때 간약(簡約)하게 치르기를 청하였다. 또 말하기를

"중종(中宗)과 선조(宣祖) 양대 조정이 자손이 번창하였으나 출합(出閤)하기 전에는 외간에서 왕자가 있는 줄도 몰랐습니다."

하고, 저택을 짓고 토지를 떼어주는 폐단을 누차 아뢰었다. 수찬 조태일(趙泰一)이 붕당을 지어 분란을 일으키기 좋아하였는데, 성상께 아뢰어 외직으로 내쫓았다.

갑신년(1704, 숙종30)에 성상께서 경연에 나와 탄식하며 "명(明)나라가 갑신년에 멸망하였다."라고 하였다. 공이 원통을 품고 통분을 참아내며 절박하여 어쩔 수 없는〔含寃忍痛迫不得已〕 주자(朱子)의 의리[10]로 대답하고, 오랑캐 나라에 보내는 가죽이나 비단의 공물을 믿고 편안히 지내지 말며, 성상의 뜻을 분발하고 국정을 회복하여 천하의 사변을 대비하라고 청하였다. 성상께서 신종(神宗) 황제의 재조지은(再造之恩)을 추념하여 사당을 세울 것을 의론하였는데, 공이 예절에 있어서 곤란한 부분이 많다고 생각하여 다음과 같이 건의하였다.

"천자에게 하늘의 존재와 제후에게 천자의 존재는 그 존숭함이 같으니, 천자가 하늘에게 제사지내는 예법으로 천자에게 제사지낸다면 조금 본받을 만한 점이 있을 것입니다. 하늘에게 제사지낼 적에 단(壇)을 설치하고 땅을 쓸어서 제사를 행하는 것은 지극히 공경할 대상에는 꾸밈이 없기 때문입니다. 체제(禘祭)[11]는 왕자(王者)의 대제(大祭)인데, 평소에는 사당을 세우지 않고 제사지낼 때 신패(神牌)를 설치하였다가 제사를 마치면 이를 불태우니, 《대명회전(大明會典)》의 기록에서 확인할 수 있습니다."

여러 신하들이 모두 공의 말이 옳다고 여겨서, 마침내 대궐 안에 단을 설치하고 봄에 한 번 제사지내는 것을 매년 상규로 삼았다.

10 원통을……의리 : 주희(朱熹)의 〈여진시랑서(與陳侍郎書)〉라는 글에 나오는 말이다. 주희는 송(宋)나라가 금(金)나라의 침략을 받아 양자강(揚子江) 이남으로 쫓겨가게 된 것에 대해 "원통을 품고 통분을 참아내며 절박하여 어쩔 수 없는 심정"이라고 하였다.

11 체제(禘祭) : 제왕이 시조(始祖)의 소자출(所自出)을 주신(主神)으로 하고, 시조를 이에 배향(配享)하여 제사지내는 것을 가리킨다.

박세당(朴世堂)이 이단을 따라 괴이한 행동을 하였는데 그 문도들이 통상(通喪)에서 궤연(几筵)의 궤전(饋奠)[12]을 폐기하였다. 공이 주자를 따르지 않고 박세당을 따르는 것이 몹시 이치에 어긋나다고 생각하여 제도를 정하여 금지하도록 아뢰었다.

성상께서 재위한 지 30년이 되었을 때 시골의 유생이 존호(尊號)를 올리기를 청하였다. 궁관(宮官) 강이상(姜履相)이 조종(祖宗)에 이것을 시행한 적이 있다고 동궁에게 아뢰자, 동궁은 즉시 상소를 올리고 동료 정승은 정청(庭請)하려고 하였다. 공만이 진중하게 옛날의 사실들을 두루 고찰하니 중종과 선조의 조정에 다만 경사를 칭송한 일이 있을 뿐이라 강이상에게 따져 물으니 그는 대답하지 못하였다. 마침내 축하를 아뢰는 옛날 규례를 사용하도록 청하니 성상께서 윤허하였다. 동궁이 이전의 청을 거듭 올리니 공은 응당 대조(大朝)의 겸손한 덕을 우러러 본받아야 한다고 차분하게 말하였다. 당시 조정의 논의가 그쪽에 쏠렸으나 공의 한마디 말에 의지하여 결정되었다.

이전에 바다의 도적떼가 침입한다는 경보가 있었을 때 조정의 논의가 북한산성(北漢山城)을 축조하려고 하였는데, 공만이 도성은 종묘와 사직이 있는 곳이니 응당 백성과 함께 지켜야한다고 아뢰었다. 기존의 도성을 증축하고 보수하는 논의를 정해서 오군문(五軍門)에 나누어주고 여러 해에 걸쳐 그 효과를 구하게 하였다. 입대해서는 성상의 뜻을 세우고 쓸데없는 비용을 줄이며 근본을 튼튼하게 만드는 것으로써 성상께 간곡히 아뢰었다. 공사가 오랫동안 지속되어 성상의 마음도 차츰 지쳐가자 군소배들이 이틈을 타서 공을 비난하였으니, 지평 박휘등(朴

12 궤전(饋奠) : 염습 때부터 장사 때까지 아침저녁으로 신위 앞에 올리는 제물이다.

彙登)이 사적인 지혜를 부려 공적을 구한다고 공을 논척하였다. 남들은 공이 응당 하나하나 변명할 줄 알았는데, 공은 웃으며 말하기를,

"나는 대신으로서 큰 계책을 도운 것이니 죄가 있으나 없으나 오직 나의 책임이다."

하였다. 성상께서 지극히 위로해주어 처벌을 기다린 지 10일 만에 마침내 돌아갔다. 합계(合啓)가 나오고 연이어 임오년(1702, 숙종28) 과거시험의 방목에서 급제자를 빼야한다는 계사(啓辭)가 올라오자, 성상께서 진노하여 박휘등 등을 변방의 고을로 모두 내쫓았다. 공이 간절한 마음으로 상소하니, 성상께서 공의 마음을 돌릴 수 없음을 알아 윤허하고 판중추부사에 제수하였다. 공이 떠난 다음 도성의 공사가 중지되었는데, 얼마 뒤 북한산성이 완공되어 국력이 고갈되니 식자들은 안타까워하였다.

성상께서 자주 병을 앓았는데 공은 마음을 맑게 하고 번민을 다스리는 방법을 누차 아뢰었다. 선위(禪位)의 명이 내려졌다는 소식을 듣고는 이천(利川)에 가서 상소를 올려 간하였는데, 얼마 뒤에 명이 거두어졌다.

병술년(1706, 숙종32)에 임부(林溥)라는 자가 윤증(尹拯)을 불러들일 것을 청하고, 이어 신사년(1701, 숙종28) 옥사 때 동궁을 모해한다는 말이 죄인의 입에서 나왔으나 국청(鞫廳)에서 숨기고 아뢰지 않았다고 아뢰니, 임부를 국문하라는 명이 내려졌다. 임부는 당시 문사랑(問事郞) 강이상(姜履相)과 여필중(呂必重)이 실상을 알고 있다고 끌어대었는데, 여필중 등은 모호하게 공사(供辭)를 올렸다. 위관(委官) 최석정(崔錫鼎)이 대번에 말하기를 "이것은 국청이 바쁘고 혼란스러워 제대로 살피지 못한 것입니다."라고 하였는데, 겉으로 용서하는 말 같

았으나 실제는 증거를 대어 죄를 만들려는 것이었다. 또 옥사를 다스린 신하들로 하여금 대명(待命)하지 말게 하도록 아뢰었는데, 공이 대계(對啓)를 올려 무너지고 절박한 심정을 대략 아뢰고 감히 물러나지 않으니, 대사간 윤지인(尹趾仁)이 또 공을 압박하였다. 여필중 등이 신문(訊問)을 받다가 "얼핏 '모해(謀害)'라는 말을 들은 것 같다."고 말하자, 최석정은 곧장 자백했다고 결론지었다.

이전에 이사상(李師尙)이 대간으로서, 임부가 끌어낸 사람들은 심문하지 않고 유독 임부만 심문하는 것은 불가하다고 아뢰었다. 이때에 이르러 판의금 조상우(趙相愚)와 정언 한배주(韓配周)는 응당 기록해야 할 내용을 기록하지 않았다는 이유로 여러 신하들의 죄를 청하여 마침내 공이 파직되었다. 조상우는 공과는 평소 친구 관계였으나 서운한 일 때문에 하석(下石)[13]의 계책을 쓴 것이었다. 어떤 사람이 이에 대해 말하면 공은 웃으면서 조상우의 자(字)을 부르며 말하기를,

"자직(子直)이 어찌 나를 죽일 사람이겠는가."

하였다. 오래지 않아 특별히 서용되어 판중추부사로 돌아왔다.

이잠(李潛)이 또 상소를 올렸는데 그 흉측한 말이 임부보다 지나쳤기에 성상께서 진노하여 친국(親鞫)하였다. 공이 허둥지둥 성 밖으로 달려와 명을 기다렸는데, 성상께서 사관(史官)을 시켜 입궐하기를 재촉하며 "내가 응당 면대하여 타이르겠다." 하였다. 이러기를 서너 차례

13 하석(下石) : 남이 곤경에 처해있을 때 그 틈을 타서 해치는 것을 뜻한다. 한유(韓愈)의 〈유자후 묘지명(柳子厚墓誌銘)〉에 "친구가 함정에 떨어져도 손을 내밀어 구해주려고 하지는 않고 오히려 밀쳐 버리는가 하면 돌멩이를 던지기까지 한다.〔落陷穽, 不一引手救, 反擠之, 又下石焉.〕"라고 한 데서 나온 말이다.

하였기에 공은 어쩔 수 없이 입대하였다. 성상께서 위로하고 타이르며 말하기를,

"이것은 경들의 불행일 뿐만 아니라 실로 나라의 큰 근심이다."

하고, 이어 이사상(李師尙) 무리의 정상(情狀)을 모두 말하며,

"내가 저들의 술수에 거의 빠질 뻔하였다."[14]

하였다.

소인들이 화(禍)를 즐기는 뜻은 하루아침의 일이 아닌지라 기괄(機栝)[15]을 촘촘히 펼쳐서 장차 사류(士流)를 모두 죽이고자 했으나 끝내 이루지 못하였다. 이잠과 임부가 형장을 맞고 죽은 다음 공이 다시 돌아왔는데 성상께서 누차 별유(別諭)를 내려서이다.

기축년(1709, 숙종35) 겨울에 성상의 병환 소식을 듣고 한번 입궐하여 문후하고 돌아왔다.

경인년(1710, 숙종36) 3월에 특명으로 영의정에 제수되었다. 당시 궁궐 안에 잔치가 열렸는데 공이 술잔을 올렸다. 잔치가 끝나자 축원하며 아뢰기를,

"바라건대 옥체가 강녕하시더라도 더욱 삼가 조섭하여 항상 깊은

14 내가……뻔하였다 : 《숙종실록》 32년(1706) 9월 26일 기사 가운데 숙종의 말에 "이광적(李光迪)을 멀리 귀양 보내자는 논의와 신사년에 옥사(獄事)를 안문(按問)한 대신 이하에게 죄가 없을 수 없다는 말이 한배주(韓配周)에게서 나온 것은 반드시 임부(林溥)의 상소를 사실로 만들고야 말려는 것이었는데, 당초에 내가 그 술수 가운데에 떨어지는 것을 면하지 못하였다."라는 기록이 보인다.

15 기괄(機栝) : 쇠뇌의 시위를 걸어 매는 곳인 노아(弩牙)와 화살에 시위를 거는 곳인 전괄(箭栝)을 가리키는데, 흔히 사물의 핵심부분을 뜻한다. 여기서는 화(禍)를 일으키려는 소인들의 본심을 뜻한다.

병환을 앓고 있는 듯하시며, 이전에 없던 나라의 경사가 있더라도 더욱 단속하고 경외하는 마음을 보존하여 항상 상천(上天)의 마음을 잃을까 두려워하십시오. 《시경(詩經)》에 이르기를 '아름다운 군자여, 드러나고 드러난 훌륭한 덕이로다. 백성들에게 마땅하며 사람들에게 마땅한지라 하늘에게 복록을 받도다. 보우하고 명하시며 하늘이 거듭 돌보시도다.〔嘉樂君子, 顯顯令德. 宜民宜人, 受祿于天. 保佑命之, 自天申之.〕' 하였습니다."

하였다. 성상께서 말하기를

"경의 말이 참으로 절실하다."

하였다.

윤7월에 홍문관의 세 신하와 대사헌 정호(鄭澔) 공이 윤증(尹拯)의 일로 인하여 일시에 유배되었다. 공이 군덕(君德)을 깊이 걱정하여 경계의 말을 아뢰기를,

"칠정(七情) 가운데 오직 노(怒)가 다스리기 어렵습니다. 오늘날 처분은 격분하고 또 격분하여 재차 헤아리지 않은 것입니다. 아! 주부자(朱夫子)가 말하기를 '인군(人君)이 이러한 이치를 살펴서 털끝만큼의 사사로운 뜻이 그 사이를 뚫고 들어가지 못하게 하면, 그 마음은 탁 트여 크게 공정해져서 일없는 정사를 편안히 행하면서도 앉아서 뭇 직책의 성공을 거둘 수 있을 것이다.' 하였습니다. 임금의 마음이 이미 공정하면 그 효과가 절로 이와 같으니 어찌 성색(聲色)에 드러내고 정신을 쏟아 절절하게 스스로를 수고롭게 만들 일이 있겠습니까."

하였다. 이에 대한 성상의 비답이 매우 엄하여 서둘러 성을 나가려는데 그날 저녁의 폭우로 도랑의 물이 넘쳐 성문이 막혀버렸으니 사람들이 모두 기이하게 여겼다. 재차 상소한 끝에 곧 체직되자 배를 타고

훌쩍 떠났다. 얼마 지나지 않아 성상께서 깊이 뉘우치고 말하기를,

"내가 경의 심사를 밝게 살피지 못하여 지나치게 의심하고 성내었다."

하였다. 겨울에 청(淸)나라의 자문(咨文)이 도착하여 조정 안팎이 시끄러웠는데, 산성을 축조하는 득실에 대해 자문하였다. 이에 공이 대답하기를,

"바다 위의 도적은 그 뜻이 노략질하는 데 있고 깊숙이 침입하려는 계책이 있는 것은 아닙니다. 우리나라가 조금만 방비하면 변방의 아전으로도 충분합니다. 이 때문에 어가를 피난시키는 장소까지 논의했다는 것을 외국이 알게 해서는 안 됩니다. 신이 걱정하는 것은 금성탕지(金城湯池)가 부족한 데 있지 않고 백성의 뜻이 견고하지 않은 데 있습니다."

하였다. 그 후 도적이 과연 침입하지 않았다.

신묘년(1711, 숙종37) 6월에 성상께서 손수 쓴 편지로 면유(勉諭)하였는데 공은 누차 사직하였다. 한번 입대했을 적에 성상께서 강하게 공을 만류하자 공이 대답하기를,

"신이 조정에선 아무런 보탬이 되지 않으니 오직 물러나는 것만이 조금이나마 사대부의 풍절(風節)에 보탬이 될 수 있습니다."

하였다. 물러나 연이어 상소를 올리고 마침내 곧장 돌아왔다.

계사년(1713, 숙종39)에 또 별유를 내려 사관(史官)이 와서 지켰으니, 당시 휘호(徽號)를 올리는 중이었기에 옥책문 제술관(玉冊文製述官)으로 공을 거듭 부른 것이다. 공이 조정에 들어가니 성상께서 매우 기뻐하여 병이 있으면 의원을 보내 살피게 하고 사이사이에 액정서(掖庭署)의 하인을 통해 음식을 내렸다. 공이 늘 돌아가려는 뜻이 있음을 알고 특별히 도승지를 보내어 돈유(敦諭)하였다. 동궁(東宮)도 손수

편지를 써서,

"나는 지난날 공에게 수학하였으니 다른 대신에 비해 각별하다." 하며 성상의 뜻으로 만류하니, 공이 감격하여 머뭇거리다가 치사(致仕)를 청하였으나 윤허를 받지 못하였다. 9월에 그치지 않고 거듭 청하자 성상께서 대산(戴珊)의 일을 인용하여 타이르고,[16] 앞으로 나오게 하여 공의 손을 잡고 간절히 권면하였다. 또 공의 임시 숙소가 황량하고 춥다고 해서 특별히 땔감과 숯을 내렸다. 얼마 뒤 성상께서 편찮은지라 공은 감히 돌아가지 못하였다.

이전에 윤증이 스승을 배신했을 적에는 성상께서 유신(儒臣)으로 그를 대우하지 않았는데, 기사년(1689, 숙종15) 이후로 윤증이 다시 승승장구하였으니 이로 말미암아 경상(卿相)의 지위까지 이르렀다. 윤증을 언급하는 자가 있으면 성상께서 그때마다 윤증을 두둔하며 '부친과 스승에는 경중이 있다〔父師輕重〕[17]'는 것을 정론으로 삼았다. 윤

16 성상께서……타이르고 : 대산(戴珊)은 명(明)나라 효종 때의 명신(名臣)이다. 이여(李畬)가 귀양(歸養)하기를 청하며 명나라의 대산이 귀양하지 못하고 관직에 머물다 죽은 일을 언급하였다. 이에 숙종이 이여를 타이르며 말하기를 "효황제가 유대하(劉大夏)에게 이르기를, '경이 가서 대모(戴某)에게 「태평의 징조가 나타나지 않았는데, 어찌 차마 짐(朕)을 버리고 먼저 돌아가려 하는가.」 라고 설득하라.' 하였다. 유대하가 이 말을 대산에게 고하자, 대산은 눈물을 흘리며 말하기를, '나는 집을 돌아갈 수가 없다.' 하였으니, 이에서 군신(君臣)의 정의(情意)가 서로 미더웠음을 알 수 있다." 하였다. 《肅宗實錄 39年 9月 2日》

17 부친과……있다 : 여기서는 스승보다는 부친이 더 중하다고 한 윤증(尹拯)의 논의를 가리킨다. 윤증은 스승 송시열(宋時烈)이 부친 윤선거(尹宣擧)가 병자호란 때 강화도에서 순절하지 않고 살아남은 것을 비판하자 절교했는데, 이를 두고 아버지와 스승 중 누가 중한가 하는 이른바 부사경중론(父師輕重論)이 일어났다. 숙종은 초기에 윤증의 손을 들어주었다가, 말년에는 송시열의 손을 들어주었다.

증이 죽은 뒤 수암(遂菴) 권상하(權尙夏) 공이 지은 발문에 윤증을 비난하는 말이 있었는데,[18] 윤증의 무리가 성상에게 참소하였다.

병신년(1716, 숙종42) 봄에 조정의 신하와 선비들이 윤증의 일을 계속해서 거론하다가 유배된 자들이 줄을 이었다. 공이 탄식하며 말하기를,

"원로들이 세상을 떠나고 의리가 꽉 막혔으니 내가 말하지 않으면 누가 다시 말하겠는가."

하고, 마침내 근원으로 거슬러 올라가 극진하게 아뢰기를,

"스승은 사람들마다 모두 있는 것이 아니고 또 경중(輕重)과 심천(深淺)의 차이가 없을 수 없기 때문에 옛날 성인이 오륜(五倫)을 논할 적에 스승과 제자를 거기에 넣지 않았습니다. 이미 스승과 제자의 관계로 정해지고 또 도의(道義)를 서로 전했다면 그 의리는 자신을 낳아준 부친과 같습니다. 그 가운데서 말한다면, 부친과 스승 사이에서 경중의 구분은 신 또한 그렇지 않다고 생각하지는 않습니다. 그러나 부친과 아들 사이는 본디 중하지만 스승과 제자 사이 또한 어찌 경시할 수 있겠습니까.

불행하게도 부친과 스승 사이에서 둘 다 보전할 수 없는 일이 있다

18 수암(遂菴)……있었는데 : 현종 때 유계(兪棨)가 윤선거(尹宣擧) 등의 협조를 받아 《가례원류(家禮源流)》를 편찬하고 윤증(尹拯)에게 그 책을 윤색해 줄 것을 부탁하였는데, 유계가 죽고 나서 40여 년이 지난 후 유계의 손자 유상기(兪相基)가 그 책을 간행하기 위해 돌려줄 것을 청하였다. 윤증은 부친 윤선거와 함께 엮은 것이라고 주장하며 그 책의 반환을 거부하였다. 이에 권상하(權尙夏)가 《가례원류》의 서문을 지으면서 윤증이 스승인 유계를 배신한 전말을 서술하였고 이때부터 유씨 측인 노론(老論)과 윤씨 측인 소론(少論) 사이에 시비가 격화되었다.

면 본디 부친을 우선하고 스승을 뒤로 하는 것이 마땅합니다만 대처하는 방법에도 응당 도리가 있습니다. 가령 스승에게 실로 허물이 있다고 해도 창을 들고 반격해서 안 되는 것이 분명합니다. 더군다나 그 허물이 반드시 스승에게 있지 않은 경우는 어떠하겠습니까. 의리가 지극히 공정한데 또한 어찌 부친과 아들 사이의 친한 점만 가지고 사사로이 할 수 있겠습니까.

스승과 제자가 절교하는 일은 옛날에 없었으며, 혹 절교하더라도 응당 피로 얼굴을 적시고 눈물을 삼키며 명백하게 자처(自處)해야 합니다. 절교한 이후에 다시는 감히 나쁜 말을 하지 않고 종신토록 슬퍼하는 뜻을 잃지 않는다면 군자가 그래도 용서해줄 수 있습니다. 지금은 그렇지 않아서 한번 유감이 있으면 곧 혐극(嫌隙)이 생겨 겉으로는 존경하는 듯하지만 속으로는 실제 해치려고 합니다. 끝내는 선정(先正)을 원수처럼 여겨 문호를 나누고 혈전을 벌여 이기려는 지경에 이릅니다.

윤휴(尹鑴)의 무리가 득세하자 영욕과 화복이 눈앞에서 판별되었으니, 이와 같은데도 윤증이 오히려 마음에 편안할 수 있었겠습니까. 옛 사람은 하찮은 기예를 가르쳐준 스승에게도 오히려 '차마 스승에게 배운 기술로써 도리어 스승을 해칠 수 없다.'[19]고 하였는데, 더군다나 선비의 경우는 어떠하겠습니까. 이것이 비록 '부친을 위하는 데서 말미암았다.' 하더라도 과연 반드시 이렇게 한 뒤에야 효도

19 차마……없다 : 위(衛)나라 대부(大夫)인 유공지사(庾公之斯)는 자신에게 활쏘기를 가르쳐준 윤공지타(尹公之他)가 자탁유자(子濯孺子)에게 활쏘기를 배운 것을 알고, 차마 자탁유자를 죽이지 못하였다. 《孟子 離婁下》

가 되겠습니까.

전후로 내린 성상의 하교가 한쪽에 집착하는 것을 면치 못하여 이것을 국시(國是)로 정하고자 하시니, 신은 국론이 더욱 정해지기 어렵고 스승과 제자의 윤리가 장차 이로부터 끊어질까 걱정됩니다. 바라건대 심기(心氣)를 평안하게 하여 살펴주십시오."

하였다. 성상께서 답하기를,

"경이 나라를 걱정하는 정성이 늙어서도 더욱 돈독하다. 차분하게 아뢴 말이 의리가 명백하여 내가 매우 감탄하였다."

하였다. 처음에 공이 병을 무릅쓰고 차자(箚子)를 지을 때 자제와 벗들이 화를 당할까 두려워 모두 만류하였으나 듣지 않았는데, 비답이 내려오자 사림(士林)이 기뻐하였다.

윤증의 무리 최석문(崔錫文) 등이 상소를 올려 공을 비난하였는데 이어 신유의서(辛酉擬書)[20]가 나와서 윤증의 속내가 이때 드러나게 되었다. 공이 또 차자를 올려 통렬히 변론하였으니 그 말이 더욱 엄정하였다. 유봉휘(柳鳳輝), 정식(鄭栻) 등이 수암(遂菴)을 논핵하여 파직시킨 다음 또 공을 헐뜯자 공은 교외 마을로 나가 머물렀다. 7월에 성상께서 윤선거(尹宣擧)의 묘문(墓文)을 써서 들이라고 명하고, 또 윤증의 의서(擬書)를 구하여 열람하였는데 공의 두 번째 차자에 "조절(操切)" 두 글자가 있었기[21] 때문이었다. 성상께서 하교하기를,

20 신유의서(辛酉擬書) : 신유년(1681, 숙종7)에 윤선거(尹宣擧)의 아들 윤증(尹拯)이 송시열(宋時烈)에게 보내려고 했던 서찰을 말한다. 송시열이 왕도(王道)와 패도(覇道)를 아울러 쓰고 이(利)와 의(義)를 함께 행한다며 공박하였는데, 당시에 박세채(朴世采)의 만류로 부치지 않았다. 이후 송시열의 손자이고 박세채(朴世采)의 사위인 송순석(宋淳錫)이 몰래 베껴서 송시열에게 보여줌으로써 실체가 드러났다.

"아무개의 말이 과연 옳다."

하고, 윤증을 논핵하다가 죄를 얻은 자들이 모두 풀려나 돌아오도록 명하였다. 이때부터 사론(士論)이 크게 정해졌으니, 사람들이 공의 말이 성상의 마음을 돌렸다고 하였다. 성상께서 별유를 내리고 또 손수 쓴 편지를 보내어 말하기를,

"경을 지극히 그리워하다가 필시 내 병이 더해질 것이다."

하니, 공이 감격하여 눈물을 흘리고 도성에 들어갔다. 얼마 뒤 성상의 병환이 조금 낫자 공은 결단을 내리고 돌아갔으니 벗들 또한 미처 전별하지 못하였다. 사관이 쫓아가 성상의 비답을 전하여 타일렀으나 만류할 수 없었다. 이에 사직상소를 올리며 병을 조심하는 경계를 덧붙이며 말하기를,

"나라를 다스리는 것과 병을 치료하는 데에 두 가지 도리가 있는 것이 아닙니다."

하였다. 동궁(東宮)의 대리청정 소식을 듣고는 또 성상과 동궁에게 경계의 말을 아뢰었으니 충성스럽고 사랑하는 마음이 넘쳐흘렀다. 누차 연로함을 이유로 사직을 청하였으나 윤허하지 않았다.

무술년(1718, 숙종44) 정월 기사일에 여강(驪江) 가에서 세상을 떠났다. 공은 일 년 내내 풍질(風疾)을 앓았는데도 독서를 그만두지 않았고, 죽음을 앞두고는 편안히 침소에 드는 것처럼 초연하였다. 성상께서

21 공의……있었기 : 1716년(숙종42) 이여(李畬)가 올린 상소에서 "이제 이른바 그 신유년의 의서(擬書)라는 것을 보건대, 그 말이 근사한지 여부는 논할 것 없이, 속박하고 조절(操切)하며 심문(深文)하여 교묘하게 비방한 것이 단련하는 옥리(獄吏)보다도 심하므로 오직 빠져들지 않을까 두려워하였으니, 이것이 과연 스승과 제자 사이의 학문을 논하는 마음입니까."라고 하였다.

매우 슬퍼하여 예법대로 상례를 돕게 하였다. 3개월이 지나 지평(砥平) 죽장리(竹杖里) 갑좌(甲坐)의 언덕에 안장하였다.

부인 풍천 임씨(豐川任氏)는 봉상시 정 좌(座)의 따님이자 참판 의백(義伯)의 손녀이다. 군자의 배필이 되어 덕에 어긋남이 없었으니, 공보다 1년 늦게 77세의 나이로 세상을 떠나 합장하였다. 아들은 봉사 태진(台鎭)이고, 네 사위는 부사 박필문(朴弼文), 현감 홍우해(洪禹諧), 현감 원명직(元命稷), 사인 김홍택(金弘澤)이다. 태진의 장남은 심(沈)이고 차남은 어리다. 사위 박필문의 아들은 사후(師厚)이고, 사위 홍우해의 아들은 생원 계백(啓百)이고, 사위 원명직의 아들은 경순(景淳), 경후(景厚)이고, 김 사위의 아들은 상봉(相鳳)이다. 심의 다섯 아들은 모두 어리다.

공은 맑고 순수하며 온후하여 천성이 도(道)에 가까웠다. 어려서부터 《소학(小學)》으로 자신을 단속하였는데, 일찍이 말하기를,

"사람이 이 책을 잘 읽는다면 이로 말미암아 요순(堯舜)에 이르는 것도 어렵지 않을 것이다."

하였다. 또 말하기를,

"나는 심학(心學)에 대해서 참되고 적실한 길을 대략 알았으나 미적거리고 나태하여 끝내 얻은 게 없으니 부끄러울 뿐이다."

하였다. 공이 비록 학문으로 자처하고자 하지 않았으나 깊은 뜻을 궁구하여 터득했음을 알 수 있다.

어버이를 곁에서 모실 적에는 안색을 온화하고 기쁘게 하였으며 한결같이 뜻에 순종하는 것을 위주로 하였다. 나이가 많고 지위가 높아져도 어렸을 때처럼 곁에서 힘써 봉양하였다. 의정공(議政公)이 집에 있을 적에 지정해놓고 앉는 자리가 있었는데, 의정공이 계시지 않더라

도 그 자리에 앉는 일이 없었다. 세모(世母 백모)가 병을 앓을 때에는 공무의 여가에 반드시 자주 문안하여 몸소 약물을 올려드렸다. 온공(溫公)이 백강(伯康)을 대하는 것[22]처럼 형님[23]을 모셨으니 선물을 받으면 반드시 형수에게 먼저 드렸다. 막내 양구공(楊口公)[24]이 일찍 세상을 떠나자 고아가 된 조카와 과부가 된 형수를 보살피며 잠시도 차마 마음에서 잊지 않았는데, 어린 조카아이를 가르칠 적에는 회초리를 치며 눈물을 흘리기도 하였다. 과부가 된 누이가 후사로 들인 아들의 상을 당하자 그를 위해 직접 장지(葬地)를 정해주었고, 원근의 종친에 이르기까지 곡진하게 은혜를 베풀었다.

살던 집은 무릎 하나 들일 정도였고 음식에는 여러 가지 반찬을 두지 않았으며, 해진 갓을 쓰고 나무로 만든 갓끈을 매고 다녀 만나는 사람은 공이 정승인 줄 알지 못하였다. 부인 역시 베치마를 입고서 서로 마주보며 흡족하게 여겼다. 지위가 정승에 이르렀어도 가옥이 조금도 늘어나지 않았다. 힘써 농사를 지어 자급(自給)하였는데 양식이 부족하면 관조(官糶)에 기대었다가 가을에 상환(償還)할 적에는 매번 백성보다 먼저 상환하였다. 그러나 한 섬들이 항아리의 곡식 외에는 또한 곤궁한 친족들에게 나누어주었다. 형님과 막내가 수령이 되었을 적에

22 온공(溫公)이……것 : 온공은 사마광(司馬光)의 봉호, 백강은 사마단(司馬旦)의 자이다. 이 두 사람은 형제로서 우애가 아주 돈독했다. 사마광은 늙어서도 형님인 사마단을 엄한 아버지처럼 모셨다. 《小學 善行》

23 형님 : 저자의 형 이번(李蕃, 1641~1708)을 가리킨다. 그의 자는 무백(茂伯)이고 시호는 문정(文靖)이다.

24 막내 양구공(楊口公) : 저자의 막내 이당(李簹, 1661~1712)을 가리킨다. 그의 자는 의숙(猗叔)이다. 1709년(숙종35) 양구 현감(楊口縣監)을 지냈다.

집안사람이 도움을 받고자했으나 공이 허락하지 않았다. 남들과 교제할 적에는 오래되어도 공경하였으며, 또 충심으로 일러주고 선(善)으로 인도하여 혹 사이가 틀어지더라도 후회하는 법이 없었다. 손님이 방문하면 소원하거나 비천함에 관계없이 한결같이 온화한 얼굴로 대우하였다. 자제들이 허물이 있으면 반드시 정성스럽게 가르쳤고, 미천한 노복들에게 조차도 성을 내며 꾸짖은 적이 없었다.

임금을 섬길 적에는 진실로 사랑하고 가엾게 여기는 마음이 천성에서 나왔다. 일찍이 말하기를,

"내가 비록 늙었으나 나라에 사변(事變)이 생긴다면 응당 목마른 사람이 물을 찾듯 달려갈 것이니, 길에서 죽더라도 한스럽지 않다."

하였다. 평소 당론(黨論)을 좋아하지 않았으며, 전후로 치도(治道)를 아뢸 적에는 오직 임금의 마음을 바로잡고〔格君心〕[25] 황극으로써 표준을 세우는〔建皇極〕[26] 것을 제일가는 의리로 삼았다. 하나의 명령이라도 잘못된 것을 들으면 밤새도록 걱정하고 개탄하였으며, 한 명의 선류(善類)라도 조정에 나아간 것을 보면 기쁨이 얼굴에 드러났다. 궁중과 관련된 일이라도 꺼리지 않고 간언하였고 성상도 공의 충심을 알고서 예우(禮遇)가 쇠하지 않았으나 조정의 분위기가 더욱 어지러워져

25 임금의 마음을 바로잡고 : 임금의 잘못된 마음을 바로잡는 것을 뜻한다. 《맹자》〈이루 상(離婁上)〉에 "오직 대인만이 임금의 잘못된 마음을 바로잡을 수 있다.〔惟大人, 爲能格君心之非.〕"라고 한 데서 나온 말이다.

26 황극으로써 표준을 세우는 : 임금이 인륜의 모범을 보여 백성의 표준이 되는 것을 뜻한다. 《서경》〈홍범(洪範)〉에 "다음 다섯 번째는 표준을 세우되 황극으로써 하는 것이다.〔次五曰建用皇極.〕"라고 하였는데, 채침(蔡沈)의 주에 "황극은 군주가 표준을 세우는 것이다.〔皇極者, 君之所以建極也.〕"라고 하였다.

끝내 어찌할 수 없었다. 공이 탄식하며 말하기를,

"내가 이러한 상황을 모르지는 않으나 오직 의리를 바르게 하고 도를 밝힐[27] 뿐이다."

하였다. 이 때문에 진퇴양난에 빠져 원대한 사업을 이루지 못하였다. 그러나 맑은 절의와 훌륭한 명망은 우뚝하게 사류(士流)의 종주가 되어, 인륜과 의리를 천명하며 사특하고 음탕한 무리를 통렬히 물리쳤으니 사문(斯文)과 세교(世敎)에 공을 남긴 것이 어찌 적다고 하겠는가.

공은 평소 마음가짐이 겸손하여 대체로 세 번 사양한 후 나아가고 한 번 읍한 후 물러나는 것을 절조로 삼았다. 출사하여 조정에 있으면 마치 출중한 난새나 학과 같았다. 묵묵히 강해(江海)로 돌아가려는 생각이 있어서 비록 성상의 은혜를 잊지 않아 때때로 조정을 왕래했으나 결국엔 물러나고야 말았으니 거의 이른바 육정(六丁)이 힘써 만류해도 돌릴 수 없는[28] 격이었다.

공은 애호하는 물건이 없었으나 〈귀거래사(歸去來辭)〉를 그림으로 그려 아침저녁으로 마주하였으니 그 뜻이 심원하다. 택당공(澤堂公)이 성리학에 잠심하면서도 스스로 감추기에 힘썼는데, 공이 한결같이 이

27 의리를……밝힐 : 동중서(董仲舒)가 말하기를 "무릇 인한 사람은 의리를 바르게 하고 이익은 도모하지 않으며, 도를 밝히고 공로는 계산하지 않는다.〔夫仁人者, 正其誼, 不謀其利, 明其道, 不計其功.〕"라고 하였다. 《漢書 卷56 董仲舒傳》

28 육정(六丁)이……없는 : 육정(六丁)은 도교(道敎)에서 말하는 귀신 이름으로, 정묘(丁卯), 정사(丁巳), 정미(丁未), 정유(丁酉), 정해(丁亥), 정축(丁丑)의 여섯 정신(丁神)을 가리키는데, 이 귀신을 잘 부리면 먼 데 있는 물건도 가져오게 할 수 있다고 한다. 유극장(劉克莊)의 〈부시랑에게 올린 글〔上傅侍郎〕〉에 "한 골짜기로 곧장 돌아가는 지극한 용맹함은 육정이 힘써 만류해도 돌릴 수 없습니다.〔一壑徑歸之至勇, 六丁力挽而不回.〕"라고 한 데서 나온 말이다.

것을 표준으로 삼았으며 택당공이 남긴 가르침 가운데 "경술에 밝게 통하고, 효제를 돈독하게 행해야 한다〔通明經術, 敦行孝悌〕[29]"는 여덟 글자를 좌우명으로 삼았다. 나라 걱정을 굶주리고 목마르듯 절실하게 하는 점은 또 외재공(畏齋公)을 빼닮았다. 이렇듯 공의 평생 사업은 가학(家學)에서 얻은 점이 많았는데, 경(敬) 한 글자에 특히 힘을 다했기 때문에 비록 과거로 조정에 진출했으나 조정 안팎의 사람들이 한마음으로 선비 재상〔儒相〕이라 일컬었다.

공이 지은 문장은 전아하여 경전(經傳)에 근본하였으며 또 한유(韓愈)의 글을 읽는 것을 좋아하였다. 소차(疏箚)를 잘 지었으니 완곡하고 정성스러우면서도 사리가 명백하고 심절하였다. 시 또한 한담(閒淡)하여 흥이 나면 회포를 풀 따름이었다. 공이 한번은 탄식하며,

"삼분오전(三墳五典)의 묘미가 참으로 끝이 없는 줄 알면서도 조용히 앉아 완색하지 못하였다."

하였다. 또 내게 말하기를,

"나는 일찍이 주자(朱子)의 글을 숙독하고 싶었으나 이제는 늙어버렸다."

29 경술에……한다 : 이식(李植)의 〈대필해서 아이들에게 보여준 글〔示兒代筆〕〉에 "오직 국가에서 조목별로 만들어 놓은 과정대로 따라가면서 경술에 밝게 통하는 것으로 종신의 공부를 삼는다면, 달아난 마음도 수습할 수 있고 나태한 행동도 단속할 수 있을 것이니, 이렇게만 되더라도 충분할 것이다.〔惟守國家條制, 以通明經術, 爲終身工夫, 則放心可收, 惰行可率, 如是足矣.〕라고 하였고, 또 "나의 자제들은 다만 마땅히 효제(孝悌)를 돈독하게 행하면서 여력이 있거든 학문에 종사하여 촌사람이 되는 것을 면하는 동시에 뜻밖의 환란을 당하지 않도록 노력해야 할 것이다.〔爲吾子弟者, 但當敦行孝悌, 餘力學問, 免爲鄕人, 不蹈一朝之患可也.〕"라고 하였다.

하였으니, 공과 같은 이는 참으로 늙어서도 학문을 좋아하는 사람이었다. 지금 사람은 과거에 급제하면 이내 독서하지 않아 눈앞에서 그저 영리만 보고 명절(名節)이 있다는 것을 아는 자가 드무니, 공과 비교하면 어떠하겠는가. 《시경(詩經)》에 "즐거운 군자여, 덕음(德音)이 그치지 않도다.〔樂只君子, 德音不已.〕"[30] 하였으니, 공을 두고 하는 말이다. 명(銘)은 다음과 같다.

묘당에 있어도 그 용모는 산택의 은자와 같았고 坐廟堂而其容則山澤
강호에 있어도 그 마음은 임금과 백성에 있었네 處江湖而乃心則君民
오호라 吁嗟乎
나는 이런 사람을 다시 볼 수 없구나 吾不可復見斯人
경은 덕의 기틀이요 敬惟德基
효는 행실의 근원이네 孝乃行源
훗날 공을 평하는 자가 後之尙論者
택옹의 훌륭한 손자요 숙종의 훌륭한 신하라 하지 않겠는가
疇不曰澤翁有孫肅考有臣

30 즐거운……않도다 : 《시경》 〈남산유대(南山有臺)〉에 보인다.

군수 이공 묘지[31]

郡守李公墓誌

공은 휘가 심(蕃)이고 자는 자방(子芳)이니 좌의정 외재(畏齋) 휘 단하(端夏)의 아들이요 이조 판서 부제학 택당(澤堂) 휘 식(植)의 손자이다. 두 세대가 경술과 문장으로 조정에 진출하여 덕수 이씨(德水李氏) 집안이 더욱 성대해졌다. 의정공은 청주 한씨(淸州韓氏)에게 장가들었으니 한씨의 부친은 참판 필원(必遠)이다.

공은 숭정(崇禎) 을유년(1645, 인조23)에 태어나 기유년(1669, 현종10)에 사마시에 합격하였다. 일찍이 동지들과 결의하여 매달 강학하였는데, 우암(尤菴) 선생이 〈상관회서(相觀會序)〉[32]를 지어 면려하였다. 의정공이 조정에 있을 적에 항상 물러나려는 뜻이 있었는데, 한번은 뜻밖의 일에 연좌되어 하옥되었다. 자식들에게 편지를 보내 말하기를,

"나는 장차 돌아가리니 너희들은 몸소 농사를 지어서 봉양하거라."

하였다. 공이 부친의 편지를 잡고 눈물을 흘리며 말하기를

"자식으로서의 직분을 다하지 못하여 우리 부친의 뜻을 상하게 했으니 나의 죄이다."

하였다. 이후로 세운(世運)이 변천하는 가운데 의정공이 물러난 적이 많고 나아간 적이 적었다. 공이 그때마다 책을 지니고 초야로 가서는

31 군수 이공 묘지 : 저자가 이심(李蕃, 1645~1701)을 위해 쓴 묘지명이다.

32 상관회서(相觀會序) : 《송자대전(宋子大全)》 권138에 수록되어 있다.

몸소 농사를 지어 변변찮은 음식이라도 빠트리지 않고 봉양하였으며, 처자식이 굶주리고 추위에 떨더라도 부친이 모르게 하였으니, 의정공이 말하기를,

"이 아이가 나를 잘 봉양하는구나."

하였다.

신유년(1681, 숙종7)에 영릉 참봉(英陵參奉)에 제수되었다가 의금부 도사로 옮겼는데 작은 혐의로 인해 나아가지 않았다.

을축년(1685, 숙종11)에 금정 찰방(金井察訪)에 제수되었다. 큰 흉년을 만나 공이 녹봉을 덜어 굶주린 이들을 구휼하였는데 넉넉하지 못한 것을 근심하였다. 당시에 의정공이 진휼청을 관리하였는데, 공이 공명첩(空名帖)을 발행하여 모속(募粟)[33]을 넓혀서 역인(驛人)들을 살린 다음 추수 이후에 환곡을 거두어들이고 이어 속역(屬驛)에 사창(社倉)을 설치하도록 청하였다. 관찰사가 공의 치적을 위로 보고하자 수령에 제수하는 명이 내렸다.

의정공과 함께 직책을 맡았던 자가 모속첩문(募粟帖文)의 일을 들추어내어 공의 죄를 묻고 의정공까지 화가 미치게 하여 사적인 유감을 풀려고 했으나 계획대로 이루지 못하였다. 대관(臺官)이 또 그 말을 부풀려서 논핵하자 의정공이 상소를 올려 실상을 아뢰며 공이 받은 상전(賞典)을 거두어들이기를 청하였으나 성상께서 온화한 말로 타이르며 윤허하지 않았다. 공이 집안에 누를 끼친 것을 마음 아파하여

33 모속(募粟) : 기근이나 병란이 있을 때에 국가의 재정난 타개와 구호 사업 등을 위하여 곡물을 나라에 바치게 하고, 그 대가로 벼슬을 주거나 면역(免役) 또는 면천(免賤)해 주는 일을 말한다.

사직상소를 올리고 돌아갔는데 훗날 어사가 또 추후에 포상하였다. 얼마 지나지 않아 석성 현감(石城縣監)으로 승진하였는데 즉시 인혐하여 체직되었다.

공은 지극한 효행이 있었으니 의정공이 병을 앓자 손가락을 베어 피를 받아 올려드렸고 장사 지낼 적에는 정성을 다하여 작은 예법이라도 소홀히 하지 않았다. 공적으로 사적으로 받은 부의(賻儀)는 모두 제사 지내는 데 사용하고 집안의 이익으로 삼지 않았다. 상례에는 한결같이 택당공(澤堂公)의 제식(祭式)을 준수하여 미리 물품을 갖추어놓고 기물과 용구 또한 일상의 것과 구별하였다. 유집(遺集)을 손수 베껴 거의 한 글자도 빠트리지 않았다. 마을 안의 사창을 수리하고 외가 가운데 궁핍한 친족을 보살핀 것은 모두 선대의 유의(遺意)를 따른 것이었다.

갑술년(1694, 숙종20)에 형조 좌랑이 되었다가 얼마 뒤에 제천 현감(堤川縣監)이 되었다. 이듬해 흉년이 들자 공이 9등급에 해당하는[34] 가난한 백성을 선별하여 달마다 세 차례 마른 양식을 주고 더욱 궁핍한 백성에게는 죽을 먹였으며, 또 솔잎으로 죽어가는 이를 구제하는 처방을 가르쳤다. 백성과 규약을 만들어 도적이 모처에서 일어나면 경보를 연이어 전파하여 길을 막고 구원하기로 하니, 도적의 경보가 있을 때마다 사방에서 즉각 호응하였다. 당시 도내에 굶어죽은 시체가 그득했으나 제천의 백성만은 굶어죽지 않았고 도적도 일어나지 않았다. 모친상을 당하였을 때 고을 안의 예부(例賻 규례에 따른 부의)를 사용하지 않았

34 9등급에 해당하는 : 그해 농사의 풍흉에 따라 9등급으로 나눈 연분구등법(年分九等法) 가운데 가장 궁핍한 경우를 가리킨다.

고 백성이 공의 집에 부의를 보냈으나 끝내 물리쳤으니 송덕비를 세워 공을 기렸다.

경진년(1700, 숙종26)에 익위사 익위를 거쳐 김제 군수(金堤郡守)로 나갔다가 풍비(風痹)에 걸려 벼슬을 그만두고 여강(驪江)으로 돌아왔다. 얼마 뒤에 서울에서 의원의 치료를 받다가 신사년(1701, 숙종27) 8월 17일에 세상을 떠났다.

정실(正室) 남양 홍씨(南陽洪氏)는 진사 구성(九成)의 딸이니 그 조부는 판서 처량(處亮)이다. 유순하고 은혜로워 부녀자의 도를 지녔는데 45세가 되던 경오년(1690, 숙종16)에 세상을 떠났다.

장남 의진(義鎭)은 의금부 도사를 지냈고 2남 정진(靜鎭)은 익위사 시직을 지냈고 3남 귀진(龜鎭)은 상중에 지나치게 슬퍼하다 병으로 요절하였으며 4남은 후진(厚鎭)이다. 세 딸은 각기 정자 김성중(金聖重), 현감 김신행(金愼行), 사인 김진부(金鎭符)에게 출가하였다. 경진(敬鎭)과 덕진(德鎭) 그리고 송거원(宋巨源)과 정회(鄭悔)는 측실(側室)의 아들과 사위이다.

공은 어려서부터 기개를 지니고 있어 남의 어려움을 구원하고 의로움을 좋아한지라 자신의 재물을 아끼지 않았다. 정사는 주밀하여 항상 백성을 사랑하는 데 주력하였으니 그가 역참과 고을에서 시험한 것으로 그 대략을 알 수 있다. 정자(程子)의 이른바 "낮은 관직의 선비가 사람들에 대해서 반드시 구제해 주는 바가 있다."[35]는 것이 참으로 그렇

35 낮은……있다 : 정호(程顥)가 말하기를 "낮은 관직의 선비가 진실로 남을 사랑하는 데에 마음을 둔다면 사람들에 대해서 반드시 구제해 주는 바가 있다.〔一命之士, 苟存心於愛物, 於人必有所濟.〕"라고 하였다. 《小學 嘉言》

지 않은가. 안타깝게도 시험할 바를 크게 펼쳐 선대의 지업(志業)을 끝마치지 못하였구나. 공의 아우인 자(薔)가 일찍부터 은거하여 출사하지 않았는데 공이 한번은 말하기를,

"내가 죽은 후에 글을 지어 내 마음을 밝혀줄 이는 동생이다." 하였는데, 나중에 과연 그러하였다. 나는 시직군(侍直君)의 부탁으로 공의 가장에서 가려 뽑아 무덤에 들이며 다음과 같이 명(銘)을 덧붙인다.

부친을 계승하여 일을 주관하였으니[36] 위태로워도 허물이 없었네[37]

幹蠱承考厲無咎

재능은 컸으나 지위는 낮았으니 시운을 만나지 못해서라네

材鉅位細命不偶

내가 삼가 취한 바에 대해 남들도 이견이 없을 것이네

人不間言余竊取

36 부친을……주관하였으니 : 《주역》 〈고괘(蠱卦) 초육(初六)〉에 "아버지의 일을 주관함이니, 자식이 있으면 돌아가신 아버지가 허물이 없게 되리라.〔幹父之蠱, 有子, 考无咎.〕"라고 한 데서 나온 말이다.

37 위태로워도 허물이 없었네 : 《주역》 〈건괘(乾卦) 구삼(九三)〉에 "군자가 종일토록 힘쓰고 힘써 저녁까지 두려워하면 위태로우나 허물이 없으리라.〔君子終日乾乾, 夕惕若, 厲無咎.〕" 하였다.

참봉 박공 묘지[38]

參奉朴公墓誌

우리 중부 귀락공(歸樂公 이만성(李晩成))과 계부 관찰공(觀察公 이만견(李晩堅))은 기사사화(己巳士禍)를 겪은 이후로 포의의 신분으로 가솔을 데리고 고양(高陽)의 화전(花田)으로 돌아갔다. 당시 박여흥(朴汝興) 공이 강변의 정자에 은거하고 있었는데 서로의 거리가 10리가 되지 않았기에 한가한 날이면 공을 초청하여 매번 신선한 고기를 마련하여 술 마시며 즐거운 시간을 보냈다. 중부와 계부가 또 중흥(中興)의 산수에 노닐기를 좋아하여 한 해에 두서너 번 이르렀는데 공이 그때마다 함께 갔고, 나는 어린나이로 따라다녔으니 이렇게 지낸 지 4, 5년이었다. 공의 아들 서규(敍揆) 또한 나의 벗으로 함께 공부한 사이였는데, 공이 세상을 떠나고 1년 뒤에 공의 아들도 세상을 떠났다. 그 이후 십여 년이 흘러 나는 행호(幸湖)[39]을 지나게 되었는데 공의 정자는 이미 폐허가 되었다. 우리 중부와 계부의 정자가 공의 정자 좌우에 있었는데 또한 이미 주인이 세상을 떠났고 혹은 주인이 바뀌었다. 생각건대 나만 혼자 세상에 남아 수염과 머리털이 이미 하얗게 세었으니, 성쇠존망이 이처럼 무상하다. 슬프구나!

38 참봉 박공 묘지 : 저자가 박여흥(朴汝興, 1653~1710)을 위해 쓴 묘지명이다.

39 행호(幸湖) : 행주대교와 방화대교 사이의 한강을 지칭한다. 한강은 이 부근에 이르러 호수와 같이 넓어져 행주로 이어지는데, 이곳을 흔히 소동정호 또는 행호(杏湖)로 부르기도 했다.

공은 자가 기부(起夫)이다. 함양 박씨(咸陽朴氏)는 대대로 명문가였으니 소요당(逍遙堂) 휘 세무(世茂)와 잠야(潛冶) 휘 지계(知誡)는 유학(儒學)으로 명성이 있었다. 잠야의 아들 휘 유동(由東)은 파주 목사(坡州牧使)를 지냈는데 이분이 공의 조부이고, 부친 휘 팽조(彭祖)는 요절하였다. 모친 완산 이씨(完山李氏)는 사예 만길(晩吉)의 딸이다.

공은 19세에 어버이를 여의고 자력으로 집안을 건사하였으니 시집 장가를 가지 못한 아우와 누이가 모두 혼기를 놓치지 않았다. 젊어서 과거공부를 하다가 중년에는 강호를 떠돌아다녔는데 기상이 호방하여 얽매이지 않았기에 세상과 구차하게 영합하지 않았다. 남의 죄악을 말함에 조금도 꺼리는 법이 없었기에 공을 미워하는 이가 많아 일찍이 흉당들의 무함을 당해 남쪽 변방에 유배되었다. 만년에 음보(蔭補)로 경기전 참봉(慶基殿參奉)에 보임되었으나 또 탄핵을 받아 면직되었다. 경인년(1710, 숙종36) 10월 28일 세상을 떠나니 향년 58세였다. 양주(楊州) 신혈리(神穴里) 선영의 사향(巳向) 언덕에 안장하였다.

부인 한산 이씨(韓山李氏)는 목은(牧隱 이색(李穡))의 후손으로 부친은 선교랑 상직(尙稷)이다. 온화하고 공손하며 총명하여 자못 부녀자의 덕이 있었다. 기축년(1649, 인조27)에 태어나 신축년(1721, 경종1)에 세상을 떠났고 공과 합장하였다.

공의 1남은 서규(叙揆)이고 두 사위는 이익량(李益亮), 이양원(李陽元)이다. 서규의 세 아들은 진사를 지낸 봉양(鳳陽), 그리고 경양(景陽)과 정양(挺陽)이며, 사위는 조한식(趙漢寔), 신명삼(辛命三), 이관적(李觀迪), 이경장(李慶章)으로 모두 사인이다.

봉양(鳳陽)이 나에게 묘지문을 부탁하였는데 미처 완성되기도 전에 봉양 또한 세상을 떠났으니, 한유(韓愈)의 이른바 할아버지, 아들, 손자 3대를 곡한다[40]는 것이 더할 수 없이 슬픈 말이라는 것을 비로소 알겠다. 젊은 날 종유했던 즐거움과 인사(人事)가 순식간에 변화함을 대략 서술하여 경양(景陽) 형제에게 주어 무덤에 들이게 하노라.

40 한유(韓愈)의……곡한다 : 한유(韓愈)의 〈전중소감마군의 묘지명〔殿中少監馬君墓誌銘〕〉에 "내가 40년이 채 되지도 않는 사이에 할아버지, 아들 손자 3대를 곡하였으니, 인간 세상에 있어서 어떤 생각이 들겠는가.〔未四十年, 而哭其祖子孫三世, 於人世何如也?〕"라고 하였다.

감사 이공 묘지[41]

監司李公墓誌

공은 휘가 만직(萬稷)이고 자가 자장(子長)이니 평안도 관찰사(平安道觀察使) 태연(泰淵)의 아들이다. 근세의 인재는 영릉(寧陵 효종) 시절보다 성대한 적이 없었으나, 지방관의 치적을 논할 때면 반드시 관찰공을 우선적으로 꼽는다. 공이 젊었을 적에는 낙척하여 불우하게 지내다가 숙종 기묘년(1699, 숙종25)에 진사에 합격하고 2년 뒤에 비로소 벼슬살이를 시작하였다. 당시 공의 나이가 50을 앞두고 있었는데 사대부들이 모두 공을 지목하며 말하기를,

"이 사람은 음관으로 감사에 이를 것이다."

하였다. 이는 공이 침착하고 강직하며 차분하고 신중하여 정승의 기량이 있었고 또 관찰공을 부친으로 두었기 때문이다.

공은 처음에 후릉 참봉(厚陵參奉)을 지냈는데 미미한 일로 면직되었다가 다시 전설사 별검에 제수되었다. 가례도감(嘉禮都監)에서의 공로를 인정받아 활인서 별제로 승진하였고, 사헌부 감찰, 공조 좌랑을 지냈다. 외직으로는 임피 현령(臨陂縣令), 영천 군수(永川郡守), 청주 목사(淸州牧使)를 지냈다. 중간에 선혜청 낭관을 거쳐 외직으로 선산 부사(善山府使)에 제수되었는데 선혜청의 일을 잘 한다고 해서 도로 잉임(仍任)되었다. 또 나주(羅州)와 원주(原州) 두 고을의 수령이 되었는데 고을을 다스림이 항상 여러 고을에서 으뜸이었다. 감사 및 어사

41 감사 이공 묘지 : 저자가 이만직(李萬稷, 1654~1727)을 위해 쓴 묘지명이다.

들이 계속해서 포상을 아뢰어 은총이 내려졌으니, 통정대부에 오른 것은 나주에 있을 때 진휼한 공로 때문이었다. 대신이 일찍이 공이 뛰어난 재능이 있다고 해서 천거하여 기해년(1719, 숙종45)에 광주부윤(廣州府尹)에 발탁되었다. 임기가 만료되고서도 1년 더 유임시켰다. 임인년(1722, 경종2)에 역당들이 정권을 잡자 곧장 관직을 버리고 돌아갔다. 지금 성상 원년(1725, 영조1)에 공을 불러 강원도 관찰사(江原道觀察使)에 제수하였고, 조정에 돌아와서는 장례원 판결사, 형조 참의를 지냈다.

공이 시행한 정사는 너그러우면서도 해이하지 않으며 위엄이 있으면서도 지나치지 않으며 상세하면서도 까다롭지 않았다. 또 눈앞의 공은 구하지 않고 작은 은혜를 베푸는 것을 좋아하지 않아 부임하는 곳마다 크게 잘 다스려졌다. 매일 겹겹의 문을 활짝 열면 공문서가 사방에서 모여들었으나 전광석화처럼 모두 처리하였다. 삼가고 조심하며 법을 잘 지켰는데 송사(訟事)에는 더욱 신중하여 '지공(至公)' 두 글자로 향을 피우고 스스로 맹세하였다. 또 곧바로 판결하고 지체시키지 않았으며 죄의 경중에 관계없이 맨 먼저 실토하는 자는 용서해 주고 거짓을 말하는 자는 통렬하게 법을 집행하였다. 이러하니 간사하고 교활한 이는 두려워 엎드리고 백성 또한 절로 원망스럽게 생각하지 않았다. 재화를 모으는 데 노력하지 않아도 재정이 저절로 충족되고 조세상 감면을 일삼지 않아도 민력(民力)의 부담이 저절로 줄어들었다. 일을 벌일 때는 반드시 민심과 소통하고 여러 의견을 모아 크게는 성지(城池)와 병장기, 작게는 창고와 관사에 이르기까지 일체 정비하였으나 공은 아무 일도 하지 않는 것처럼 편안하였다.

호남(湖南)에 보리가 큰 풍년이 들었는데 공이 말하기를,

"풍년이 든 후에는 반드시 큰 흉년이 뒤따른다."

하고, 미리 수천 섬을 사다가 대비하였는데 가을에 과연 흉년이 들었다. 공이 다시 관가의 곡식을 모두 덜어내어 마음을 다해 구휼하였으며, 멀리 떨어진 섬과 궁벽한 포구에 이르기까지 또한 곡식을 배로 싣고 가서 먹여 온 지역에 굶어죽는 사람이 없었으니 모두 부모처럼 공을 떠받들었다.

감사로 있을 적에는 벼슬이 높다고 해서 조금도 나태하지 않고 더욱 대체를 부지하여 폐단을 없애고 이로운 일을 일으키기를 마치 기욕(嗜慾)을 따르듯이 하였다. 왕왕 조정의 의론에 막히기도 했으나 백성에게 미친 이로움과 은택은 또한 깊었다. 공은 정사에 뛰어났는데 늙어서는 더욱 숙련되어 온갖 일이 조리가 있어 공적을 많이 남겼다. 이는 대체로 한결같이 관찰공의 법도에 근본한 것이었다.

판서 황귀하(黃龜河)가 일찍이 어사로서 남쪽에서 돌아와 나에게 공의 치적에 대해 극찬하였는데, 내가 감탄하며 말하기를,

"군사를 지휘하는 것에 비유하자면 아마도 이른바 당당한 진용(陣容)과 질서정연한 깃발[42]이리라. 아! 이 또한 오늘날 이른바 능력이 있다는 이와는 다르다."

하였다.

정미년(1727, 영조3)에 시사(時事)가 일변하자 공은 또 벼슬의 뜻을 완전히 접고 돌아갔으며 이해 11월 28일에 공주(公州)의 집에서 세상

42 당당한……깃발 : 《손자(孫子)》 〈군쟁(軍爭)〉에 "질서정연한 적의 깃발을 맞아 싸우지 말고 당당한 적의 진용을 공격하지 말아야 하니, 이는 변화를 다스리는 것이다. 〔無邀正正之旗, 勿擊堂堂之陳, 此治變者也.〕"라고 한 데서 나온 말이다.

을 떠나니 공이 태어난 갑오년(1654, 효종5)으로부터 74년이다. 공주의 줄동(茁洞)에 안장하였다.

공은 한산(韓山) 사람이니 목은(牧隱) 선생 색(穡)의 후손이다. 집의에 추증된 계(洎), 승지에 추증된 도(濤), 의금부 도사를 지낸 덕사(德泗)가 관찰공의 윗대 3세이다. 관찰공의 부인 문화 유씨(文化柳氏)는 그 부친이 관찰사 경집(景緝)이다.

공은 총 세 번 장가들었다. 동래 정씨(東萊鄭氏)는 참의 재대(載岱)의 딸이요 영의정 태화(太和)의 손녀이다. 정숙하고 겸손하여 자못 부녀자의 덕이 있었는데 30세의 나이로 세상을 떠났으니 공과 같은 곳에 묻되 봉분은 따로 하였다. 반남 박씨(潘南朴氏)와 광산 김씨(光山金氏)는 별도로 묘지문이 있다.[43] 아들 수보(秀輔)는 정씨 소생으로 목사를 지냈다. 참봉 수득(秀得) 그리고 부사 홍진유(洪晉猷)와 사인 신필우(愼必遇)의 아내는 김씨 소생이다. 측실 소생의 두 딸은 각기 유복기(柳福基), 박신원(朴新源)에게 시집갔다. 장남은 2남2녀를 두었으니 사중(思重)은 참봉을 지냈고 사홍(思弘)은 차남의 후사가 되었으며 딸 한 명은 사인 김형택에게 시집갔고 나머지 한 명은 아직 시집가지 않았다. 사중(思重)의 아들은 규영(奎英)이다.

공은 사람됨이 부지런하고 검소하며 질박하고 성실하였으며 가정에서의 행실이 자못 갖추어졌다. 늘 어릴 적 고아가 된 것을 지극히 애통해 하여 부친처럼 형을 섬기고 모친처럼 형수를 섬겼다. 선조를 받드는

43 별도로 묘지문이 있다 : 본서 제44권에 수록되어 있는 〈증 정경부인 반남 박씨 묘지〔贈貞夫人潘南朴氏墓誌〕〉와 〈정부인 광산 김씨 묘지〔貞夫人光山金氏墓誌〕〉를 가리킨다.

데 독실하고 남들을 대할 적에는 공손하였으며 친족들에게 후덕하였으니 이것이야말로 정사(政事)의 근본일 것이다. 한(漢)나라 때는 순리(循吏)로 조정에 진출하여 재상이 된 경우가 많았는데, 공과 같은 경우는 쓰여지지 않았다고는 할 수 없으나 쓰여져도 그 재능을 다 펼치지 못하였으니 안타깝도다! 그러나 인가(人家)의 자제가 그 선대의 직임을 계승한 것은 본디 쉬운 일이 아닐 뿐더러 그 법도까지 지키는 것은 더욱 어려운 법인데, 하물며 공처럼 겸비한 경우에랴. 이것이 바로 유중영(柳仲郢)의 가법이 주자(朱子)의 《소학(小學)》 책에 실려 있는[44] 이유이다. 이로써 보건대, 관찰공은 참으로 훌륭한 아들을 두었고 공은 자식의 도리를 다했다고 할 만하다. 명(銘)은 다음과 같다.

옛적 순량한 관리를 나는 보았으니	吾猶及古之循良兮
이곳에 묻혔도다	此其藏
아, 후인들이여	嗟後之人兮
손상시키지 말지어다	無或傷

44 유중영(柳仲郢)의……있는 : 유중영(柳仲郢)은 부친 유공작(柳公綽)이 남긴 가법(家法)을 잘 준수하여 지방관으로서 선정을 베풀었다. 《소학(小學)》〈가언(嘉言)〉에는 유중영이 준수한 가법 십여 조목을 구체적으로 실어놓았다.

목사 송공 묘지[45]

牧使宋公墓誌

공은 휘가 병익(炳翼)이고 자가 치거(穉擧)이니 동춘(同春 송준길) 문정 선생(文正先生)의 손자이다. 송씨(宋氏)는 은진(恩津)에서 나왔는데 대대로 회덕(懷德)의 백달촌(白達村)에 거주하여 이 마을이 송촌(宋村)으로 불린다. 부친 휘 광식(光栻)은 정랑을 지내고 좌승지에 추증되었으며, 모친 백천 조씨(白川趙氏)는 낙정(樂靜) 문효공(文孝公) 석윤(錫胤)의 딸이다. 네 아들을 두었는데 공이 막내로 숭정(崇禎) 을미년(1655, 효종6)에 태어났다. 나면서부터 용모가 준수하였고 장성해서는 침착하고 고요하여 말과 웃음이 적어 벗들이 존중하였다.

갑술년(1694, 숙종20)에 선공감 감역에 제수되었다가 공로를 인정받아 사도시 주부에 조용되었다. 외직으로 나가 아산 현감(牙山縣監)이 되었는데 얼마 뒤 관찰사와 친척이라는 혐의로 체직되었다. 얼마 지나지 않아 남평 현감(南平縣監)이 되었다. 5년을 보내고 관직을 버리고 돌아갔다. 중간에 사복시 주부, 군자감 판관에 제수되었으나 모두 나아가지 않았다. 장례원 사의를 거쳐 한산 군수(韓山郡守)가 되었다가 담양 부사(潭陽府使)에 올랐는데 곧바로 잉임(仍任)되고 또 선산 부사(善山府使)로 옮겼다. 두 차례 선혜청 낭관에 제수되었는데 사양하기도 하고 나아가기도 하였다. 또 사복시 첨정을 지내다가 강화부 경력(江華府經歷)으로 옮겼다. 한 달 남짓 되었을 때 청풍 부사(淸風府

45 목사 송공 묘지 : 저자가 송병익(宋炳翼, 1655~1718)을 위해 쓴 묘지명이다.

使)로 옮겨 제수되자 상관이 평소 공을 중시하여 곧바로 장계를 올려 유임시켰다. 얼마 뒤 상주 목사(尙州牧使)에 올랐다.

공은 고을을 다스릴 적에 사사로운 지혜를 쓰지 않고 작은 명예는 구하지 않으며, 오직 부지런히 힘쓰고 게을리 하지 않아 일이 잘 거행되고 이로움이 넓었으나 남들이 공의 재능을 알지 못했다. 남평에서의 학정(學政)이 더욱 탁월하였으니 학당을 건립하고 봉급을 덜어 전지를 사서 학문을 닦는 이들을 도왔다. 매달 과제를 내리고 또 동네마다 훈장을 두었으며 공부하는 이들에게 각각 양식을 공급하니 문교(文教)가 성대해졌다. 공이 세상을 떠난 후에 고을 사람들이 그 학당에서 제사를 지냈다.

상주를 다스릴 적에 한번은 밤에 등불을 밝혀가며 옥안(獄案)을 살피자 자제들이 고생하는 것을 걱정하여 간언하였다. 공이 근심하며 말하기를,

"사람이 살고 죽는 것이 이 한 마디 말에 결정되니 내 어찌 마음을 다하지 않을 수 있겠는가."

하였다. 마침 흉년을 만나 이웃 고을에서는 대부분 진휼을 시행하였는데 공만은 진휼을 시행하지 않았다. 어떤 이가 그 이유를 묻자 공이 대답하기를,

"백성을 안정시키고 동요하지 않게 하며, 백성이 가지고 있는 것을 빼앗지 않으면 될 뿐이다."

하였다. 하루는 갑자기 크게 한숨을 쉬며 말하기를,

"나는 늙고 병들었으니 벼슬살이를 제대로 하겠는가."

하고 제문을 지어 조묘(祧廟)에 고하고 그날로 돌아갔다. 공은 간혹 마지못해 녹봉을 위해 벼슬살이를 했으나 출세하는 것을 좋아하지 않

았기에 조정 안팎의 관직에 있으면서 뜻에 맞지 않으면 이내 떠나버리고 조금도 연연하는 마음이 없었다. 일찍이 방안에 도연명(陶淵明)의 "천도를 즐긴다〔樂天〕", "운명을 안다〔知命〕"라는 말[46]을 걸어놓았으니 그 뜻을 알 만하다. 무술년(1718, 숙종44) 5월 22일에 병으로 세상을 떠나 공주(公州) 태산(台山) 봉무대(鳳舞臺)의 언덕에 안장하고 원배(元配) 조부인(趙夫人)을 합장하였다.

공은 집안에서의 행실이 매우 독실하였다. 10세에 부친상을 당했을 적에는 힘써 슬픔을 다하였다. 모친이 극심한 병에 걸리자 손가락을 베어 피를 받아 올려드렸다. 상기를 마치고는 다시 과거에 응시하지 않았는데 훗날 벼슬살이를 하게 되자 눈물을 흘리며 말하기를,

"녹봉이 많은들 무슨 소용이 있겠는가."

하였다. 큰조카가 자신의 모친을 모시고 수령으로 부임하는 것을 보고 또한 눈물을 흘렸다.

맨 처음 아산(牙山)을 다스릴 때는 둘째형 악정공(樂正公 송병하(宋炳夏))이 무탈하였는데, 맛난 음식을 얻으면 보내기 전엔 먼저 입에 넣지 않았고 일상생활에 필요한 온갖 물품들을 빠짐없이 제공하였다. 둘째형이 병들었을 적에는 밤에도 옷을 벗지 않고 약물은 반드시 먼저 맛보았다. 강화(江華)와 상주(尙州)에 있을 적에는 과부가 된 누나를 데리고 가서 비록 공무가 많더라도 날마다 모시고 먹었으며 생일이 되면

46 도연명(陶淵明)의……말 : 도연명(陶淵明)의 〈자제문(自祭文)〉에 "온 힘을 다해 일했지만 마음은 늘 한가로웠네. 천도를 즐기고 분수에 맡긴 채 한 평생을 살았노라.〔勤靡餘勞, 心有常閒. 樂天委分, 以至百年.〕" 하였고, 또 "운명을 잘 알더라도 누군들 뒤돌아보지 않겠는가. 내 이제 이렇게 죽어도 아무런 여한이 없다네.〔識運知命, 疇能罔眷? 余今斯化, 可以無恨.〕" 하였다.

누나를 위해 잔치를 베풀고는 자신이 일어나 축수하고 노래하였다.

공이 고을을 다스릴 적에는 회덕(懷德)의 고향 사람들 가운데 공이 보내주는 양식으로 먹고사는 집이 매우 많았는데, 공이 체직되어 돌아갔을 때엔 그 집을 살펴보면 자주 쌀독이 비었다. 평소 단정하고 진중하여 자제들이 공의 태만한 모습을 본 적이 없었으며, 남들과 얘기할 때는 기운이 온순하고 그 행동거지가 모범이 될 만하였다. 고을 사람들에게는 더욱 온화하게 대하고 제멋대로 하지 않으니 고을 사람들 또한 공을 공경하여 모두 이간하는 말이 없었다.

종자(宗子)와 따로 살았는데도 종자는 제사 때마다 꼭 공에게 가서 응당 마련해야할 것들을 여쭌 다음 마련하였다. 큰조카가 안채를 지은 것이 조금 옛 법도를 벗어났기에 공은 심기가 불편하여 사당에 알현하기 위해 가서도 눈길 한 번 주지 않았다. 공은 선조의 가르침을 받들어 감히 실추시키지 않았으니 말과 일 하나하나에 조심하고 삼가서 선조에게 욕될까 두려워하였다. 그러므로 자제들에게 반드시 학문을 하라고 권면하기를 죽는 날까지 그치지 않았다. 공은 마음가짐이 겸손하였고 세상 사람들 또한 공에게 가학(家學)을 기대하지 않았다. 그러나 덕으로 자신을 닦고 행실이 고을에서 믿음을 얻은 것이 이와 같았으니, 아! 자하(子夏)의 이른바 학문[47]이라는 것은 또한 이와 같을 뿐이다.

47 자하(子夏)의 이른바 학문 : 《논어》 〈학이(學而)〉에서 자하(子夏)가 "어진 이를 존경하되 여색을 좋아하는 마음과 바꿔서 하며, 부모를 섬기되 있는 힘을 다하며, 임금을 섬기되 자기 몸을 바치며, 벗과 사귀되 말을 하는 데 신의가 있으면, 비록 그가 배우지 않았다고 하더라도 나는 반드시 그를 배운 사람이라고 하겠다.〔賢賢易色, 事父母能竭其力, 事君能致其身, 與朋友交, 言而有信, 雖曰未學, 吾必謂之學矣.〕"라고 한 말을 가리킨다.

조부인(趙夫人)의 본관은 임천(林川)으로 부친은 군수 경망(景望)이다. 자애롭고 근면하며 검소하여 부녀자의 덕을 자못 갖추었는데 38세가 되던 신미년(1691, 숙종17)에 세상을 떠났다. 3남3녀를 두었다. 요신(堯臣)은 현감을 지냈고 요좌(堯佐)는 군수를 지냈으며 요보(堯輔)는 현감을 지냈는데, 요좌는 출계하여 숙부의 후사가 되었다. 사위는 현감 권정성(權定性), 부사 홍중구(洪重耉), 참봉 홍제유(洪濟猷)이다. 계배(繼配) 완산 이씨(完山李氏)는 봉기(鳳紀)의 딸이다. 아들 요필(堯弼)과 요협(堯協) 그리고 김형겸(金亨謙)과 진사 이사욱(李思勖)의 아내가 된 딸들은 이씨 소생이다. 요신의 아들 사흠(思欽)은 생원시에 장원하였고 딸들은 각각 유해종(柳海宗)과 신단(申昍)에게 시집갔다. 요좌의 아들은 명흠(明欽), 진사 문흠(文欽)이고 딸들은 각각 참봉 윤득경(尹得敬)과 민극렬(閔克烈)에게 시집갔다. 요보의 아들은 진흠(晉欽), 복흠(復欽), 정흠(鼎欽)이고 딸은 이국보(李國輔)에게 시집갔다. 요협의 3남1녀는 모두 어리다. 사흠의 아들은 재연(在淵)이다.

문정 선생이 우리 선비(先妣)의 외할아버지였기에 나는 어릴 적부터 공을 곁에서 모실 수 있었다. 나에게 간곡하게 가르침을 내려주셨는데 그 대체는 덕행(德行)은 소중히 여기고 공리(功利)는 하찮게 여기는 것이었다. 매번 공의 견식이 매우 높다고 생각했는데 지금은 더 이상 이런 말을 들을 수 없다. 요보가 두 형의 유지(遺志)를 받들어 눈물을 흘리며 무덤의 묘지문을 부탁하기에 의리상 차마 사양할 수 없었다. 명(銘)은 다음과 같다.

효성과 우애는	維孝與友
덕의 근원이네	維德之源

내가 이런 분을 보았으니　我徵厥有
온화한 낯빛을 지니셨네　維色溫溫
그런데도 공은 수령에 그쳤으니　而公爲州
또한 불우하다고 할 만하네　亦云邅迍
고을에서 물러나 겸손하게 지내니　退聽于鄕
타고난 아름다운 덕성이 존귀하네　天爵其尊
일찍 일어나고 밤늦게 잠들어서　夙興夜寐
선조를 욕되게 하지 않아야 하니[48]　無忝前人
오직 이 마음을　惟此一心
죽는 날까지 잊지 않았네　之死靡諼
내 그 무덤에 명을 쓰니　我書其幽
문정공의 손자라네　文正之孫

48 일찍……하니 : 《시경》 〈소아(小雅) 소완(小宛)〉에 "일찍 일어나고 밤늦게 잠들어서, 너를 낳아 주신 분을 욕되게 하지 말라.〔夙興夜寐, 無忝爾所生.〕"라고 한 말을 가리킨다.

달성부원군 서공 묘지[49]

達城府院君徐公墓誌

공은 휘가 종제(宗悌)이고 자는 효숙(孝叔)이다. 서씨(徐氏)는 달성(達城)에서 나왔으니 대대로 이름난 분들이 있었다. 고조 충숙공(忠肅公) 휘 성(渻)은 목릉(穆陵 선조) 시절 명신(名臣)이었고, 증조 휘 경수(景需)는 전첨을 지내고 이조판서에 추증되었으며, 조부 휘 형리(亨履)는 첨정을 지내고 좌찬성에 추증되었으며, 부친 휘 문도(文道)는 사평을 지내고 영의정에 추증되었다. 모친 안동 김씨(安東金氏)는 참봉 정지(鼎之)의 딸이다.

공은 남들보다 총명하여 경사(經史)에 통달하였으며 문장은 풍부하여 볼 만하였다. 정묘년(1687, 숙종13)에 사마양시(司馬兩試 생원시와 진사시)에 합격하여 남들이 조만간 문과에 급제하리라 여겼으나 끝내 급제하지 못하였다. 갑신년(1704, 숙종30)에 처음 벼슬살이를 시작하여 사릉 참봉(思陵參奉), 명릉 봉사(明陵奉事), 숭릉(崇陵)과 상의원(尙衣院)의 직장을 역임하였고, 장원서 별제, 의금부 도사, 공조 좌랑으로 승진하였다. 외직으로는 임피 현령(臨陂縣令), 신천 군수(信川郡守)를 지냈는데 부임하는 곳마다 치적이 있었다. 기민들을 진휼하고 농사를 권장하며 특히 노인 봉양을 우선시하여 어사가 여러 번 포상을 아뢰었다.

공은 성품이 강직하여 남들과 부합하는 일이 적어 세상과 원만하지

49 달성부원군 서공 묘지 : 저자가 서종제(徐宗悌, 1656~1719)를 위해 쓴 묘지명이다.

못했다. 늙어서도 그 지기(志氣)가 쇠하지 않아 종종 남들과 술을 마실 때면 담소가 흘러넘치고 흉금이 탁 트였다. 왕실과 사돈이 된[50] 이유로 한결같이 두렵고 조심하며 문을 닫고 깊이 들어앉아 시정(時政)의 득실을 거의 말하지 않았다.

기해년(1719, 숙종45)에 병으로 자리에 누웠는데 우리 중궁 전하(中宮殿下 정성왕후(貞聖王后))께서 그때 잠저(潛邸)에 있었기에 문후하려고 했으나 공이 완강하게 허락하지 않았다. 그러다가 숙종의 명으로 문후해도 공은 기뻐하는 기색을 보이지 않았다. 8월 3일 세상을 떠나니 향년 64세였고 규례에 따라 좌찬성에 추증되었다. 신축년(1721, 경종 1)에 성상(聖上 영조)께서 정식으로 왕세제의 자리에 오르자 우의정에 추증되었다가 성상께서 즉위하자 달성부원군(達城府院君)에 봉해지고 영의정으로 작위가 올랐다.

공은 어버이를 섬김에 힘을 다해 봉양하였으니 집이 평소 가난했으나 맛난 음식을 빠뜨린 적이 없었다. 부친이 병이 들었을 때 갑자기 마음이 동하여 고향에서 급히 부친에게 돌아갔으니 검루(黔婁)의 고사[51]와 같았다. 부친의 상에 너무 슬퍼하다 몸을 상하여 목숨이 끊어질 지경이었다. 매달 반드시 성묘하였으며, 손수 벌초하고 나무 심는 일을

50 왕실과 사돈이 된 : 서종제(徐宗悌)의 셋째 딸이 훗날 영조가 되는 연잉군(延礽君) 이금(李昑)과 혼인을 맺었다.

51 검루(黔婁)의 고사 : 남제(南齊)의 유검루(庾黔婁)가 잔릉 현령(孱陵縣令)이 되었는데, 현에 부임한 지 열흘도 못되어 갑자기 놀라서 온몸에 땀이 흐르므로 이상하게 여겨 벼슬을 버리고 집으로 돌아오니, 아버지 유이(庾易)가 병에 걸려 있었다. 그리고는 아버지 병세의 차도를 알기 위해 대변이 쓰고 단지를 맛보고 매일 저녁마다 북극성에 부친의 병을 자신이 대신하기를 빌었다고 한다. 《梁書 卷47 庾黔婁列傳》

마다하지 않았다. 집안에서의 독실한 행실이 이와 같았기에 태상시(太常寺)에서 효희공(孝僖公)이란 시호를 올렸다. 처음에 양근(楊根)에 안장하였다가 중간에 이천(利川)으로 옮기고, 경신년(1740, 영조16) 5월 17일에 또 장단(長湍) 용두리(龍頭里)로 이장하여 잠성부부인(岑城府夫人) 이씨(李氏)를 합장하였다. 부인은 별도의 묘지문이 있다.[52]

아들은 명백(命伯), 명휴(命休)이고, 네 딸 가운데 중궁전하는 셋째 딸이다. 장녀와 차녀는 각각 승지 이중경(李重庚)과 사인 신정집(申正集)에게 시집갔으며 막내딸은 부사 임거(林蘧)에게 시집갔다. 명백의 아들은 덕수(德修), 인수(仁修), 신수(信修)이다. 덕수는 임인년(1722, 경종2) 무옥(誣獄) 때 죽었다가[53] 무오년(1738, 영조14)에 비로소 신원되었고, 인수는 현감을 지냈다. 명휴의 아들은 노수(魯修)이다. 사위 이중경의 아들은 명오(明吾), 장오(章吾)이다. 진사 홍(泓)과 응하(應夏)는 각각 신정집과 임거의 아들이다. 덕수의 아들 유호(有祜)가 실제 공의 제사를 주관한다. 명(銘)은 다음과 같다.

달성 서씨는	達城之徐
현달한 가문이라 일컬어지네	號爲顯姓

52 부인은……있다 : 본서 제44권에 수록된 〈잠성부부인 이씨 묘지〔岑城府夫人李氏墓誌〕〉를 가리킨다.

53 덕수는……죽었다가 : 임인년(1722, 경종2)에 노론(老論)의 자제들이 주축이 되어 경종을 시해하고자 계획했다는 목호룡(睦虎龍)의 고변에 의해 옥사가 일어났는데, 사대신(四大臣)을 비롯한 노론 인사 대다수가 이 사건 때문에 처형되거나 찬배되었다. 서종제(徐宗悌)의 손자 서덕수(徐德修) 역시 경종 시해 음모에 가담하였다는 죄목으로 형신을 받다가 죽었다. 《景宗實錄 2年 5月 14日》

공은 집안의 옛 명성을 이어　公紹舊聞
문장과 행실이 있었네　有文有行
통연한 순박함은　洞然渾樸
천성에서 나온 것이네　乃見天性
별에 응하고 백 리를 다스리니[54]　列宿百里
낮은 자리에 배회한들 무슨 상관이랴　低回何病
밝게 빛나는 도산과 신[55]에서　有爀塗莘
중전이 태어났구나　載誕女聖
공은 삼가고 두려워하여　公惟兢畏
편안히 물러나 자숙하였네　引恬自竫
덕이 쌓인 보답이요　積德有報
사후의 경사로다　身後之慶
성상께서 우리 장인이라 부르고　王謂吾舅
정승에 추증하였네　上公是命
화복은 무상하나　倚伏無常

54 별에……다스리니 : 낭관의 자리를 뜻한다. 한나라 명제(明帝) 때 관도공주(館陶公主)가 일찍이 아들을 위하여 낭관의 자리를 요구했으나, 명제가 윤허하지 않고 여러 신하에게 이르기를 "낭관은 위로는 하늘의 별들에 응하고, 나가면 백리 고을의 장관이 된다. 만약 적임자가 아니면 백성들이 앙화를 입게 되니 이 때문에 어렵게 여기는 것이다.〔郎官上應列宿, 出宰百里, 苟非其人, 則民受殃, 是以難之.〕"라고 하였다.《後漢書 卷2 明帝紀》 서종제(徐宗悌)가 참봉, 좌랑, 여러 고을의 수령을 지냈으므로 이렇게 말한 것이다.

55 도산과 신 : 왕비의 친정을 뜻한다. 우(禹)임금이 도산(塗山)의 여인을 아내로 맞이하고, 문왕(文王)이 신(莘)땅의 여인인 태사(太姒)를 아내로 맞이한 데서 나온 말이다.

끝내는 하늘의 뜻이 정해지네	終則天定
자손들 번창하니	子孫昌熾
나라의 복과 함께 하네	國休與偕
나는 무덤에 명을 남겨	我銘其幽
무궁토록 밝게 보이노라	昭示無竟

큰 외숙 지재 민공 묘지[56]

伯舅參贊趾齋閔公墓誌

공은 휘가 진후(鎭厚)이고 자가 정능(靜能)이며 호가 지재(趾齋)이니, 우리 외조부 여양부원군(驪陽府院君) 문정공(文貞公) 휘 유중(維重)의 장남이다. 민씨(閔氏)는 여흥(驪興)에서 나왔는데, 고려(高麗) 때 상의국 봉어(尙衣局奉御)를 지낸 칭도(稱道) 이후로 고관대작이 성대하게 배출되었다. 증조 휘 기(機)는 부윤을 지냈고 조부 휘 광훈(光勳)은 관찰사를 지냈으니 대대로 질박한 행실로 이름이 났다. 문정공에 이르러 명성과 덕망이 더욱 크게 드러났다. 모친 은성부부인(恩城府夫人) 송씨(宋氏)는 동춘(同春) 선생 휘 준길(浚吉)의 딸로 숭정(崇禎) 기해년(1659, 효종10) 정월 임인일에 공을 낳았다.

공은 총명하고 조숙하여 11세 때 우재(尤齋 송시열) 선생에게 편지를 올려, 선생이 고향으로 돌아가는 것을 만류하며 《춘추(春秋)》의 의리를 힘써 말하였다.[57] 약관의 나이에 송부인의 상을 당하자 너무 슬퍼하다가 몸을 상하여 목숨이 위태로울 지경이었으니 문정공이 늘 효자라고 일컬었다. 부친을 곁에서 부지런히 모시면서 여력이 있으면 문장 공부를 하였는데, 신유년(1681, 숙종7) 생원시에 장원하고 병인년

56 큰……묘지 : 저자가 큰 외숙인 민진후(閔鎭厚, 1659~1720)를 위해 쓴 묘지명이다.

57 선생이……말하였다 : 송시열(宋時烈)이 조정에서 편치 않아 고향으로 돌아가려고 하자 민진후가 한 차례 편지를 올려 만류하였다. 이듬해 송시열이 완전히 고향으로 돌아가자 민진후가 또 편지를 올려 복수의 의리로 만류하였다. 《屛山集 卷12 左參贊閔公諡狀》

(1686, 숙종12) 별시문과에 급제하여 승문원에 분관되었다.

기사년(1689, 숙종15)에 인현왕후(仁顯王后)가 사제(私第)로 물러났다. 공은 문정공의 거상(居喪) 중에 하옥되어[58] 앞으로 닥칠 화를 예측할 수 없었는데, 얼마 뒤 풀려났다. 갑술년(1694, 숙종20) 정국이 바뀌자 비로소 시강원 설서를 거쳐 예조·병조의 낭관을 역임하였다. 사간원으로 옮겼다가 홍문관에 들어가 차자를 올려 절절하게 아뢰고 세자시강원 사서, 서학교수를 겸하였다. 북평사(北評事)로 나갔다가 부응교에 임명되어 돌아와서는 북도의 폐단 수십 가지를 분명하게 아뢰었다. 사헌부 집의로 옮겼다가 또 경기 어사(京畿御史)가 되었다. 병자년(1696, 숙종22)에 보덕을 거쳐 통정대부에 올랐으며, 호조·예조·형조의 참의, 승지, 충청 감사(忠淸監司), 병조 참지, 장례원 판결사 등을 역임하고 대사간에 여러 번 제수되었다. 대신이 과거의 법규를 임의로 조절하자[59] 공이 그를 논척하며 말하기를,

"정승이 권세가 있다고 할 만합니다."[60]

58 공은……하옥되어 : 인현왕후가 폐출되자, 오두인(吳斗寅) 등 86인이 폐비 반대 상소를 올렸는데, 성상이 입직승지를 인견한 자리에서 하교하기를 "유헌(兪櫶), 이세화(李世華)가 제일 관위(官位)가 높으니, 오두인과 함께 국문하겠다." 하고, 이어 하교하기를 "친당(親黨)이 염려스러우니 민진후(閔鎭厚) 형제를 잡아다가 엄히 국문하라." 하였다. 《肅宗實錄 15年 4月 25日》

59 대신이……조절하자 : 1699년(숙종25) 홍중주(洪重疇)가 진사시에서 남의 답안지를 대필하였다는 이유로 합격자 명단에서 빼는 처벌을 받았는데, 최석정(崔錫鼎)이 지나친 처사라며 다시 합격자 명단에 넣도록 청하였다. 당시 대사간이었던 민진후는 최석정의 주장이 잘못되었다는 내용의 상소를 올렸다. 《肅宗實錄 25年 3月 23日》

60 정승이……만합니다 : 당시 민진후가 아뢴 상소에 "지금 정승의 의논은 감히 복과(復科)를 직접적으로 청하지는 않았지만, 성상께서 이 의논에 따라 결정하셨고, 해당

하였다. 권력자가 공을 미워하여 다른 일로 엮어[61] 파직시켰다.

경진년(1700, 숙종26)에 강화 유수(江華留守)에 발탁되었으며 병조·호조의 참판을 지냈다. 신사년(1701, 숙종27)에 한성부 판윤(漢城府判尹)에 특별히 제수되었으며 이후로 형조·예조·병조·공조 4조의 판서를 지내고 또 의정부 참찬, 지중추부사를 지냈다. 중간에 경연관, 춘추관, 성균관, 빈객, 총관 등의 관직을 겸하였다. 을유년(1705, 숙종31)에 정헌대부에 올랐다. 병술년(1706, 숙종32)에 지의금부사로서 옥사를 평의한 것이 성상의 노여움을 사서 파직되었다가 그해 겨울 판의금부사에 올라 또 성상의 뜻을 거슬러 면관되었다.[62]

조에서 대신의 뜻을 가지고 복과할 것을 아뢰어 여쭈었으니, 정승이 권세가 있다고 할 만합니다.〔宰相可謂有權〕"라고 하였다. 정승이 이로 인해 인책하고 출근하지 않았고, 당시의 무리들이 공에게 더욱 노여움을 품었다.《屛山集 卷12 左參贊閔公諡狀》

61 권력자가……엮어 : 민진후가 대사헌을 지낸 이상(李翔)의 억울한 사정을 아뢰는 상소를 올리며, 그를 일러 "고(故) 대사헌"이라고 하였다. 당시 홍중주(洪重疇)의 일 때문에 분풀이를 하고자 했던 홍문관의 송징은(宋徵殷), 임호(林濩) 등이 이상의 일에 대해서는 말하지 않고, 옥중에서 죽은 사람을 생전의 관직으로 일컫는 것은 무엄하다고 차자를 올려 탄핵하였다.《肅宗實錄 25年 3月 19日, 4月 9日》

62 지의금부사로서……면관되었다 : 당시에 임부(林溥)라는 자가 사주를 받고 투서하여 "신사년(1701) 국옥 당시에 한쪽 사람들이 세자를 모해하려고 한다는 말이 죄인의 입에서 나왔는데, 국옥을 맡은 여러 신하들이 덮어 두고 아뢰지 않았다."라고 무고(誣告)하였다. 이 일로 임부를 잡아다 심문하였는데, 민진후가 지의금부사로서 임부의 죄가 죽어 마땅하다고 먼저 말하였다. 옆에 비난하는 자가 말하기를 "사람을 죽이고 살리는 것이 어찌 일개 옥관이 제멋대로 할 수 있는 일이겠는가." 하니, 숙종이 그 말을 듣고 공을 파직하였다. 그해 겨울에 민진후가 판의금부사에 발탁되어 다시 그 옥사를 심리하였는데, 또 아뢴 말이 숙종의 뜻을 거슬렀다. 이에 숙종이 몹시 노하여 그 직책을 모두 갈라고 하면서 "내 맹세코 다시는 등용하지 않겠다." 하였다.《肅宗實錄 32年 5月 29日, 7月 12日, 12月 12日》

무자년(1708, 숙종34)에 판돈녕부사를 지내고 정사(正使)로 연경(燕京)에 사행을 갔다. 신묘년(1711, 숙종37)에 자문(咨文)을 보내는 일로 견책을 받고 파직되었으니,[63] 식자(識者)는 이 일을 내국공(萊國公 구준(寇準))이 조이용(曹利用)에게 경계한 일[64]에 비견하였다. 무술년(1718, 숙종44)에 숭록대부에 올랐으며 수차례 내의원 제조로서 성상의 약시중을 들었는데, 성상께서 일찍이 말하기를,

"오직 민(閔) 아무개만이 내 병을 걱정하는구나."

하였다. 홍문관 제학에 제수되자 힘써 사직하여 그만두었다. 매번 관직을 그만둘 때마다 즉시 선영 아래로 돌아갔다.

공은 20년 동안 경(卿)의 반열에 있으면서 한성부와 형조에 가장 오래있었는데, 엄격하게 법을 지키고 귀신처럼 송사(訟事)를 판단하였다. 병조 판서로 있을 적에는 조치가 공정하고 기율이 엄격하였으며, 예조에 있을 적에는 사특한 음악을 물리치고 쇠퇴한 풍속을 바로잡았

63 자문(咨文)을……파직되었으니 : 우리나라 서쪽의 변방 사람이 국경을 넘어가서 청나라 사람을 때려죽이고 인삼을 약탈한 일이 있었다. 이에 청나라 차사(差使)가 조사하러 왔는데, 황제의 뜻을 빙자하여 국경을 넘으려 하였다. 민진후는 속히 자문(咨文)을 보내 실정을 알아낸 뒤에야 허락할 수 있다고 말하였다. 그러나 숙종은 그들이 격노할 것을 염려하여 허락하지 않았는데, 민진후가 사적으로 역관(譯官)에게 주의를 주었다. 숙종은 독단적으로 결정했다는 이유로 민진후에게 죄를 물어 파직시켰다. 《陶菴集 卷29 伯舅左參贊趾齋閔公神道碑》

64 내국공(萊國公)이……일 : 송(宋)나라 진종(眞宗) 때 거란이 침입하자 황제가 사신으로 가게 된 조이용(曹利用)에게 말하기를 "요구량이 백만 냥 이하면 모두 들어주어라." 하였는데, 구준(寇準)이 그를 장막 안으로 불러 말하기를 "아무리 황제께서 그렇게 말씀했다 하더라도 그대는 30만 냥 이상은 허락치 말라. 30만 냥을 초과하면 내가 목을 베겠다."라고 경계하였다. 그 뒤 과연 조이용은 30만 냥으로 화친을 맺고 돌아왔다. 《宋史 卷281 寇準列傳》

다. 사신을 접대하고 흉년에 진휼하며 폐단을 바로잡고 보수하고 개축하는 일이 있을 때면 일체 공에게 맡겼으니, 조정의 계책은 공의 재결을 얻지 못하면 감히 시행할 수 없었다. 다섯 차례 수어사를 지냈고 겸직하는 해당 관사만도 십여 곳이었는데 가는 곳마다 직분을 다하여 여유롭게 공을 이루었다. 정사를 시행함이 정밀하고 절약하였으며 한때의 명예에 구차하게 굴지 않았다.

공은 피로가 누적되어 병이 생겼는데, 기해년(1719, 숙종45) 겨울에 대신이 그의 노고를 안타깝게 여겨 성상께 아뢰어 비변사에서 해직되었다가 얼마 뒤 천거되어 개성 유수(開城留守)에 제수되었다. 공은 그런데도 편안히 있지 않고 매일 부지런히 정사를 다스렸는데, 얼마 뒤 간신(諫臣)이 묘당에 공을 불러들이기를 청하였다. 당시 성상의 환후가 날로 위독해졌는데, 공이 시약청(侍藥廳)을 설치했다는 소식을 듣자마자 병을 무릅쓰고 달려갔다. 도착해서는 겨우 한두 번 성상을 문안하다가 병이 더욱 심해져 경자년(1720, 숙종46) 5월 13일에 세상을 떠나니 향년 62세였다. 동궁은 애도하여 상례와 장례 물품을 넉넉히 내어주라고 명하였으며, 성상 또한 널감을 하사하였다. 원근에서 공의 부고를 들은 사람들이 탄식하고 서로 조문하면서 말하기를,

"나라는 장차 어찌하는가."

하였다.

공은 명민하고 강직하며 자애롭고 정직하였으며, 예법으로 자신을 단속하고 성심으로 선조를 받들었다. 대대로 청렴결백을 계승하였으나 인척과 친속에게 돈독하고 곤궁한 이를 보살폈으며, 또 한결같이 문정공이 남긴 법도를 따랐다. 기상과 용모가 엄숙하고 온화하였으며 정채(精彩)가 성대하게 드러났다. 남들과 얘기할 적에는 통쾌하고 간

절하였으며, 뜻을 한결같이 하고 정신을 집중하여 일이 닥치면 막힘없이 처리하였다. 환난과 부귀 따위에 일절 마음이 흔들리지 않고 충심으로 나라를 위하였으며 원망을 떠맡아가며 공무를 수행하였다.

왕실의 인척으로서 강직한 절의가 있었다. 한번은 날이 가물어 성상께서 태묘(太廟)에 기우제를 지냈는데, 제문을 쓴 신하가 여섯 가지 자책하는 내용을 들었으니 그 가운데 하나가 왕자의 사제(私第)를 짓는 것이었다. 성상이 비로소 점하(點下)하였다가 곧바로 그 제문을 사용했는데 사제를 짓는 공사를 그만두지 않았다. 공이 나아가 간언하기를,

"전하께서 마음속으로 하기 싫어하면서도 억지로 한다면 이는 스스로를 속이는 일이며, 자책하면서도 고칠 줄 모른다면 이는 하늘을 속이고 조종(祖宗)을 속이는 일입니다."

하였다. 임금의 안색을 꺼리지 않고 직간함이 이와 같았다.

대신들과 논의할 적에는 또 강직하여 아첨하지 않았으며 국가의 대체와 관계된 일이면 반드시 강력하게 다투었기 때문에 걸핏하면 위아래로부터 미움을 샀으나, 공이 하루라도 도성을 떠나면 마치 조정에 아무도 없는 듯하여 쫓겨났다 오래지 않아 곧 다시 등용되었다. 공은 의리상 나라의 기쁨과 슬픔을 함께 해야 한다는 생각으로 차마 바로 떠나지 못하고 벼슬에 나아갔으나 또한 늘 물러나기를 생각하였다. 만년에 시세가 더욱 위태로워지자 단정히 앉아 누차 탄식하였으며 수염과 머리가 모두 세었다. 누군가 일을 그만두고 조섭하라고 권하면 공이 말하기를,

"한번 죽지 않으면 무슨 수로 임금에게 보답하겠는가."

하였다. 죽음을 앞두고도 오히려 직무에 정성을 쏟고 사적인 일은 말

하지 않았으니, 공과 같은 이는 "몸과 마음을 다 바쳐 죽은 뒤에야 그만두었다[65]"고 이를 만하다. 조정에 있을 때의 큰 절의가 이와 같으니 세세한 행적은 생략해도 되겠다.

공은 처음에 부제학 연안(延安) 이단상(李端相) 공의 딸에게 장가들었다. 딸 하나가 좌랑 조규빈(趙奎彬)에게 시집갔다. 계배(繼配) 연안 이씨(延安李氏)는 현감 덕로(德老)의 딸이다. 아들은 두 명이니 익수(翼洙)는 세마를 지냈고 우수(遇洙)는 생원을 지냈으며, 딸은 사인 김광택(金光澤)에게 시집갔다. 손자와 증손자는 약간 명이다. 8월 14일에 원배(元配) 이부인(李夫人)의 묘를 파내어 여주(驪州) 치소 남쪽 금교리(金橋里) 오향(午向)의 언덕에 합장하였으니, 문정공의 묘와 십여 리 떨어져있다. 장사(葬事)를 앞두고 둘째 외숙 판서공(判書公 민진원(閔鎭遠))이 내게 묘지문을 짓게 하여 마침내 눈물을 훔치며 그 대체를 기록한다. 공의 뜻과 사업을 드러내는 것은 장차 입언군자(立言君子)를 기다리노라.

65 몸과……그만두었다 : 제갈량(諸葛亮)의 〈후출사표(後出師表)〉에 나오는 말이다.

정랑 정공 묘지[66]

正郎鄭公墓誌

우암(尤菴) 문하에 한 시대의 훌륭한 인재들이 많았는데 처사(處士) 정보연(鄭普衍) 공은 더욱 뛰어났다. 처사의 지조는 우뚝하였는데, 매번 천지가 무너지고 세상이 뒤집어져[67] 선비가 세상에 설 수 없다고 해서 공명의 기회에 뜻을 접고 산수 사이에 노닐었다. 선생이 그의 의기(意氣)를 높이 사서 기대함이 매우 남달랐는데 불행하게도 단명하여 세상을 떠나니 겨우 24세의 나이였다. 선생이 글을 지어 곡하며 말하기를,

"하늘이 나를 망하게 하였구나."[68]

하였으니, 공은 그의 아들이다.

공은 휘가 천(洊)이고 자가 아무개이니 숭정(崇禎) 기해년(1659, 효종10)에 태어났다. 처사공(處士公)이 죽음을 앞두었을 때 공이 아직 포대기를 벗어나지 못했기에 편지를 써서 사문(師門)에 부탁하였다. 당시에 정씨(鄭氏) 집안은 한 가닥 머리털처럼 위태롭게 이어지고 있었는데, 모친 민 유인(閔孺人)이 밝은 견식이 있어 '여중군자(女中君

66 정랑 정공 묘지 : 저자가 정천(鄭洊, 1659~1724)을 위해 쓴 묘지명이다.

67 천지가……뒤집어져 : 명(明)나라가 멸망하고 청(淸)나라가 들어선 것을 뜻한다.

68 하늘이……하였구나 : 《논어》 〈선진(先進)〉에 "안연(顔淵)이 죽자 공자께서 말씀하기를 '아, 하늘이 나를 망하게 하였구나. 하늘이 나를 망하게 하였구나.〔天喪予, 天喪予.〕'"라고 하였다.

子)'로 일컬어졌으니 온 마음으로 길러 어미와 자식이 서로 의지하여 목숨을 부지하였다. 우옹 또한 조정에 나갈 때마다 자주 들러보면서 혹 무탈하게 성장하여 처사공에게 훌륭한 후손이 있다는 것을 드러내 주기 바랐다.

공의 세덕(世德)은 그 바탕이 있었다. 송강(松江) 문청공(文淸公) 휘 철(澈)은 문장과 절의로 사림의 영수가 되었다. 이분이 휘 종명(宗溟)을 낳으니, 종명은 문과에 급제하여 부사를 지냈으며 판서에 추증되었다. 이분이 진선 휘 양(瀁)을 낳으니, 양은 병자호란 때 숙인 이씨(李氏)와 함께 강도(江都)에 들어갔다가 적을 만나 굴복하지 않고 모두 스스로 목을 베었으나 다행히 목숨을 부지하여 잇달아 소생하였다. 우암이 전(傳)을 지어 기록하였고[69] 나중에 모두 정려문을 하사받았으니 이분들이 처사공의 부모이다.

공은 어려서부터 영특하였고 조금 자라서는 타고난 효성과 우애로 조부와 유인(孺人)을 섬김에 온청(溫淸)과 감지(甘旨)[70]의 일을 성인(成人)처럼 의젓하게 행하여 보는 이들이 모두 감탄하였다. 겨우 10세 때 진선공(進善公)이 세상을 떠나자 외롭게 더욱 의지할 데가 없어지니, 외숙 노봉공(老峰公 민정중(閔鼎重)) 삼형제가 서로 데려가서 공을 길렀다. 유인이 노봉(老峰)에게 가서 수학하라고 명하니 노봉은 자기 자식과 다를 바 없이 공을 가르치고 사랑하였다.

69 우암이……기록하였고 : 《송자대전(宋子大全)》 권144 〈정씨강도함패기(鄭氏江都陷敗記)〉를 가리킨다.

70 온청(溫淸)과 감지(甘旨) : 온청은 자식이 겨울에는 어버이를 따뜻하게 해 드리고 여름에는 시원하게 해 드리는 일을 가리키고, 감지는 자식이 어버이에게 맛난 음식으로 봉양하는 것을 가리킨다.

갑자년(1684, 숙종10)에 공이 사마시에 합격하였는데, 인현왕후(仁顯王后)가 이때 중전으로 있었다. 옛 규례에 왕후의 인척이 과거에 급제하면 반드시 사적으로 왕후를 뵙고 문후하였기에 방방(放榜)하던 날에 왕후가 하사할 물건을 마련해 놓고 기다렸으나, 공은 유인이 평소 궁중과 내왕하는 것을 좋아하지 않는다 하여 합격자 명단이 발표되자 궁궐 밖에서 곧장 돌아갔다. 공은 유인의 가르침을 받들어 과거공부를 그만두기로 결심하고 두문불출하며 교제를 끊었으며 내내 유인을 곁에서 모셨다. 이따금 화양동(華陽洞)에서 우암 선생을 따랐는데, 선생이 높은 산의 가파른 암벽을 보면 그때마다 눈물을 흘리며 말하기를,

"네 부친의 기상이 꼭 이와 같았다."

하였다.

처사공이 세상을 떠날 적에 또 공을 윤증(尹拯)에게 부탁하였기에 윤증이 낭패를 본 이후에 공은 차마 대번에 절교하지 못하고 선생에게 여쭈었다. 선생이 말하기를,

"네가 의리에 처신함이 너희 부친과는 조금 차이가 있으니, 어찌 기필코 절교한 뒤에야 마음이 시원해지겠는가."

하였다. 공은 이때부터 다만 경조사에만 내왕하였다. 윤증이 일찍이 처사공의 묘문을 지어서 보냈는데, 공은 받기만 하고 쓰지는 않았다.

우옹이 전후로 귀양 갈 적에 공은 험난하고 먼 곳도 꺼리지 않고 그때마다 적소로 달려가 절하였다. 기사년(1689, 숙종15)에 우암이 탐라(耽羅)로 귀양 갈 때에도 중도에 쫓아가 전송하였는데, 사계(沙溪 김장생)의 묘를 지나게 되자 선생이 제문을 지어 공으로 하여금 묘에 가서 고하게 하였다. 우옹이 초산(楚山)에서 사약을 받게 되자 또 밤낮으로 달려가 관을 받들어 모시고 돌아왔다.

왕후가 사제(私第)로 물러나자 공은 달려가 문밖에 이르러 통곡하며 절하고 물러났다. 갑술년(1694, 숙종20)에 중전이 복위되자, 공은 노봉의 아들 문효공(文孝公 민진장(閔鎭長))을 따라 문을 마주하고 살면서 옛 즐거움이 변하지 않았다. 병자년(1696, 숙종22)에 장년전 참봉(長寧殿參奉)에 제수되었다가 얼마 뒤 모친의 병을 이유로 면직되었으며 다시 동몽교관에 제수되었다. 유인의 상을 당하여 삼년 동안 시묘 살이를 하고, 상기를 마치자 경안도 찰방(慶安道察訪)에 다시 제수되었는데 친혐(親嫌)으로 인해 성현 찰방(省峴察訪)으로 옮겼다. 임오년(1702, 숙종28)에 사헌부 감찰을 거쳐 영춘 현감(永春縣監)이 되었는데 정사가 대부분 잘 이루어지고 곤궁한 백성에게 우선적으로 은혜를 베푸니 골짜기의 백성이 지금도 공의 선정을 기리고 있다. 유영경(柳永慶)의 후손[71]이 어사가 되어 옛날의 원한을 품고 공을 무함하였는데 공이 이로 인해 파직되어 마침내 제천(堤川)의 옛집으로 돌아갔다. 수암(遂菴 권상하(權尙夏)) 권선생이 가까운 곳에 살고 있었는데 실로 처사공과는 동문(同門)의 교의가 있었기에 공이 자주 가서 문안하였고 수암 또한 이따금 와서 만났다. 공이 묘 옆에 새로 집을 지은 것을 보고 '첨의당(瞻依堂)'이라는 편액을 써주었다. 나의 큰 외숙 지재공(趾齋公 민진후(閔鎭厚))이 시를 지어 찬미하고 나 역시 화운하였다.[72]

71 유영경(柳永慶)의 후손 : 유술(柳述, 1656~1726)을 가리킨다.

72 나의……화운하였다 : 본서 제2권에 수록되어 있는 〈종숙 정 수부공(鄭水部公)이 제천(堤川)에 있을 적에 첨의당 팔절(瞻依堂八絶)을 보내어 말하기를 "이는 나의 내형 지제공(趾齋公)의 시이고, 당의 이름은 실로 수암공(遂菴公)이 짓고서 손수 쓰신 것이다. 이 사이에 어찌 그대의 글이 없어서야 되겠는가."라고 하였다. 어려서 아비를 잃고 불우하던 내 처지가 종숙의 처지와 똑같은지라, 지금 아버지의 얼굴을 기억하지 못한다

이후에 의금부 도사, 예빈시 주부, 평시서 령, 공조 정랑에 제수되고 금천 현감(衿川縣監)이 되었는데 1년 뒤에 체직되었다. 친지들이 대부분 궁벽한 골짜기는 노인이 살 곳이 못된다며 가솔들을 이끌고 서울 집으로 돌아가길 권하였으나, 공은 선영이 여기에 있기에 차마 떠날 수 없었다. 마침내 갑진년(1724, 경종4) 9월 29일 첨의당(瞻依堂)에서 세상을 떠나니 향년 66세였다. 집의 동쪽 작은 기슭 축좌(丑坐)의 언덕에 안장하였다. 심숙인(沈淑人)이 78세의 나이로 을묘년(1735, 영조11)에 세상을 떠나자 부장하였다.

공은 사람됨이 관후하고 공손하여 사람이나 물건을 해하려는 마음이 절대 없었다. 어버이를 섬기는 효성에 근본하여 관직에 있을 적에는 그 직분을 다하기를 생각하였으며, 친족 간에 화목하게 지내는 정의(情誼)를 미루어 남들을 대할 적에는 정성을 바치는 데 힘썼다. 남의 잘못된 점을 보면 비록 드러내어 비난하지 않더라도 마음속으로 마치 더럽혀진 듯이 여겼으며, 남이 환난을 만나면 힘이 미칠 수 있는 데까지 그를 위해 도와주되 입으로 절대 그 일을 말하지 않았다. 항상 선조들이 모두 고상(高尙)함을 일삼았다고 여겼기에 권세가에게 의지하여

〔未記〕, 형제가 드물다〔終鮮〕'라는 구절을 세 번 읽으며 눈물을 흘렸다. 다만 나는 선영과 멀리 떨어져 있어 때마다 성묘도 할 수 없는 처지이니, 우리 종숙과 비교하면 어떠한가. 슬프면서도 부끄럽고 한편으로는 부럽다. 더구나 외숙 지제공과 수암옹이 이미 연이어 세상을 떠났으니 그 남은 자취가 더욱 슬프다. 마침내 삼가 차운하여 보낸다〔鄭從叔水部公在堤峽寄示瞻依堂八絶曰是吾內兄趾齋公詩而堂之名實遂菴所命而手書之此間惡可無子語不肖少也孤情事竛竮與吾叔同耳今於未記終鮮之句爲之三復失涕顧隔遠松楸不能以時埽灑視吾叔何如哉旣悲而愧且羨也況舅氏與遂翁已相繼下世陳迹益可悲也遂敢敬次而歸之云〕〉를 가리킨다.

출세하려는 생각은 하지 않고 말하기를

"선조에게 욕되지 않으면 다행이다."

하였다.

평생 부친의 얼굴을 알지 못하는 것을 통한으로 여겨 남들로부터 부친의 유묵(遺墨)을 얻게 되면 보배로 삼아 간직하였다. 매일 새벽에 사당에 알현하였으며, 묘 아래에서 거처할 적에는 또 반드시 성묘하여 비록 노쇠하고 병들어도 그만두지 않았다. 과부가 된 늙은 고모가 있었는데 공은 모친처럼 고모를 섬겨 맛있는 음식이나 몸을 따뜻하게 하는 옷가지 하나라도 얻으면 꼭 보내드리며 종신토록 그렇게 하였다. 누이가 요절하자 남겨진 아이들을 데려다 성인이 될 때까지 길렀다. 의지할 데 없는 먼 친척에 대해서도 혼례와 상례를 도왔으며, 공에게 의지하여 끼니를 이어가는 고을 사람들도 많았다. 진선공이 평소 검소한 덕이 있었기에 공은 어려서부터 그 가르침에 젖어들어 집안일을 주관하게 되어서도 항상 어버이를 여의고 근심하는 듯 거친 베옷과 무명옷을 입었으며 늙어서도 한결같았다. 자녀들의 복식이 사치하고 화려하다 싶으면 통렬하게 금지시켰다. 새벽닭이 울면 반드시 세수하고 정좌하여 집안사람들에게 각기 할 일을 맡기니 집안이 엄숙하였다. 늘 자제들에게 경계하기를,

"근래의 습속이 대부분 마음과 입이 서로 맞지 않으니 내가 매우 부끄럽게 여긴다."

하였다. 젊은이들을 만나면 반드시 우옹의 기상과 노봉의 가법을 거론하며 끊임없이 얘기하니, 공이 평생 수용한 바가 대부분 여기에서 나왔다.

숙인은 청송(青松)의 벌열 가문으로 감찰을 지내고 판서에 추증된

약명(若溟)의 딸이다. 효성으로 시어머니를 섬기고 의리로 자식들을 가르쳤으며 집안일에 부지런하고 집안사람들을 자애롭게 대하니 온 친척들이 그 덕을 칭찬하였다.

장남 태하(泰河)는 의금부 도사를 지냈고 2남 관하(觀河)는 지금 성주 목사(星州牧使)이고 3남 익하(益河)는 문과에 급제하여 참판을 지냈고 4남 복하(復河)는 요절하였으며, 장녀는 이신좌(李藎佐), 2녀는 진사 이기덕(李蓍德), 3녀는 정랑 이보만(李普萬)에게 각기 시집갔다. 손자는 태하의 아들 규(樛), 관하의 아들 윤(棆), 익하의 아들 숙(橚)과 박(樸)이니 모두 진사이다.

공이 우리 모친과는 내외형제 사이로 어려서부터 함께 성장했기에 형제 같은 정의가 시종 쇠하지 않았다. 이제 여러 자식들이 묘지문을 부탁하기에 의리상 감히 사양할 수 없었다. 명(銘)은 다음과 같다.

송강의 후손이요	松江後孫
노봉의 생질이라네	老峰宅相
고아로 스스로 분발하여	孤童自奮
옛 집안이 망하지 않았네	舊家未喪
늘그막에 녹봉을 위해 벼슬살이하면서도	晩從祿仕
오히려 강직함을 보였네	猶見骯髒
제천 골짜기의 구름 낀 산	堤峽雲山
고상한 선조들이 묻혀있으니	昔人高尙
만년에 돌아갈 적에	暮年賦歸
이곳을 버리고 어디에 의지하랴	舍玆安倣
첨의당이란 편액	瞻依之扁

수암 노인이 권면한 것이네	遂老攸奬
여기서 숨을 거두고	於焉畢命
집 뒤에 장사 지냈네	宅後之葬
인후하고 근검하니	仁厚勤儉
하늘의 좋은 보답 어긋나지 않아	善報不爽
자색 인끈을 찬 고관의 화려한 수레가	朱輪紫綬
찬란하게 오가네	有煒來往
내가 이 무덤에 기록하니	我識厥幽
영원히 잊지 말지어다	永世不忘

현감 이공 묘지[73]

縣監李公墓誌

공은 휘가 당(簹)이고 자는 의숙(猗叔)이니 예빈시 정을 지내고 영의정에 추증된 휘 신하(紳夏)의 아들이요 영의정 수곡(睡谷) 휘 여(畬)의 아우요 택당(澤堂) 문정공(文靖公) 휘 식(植)의 손자이다. 덕수이씨(德水李氏)는 우리나라의 문헌가(文獻家)였기에 공은 태어나면서부터 가훈에 영향을 받았으며 성품 또한 책을 좋아하고 경사(經史)를 탐구하여 심한 병이 아니면 일찍이 하루도 책을 놓은 적이 없었다. 수곡공(睡谷公)과는 형제간에 지기(知己)가 되어 일찍이 말하기를,

"우리 둘째형님은 나의 스승이다."

하였으니, 매사에 반드시 수곡공을 법도로 삼았다. 또 문정공이 남긴 가르침을 병풍에 걸어놓고 경계의 뜻을 담았다.

어버이를 모실 적에는 곁에서 부지런히 받들어 비록 비천하고 자잘한 일이라도 동복(僮僕)에게 대신시키지 않았다. 모친이 오랫동안 병상에 누워있었는데 밤낮으로 부축해 드렸으며, 종종 어린아이 재롱을 부려 기쁘게 해드리고자 하였다. 전후로 몸과 마음을 다해 상을 치르면서 모두 예법대로 하였다. 일찍이 과부가 된 누이의 집에 임시로 거처하였는데 4년 동안 한솥밥을 먹으면서도 위아래에서 이간하는 말이 없었으니[74] 남들이 어려운 일이라 여겼다. 젊어서 성품이 엄하고 급하

73 현감 이공 묘지 : 저자가 이당(李簹, 1661~1712)을 위해 쓴 묘지명이다.

74 일찍이……없었으니 : 이당(李簹)이 처음 벼슬살이할 적에 외사(外舍)에 살면서

여 남의 허물을 용납하지 않았는데 의정공(議政公)이 주의를 주자 힘써 성품을 다스려 너그럽고 여유 있는 성품으로 일변하였다. 그래서 매우 급박한 상황에서도 다급한 기색이 없었다.

집안이 성대하였기 때문에 항상 분수에 차면 넘친다는 근심을 생각하여 겸손함을 지켰다. 중간에 과거에 응시하고 만년에 가난 때문에 벼슬하였으나 모두 공이 즐기는 바가 아니었다. 시속이 대부분 이익을 탐하여 조급하게 다투는데 공은 이를 부끄럽게 여겨 분수에 따라 벼슬살이하다가 마침내 작은 고을의 수령 자리를 얻어 떠났다. 비록 큰 고을의 수령으로 추천되었으나 다른 곳으로 옮기길 구하지 않았으며, 돌아와서 자주 쌀독이 비었으나 또한 개의치 않았다.

공의 집안은 대대로 여강(驪江) 가에 거주하였는데 수곡공과는 강물을 사이에 두고 살아 아침저녁으로 왕래하기를 일상으로 여겼다. 어떤 이에게 말하기를,

"종일토록 옛 서적을 토론하니 인생의 지극한 즐거움이 어찌 이보다 더한 것이 있겠는가."

하였다. 이따금 시를 읊조렸는데 그 시가 담박하여 속기(俗氣)가 없는 것이 공의 인품과 같았다.

병이 심해져 의원에게 가려고 도성에 들어갔다가 얼마 뒤 널에 누워 돌아왔다. 수곡공이 제문을 지어 곡하며 말하기를,

녹봉을 모두 누이한테 주었다. 어떤 이가 사는 곳이 너무 협소하지 않냐고 하면 그는 말하기를 "내가 서울에 있을 날이 얼마나 된다고 어찌 우리 늙은 누이를 저버리겠는가." 하였다. 4년 동안 한솥밥을 먹으면서 온 집안사람들이 화목하여 위아래에서 이간하는 말이 없었는데, 그의 누이는 늘 이 때문에 감동하여 그를 칭찬하였다.《牧谷集 卷9 生考奉正大夫行楊口縣監淮陽鎭管兵馬節制都尉府君家狀》

"의숙은 단정하고 고상하며 뜻은 공손하고 행실을 조심하였다. 어려서부터 자제로서의 허물을 보인 적이 없어 부모가 가상히 여기고 형제가 소중히 여겼다."

하였다. 아! 이것은 남들이 이의를 제기하지 못하는 말[75]이라 할 만하다.

공은 신축년(1661, 현종2) 정원 15일에 태어나 임진년(1712, 숙종38) 11월 30일에 세상을 떠났다. 공은 숙종(肅宗) 갑신년(1704, 숙종30)에 처음 벼슬에 나아가 사산감역, 세자익위사 시직·부솔, 사복시 주부, 의금부 도사를 역임하고 외직으로 나가 양구 현감(楊口縣監)이 되었는데 4년 뒤에 그만두고 돌아갔다. 나중에 의영고 주부에 제수되었으나 나아가지 않았다.

공은 재주와 식견이 통달하고 민첩하여 한 고을에 재능을 시험함에 그 다스림이 볼 만하였다. 청렴하고 검소하며 너그럽고 공평하였으며 풍교(風敎)를 급선무로 삼았다. 친척끼리 다투는 백성이 있었는데 우선 그 가장을 다스렸고, 부친이 병에 걸려 손가락을 베어 피를 올린 어떤 딸이 있었는데 혼수를 갖추어 시집을 보내주었다. 사옹원에 공납하는 백토(白土)가 고을의 큰 해악이 되자 중지하기를 주청하였다. 해당 관청에서 고집을 부리며 받아들이지 않자 또 차원(差員)으로 입대하여 힘써 아뢰어 마침내 수고와 비용을 절반으로 줄였으니 양구(楊口) 골짜기의 백성이 공에게 영원히 힘입었다.

모친 영월 신씨(寧越辛氏)는 부친이 교관 후원(後元)이다. 공은 두

75 남들이……말 : 《논어》 〈선진(先進)〉에 "효성스럽다, 민자건이여. 그의 효성을 칭찬하는 부모와 형제들의 말에 대해서 사람들이 이의를 제기하지 못하는구나.〔孝哉, 閔子騫! 人不間於其父母昆弟之言.〕"라고 한 데서 나온 말이다.

번 장가들었는데, 원성 원씨(原城元氏)는 우윤 만춘(萬春)의 딸이고 삭녕 최씨(朔寧崔氏)는 좌랑 용지(容之)의 딸이다. 4남을 두었으니 기진(箕鎭)은 지금 예조 판서 예문 제학을 지내고 있는데 백부의 후사로 나갔으며, 규진(奎鎭)은 군수를 지냈고, 익진(翼鎭)과 성진(星鎭)이 있다. 딸들은 각각 감역 윤익동(尹益東), 사인 박사존(朴師存), 김상린(金相麟)에게 시집갔다. 이 가운데 아들 2명과 딸 2명은 후배(後配) 소생이다. 규진의 아들은 역(涟), 숙(潚), 속(涑)이고, 익진의 아들은 담(潭)이고, 기진의 양자는 황(潢)이다. 공은 지평(砥平) 목곡(木谷)의 선영 옆에 안장하고 원배(元配)를 부장하였으니 수곡공의 묘와는 몇 리 떨어져 있다.

나는 이미 수곡공을 위해 묘지문을 지었는데[76] 공의 자식들이 또 묘지문을 부탁하였다. 아! 나는 일찍이 계방(桂坊)에서 숙직하면서 한 번 공에게 인사드렸는데, 그 용모나 기상이 묻지 않아도 수곡공의 아우임을 알 수 있었다. 공이 수곡공에 대해서 평소 깊이 열복하였고, 수곡공 또한 "내 아우는 내 말이라면 흡족하게 따랐다."라고 하였으니, 비록 궁달(窮達)이 매우 달랐으나 기미(氣味)는 대체로 비슷하였다. 공을 알고 싶은 자는 수곡공을 보면 될 것이다. 마침내 명(銘)을 지으니 명은 다음과 같다.

여호 한 굽이에	驪湖一曲
군자가 묻혀있네	君子攸宅

76 나는……지었는데 : 본서 제42권에 수록된 〈영의정 수곡 이공 묘지(議政睡谷李公墓誌)〉를 가리킨다.

자신은 젓대 불고 형은 질나발 부니[77] 我篪爾壎
그 즐거움 끝이 없네 其樂無垠
저 무성한 무덤에 彼菀者崗
송백이 푸르네 松栢青蒼
천추세월토록 有來千秋
혼백이 함께 노닐 것이네 魂魄同游
내가 명을 지어 밝게 드러내니 我銘昭揭
수곡의 아우라네 睡谷之弟

77 자신은……부니 : 형제간의 우애를 비유한 것으로, 《시경》〈하인사(何人斯)〉에 "백씨는 질나발을 불고, 중씨는 젓대를 분다.〔伯氏吹壎, 仲氏吹篪.〕"라고 한 데서 나온 말이다.

대사간 홍공 묘지[78]

大司諫洪公墓誌

대간 홍중웅(洪仲熊)은 나와는 망년지우로 과분하게도 동방(同榜)인데다 또 동료로서 진퇴와 영욕을 늘 함께 하였다. 나는 평소 남들과 어울리는 것을 좋아하지 않았는데 관직을 사양하고 한가로이 지낼 때에는 벗과 어울리는 일이 날로 소원해져 집밖을 나서면 공 외에는 달리 갈 데가 없었다. 공을 만날 때마다 기뻐하며 돌아가는 것도 잊었는데 이따금 술을 마시고 시를 읊조리니 풍류가 넘쳐흘렀다. 공이 세상을 떠난 지 벌써 19년이 흘렀다. 나는 노쇠하고 병든 채 아직 죽지 않고 온갖 변고를 겪었는데 옛날 공과 노닐었던 것을 추억한들 아득하여 얻을 수 없으니, 공을 슬퍼할 겨를도 없이 또 스스로 슬퍼할 따름이다. 공의 아들이 내게 공의 묘지문을 부탁한 지도 이미 몇 해가 지났으나 힘쓰지 못하고 있었는데, 문득 이렇게 미적거리다 하루아침에 내가 죽게 되면 장차 지하에서 공을 볼 낯이 없을 것이라 스스로 생각하여 마침내 눈물을 훔치며 묘지문을 짓는다.

공은 휘가 우서(禹瑞)이고 호가 서암(西巖)이며 중웅(仲熊)은 그의 자이다. 현종(顯宗) 임인년(1662, 현종3)에 태어나 5세 때 큰 글자를 썼으며 7세 때 글을 지었다. 경오년(1690, 숙종16)에 진사에 합격하여 숭릉 참봉(崇陵參奉)에 보임되었다. 임오년(1702, 숙종28)에 알성문과에 급제하여 승문원에 분관되었다가 시강원 설서, 승정원 주서, 예문

78 대사간 홍공 묘지 : 저자가 홍우서(洪禹瑞, 1662~1716)를 위해 쓴 묘지명이다.

관 검열·대교·봉교가 되었다.

우리 동방(同榜) 중에 인재가 가장 많았기에 소인들이 매우 시기하여 몰래 시골 사람을 사주해 상소하였으나 계획대로 이루지 못한 일이 예전에 있었는데, 4년 뒤에 적신(賊臣) 권첨(權詹)과 강이상(姜履相)이 뒤늦게 고관(考官)의 친속은 모두 급제자 명단에서 빼 버려야 한다는 대계(臺啓)를 올렸다.[79] 성상께서 그 무고함을 살펴 통렬하게 배척하였다. 공은 또 기주관(記注官) 때의 일로 느닷없이 무함을 받아 다른 이와 함께 대질 심문을 받았는데 성상께서 평소 공의 충실(忠實)함을 알고 있었기에 결국 공의 억울함을 풀어주었다.[80] 얼마 뒤 승진하여

79 권첨(權詹)과……올렸다 : 헌납 권첨(權詹)과 정언 강이상(姜履相)이 아뢰기를 "과거가 공정하지 못함이 1702년(숙종28) 알성방에서 극에 달하였으니, 과장(科場)을 엄정하게 하고 훗날의 폐단을 방지하기 위해서는 시험관과 상피(相避)의 관계에 있는 자들을 모두 삭제해야 합니다."고 청하였다. 당시 고시관이 이세백(李世白)이었는데, 그와 상피(相避)의 관계에 있는 자들을 모두 낙방시켜야 한다고 주장한 것이었다.

80 기주관(記注官)……풀어주었다 : 1701년(숙종27)에 무고(巫蠱)의 변고가 일어나자, 숙종은 후회하고 한탄하여 급히 장희재(張希載)를 처형하고 민암(閔黯)에게 역률(逆律)을 추가로 시행하였다. 이때 영의정 최석정(崔錫鼎)이 민암을 풀어줄 것을 청하면서 민암은 연좌되었을 뿐 역모가 아니라고 하니, 듣는 자들이 놀라고 괴이하게 여겼다. 홍우서(洪禹瑞)가 당시 입시한 사관(史官) 윤성시(尹聖時)가 경연의 내용을 기록한 것을 우연히 가져다가 친구의 물음에 답하였는데, 사간(司諫) 윤세수(尹世綏)가 마침내 이것을 가지고 최석정을 탄핵하니, 최석정은 앞의 말을 숨겼으며, 그 무리들이 따라 호응하여 경연의 주기(注記)를 무함이라 하였다. 홍우서가 이에 대해 자세히 변론하니, 최석정을 두둔하는 자가 그를 체포하여 윤성시와 대질 심문할 것을 청하였다. 숙종이 홍우서와 윤성시를 함께 대질시킨 다음 판결하기를 "홍 아무개는 반드시 공연히 없는 말을 만들어 낼 리가 없으니 피차의 곡직(曲直)을 분별하기가 어렵지 않으며, 사신을 체포하여 조사하는 것은 후일의 병폐에 관계되니, 모두 함께 석방하라."라고 하였다. 《陶谷集 卷13 司諫院大司諫洪公墓碣銘》

성균관 전적에 오르고, 예조 좌랑, 사간원 정언을 지냈다.

보덕 박행의(朴行義)가 서연(書筵)에서 진 서산(眞西山 진덕수(陳德秀))을 모욕하고 비방하였으며, 대사성 이제(李濟)가 경생(經生 경학을 공부하는 유생)과 토론하다가 자신의 뜻과 맞지 않는다고 노하여 그를 끌어내어 쫓아버렸는데, 공이 상소로 그들을 탄핵하여 박행의는 파직되고 이제는 추고(推考)를 받았다.

무자년(1708, 숙종34)에 홍문관에 들어가 부수찬과 부교리가 되었다. 당시 성상께서 왕자를 위해 집터를 구하고 있었는데, 영의정 최석정(崔錫鼎)이 한두 명의 대관과 함께 옛 공주의 집을 강제로 사들이라고 청하면서[81] 아첨하는 말을 쏟아내었다.[82] 최석정이 또 《예기유편(禮記類編)》을 편찬하였는데 정자(程子)와 주자(朱子)의 의리와 배치되었기에 조정의 신하와 유생들이 계속해서 변론하고 배척하다가 견책을 받은 이가 많았다. 공이 이 두 가지 일을 함께 논하였으나 성상께서 살피지 않다가 얼마 뒤에 크게 깨닫고 최석정에게 죄를 주고 그 책을 불태웠다.

경인년(1710, 숙종36)에 병조 좌랑을 거쳐 다시 수찬과 부교리가

81 왕자를……청하면서 : 여기서의 왕자는 연령군(延齡君)을 가리키고, 공주는 정명공주(貞明公主)를 가리킨다.

82 최석정(崔錫鼎)이……쏟아내었다 : 숙종이 왕자를 위하여 집터를 구해서 선조의 부마 영안위(永安尉) 홍주원(洪柱元)의 옛집을 사들이고자 하였으나, 홍주원의 종손 석보(錫輔)가 버티고 팔려 하지 않았다. 숙종이 몹시 노하였으나 아직 겉으로 드러내지 않았는데, 예조 판서 이인엽(李寅燁)이 성상의 뜻을 엿보고는 "그 집터가 평소 명당이라고 알려져 있으니 살 만합니다."라고 아뢰었다. 그러자 최석정이 이조 판서 조상우(趙相愚)와 함께 계사하고 번갈아 청하여 성상의 허락을 얻고야 말았다. 《陶谷集 卷13 司諫院大司諫洪公墓碣銘》

되었다. 박세당(朴世堂)의 손자 박필기(朴弼基)가 조정의 금령을 따르지 않고 박세당의 혼미한 유언을 따라 박세당이 죽은 후에 졸곡(卒哭)이 지난 다음 조석의 상식(上食)을 그만두었다. 이 일로 옥사에서 대답할 적에 선정(先正)을 비방하여 주자에까지 미쳤다. 공이 차자를 올려 그 죄를 청하면서 예법을 무수히 인용하자 성상께서 명쾌하다고 칭찬하고 박필기는 마침내 원배(遠配)되었다.

시골의 유생 가운데 윤증(尹拯)을 논척한 이가 있었는데 성상께서 매우 노하여 갑자년(1684, 숙종10) 두 대신[83]이 윤증을 유현(儒賢)으로 대우하지 말라고 했던 주청을 뒤늦게 허물하고, 이어 이러한 논의가 국사에 무익하다는 하교를 내렸다. 공이 두 동료와 함께 차자를 올려 바로잡고자 했는데, 그 차자에 아뢰기를,

"나라가 있으면 국사가 있고 국사가 있으면 시비가 있으니, 옳으냐 그르냐에는 논의가 있기 마련입니다. 윗자리에 있는 사람이 공정하게 듣고 함께 살펴 시비를 분명히 하여 지당한 데로 귀결시킨다면 논의를 꼭 미워할 필요는 없고 되레 국가의 이익이 됩니다. 만약 경수(涇水)와 위수(渭水)처럼 엄연한 시비를 구분하지 않고 무익하다고 결단한다면 세도가 이 때문에 무너질 것입니다."

하였다. 또 아뢰기를,

"고 상신(相臣) 김수항(金壽恒)과 민정중(閔鼎重)은 공정하고 충성스러우며 정직하다는 것을 성명하신 성상께서도 아는 바이거늘 지난 일을 뒤늦게 끄집어내어 조금도 돌아보고 아껴주지 않으니 처음부터 끝까지 한결같이 예우하는 의리가 아닌 듯합니다."

83 두 대신 : 김수항(金壽恒)과 민정중(閔鼎重)을 가리킨다.

하니, 성상께서 크게 진노하여 모두 삭출하고 얼마 뒤 원찬(遠竄)을 명하였다. 공이 무안(務安)으로 유배 갔는데 적소에 가서도 꼼짝 않고 앉아서 《근사록(近思錄》을 읽으며 날마다 일정한 공부과정을 두었고, 이따금 시를 읊조렸는데 〈수조(水調)〉[84]의 유의(遺意)가 있었다. 이해 겨울에 방환(放還)되었다. 서용된 다음 당시 사람들이 공을 헐뜯기를 그치지 않아 또 쫓겨나서 은율 현감(殷栗縣監)에 보임되었다. 청렴결백하고 화락하게 정사를 펼치자 백성이 부모처럼 공을 사랑하였고 돌아갈 적에는 길을 에워싸고 눈물을 흘리며 전송하였다.

홍문관으로 돌아와 사서를 겸하였다. 당시 이돈(李墪)의 과옥(科獄)[85]이 일어나 그 무리들이 조사하는 일을 망치려고 번갈아 현혹시키는 말을 하였는데 대사간 이제(李濟)와 교리 이하원(李夏源)의 말이 가장 심하였다. 공이 그들을 논핵하여 이 두 사람은 삭직되거나 파직되었다. 이조 정랑으로 옮겼다가 다시 홍문관으로 돌아왔다.

계사년(1713, 숙종39)에 성상의 존호를 올리는 것에 대한 논의가 일어났는데, 공이 성상에게 받지 말도록 권하였다. 성상께서 윤허하자 지평 김유경(金有慶)이 상소를 올려 존호를 올리는 것을 청한 여러

84 수조(水調) : 임금을 그리워하는 노래이다. 원래 곡조의 이름으로 수(隋)나라 양제(煬帝)가 지었다고 전하는데, 이후 소식(蘇軾)이 귀양 가 있으면서 이 곡조에 맞춰 지은 〈수조가(水調歌)〉가 널리 유행하였다.

85 이돈(李墪)의 과옥(科獄) : 1712년(숙종38) 6월 대사간 이의현(李宜顯)이 상소하여, 이해 정시 과거에서 고시관이었던 예조 판서 이돈(李墪)이 과장에서 나가 집으로 간 일과 궁궐의 문이 열려 거자(擧子)들이 멋대로 출입한 정황이 있는 등 여러 가지 부정의 소지가 있음을 적시하고, 이에 대해 분명히 밝힐 것을 극론하였다. 이에 이돈이 체포되고 과옥(科獄)이 진행되었으며, 마침내 죄상이 밝혀져 이돈은 아산현(牙山縣)에 부처(付處)되었다.

신하들을 배척하였는데 그 말이 직설적이라 성상의 뜻을 거슬렀다. 공이 간곡하게 넌지시 간하자 성상께서 "나를 아껴주는구나."라고 말하며 온당치 않은 하교를 특별히 고쳤다. 이조의 낭관을 여러 차례 지냈는데 중간에 헌납 겸문학으로 옮겼으며 항상 지제교를 겸대(兼帶)하였다. 하루는 성상께서 새로운 우황(牛黃)을 들이라고 명하였는데, 우황을 얻기 위해 죽인 소가 무수히 많았다. 공이 제(齊)나라 선왕(宣王)이 소를 양으로 바꾼 것[86]과 송(宋)나라 인종(仁宗)이 구운 양고기를 찾지 않은 일[87]을 인용하여 경계하자, 성상께서 깨닫고 즉시 명령을 중지시켰다. 군자감 정에 올랐다가 응교로 옮겼는데, 이날 동부승지로 발탁되었다. 그 후로 여러 번 승정원에 들어가 차례로 우승지에 이르렀다. 갑오년(1714, 숙종40)에 형조 참의를 거쳐 외직을 청해 안동 부사(安東府使)가 되었는데 다스림이 서쪽 고을의 정사[88]와 똑같았다. 겨울에 대사간에 제수되어 돌아왔고 병조 참지, 예조 참의를 역임하였다. 병신년(1716, 숙종42) 3월 8일에 풍질(風疾)로 세상을 떠나니 향년 55세였다.

공은 총명하고 단아하며 공손하고 간결하였다. 훌륭한 재능을 지녔

86 제(齊)나라……것 : 전국시대 제(齊)나라 선왕(宣王)이 흔종(釁鍾)에 쓰기 위해 끌려가는 소를 보고 가엾이 여겨 양으로 바꾸라고 명한 일로, 이 내용은《맹자》〈양혜왕상(梁惠王上)〉에 자세히 보인다.

87 송(宋)나라……일 : 북송(北宋)의 인종(仁宗)은 어질고 인자한 황제였다. 인종이 한밤중에 출출하여 구운 양고기 생각이 간절하였으나, 자신이 구운 양고기를 찾게 되면 이후로 요리사들이 산 짐승을 죽여 불시의 수요에 대비할까 염려해서 시장기를 참았다는 고사가 전한다.《宋史 卷16 仁宗本紀》

88 서쪽 고을의 정사 : 황해도의 은율 현감을 지내고 있을 때의 정사를 가리킨다.

으나 절대 자만하지 않았으며, 남을 원망하거나 미워하는 일이 없었으나 또한 구차하게 따르지 않았다. 평소 담소를 나눌 적에는 솔직한 모습이 넘쳐흘러 바라보면 온화하여 쉬이 친할 만하였으나 다가가면 함부로 친하게 대할 수 없었다. 좌우에는 거문고와 책만 두고서 온 방이 고요하였으니 비록 성시(城市)에 살았으나 아득히 속세를 떠난 사람의 생각이 있었기에 공을 만난 이들은 그가 현달한 관리임을 알지 못하였다. 조정에 있을 적에는 언의가 방정하여 한결같이 임금의 덕을 바로잡고 사림을 부지하는 것을 위주로 하였으며, 강연(講筵)에 참석해서는 말투가 나긋나긋하여 임금을 잘 인도하였으니 논사(論思)의 체격을 깊이 얻었다. 이 때문에 임금의 지우가 날로 깊어져 차츰차츰 크게 쓰였기에 공이 죽었을 때 그를 아는 자나 모르는 자나 공히 깊이 애석해 하였다.

공의 맑고 단아한 재량이 본디 어진 사대부의 마음을 감복시키는 점이 있으나 그의 순수하고 독실한 집안에서의 행실은 나보다 상세하게 아는 자가 없다. 내가 어렸을 적에 고모부인 담포(淡圃 홍수헌(洪受瀗)) 상서(尙書)를 모실 기회가 있었는데 상서는 공의 계부였다. 상서는 공을 언급하게 되면 “효자로다, 효자로다.” 하였는데, 오랜 시간이 지나는 동안 그 전에 듣지 못한 것을 더 많이 듣게 되었다. 성인이 효(孝)를 논하면서, 평소에는 공경을 지극히 하고 봉양할 때는 지극히 즐겁게 해드리고 병을 앓으실 때는 지극히 걱정하고 돌아가셨을 때는 지극히 슬퍼하고 제사를 지낼 때는 지극히 엄숙히 하라는 다섯 가지 조목을 갖추었는데, 공은 능히 이런 점이 있었고 그 지성으로 간절히 하는 뜻이 늘 마음속에 관통하였으니 이에 상서공의 말이 이의를 제기할 수 없는 것임을 더욱 믿게 되었다. 또 듣자니 공이 제사를 앞두고

축문을 쓰면서 한번은 "나는 '효자(孝子)' 이 두 글자에 매우 부끄럽다."고 말했다고 하는데, 이점이 바로 공이 효자가 되는 까닭이다. 이미 이렇게 어버이에게 순종하였으니 벗에게 믿음을 받고 윗사람에게 신임을 얻은 것[89]이 마땅하다. 그 나머지 세세한 행적은 생략해도 괜찮을 것이다.

남양 홍씨(南陽洪氏)는 고려 태사 은열(殷悅)에서 나와 대대로 이름난 분들이 있었다. 휘 명원(命元)과 휘 처후(處厚)는 모두 경기 관찰사(京畿觀察使)를 지내고 휘 수량(受漮)은 부사를 지냈으니 바로 공의 3대이다. 정암(靜菴) 조 선생(趙先生 조광조(趙光祖))의 현손으로 군수를 지낸 송년(松年)이 공의 외조부이다. 공은 적성(積城) 경용동(庚龍洞) 묘향(卯向)의 언덕에 안장하였다.

부인 청송 심씨(靑松沈氏)를 합장하였으니, 부사 익선(益善)의 딸이자 화포(花浦) 충정공(忠正公) 홍익한(洪翼漢)의 외손녀이다. 2남3녀를 두었으니, 장남 계흠(啓欽)은 진사에 장원하고 직장을 지냈으며 2남 계현(啓鉉)은 생원이며, 딸은 각각 목사 김태연(金泰衍), 도사 조영증(趙榮曾), 사인 윤업(尹㶚)에게 시집갔다. 계흠의 장남은 조해(朝海)이고 차남 붕해(鵬海)는 요절하였으며, 딸은 사인 이명환(李明煥)

89 어버이에게……것 : 《중용장구》 제20장에 "윗사람에게 신임을 얻는 것이 방법이 있으니, 붕우에게 믿음을 받지 못하면 윗사람에게 신임을 얻지 못할 것이다. 붕우에게 믿음을 받는 것이 방법이 있으니, 어버이에게 순종하지 못하면 붕우에게 믿음을 받지 못할 것이다. 어버이에게 순종함이 방법이 있으니, 자기 몸에 돌이켜보아 성실하지 못하면 어버이에게 순종하지 못할 것이다.〔獲乎上, 有道, 不信乎朋友, 不獲乎上矣. 信乎朋友, 有道, 不順乎親, 不信乎朋友矣. 順乎親, 有道, 反諸身不誠, 不順乎親矣.〕라고 한 데서 나온 말이다.

의 아내이다. 사위 김태연의 아들은 인대(仁大)이고, 사인 서일수(徐日修)와 조재복(趙載福)은 그의 사위이다. 사위 조영증의 사위는 사인 박사근(朴師近)이다.

공은 독서를 매우 좋아하여 남들보다 박식하였으며, 글을 지을 적에는 붓만 잡으면 곧 완성하였는데 시 짓기를 더욱 좋아하여 시가 노련하고 굳세어 격조와 아취가 있었다. 유고 약간 권이 집에 보관되어 있다. 상국 이의현(李宜顯)이 공을 위해 묘갈문을 짓고 부인에게 별도의 묘지문이 있으니,[90] 다시 상세하게 다루지 않고 다만 앞서와 같이 그 대략을 서술한다. 명(銘)은 다음과 같다.

감악산[91]의 남쪽	紺岳之南
상수역[92]의 북쪽에	湘水之北
4척의 봉분이 있으니	有崇四尺
그 사람 옥과 같네	其人如玉

90 이의현(李宜顯)이……있으니 : 이의현(李宜顯)이 지은 홍우서(洪禹瑞)의 묘갈문은 《도곡집(陶谷集)》 권13의 〈사간원 대사간 홍공의 묘갈명〔司諫院大司諫洪公墓碣銘〕〉을 가리키고, 청송 심씨(青松沈氏)의 묘지문은 《도곡집(陶谷集)》 권16의 〈숙부인 청송 심씨의 묘지명〔淑夫人青松沈氏墓誌銘〕〉을 가리킨다.

91 감악산(紺岳山) : 경기도 적성(積城)에 있는 산의 이름이다.

92 상수역(湘水驛) : 경기도 적성에 있는 역의 이름이다.

사어 윤공 묘지[93]

司禦尹公墓誌

경종 임인년(1722, 경종2)에 흉당이 성상이 편찮을 때를 틈타 궁중의 비호세력을 끼고서 국정을 제멋대로 하였다. 태학생 윤지술(尹志述)[94]이 직언을 하다가 맨 먼저 혹독한 형벌을 받았는데, 그의 늙은 부친이 살아있었다. 그가 체포되어 갈 적에 부친이 그와 작별하며 말하기를,

"네가 형장에서 죽는다면 어찌 다행이 아니겠느냐."

하였다. 어떤 이가 독약을 옥중으로 보내서 자진(自盡)하게 하라고 권하자 부친이 말하기를,

"임금의 명이니 피할 수 없다."

하였다. 사위 민우수(閔遇洙)가 그의 사기(辭氣)가 강개하고 의리가 명백함을 보고서 물러나 탄식하기를,

"진정 위대한 장부로다."

하였다. 형을 받는 저녁에 민우수가 또 가서 뵈었는데, 기세가 더욱 매섭고 말이 더욱 엄렬하여 털끝만큼도 침울한 기색이 없었다. 밤중에 스스로 "그저 아이가 어리석고 노둔하여 아무런 재능도 덕도 없이 공경

93 사어 윤공 묘지 : 저자가 윤경적(尹景績, 1662~1724)을 위해 쓴 묘지명이다.

94 윤지술(尹志述) : 1697~1721. 자는 노팽(老彭), 호는 북정(北汀), 시호는 정민(正愍)이다. 권상하(權尙夏)가 소론의 유규(柳奎) 등 800여 명의 상소로 삭직되자 성균관 유생으로서 권상하의 신구(伸救)를 상소하였다. 또 성균관 장의로서 이이명(李頤命)이 편찬한 숙종의 지문(誌文)이 편파적으로 기록되어 있음을 상소하고, 유생들을 선동하여 권당(捲堂)하였다. 신임사화에 사형되었다.

에 이르기를 바랐다네.〔但願生兒愚且魯, 無才無德到公卿.〕"[95]라는 시구를 외웠는데 음절(音節)이 비장하였다. 그리고는 다시 침소로 가서 평소처럼 코를 골며 잤다. 논자들이 자식이 죽음을 각오한 일도 본디 어려운 것이지만 그의 부친이 변고에 처신한 일은 더욱 어려운 것이니, 그 부친에 그 아들이라 할 만하다고 하였다.

공은 칠원(漆原 함안(咸安)) 사람으로 휘가 경적(景績)이고 자는 여휘(汝輝)인데 나중에는 계휘(季輝)를 썼다. 고려 좌태판사 시영(始榮)부터 족보에 보이고, 직제학 휘 석보(碩輔)가 곧은 절의로 우리 중종(中宗) 조정에 드러났으며 또 청백리에 녹선(錄選)되었다. 정랑을 지낸 증조 휘 자신(自莘), 군수를 지낸 조부 휘 유길(有吉), 장령을 지낸 부친 우정(遇丁)은 모두 참판에 추증되었다. 모친 용인(龍仁) 이씨(李氏)는 유수 후산(後山)의 딸이다. 형제가 5명인데 공은 막내이다. 타고난 자태가 헌걸차고 기량이 넓어 세속의 악착한 부류를 보면 얼굴에 침을 뱉을 것처럼 하였다. 다만 집안이 쇠퇴하였기에 머리를 숙이고 과거공부를 하였는데 문사가 넓고 민첩하였으나 여러 번 과거에 낙방하였다.

우리 중부 귀락공(歸樂公 이만성(李晩成))과는 친한 벗이었는데 한번은 중흥사(重興寺)에 함께 올라가서 한밤에 술을 마시며 회포를 읊조렸다. 공의 시에 "남쪽 성곽의 서생은 급제를 바라건만 서쪽 교외의 학사는 벼슬을 그만둔다고 하네.〔南郭書生期擢第, 西郊學士說休官〕"라

95 그저……바랐다네 : 소식(蘇軾)이 지은 〈세아시(洗兒詩)〉에 나오는 "그저 아이가 어리석고 노둔하여 아무런 재앙도 환난도 없이 공경에 이르기를 바라네.〔但願生兒愚且魯, 無災無難到公卿.〕"라는 시구를 변개한 것이다.

고 하였으니 자조(自嘲)한 것이었다. 늘그막에 음보(蔭補)로 사옹원 참봉이 되었다가 봉사에 올랐으며, 차례대로 평시서 직장, 활인서 별제로 옮겼다가 장례원 사평이 되었다. 공은 천성이 호걸스럽고 가난 때문에 마지못해 벼슬하였지만 강연(講筵)에 참석하는 것을 달갑게 여기지 않아 스스로 인책하여 체직되었으니, 십여 년 동안 관직에 나가지 않고 집에 머물렀다.

무술년(1718, 숙종44)에 빈궁의 산역(山役)에 대한 공로로 서용되었다. 한성부 판관(漢城府判官)을 거쳐 해주목 통판(海州牧通判)으로 나갔는데, 다스림이 구차하게 명예를 구하지 않아 관리는 두려워하고 백성은 안정되어 정사가 끝내 잘 이루어졌다. 성묘하느라 수조(水操)하는 날짜를 어긴 일로 인해 수사(水使)가 이를 아뢰어 파직되었다.

신축년(1721, 경종1)에 세자익위사 사어에 제수되었는데, 얼마 뒤 사화(士禍)가 일어나자 공은 가솔을 이끌고 성을 나가서 조카 지대(志大)의 온양(溫陽) 임소로 가서 의지하였다. 고을에 있던 흉도가 패악한 말을 내뱉자 공은 잠시라도 머물고 싶지 않아 마침내 아산(牙山)의 북쪽에 시골집을 얻어 우거하였다.

이웃의 부로(父老)들이 공의 신세를 안타깝게 여겨 다투어 찾아와 위로하였고, 자제를 보내와 배우기를 청하면 공은 그 뜻에 감동하여 머물게 하였으며, 또 기장 술을 보내오면 비록 물리치지는 않았지만 또한 차마 마시지 않았다. 처음에 몸 하나 가릴 곳도 없는 곳에 와서 몇 칸의 집을 지으려고 하니, 일제히 달려와 공사에 힘을 보탰다. 공은 그 지역의 궁벽함을 좋아하여 농사지으며 시간을 보냈으나 문득 세상을 살아갈 생각이 없어져 더러는 술잔을 잡고 눈물을 흘리며 숟가락을 들고 흐느꼈다. 하루는 집안사람에게 말하기를,

"만약 몇 년의 수명이 연장되어 손자들이 장성한 것을 볼 수 있다면 여한이 없겠다."

하였다. 얼마 뒤에 형수의 부고를 듣고 병든 몸으로 달려가 곡을 하였으며, 돌아오자 부인 구숙인(具淑人)도 세상을 떠났다. 공의 병이 더욱 심해져 몇 달 뒤에 결국 세상을 떠나니 갑진년(1724, 경종4) 윤4월 16일로 향년 63세였다.

공은 어려서부터 지극한 행실이 있었다. 3세 때 부친을 여의었는데 남이 어루만지며 슬퍼하면 그때마다 머리를 숙이고 오열하며 차마 듣지 못하는 듯하였다. 매번 기일이 되면 제수를 마련해서 종가에 보내 제사를 도왔고, 제철 물고기와 과일은 반드시 종가에 제수로 올린 뒤에야 먹었다. 일찍 세상을 떠난 형들과 조카들이 많았는데, 반드시 남겨진 아이들을 집에 데려와 길러 자기 자식처럼 보살펴 집안에 이간하는 말이 없었다. 집이 비록 가난하였으나 공의 집에서 기식(寄食)하는 궁핍하고 가련한 사람들이 항상 많았다. 남의 궁액을 구제하고 남의 상례와 장례를 돌봐주기를 미치지 못할까 염려하듯 하였다.

성품이 술을 좋아하여 친척이나 벗들과 함께 한껏 마시기를 즐겼는데, 술자리에는 솔직한 모습이 넘쳐흐르고 이따금 해학을 즐겼는데 취하면 이내 편안히 누워 크게 코를 골며 잤으니 한 번도 주정을 부린 적이 없었다. 뛰어난 기상과 높은 의기가 대체로 말세의 인물이 아니었으나 평생 곤궁하게 살았고 끝내 또 천지에 사무치는 원통함을 당해 곤경 속에서 떠돌아다니다 목숨을 잃었으니, 어찌 천도(天道)가 알아줌이 있다고 하겠는가.

공의 가까운 친척 가운데 흉당에 빌붙은 자들이 많았는데 공은 항상 그들을 미워하였다. 하루는 족손(族孫) 가운데 아무개가 흉당의 장지

(葬地)에서 돌아온 이가 있었는데, 공이 식사할 때 반찬이 없는 것을 보고 자루 안의 반찬을 올려드렸다. 공이 억지로 말린 고기를 뜯어먹다가 반쯤 먹고서 토해버렸다. 손자들이 장성한 뒤에도 어릴 때 이름을 그대로 써서 그 친족과 구별하라는 명을 남겼다.

숙인은 참봉 수정(守禎)의 딸이니 그 조부는 능평군(綾平君) 일(鎰)이다. 공과 함께 음죽(陰竹)에 합장하였다가 나중에 이천(利川)의 효양산(孝養山) 북쪽에 이장하였다. 1남1녀를 두었으니 아들은 지술(志述)이고 딸은 민우수(閔遇洙)의 아내이다. 명(銘)은 다음과 같다.

예전에 맹박의 모친 얘기[96]를 들었는데	昔聞孟博之母
지금 노팽[97]의 부친을 보게 되었구나	今見老彭之翁
사화가 혹독하고 격렬할 때	禍故酷烈之際
기상은 더욱 장대하고 행실은 더욱 우뚝하였으니	氣益壯行益峻
진실로 남아호걸이 아니겠는가	豈不誠男子之雄
한 마을에 살던 소년은 지금 백수가 되어	同閈少年今白首
온갖 세상의 변고를 겪었구나	閱歷世變靡不有
공의 곤궁함을 슬퍼하면서도 공의 뜻을 훌륭하게 여기니	哀公之窮而偉公之志兮

96 맹박의 모친 얘기 : 맹박(孟博)은 후한 범방(范滂)의 자(字)이다. 그가 당고(黨錮)의 화에 휘말려 죽게 되자 그의 어머니에게 영결을 고하였다. 어머니가 "너는 지금 이응(李膺)이나 두밀(杜密)과 명성이 같은데 죽은들 무슨 여한이 있겠느냐. 훌륭한 명성이 있고 오래 살기를 요구하는 이 두 가지를 겸할 수는 없다."라고 하며 오히려 그 아들을 위로하였다. 《後漢書 卷67 黨錮列傳》

97 노팽(老彭) : 윤지술(尹志述)의 자(字)이다.

감히 꾸미려는 것이 아니라　非敢曰文
불후하게 전해지기에 충분해서라네　足以不朽

도암집

제43권

묘지
墓誌

참판 홍공 묘지[1]

参判洪公墓誌

성상 3년 정미년(1727, 영조3)에 홍우전(洪禹傳) 공이 상소로 인해 견책을 받아 문외출송 되었다가[1] 1년 뒤 정월 계유일에 세상을 떠났다. 부고를 받고 나서 내가 곡위(哭位)를 만들어 곡을 하고, 다음날 집으로 문상을 가서 곡을 하였으며, 며칠 뒤에 또 그의 관에 곡을 하였다. 상주(喪主)인 계희(啓禧)가 울면서 명(銘)을 청하며 "장례 날짜가 정해졌습니다."라고 하였다. 내가 울면서 말하기를 "아, 내가 차마 이 명(銘)을 지을 수 있겠는가."라 하고, 얼마 뒤에 말하기를 "공이 늘 자신을 알아주는 자로는 나만한 사람이 없다고 했으니, 내가 명을 짓지 않으면 누가 짓겠는가."라고 하였다.

공의 자는 집중(執中)으로, 남양(南陽) 사람이다. 선대는 고려 태사 은열(殷悅)에서 나왔으며, 그 후로 이름난 인물과 높은 관원이 역사서에 끊이지 않고 기록되었다. 조선에 들어와서는 우국재(友菊齋) 휘 경손(敬孫), 석벽(石壁) 휘 춘경(春卿), 해봉(海峰) 휘 명원(命元)이 크게 현달했다. 휘 처심(處深)은 첨정을 역임하였고, 휘 수제(受濟)는

1 참판 홍공 묘지 : 이 글은 홍우전(洪禹傳, 1663~1728)의 묘지이다. 본관은 남양(南陽), 자는 집중(執中), 호는 구반(龜灣)이다. 1719년 별시문과에 을과로 급제하여 경상도 관찰사, 대사간, 공조참판 등을 역임하였다.

1 홍우전(洪禹傳)……되었다가 : 홍우전은 1727년 수원 부사로서 상소하여 소론의 남구만(南九萬), 윤지완(尹趾完), 최석정(崔錫鼎) 등을 숙종의 묘정에서 출향할 것을 주장하다가 삭탈관직당하여 문외출송되었다. 《承政院日記 英祖 3年 7月 1日》

정랑을 역임하였으니, 해봉의 아들과 손자이다. 정랑은 은진 송씨(恩津宋氏)에게 장가들었으니, 현감 지렴(之濂)의 딸이다. 아들 다섯을 두었는데, 공은 넷째이다. 숙부 휘 수진(受晉)이 후사가 없었고 여러 조카들 중에 공을 가장 현명하다고 여겼는데, 부인 구씨(具氏)가 죽은 남편의 뜻에 따라 조정에 호소하여 공을 데려다 양자로 삼았다. 공이 귀한 지위에 오르자, 수진은 이조 참판에 추증되었다.

공은 숭정(崇禎) 계묘년(1663, 현종4)에 태어났다. 여느 아이와 달리 뛰어나 부모의 품을 벗어나자마자 글자를 알았다. 뒤늦게 학문을 시작하였으나 문예의 성취가 빨랐고, 사부(辭賦)를 더욱 잘했으나, 여러 차례 과거에 낙방하였다. 임오년(1702, 숙종28)에 진사 3등에 합격하고 얼마 후 처음으로 벼슬길에 나아가 장릉 참봉(長陵參奉)이 되었다가 경기전 참봉(慶基殿參奉)으로 바뀌었다. 의례대로 예빈시 봉사, 평시서 직장, 장악원 주부를 역임하였다. 의금부 도사로 자리를 옮겼다가 공조의 좌랑과 정랑을 역임하였다. 외직으로 나가 진안 현감(鎭安縣監)을 역임하였는데, 부역을 줄여주고 판결을 공정하게 하여 10번의 고과에서 모두 최고 점수를 받았다. 내직으로 돌아와 한성부 판관, 호조 좌랑과 정랑을 역임하였다. 함양 군수(咸陽郡守)를 역임하면서는 다스림이 진안 때와 같았다.

공은 젊어서 과거 급제를 쉽게 할 수 있다고 자신했는데, 57세가 되어서야 정대(庭對)[2]에 합격하니, 사람들이 진 종산(陳鍾山)[3]에 비유

2 정대(庭對) : 대과의 최종 시험인 전시(殿試)에서 답하는 책문(策文)을 말한다.

3 진 종산(陳鍾山) : 송나라 주희의 친구였던 진량(陳亮, 1143~1194)을 말한다. 자는 동보(同甫), 시호는 문의(文毅)이다. 재주와 기상이 뛰어났고, 병법을 논하기를

하였다. 급제자 명단을 부른 다음날 대각(臺閣)에 의망되었으니, 평소의 명망이 이와 같았다. 얼마 뒤에 사헌부 지평으로 부름을 받아 양역(良役)을 개혁하고 호적에 누락된 장정을 찾아야 한다는 상소를 올렸는데, 기강을 진작시키는 것을 요점으로 삼았다. 백연(百淵) 김창흡(金昌翕)이 읽고서는 감탄하기를 "경세제민(經世濟民)의 문장이다."라고 하였다.

당시에 숙종이 병환이 있어 동궁이 대리 청정을 하였는데, 삼사에서 올리는 상소와 군국(軍國)에 관한 일은 여전히 대조(大朝 숙종)에게 들였는데, 옥당의 차자로 인해 성상이 진노하여 모조리 동궁에 들이라고 명을 내렸다. 그러자 공이 상소하여 환수를 청하며 말하기를,

"성상의 환후가 계속해서 낫지 않고 있으니, 유신(儒臣)이 어찌 성상께 날마다 서책을 가까이하고 날마다 여러 업무를 처리하라고 한 적이 있었습니까? 다만 성인의 지기(志氣)는 쇠하는 때가 없고,[4] 마음을 다스리고 병을 다스리는 것은 본래 두 가지 이치가 아니니, 전하께서 가끔 신하들을 연석에서 만나 답답한 마음을 푸시고, 상하의 정리를 소통시켜 조절하는 도리를 다하실 것을 바랐을 뿐입니다. 전하께서 현저히 좋아하지 않는 기색을 보여 간언을 하는 길을 미리

즐겼다. 송나라 광종(光宗) 4년(1193)에야 진사에 장원으로 급제하여 첨서건강부판관(簽書建康府判官)에 제수되었으나, 부임하지 못하고 죽었다.

4 성인의……없고 : 《논어》〈계씨(季氏)〉에 "군자유삼계(君子有三戒)…" 장(章) 집주(集註)에, 범씨가 말하기를 "성인이 남과 같은 것은 혈기이고, 남과 다른 것은 지기(志氣)이다. 혈기는 때에 따라서 쇠퇴하지만 지기는 어느 때이든 쇠퇴하지 않는다.〔范氏曰, 聖人同於人者, 血氣也, 異於人者, 志氣也. 血氣, 有時而衰, 志氣則無時而衰也.〕" 하였다.

막아 신료들에게 아녀자와 내시의 충성을 하도록 인도하는 것이 어찌 마땅하겠습니까. 지금 원량(元良)이 대리(代理)하여 만기(萬機)가 적체됨이 없으나, 전하께서는 이에 부탁할 만한 마땅한 사람을 얻었다 하여 갑자기 밖의 일을 사절하고자 하시니, 또한 어찌 우리 전하께서 40년 동안 걱정하고 수고하신 뜻이겠습니까."

하였다. 공은 남들이 말하기 어려운 것을 말하였고 말뜻이 간절하고 올곧았는데, 한 무리 불순한 자들이 위태로운 말로 동요시켰다. 사간원 정언과 헌납에 제수되었다.

경종 초년에 흉인 조중우(趙重遇)가 상소를 올려 사친(私親)을 융숭히 받들어야 한다고 청하며 조정의 신하들을 두루 비방하였다.[5] 옥당에 겉으로는 인혐(引嫌)하면서 안으로는 뜻을 같이 하는 자가 있었는데, 공이 그를 탄핵하였다. 집의로 승진하였을 때에 태학생 윤지술(尹志述)이 직언을 하다가 변방으로 내쳐지게 되자,[6] 공이 휴가 중에 있다가 개연히 속히 대각에 와서 구원하여 결국 임금의 명을 되돌렸다.

5 경종……비방하였다 : 1720년(숙종46) 6월에 숙종이 승하하고 경종이 즉위하자, 7월에 유학(幼學) 조중우(趙重遇)가 상소하여 경종의 생모인 희빈(禧嬪) 장씨(張氏)의 위호를 회복시킬 것을 청한 일을 이른다. 이 상소가 봉입되자 사헌부의 계청에 따라 사안을 형조에 내려 조중우를 형신하고 국문하게 하였는데 조중우는 국문을 마치고 배소(配所)로 가는 도중에 물고(物故)되었다. 《景宗實錄 卽位年 7月 21日, 24日》

6 윤지술(尹志述)이……되자 : 1720년(경종즉위년)에 성균관 장의(掌議)로서, 숙종의 지문(誌文)에 장희재(張希載)를 처형하고 희빈 장씨(張氏)를 사사(賜死)한 일이 기록되지 않은 것과 노론의 손을 들어 준 병신처분(丙申處分)의 시비가 불분명하게 기록된 것을 상소하고 유생들을 선동하여 권당(捲堂)하였다가 유배에 처해질 뻔했으며, 1721년에 김일경(金一鏡) 등의 탄핵으로 처형되었다. 《景宗實錄 卽位年 9月 7日, 1年 12月 17日》

당시에 조정이 두 편으로 나뉘어져 다투어 조정의 상황이 어지러웠는데, 공이 일이 있을 때 과감하게 말을 하여 사생(死生)과 화복(禍福)에도 그 마음이 동요하지 않자, 사론(士論)이 모두 의지하였다. 인산(因山)을 마치고는 속히 강연(講筵)을 열어야 한다고 진계(陳戒)하였다. 현궁봉폐관(玄宮封閉官)[7]을 역임한 공로로 통정대부로 품계가 올라 장례원 판결사, 병조 참의와 참지를 역임하였다. 충청도 관찰사에 제수되었으나 모친이 연로하다는 이유로 체직되고, 다시 참지를 역임하였다가 대사간으로 자리를 옮겼다. 경상도 관찰사로 나갔는데, 마침 흉년이 들자 지성으로 구휼하여 백성들이 이로 인해 죽지 않았다. 교만하고 방자한 통제사를 만났는데, 체모를 무너뜨렸다고 자신을 허물하였다.

시사(時事)가 또 한 번 변하여 공이 해직되자마자 여러 소인들이 그 동안 공에게 쌓인 유감이 있어 박필몽(朴弼夢)이 공을 사판(仕版)에서 삭거해야 한다고 아뢰었다. 공은 전주(全州)의 구만동(龜灣洞)으로 물러나서 자신의 호로 삼고는 꽃과 대나무를 심고 날마다 그 곳에서 시를 읊었다. 얼마 뒤에 사헌부에 있을 때 올린 상소가 뒤늦게 문제가 되어 추율(追律)되어 정주(定州)로 유배되었고,[8] 다음해에 태인(泰仁)

7 현궁봉폐관(玄宮封閉官) : 현궁은 왕릉(王陵)의 광중(壙中)이고, 봉폐는 광중을 덮고 봉분을 쌓는 것인데, 이 일을 감독하는 관원이다.

8 사헌부에……유배되었고 : 홍우전이 평안도 정주(定州)로 유배된 일을 말한다. 경종이 동궁(東宮)으로 대리(代理)하던 시절에 삼사(三司)의 상소와 차자 및 병조의 공사(公事)를 동궁에 들이라는 명이 있었는데, 당시 지평으로 있던 홍우전이 상소를 올려 도로 거두어들이기를 힘껏 청하면서, '놀랍고도 의혹스러우며 근심스럽고 한탄스럽다.'는 말을 한 적이 있었다. 대각(臺閣)에서 이 일에 대한 처벌로 홍우전을 유배 보내야한

으로 이배되었다.

지금 성상 원년에 사면을 받아 연이어 공조 참의와 예조 참의에 제수되었으나 나아가지 않았다. 판결사로 조정으로 돌아왔다가 곧바로 모친을 뵈러 고향으로 내려갔다. 이조에서 공의 재주를 아깝게 여겨 반드시 공을 조정에 나오게 하려고 여주 목사(驪州牧使)에 제수하였다. 공이 편히 모친을 봉양하기 위해 명에 따랐는데, 부임하기 전에 대사간으로 자리를 옮기게 되자, 입대하여 연로 백성들의 고통을 아뢰고 어사를 파견하여 궁핍한 백성을 진휼하기를 청하니, 성상이 경청하였다.

9월에 특별히 공조 참판에 제수되었으며, 이후로 연이어 예조, 형조, 병조 세 부서의 참판을 지냈다. 병오년(1726, 영조2)에 동조(東朝 대비)의 옥책 서사관(玉冊書寫官)을 맡아 가의대부로 품계가 올랐고, 동지의금부사, 동지춘추관사로 《경종실록(景宗實錄)》 찬수에 참여하였으며, 승문원 제조와 비변사 제조를 역임하였으며, 전후로 대사간을 네 차례나 역임하였다.

공은 흉역들이 살아남은 것을 통탄하며 늘 그들을 징계하고 토죄하는 것을 자신의 임무로 여겼다. 여러 차례 등대하고 이어서 상소로 목욕(沐浴)의 의리[9]를 극력 아뢰며 작은 혐의에 구애되어 큰 논의를 피하는 삼사의 관원들을 모두 파직하도록 논하였다. 또 최규서(崔奎瑞)가 일찍이 사친(私親)을 높이는 일로 헌의(獻議)했을 때, 대답하는

다고 하자 경종이 그대로 따랐다. 《景宗實錄 3年 11月 17日》

9 목욕(沐浴)의 의리 : 《논어》 〈헌문(憲問)〉에 "진성자(陳成子)가 제 간공(齊簡公)을 시해하자, 공자가 목욕을 하고 노 애공(魯哀公)의 조정에 가서 아뢰기를 '진항(陳恒)이 그 임금을 시해하였으니, 청컨대 그를 토벌하소서.' 하였다."라고 한 데에서 온 말로, 죄를 고하여 역도를 토벌하게 하는 의리를 말한다.

말뜻과 태도가 간교했음을 논하였으며, 또 그가 상소에서 감히 자신을 명 나라 설선(薛瑄)이 조길상(曹吉祥)과 석형(石亨)이 권세를 잡았을 때 기미를 보고 물러났던 일[10]에 견주어 그 마음의 자취가 가증스러우니 엄히 배척해야 한다고 하였으며, 신치운(申致雲)이 유현(儒賢)을 무함한 일[11]을 처벌해야 한다고 하였는데, 모두 받아들여지지 않았다.

이에 앞서 숙종을 종묘에 부묘할 때에 소인배들이 명을 제멋대로 천단하여 선조(先朝 숙종)에게 죄를 지은 남구만(南九萬), 윤지완(尹趾完), 최석정(崔錫鼎)을 선왕의 묘정에 함께 배향하여 여론이 분노하고 오랫동안 답답해하였는데, 공이 양사를 이끌어 속히 출향(黜享)할 것을 청하자 성상이 기뻐하지 않았다. 공이 인피(引避)하고 또 상소로 논열하였는데, 그 말이 더욱 엄정하였다. 이어서 임금이 신하를 경시하였다고 경계하니, 성상이 몹시 질책하는 비답을 내렸다. 그러자 한 차례 병을 고하고는 곧장 체직되었고, 이때부터 공은 다시 대각에 들어

10 설선(薛瑄)이……일 : 조길상(曹吉祥, ?~1461)은 명나라 환관이고, 석형(石亨, ?~1460)은 명나라 무인이다. 경태(景泰) 8년(1457)에 경제(景帝)의 병이 심해지자, 이 둘은 함께 영종을 복위시키고 권세를 부려 조석(曹石)으로 병칭되었다. 설선(薛瑄)의 호는 경헌(敬軒)이고 시호는 문청(文淸)이다. 명나라 천순(天順) 1년(1457)에 영종(英宗)이 중조(重祚)하여 예부우시랑 겸 한림원학사(禮部右侍郎兼翰林院學士)에 제수하였으나, 석형과 조길상이 정사를 전횡하는 것을 보고 바로 치사하였다. 《明史 卷282 儒林列傳1 薛瑄》

11 신치운(申致雲)이……일 : 신치운(申致雲)은 1723년(경종3) 11월에 소론의 신예로서 노론의 핵심 인물인 권상하(權尙夏)·이희조(李喜朝)·정호(鄭澔) 등을 축출하기를 적극 주장하였고, 이듬해에는 증조부인 신면(申冕)의 억울함을 주장하면서 송시열(宋時烈)을 공박하였다. 이 일로 노론 신하들이 계속해서 신치운을 절도에 정배할 것을 요청하였으나 영조는 들어주지 않다가 1727년(영조3)에 복직시켰다. 《景宗實錄 3年 11月 27日, 4年 5月 29日》《承政院日記 英祖 3年 7月 16日》

가지 않았다.

묘당(廟堂)의 천거로 수원 부사(水原府使)에 제수되었다. 관직에 부임하기 전 7월의 큰 환국[12]으로 정청(庭請)하고 청대(請對)한 여러 신하를 파직하라는 명이 있었는데, 공이 그 속에 포함되었다 .이어서 세 신하를 출향하라는 논의로 인해 공을 가장 먼저 논죄하여 삭출하였다. 공은 서울 집을 팔아 온 집안 식구들을 데리고 남쪽으로 내려가려고 하였는데, 광주(廣州) 궁촌(宮村)의 우거에서 병에 걸려 세상을 떠났다. 3월 23일에 고산(高山)의 북쪽에 반장하였으니, 선친의 묘소 옆이다.

공은 장신에 수려한 외모를 지녔고, 국량이 우뚝하였다. 평소에 말을 빨리 하거나 갑자기 얼굴빛을 바꾸는 일이 없었다. 효성과 우애는 천성으로 타고났다. 구 부인(具夫人)이 80세가 넘은 나이에 공 역시 나이가 들어 백발이 되었는데, 늘 곁에서 기쁘게 해드리며 아침저녁으로 힘세고 건장한 사람처럼 부지런히 모셨으며, 편찮으시면 잠시도 곁을 떠나지 않았다. 대부인이 노쇠한 공을 염려하여 조금 쉬도록 권하면 번번이 문 밖에서 숨을 죽이고 기다리다가 얼마 후에 다시 들어갔다. 하루는 대부인이 심하게 병이 들어 공이 손으로 약물을 들고 빨리 걸어가다 넘어졌다. 하늘을 쳐다보면서 자신을 대신 죽게 해달라고

12 7월의 큰 환국 : 정미환국(丁未換局)을 말한다. 영조는 1725년(영조1) 소론을 몰아내고 자신의 지지 세력인 노론을 정계로 불러들여 노론정권을 구성하였으나, 노론 당로자들이 을사처분과 환국에 만족하지 않고 나아가 소론에 대한 보복까지 요구하여 정국이 다시 노·소론 사이의 파쟁으로 흘러가게 되자, 1727년(영조3) 7월에 소론에 대한 보복을 고집하던 민진원과 정호(鄭澔) 등을 파면하고 이광좌(李光佐), 조태억(趙泰億) 등을 비롯한 소론을 다시 정권에 참여시켰다.

청하며 눈물이 수염에 흘러내렸는데, 지켜보던 자들이 감동하였다. 대부인이 공을 곡하며 말하기를 "내가 죽지 않아 너를 죽게 하였구나." 라고 하였다.

형제와 다른 집에 살았으나 거의 모이지 않은 날이 없었고, 양자로 간 집의 전답과 소작인을 모두 여러 누이에게 나누어 주며 말하기를 "나는 이것이 없어도 충분하다."라고 하였다. 누이 한 명이 일찍 세상을 떠나자 어린 자식을 자신의 집에 데려다 키웠다. 종친의 계회를 열어 좋은 날 술자리를 마련하여 정과 사랑이 넘쳐났다. 진주(晉州)에 있는 원조(遠祖) 복야공의 묘를 잃었는데, 공이 경상도 관찰사로 있을 때 성심으로 찾았는데 돌아올 무렵에 비로소 묘소를 발견하여 다시 정비하고 묘갈을 세웠다.

관직에 있을 때는 드러나게 공적을 세우는 일을 즐기지 않았으나, 백성들이 공의 너그럽고 소탈한 모습을 좋아하여 떠나간 뒤에 그리워하는 이들이 많았다. 임금을 섬길 적에는 한결같이 우직하고 성실하였으며, 논의가 구차하지 않았다. 천성이 온화하고 두터웠으나, 선악(善惡)과 의리(義利)의 구분에는 엄정하였다. 지금 세상의 사대부들은 한번 참혹한 일을 겪고 나면 자신을 위한 계책에만 힘써서 대부분 애매모호한 모양새를 취하지만 공은 유독 백발의 나이로 당론을 내세운다는 이유로 임금에게 죄를 얻었으니, 참으로 주자(朱子)가 말했던 공적인 마음과 곧은 도리를 믿고서 회피하지 못하는 사람[13]이다. 저 나이가

13 공적인……사람 : 주희(朱熹)가 사대부의 붕당(朋黨)을 걱정한 승상 유정(留正)에게 보낸 글에 "옛날에 붕당을 미워해서 제거하려다가 남의 나라를 망하게 하는 결과를 초래한 경우가 종종 있었다.……군자들은 자기의 공적인 마음과 곧은 도리를 믿고서

젊고 죽은 사람처럼 기상이 없는 미약한 자들이 부끄러운 마음이 들지 않겠는가. 조정에서의 큰 행적이 이와 같으니, 세세한 일은 생략한다.

공은 젊은 나이에 우리 숙조(叔祖) 타우 선생(打愚先生) 휘 상(翔)의 집안에 장가들어 선생에게 수학하였는데, 선생이 큰 인물로 여겨 중시 하였다. 공은 독서를 즐겼고 경전을 더욱 숙독하였다. 만년에는 주자서(朱子書)에 힘을 기울여 비록 곤경 속에서 떠도는 와중에도 손에서 놓으려 하지 않았고, 반드시 날마다 몇 번 암송하고 한밤중에 잠이 들었으니, 노년에 학문을 좋아한 점은 또 공경할 만하다.

공은 강직한 성품을 지녀 세속의 모양새가 없었고, 명류(名流)를 따르려 하지 않았으며, 문을 닫고 세상과의 인연을 끊었으니, 담박하기가 한미한 선비와 같았다. 이 때문에 벼슬길이 대부분 순탄치 않았는데, 자제들이 말을 하면 공이 꾸짖으며, "늦은 나이에 과거에 급제하여 십년도 되지 않아 이 지위에까지 올랐으니, 분수에 지나친 것이다."라고 하였다.

그러나 시세가 더욱 험난해지자 공이 주위를 둘러보고는 쓸쓸하여 조정에 있는 것을 즐거워하지 않아 손수 벽에다 한 문공(韓文公 한유(韓愈))의 "예전에 맹렬하게 영리를 좇던 일을 후회하고, 자취를 거두고 새로 나약한 경지로 나아가네."[14]라는 구절을 썼다. 하루라도 돌아가기

회피하지 못하기 때문에 거꾸로 배척을 당하는 일이 왕왕 있게 된다.〔古之惡朋黨而欲去之者, 往往至於亡人之國……而君子恃其公心直道, 無所回互, 往往反爲所擠.〕" 하였다. 《晦庵集 卷28 與留丞相書》

14 맹렬하게……나아가네 : 당(唐)나라 한유(韓愈)의 〈추회십일수(秋懷十一首)〉 제5수에 "자취를 거두고 새로 나약한 경지로 나아가니, 예전에 맹렬하게 영리를 좇던 일을 후회하네.〔斂退就新懦, 趨營悼前猛.〕" 하였다. 본문에서는 두 구절을 바꾸어 썼으

를 잊은 적이 없었지만, 자신의 뜻대로 하지 못한 것이다. 아, 슬프도다.

공은 4남 1녀를 두었다. 장남 계복(啓福)은 신동이라 불렸으나, 관례를 올리기 전에 죽었다. 차남 계록(啓祿)은 중부의 후사로 나갔는데, 뜻과 행실이 있었으나 요절하였다. 삼남은 이름을 짓기 전에 요절하였다. 사남 계희(啓禧)는 진사이다. 딸은 이엄(李淹)에게 출가하였는데, 양자가 현곤(顯坤)이다. 명은 다음과 같다.

우뚝한 홍공이여	嶷嶷洪公
마음은 굳세고 모습은 헌걸찼네	中確外頎
처음 벼슬할 적에는	爰初爲吏
너그럽고 올곧게 다스렸네	寬靖以治
한번 구기를 토하여	一吐口氣
우리 남쪽 지방에 펼쳤네[15]	殿我南維
공이 대각에 있을 때는	公在臺省
직언으로 자신을 견지하였네	謇謇自持
격렬한 당쟁 속에서	龍血玄黃
세상 운수 험난했으나	世運平陂
두려워하지도 동요하지도 않고	不懾不撓
과격하지도 따르지도 않았네	不激不隨

니 작자의 오류로 보인다. 《東雅堂昌黎集註 卷1》

15 한번……펼쳤네 : 홍우전이 57세에 과거에 급제하여 얼마 뒤에 경상도 관찰사를 역임한 일을 말한다. 진량이 나이 50이 넘어 과거에 급제하자, 주자(朱子)가 편지를 보내어 "노형이 오늘에야 비로소 후생들 속에서 기염을 한번 토한 것이니 크게 축하할 것도 없다.〔老兄今日, 始於後生叢中, 出一口氣, 未足深賀.〕" 하였다.

묘정을 깨끗하게 만들었으니 有侐廟庭
저 분은 어떤 분인가 彼何人斯
신하가 감히 자신을 돌보랴 臣敢顧身
숙종을 그리워하였네 肅考之思
비록 배척과 내침을 당했으나 雖遭斥奔
명예와 의리를 밝게 드리웠네 名義昭垂
종남산[16]이 지척이건만 咫尺終南
죽으며 흘린 눈물 턱으로 흘렀네 死淚橫頤
천리 머나먼 호남 땅 湖甸千里
뽕나무 밭 여전하네 桑柘依依
어찌 쫓겨났다 돌아오지 않고 何黜不復
관에 실려 돌아오는가 而以柩歸
내가 공의 행실 돌아보니 我最其行
효성이 그 바탕이라네 維孝是基
기쁜 얼굴로 모친의 뜻 먼저 헤아리고 愉色先意
백발에도 어린아이 같았네 白頭嬰兒
그 마음 옮겨서 임금 섬겨 移以事君
한결같은 절개 변함이 없었네 一節無緇
내 시가 아첨하는 말이 아니니 我詩匪諛
오히려 여기에서 징험하리라 尙徵在玆

16 종남산(終南山) : 서울의 남산으로 여기에서는 임금이 있는 도성을 말한다.

군수 신공 묘지[17]

郡守申公墓誌

예조 판서 분애(汾崖) 신 상서(申尙書) 휘 정(晸)에게 8명의 아들이 있었는데, 여섯째가 석화(錫華)로 자는 천뢰(天賚)이다. 현종 임자년(1672, 현종13)에 분애공의 완영(完營 전라 감영) 관소에서 태어났으며, 병인년(1686, 숙종 12)에 우리 외조부 여양(驪陽) 민 문정공(閔公文貞 민유중(閔維重))의 집안에 장가를 들었다. 나는 당시에 어린 나이로 날마다 사위가 머무는 처소에서 공을 보았는데, 매우 사랑을 받았다. 조금 장성하여 과거 문장을 익히면서 공의 집에 가서 시를 짓는 법을 배웠다.

공의 평소 모습을 보면 말을 빨리 하거나 얼굴빛이 급변하는 일이 없었으며, 또 태만한 모습을 보이지 않았다. 남들과 교유하는 일이 적었으며, 매일 조용히 서재를 청소하였는데 서책과 책상은 가지런히 늘 제자리에 위치하였고, 꼿꼿하게 단정한 자세로 앉아 밤낮으로 글을 읽었다. 비록 잠깐 출입하더라도 반드시 책을 휴대하여 측간에 가서도 글 읽는 소리가 그치지 않았다. 그는 차라리 부족할지언정 교묘한 데 가까워서는 안 되고, 오직 근면이 아둔함을 보완할 수 있다고 말하였으며, 세상에서 기미와 변화를 엿보고 술수를 일삼는 사람들을 보면 마치 자신의 몸을 더럽힐 듯이 여겼으니, 내가 마음으로 기뻐하여 감히 잊을

17 군수 신공 묘지 : 이 글은 신석화(申錫華 1672~1714)의 묘지이다. 본관은 평산(平山), 자는 천뢰(天賚)이다.

수가 없었다.

그 후에 내가 요행히 일찍 현달하였고, 공은 음직(陰職)을 전전하였으나, 우호가 변치 않아 의문나는 점이 있으면 번번이 질정하였다. 내가 중년에 병이 들자, 걱정스런 마음에 부지런히 안부를 물었고, 또 때때로 자신의 두 아들을 보냈으니, 처음부터 끝까지 이처럼 돈독하게 지냈다.

공은 기묘년(1699, 숙종25) 진사시에 합격하여 여러 차례 성균관 장의(掌議)를 지냈다. 당시에 이희정(李喜鼎)이라는 자가 율곡(栗谷 이이(李珥)), 우계(牛溪 성혼(成渾)), 사계(沙溪 김장생(金長生)) 세 선생을 무함하고 헐뜯었는데,[18] 공이 여러 유생들을 이끌고 상소를 올려 통렬히 분별하니, 성상이 비답을 내려 가상히 여겼다.

을유년(1705, 숙종31)에 음보로 빙고 별제에 제수되었으며, 차례대로 승진하여 장흥고 주부를 역임하고, 사헌부 감찰, 호조 좌랑을 역임하였으며, 순안 현령(順安縣令)으로 나가 5년간 있다가 벼슬을 그만두고 돌아왔다. 계사년(1713, 숙종39)에 익위사 익찬을 거쳐 가평 군수(加平郡守)에 제수되었으며, 이듬해 10월 3일 관소에서 세상을 떠났으니, 나이가 겨우 43세였다.

분애공의 조부는 상촌(象村) 문정공(文貞公) 휘 흠(欽)이다. 상촌의

18 당시에……헐뜯었는데 : 유생 최운익(崔雲翼)의 상소를 계기로 김장생(金長生)을 문묘에 종사하는 일을 예조에 내려 품처하게 하자, 충청도 진사 이희정(李喜鼎) 등이 상소하여 김장생을 배척하며 품처하도록 한 명을 환수할 것을 청하고 이미 문묘에 종사된 현신인 이이(李珥)와 성혼(成渾)까지 배척하였다. 이에 숙종이 이희정을 정배(定配)하도록 하였는데, 좌부승지 박명의(朴明義), 교리 임수간(任守幹) 등이 또 상소하여 이희정을 두둔하고 김장생을 배척하였다. 《肅宗實錄 27年 2月 19日, 3月 5日·8日》

선조로는 우정언을 역임한 휘 효(曉)와 참찬을 역임한 이간공(夷簡公) 휘 영(瑛)이 있는데, 모두 저명한 분들이다. 상촌부터 공의 둘째형 승지 계화(啓華)에 이르기까지 4대가 내한(內翰)을 역임하여 가문이 융성하여 세상에서 견줄 수 있는 집안이 드물었으나, 승지공이 세상을 떠난 뒤로는 집안이 아주 쇠퇴하여 떨치지 못했다.

공은 늘 나라의 풍속이 과거 급제를 중요시하기에 과거에 급제하지 못하면 선조의 업적을 이어 회복할 수 없다고 생각하였다. 비록 여러 차례 과거에 낙방하였지만 부지런히 힘써 게을리하지 않았으며, 공무의 여가에도 더욱 더 각고의 노력을 기울여 연달아 초시(初試)에 합격하였다. 사람들이 조만간에 과거에 급제할 것이라 하였는데, 결국 급제하지 못했다.

공이 비록 마지못해 녹봉을 위해 벼슬살이를 하였지만, 그의 본래 뜻은 아니었다. 그러나 역시 낮은 관직이라고 해서 소홀히 하지 않고, 직임의 대소에 관계없이 삼가 자신의 직분을 다하였다. 고을 수령이 되었을 때는 자상하고 화락하였으며, 유아(儒雅)한 기풍으로 다스렸고, 옥사(獄事)를 공명정대하게 다스려 의심스러운 옥사는 모두 공에게 귀결되었는데, 판결에서 패소한 사람도 원망이 없었다.

순안 현령으로 재직할 때에는 양로연(養老宴)을 마련하여 직접 당(堂)에서 내려가 노인들을 위로하였다. 나이가 서른을 넘어 혼례를 올리지 못한 처자는 관청에서 혼수를 마련해주어 시기를 놓치지 않도록 하였다. 매년 봄과 가을에는 학문을 권장하고 시험하는 정사를 펼쳐 백성들이 모두 분발하여 성취한 자들이 제법 많았다. 또 귀신처럼 잘 적발하여 도적들이 자취를 감추었으니, 백성들에게 다스림의 은혜가 이와 같았다. 공이 비록 선대의 아름다움을 잇지 못하고 낮은 고을 수령에 머물렀지만, 역시 한(漢)나라 때 훌륭한 지방관의 치적에 가까웠는데, 또 다시 요절하여 그의 큰 재능을 펼치지 못하였다. 곤궁한 운명 탓이니, 하늘의 뜻을 어찌하겠는가.

공은 집안 행실이 독실하고 지극하였다. 모친의 병을 간호할 적에는 손가락을 베어 피를 약에 타서 올렸다. 둘째 형 부사공과 셋째 형 별제공이 성품이 엄하여 때때로 크게 성을 내면 자제들이 감히 그 뜻을 거스르며 끝까지 바로잡을 수 없었는데, 오직 공만이 그들의 말투가 조금 누그러질 때까지 기다렸다가 조용히 말을 하면 두 공 역시 깨달았다.

예법으로 자신을 다잡아 관혼상제는 반드시 한결같이 《주자가례(朱子家禮)》를 따랐으며, 자손들에게 그대로 따라 거행하여 어기지 않도록 하였다. 막내 학생공과는 거의 십년 동안 한 집에 살았는데, 의복과 음식 및 기물을 모두 함께 공유하였다. 일가 중에 혼례와 초상이 있어도 가난 때문에 치르지 못하는 자가 있으면 반드시 힘을 다해 도와주었다. 평상시에는 당론(黨論)을 입 밖에 내지 않았으나 선악의 구분에는 아주 엄격하였다. 역적 종친 이항(李杭)[19]은 공과 몹시 가까운 친척으로, 각별한 뜻으로 공과 친분을 맺으려 하였는데, 공이 스스로 멀리하였다. 위의 사실은 공의 행의(行義) 중에 기록할 만한 내용이다.

공의 계배(繼配)는 완산 이씨(完山李氏)로, 학생 시번(始蕃)의 딸이다. 사위 두 명이 있으니, 이수(李垂)와 이후상(李後祥)이다. 두 아들 야(埜)와 학(壆) 및 이양신(李良臣)에게 출가한 딸은 나의 이종사촌이

19 역적 종친 이항(李杭) : 동평군(東平君)을 말한다. 숭선군(崇善君) 징(徵)의 아들로, 숙종의 총애를 믿고 불법을 자행하였으며, 장희빈(張禧嬪) 사건에 관련되어 절도(絶島)에 귀양 갔다가 1701년(숙종27)에 사사(賜死)되었다

다. 야(埜)는 현감을 역임하였고, 학(壆)은 재주와 행실이 있었으나 요절하였다. 야(埜)가 울면서 청하기를

"우리 부친을 아는 자로는 형님만한 분이 없으니, 한 마디 말을 얻어 무덤에 넣기를 바랍니다."

라고 하기에 드디어 다음과 같이 명을 짓는다.

분애공의 아들이자	汾翁之子
상촌의 후손	象村之後
혁혁한 선대를 이었고	席玆奕世
천부적인 자질도 두터웠네	天賦亦厚
처음에 공에 대한 기대가	始昔期公
어찌 일개 군수에 그쳤으랴	豈一郡守
바람과 눈 내리는 가평에서	風雪嘉陵
관 속에 담겨 돌아왔네	乃歸以柩
영지는 일 년에 세 번 맺히는데	靈芝三秀
어찌하여 뜻을 이루지 못했나[20]	胡志未就
화락하고 편안하고 간결하였으며	豈弟恬簡
선을 자신의 소유로 하지 않았네	善不自有
공의 행실을 아는 자로는	知公之行

20 영지는……못했나 : 뜻을 이루지 못한 한스러움을 말한다. 주희가 길을 가다가 운당포(篔簹浦)란 곳에서 쉬었는데, 그 벽에 새겨진 "빛나는 영지는 일 년에 세 번 맺히는데, 나는 홀로 어찌하여 뜻만 있고 이루지 못하는가.〔煌煌靈芝, 一年三秀, 予獨何爲, 有志不就?〕"라는 글귀를 보고 감탄하여 여러 번 반복하여 읽었다. 《朱子大全 卷84 題袁機仲所校參同契後》

나만큼 오랜 사람 없지 莫如我久
세상에 지루하게 남아 支離於世
홀로 이렇게 늙고 추해졌네 獨此老醜
여주(驪州)의 무덤에 驪邱之藏
우리 이모님과 함께 묻혔네 同我姨母
예의상 묘지 있어야 하니 禮當有誌
효자가 공손히 청하였네 孝子拜手
이렇게 애도의 심정 드러내니 于以表哀
어찌 후세에 전하기에 충분하랴 曷足不朽

장령 최공 묘지[21]

掌令崔公墓誌

공의 휘는 도문(道文), 자는 기보(器甫)이다. 휘 영규(永奎)는 실로 김부왕(金傅王)[22]의 후손으로, 수주(水州 수원)에서 공을 세워 고려의 왕이 수성백(隋城伯)에 봉하고 최씨 성을 하사하였다.[23] 수성(隋城)은 수원의 호칭으로, 최씨는 그대로 수성 사람이 되었다. 증조 휘 종직(宗直)은 증 참판, 조부 휘 숙(橚)은 통제사, 부친 휘 경우(擎宇)는 부사를 지냈다. 외조부는 부사 이언규(李彦珪)이다.

공은 숙종 병진년(1676, 숙종2)에 태어났다. 경인년(1710, 숙종36)에 생원시에 합격하였다. 갑오년(1714, 숙종40)에 증광문과에 급제하여 승문원 권지 부정자, 예조와 병조의 낭관, 사간원 정언, 사헌부 장령, 송라 찰방(松羅察訪), 경상도 도사, 삼척 부사(三陟府使)를 역임하였으니, 이것이 그가 역임한 내직과 외직이다.

기유년(1729, 영조5)에 모친상을 당했다. 공은 평소 부모를 효성으

21 장령 최공 묘지 : 이 글은 최도문(崔道文, 1676~1729)의 묘지이다. 본관은 수원(水原), 자는 기보(器甫), 혹은 기지(器之)이다.

22 김부왕(金傅王) : 신라의 경순왕(敬順王)을 말한다.

23 수주(水州)에서……하사하였다 : 고려 충렬왕 때 수원 일대가 기강이 퇴폐하고 인륜을 지키지 않아 왕이 개탄하였다. 최영규가 자청해 호장으로 대부 안열(安悅)과 함께 효도로 인도하고 의리로 설복하니 1년이 못돼 크게 변했다. 왕이 가상히 여겨 1302년(충렬왕28) 포상을 하고는 최씨 성을 내리고 수성백에 봉했다. 《豊墅集 권14 隋城伯崔文惠公墓碑》

로 섬겼는데, 이때에 이르러 상(喪)을 견디지 못하고 12월 11일에 세상을 떠났으니, 향년 54세였다. 천안군(天安郡) 북쪽 오근동(梧根洞)에 장사지냈다.

공은 지조가 독실하고 확고하였다. 임인년(1722, 경종2)에 사화(士禍)가 일어나자, 모친을 모시고 고향집으로 돌아갔으며, 남이 혹 벼슬하기를 권해도 응하지 않았다. 대각(臺閣)에 있을 때는 일이 있을 때마다 맡은 직분을 다하였다. 한 번은 경연에서 이광좌(李光佐)의 죄악은 죽이지 않을 수 없다고 극력하게 말했는데, 성상이 "이 신하가 제법 질박하고 올곧구나."라고 하였다. 성상이 친히 의금부에 행차하여 역적 이삼(李森)을 석방시키자, 또 힘써 쟁론하였는데 전후로 올린 상소가 강개하여 볼만한 것이 많다.

정미년(1727, 영조3) 가을에 역당들이 다시 기회를 틈타 들어와서[24] 권력을 잡은 자들이 탕평론(蕩平論)을 주창하니, 사대부들이 대부분 의리를 잊고 이익을 좇았으나, 공만은 그런 일을 부끄러워하였다. 또 고향으로 돌아가 문을 닫고 스스로 단속하여 난리가 일어났을 때 임금께 달려가 안부를 여쭌 것을 제외하고는 더 이상 도성에 들어가지 않았으며, 농사일과 낚시로 모친을 봉양하였다.

남쪽 지방에서 과거 시험을 관장하였을 때 사심 없이 아주 공정하게 처리하였다. 뒤에 정승 민진원(閔鎭遠) 공이 이 일을 팔도에 알려 과거를 주관하는 사람이 한결같이 최 아무개처럼 하도록 요청하였다. 공이 한번은 말하기를,

"우리 부친과 우리 조부께서 여러 차례 고을과 병영에서 관직을 맡았

24 정미년……들어와서 : 1727년 소론이 다시 기용된 정미환국(丁未換局)을 말한다.

으나 집안 소유의 좋은 전택(田宅)이 없으니, 이것이 우리 가법(家法)이다."

하였다. 삼척에는 여분의 황장목(黃腸木)[25]이 많았는데, 공이 삼척 부사를 그만둔 지 몇 해 만에 세상을 떠났으나 시장에서 얇은 판자를 사다가 염을 하였다.

공은 젊어서 문명(文名)이 있었으며, 시에 더욱 뛰어났다. 만년에 과거에 급제하였으나 연이어 곤액을 만나 관직이 또 현달하지 못하였으니, 공을 아는 사람들은 모두 애석하게 여긴다. 그러나 그의 뜻과 업적은 대략 볼 수 있다.

부인 청송 심씨(青松沈氏)는 최(檇)의 딸이다. 아들 수복(受復)은 진사이고, 사위는 이항조(李恒祚)이다. 수복의 아들 셋은 어리고, 사위 이항조의 아들은 약증(若曾), 사위는 조광우(趙匡宇)이다. 수복이 나에게 배웠기에 찾아와서 명(銘)을 청하였다. 명은 다음과 같다.

세상에서는 혹 공을 시인으로만 알고 世或知公以詩人
올바른 언론과 출처가 옛 군자에게 부끄럽지 않음은 알지 못하네 而不知言議出處之正無愧乎古之君子
이런 지조와 절개를 품은 채 抱此志節
구천에서 답답해하네 鬱于泉隧
시를 지어 애도하여 詩以哀之
영원히 그 아름다움을 밝히노라 永昭厥美

25 황장목(黃腸木) : 나무의 결이 좋고 오래 묵어서 누런색의 속이 든 고급 관재(棺材)로 쓰이는 소나무를 말한다.

교관 송공 묘지[26]

教官宋公墓誌

공의 휘는 무원(婺源), 자는 경휘(景徽)로, 우암(尤菴) 문정 선생(文正先生)의 증손이다. 조부 휘 기태(基泰)는 동지중추부사이다. 부친 휘 회석(晦錫)은 통덕랑으로, 선생이 늘 그가 어질다고 칭찬하여 "이 아이는 나의 지기(知己)와 같은 손자이다."라고 하였는데, 불행히도 요절하였다. 당시 공의 나이가 12세였는데, 선생이 어리고 연약한 공을 걱정하여 억지로 강계(薑桂)[27]를 권하였으나 울면서 먹지 않았다. 선생이 친히 《소학》과 《가례》 등 여러 책을 가르쳐 주었으며, 공을 두고 성품이 곧아 가망이 있다고 하였다. 기사년(1689, 숙종15)에 재앙이 일어나 선생이 제주도로 귀양길에 올랐는데, 편지를 남겨 공의 이름을 지어 주었으니,[28] 이는 청음(淸陰) 김 선생(金先生)이 선생에게 주었던 시에 있는 말이었다.[29] 이어 도학(道學)으로 권면하고, 또

26 교관 송공 묘지 : 이 글은 송무원(宋婺源, 1677~1736)의 묘지이다. 본관은 은진(恩津), 자는 경휘(景徽), 호는 염수와(念修窩)이다.

27 강계(薑桂) : 생강과 계피로, 상주(喪主)가 병약할 때 보양제로 먹었다.

28 편지를……주었으니 : 편지는 송시열이 1689년 2월 15일에 쓴 〈무원에게 보내다〔寄婺源〕〉를 가리키는데 여기에 주자(朱子)의 고향인 무원으로 이름을 지으며 이로써 도학(道學)에 힘쓰기를 권면한 내용이 보인다. 《宋子大全 卷128 寄婺源》

29 이는……말이었다 : 청음 김상헌(金尙憲)의 〈지평 송시열의 시에 차운하다〔次宋持平時烈韻〕〉 시에 "무원의 정맥을 따른다.〔婺源追正脈.〕"라는 시구를 말한 것이다. 《淸陰集 卷4》

재앙을 만난 본말을 하나하나 서술하여 말하기를 " 이 일은 네가 몰라서는 안 된다."라고 하였다.

외재(畏齋) 상국(相國) 이단하(李端夏)가 지협(砥峽 지평(砥平))에 살고 있어 공이 모친을 모시고 그에게 의지하였으니, 외재공은 모친의 아버지였다. 얼마 뒤에 외재공이 세상을 떠나고 우암 선생이 사약을 받았다. 공은 외롭고 너무나도 원통하여 스스로 살 수 없을 듯하였으나, 오히려 유훈(遺訓)을 가슴에 새기고 잊지 않았다. 갑술년(1694, 숙종20)에 다시 정국이 바뀌자 선생이 가장 먼저 신원되었으나, 공은 세상의 도가 아직 다 깨끗해지지 않았다고 생각하여 과거에 응시하려 하지 않고 이때부터 가학(家學)에 전념하였다.

병술년(1706, 숙종32)에 성상이 금단(禁壇 대보단)에서 직접 명나라의 두 황제를 제사지내려고 하였는데, 마침 병이 들어 최명길(崔鳴吉)의 손자 최석정(崔錫鼎)이 영의정의 신분으로 섭행(攝行)하게 되었다. 공이 많은 선비들을 이끌고 상소를 올려 최석정의 집안은 대대로 오랑캐에게 아첨을 하였으니, 그가 제사를 행해서는 안 된다고 하였다.[30] 성상이 최석정을 위로하고자 하여 공을 강진(康津)으로 유배 보냈다. 그러나 결국 다른 재상에게 대신하도록 하였으니, 사론(士論)이 통쾌

30 금단(禁壇)에서……하였다 : 금단은 조선 숙종 30년(1704)에 창덕궁의 북쪽 담밖에 세운 대보단(大報壇)으로, 임진왜란 때 명나라 신종(神宗)이 조선을 구원해 준 공을 생각하여 세운 것이다. 1706년에 숙종이 병환으로 황단에 직접 제사하지 못하고, 당시 영의정이던 최석정(崔錫鼎)으로 대신하게 하였는데, 사학 유생(四學儒生)인 송무원 등이 상소하여 말하기를 "영의정 최석정은 인조 때에 화친을 주장한 사람인 최명길의 손자로 수치를 잊고 나라를 욕되게 한 죄가 있으니, 황단의 제사를 대행하게 할 수 없습니다."라고 하였다. 《肅宗實錄 32年 3月 3日》

하게 여겼다.

당시에 동추공이 영동(永同)에 있었는데, 공이 남쪽으로 떠나면서 집안사람을 시켜 모친을 모시고 그 곳으로 가게 하였다. 유배에서 풀려난 뒤에는 초가집을 짓고 살았는데, 동추공이 살던 집과는 10리 정도 거리여서 날마다 반드시 오가며 안부를 여쭈었다. 동추공의 당시 나이가 여든이었는데, 공이 직접 나물을 캐고 물고기를 잡아 맛있는 음식을 올렸으며, 여가에는 반드시 그 곁에서 문정 선생의 유문을 읽었다. 동추공이 세상을 떠나자 공은 여강(驪江)의 강가로 거처를 옮겼다.

병신년(1716, 숙종42)에 사문(斯文)의 시비가 비로소 크게 정해지자,[31] 2년 뒤에 선공감 감역관에 제수되었다. 공은 연로한 모친의 봉양을 위해 억지로 관직에 나아갔지만 곧바로 작은 혐의로 인해 관직을 버리고 떠났다. 얼마 뒤에 경녕전 참봉(敬寧殿參奉)에 제수되었으며, 제용감 부봉사로 자리를 옮겼다.

신축년(1721, 경종1)에 재앙이 일어났을 때, 그날로 관직을 버리고 지평으로 들어갔다. 을사년(1725, 영조1)에 모친의 상을 당하고, 상기(喪期)를 마치고나서 동몽교관에 제수되었다. 얼마 뒤에 시사(時事)가 한번 바뀌자 또 관직을 버렸다. 공이 짐을 꾸려 고향으로 돌아가려고 할 때 마침 역적의 난리가 일어나[32] 성문이 낮에 닫히자 사대부들은 대부분 황급하게 피난을 갔다. 공이 탄식하기를,

31 병신년에……정해지자 : 병신처분(丙申處分)을 말한다. 윤선거(尹宣擧), 윤증(尹拯) 부자와 송시열(宋時烈) 사이에 벌어진 오랜 시비에 대하여 1716년(숙종42)에 숙종이 윤선거 문집의 목판을 헐어 버리라고 명함으로써 시비에 대한 종지부를 찍고 노론을 지지한 일을 말한다.《肅宗實錄 42年 8月 24日》

32 역적의 난리가 일어나 : 1728년(영조4)에 일어난 이인좌(李麟佐)의 난을 말한다.

"나는 대대로 벼슬을 한 가문의 신하이니, 의리상 임금을 뒤로 할 수 없다. 급박한 상황을 만나면 오직 한번 죽을 뿐이다."

하였으며, 난리가 평정되자 떠났다.

처음에 숙종이 선생의 문집을 간행하라는 명을 내렸는데, 공이 실로 그 일을 주관하여 3년 만에 일을 끝마쳤다. 경술년(1730, 영조6)에 《경례문답(經禮問答)》을 이어서 간행하였으며, 2년 뒤에 또 연보를 수정하여 간행해서 반포하였고, 그 후에 또 선생의 묘표를 세웠다. 병진년(1736, 영조12) 11월 1일에 거처하던 여강(驪江)의 집에서 세상을 떠났으니, 향년 60세였다. 이듬해 1월 29일에 수원(水原) 만의리(萬義里)의 무봉산(舞鳳山)에 장사지냈으니, 우암 선생의 묘소 서쪽 기슭이다.

공은 성품이 강직하고 도량과 식견이 깊었으며, 바라보면 의젓하여 비록 친한 사이라도 함부로 할 수 없었다. 모친을 섬길 적에는 얼굴빛과 용모를 온화하게 하여 조금도 모친의 뜻을 어긴 적이 없었다. 모친이 여러 손자들에게 말하기를,

"네 아비가 어렸을 때에 문정공(文正公 송시열)께서 효자라 칭찬하던 것을 내가 늙어서도 잊지 않고 있는데, 더욱 그런 줄 알겠다. 너희들은 다만 네 아비를 본보기로 삼아야 할 것이다."

하였다. 거처할 적에 공경을 다하고 병이 나면 근심을 다하였으며, 제사지낼 때는 정성을 다하였으니, 거의 옛날의 이른바 효자에 부끄러움이 없었다.

일찍이 동추공의 유지(遺志)를 받들어 숙고조(叔高祖) 전첨공(典籤公)의 묘소를 이장하였으며, 또 조부와 조모의 묘가 다른 곳에 있는 것을 늘 가슴아파하여 밤낮으로 경영하여 조금씩 재물을 모아 만년에

야 합장을 하였다. 그대로 묘소 아래에 살면서 아침저녁으로 곡을 하고 절을 하며 시마복을 입는 달을 채웠는데, 사람들이 하기 어려운 일이라고 하였다. 그러나 공의 효성은 실로 이보다 더 위대한 점이 있다. 문정 선생이 몸소 대의(大義)를 자임하고 계왕개래(繼往開來)의 공[33]이 있었으니, 우리나라의 사람들 중에 어느 누가 망극한 은혜를 입지 않았겠는가. 공은 늘 선생의 기일이 되면 밤새도록 슬피 울며 말하기를,

"우리가 사람들의 축에 끼게 된 것은 누가 그렇게 만들어 주신 것인가." 하였으니, 이는 어진 이를 어질게 여기고 친척을 친애하는 의리를 겸하여 소유한 것이다. 선생의 문집과 연보가 간행된 뒤로 선생의 언행이 온 나라에 가득하게 되었다. 선생의 도가 비록 지금 행해지지 않지만 앞으로 천하후세를 기다릴 수 있으니, 이는 공이 지성으로 발휘한 공로이다.

공은 스스로 어린 나이에 중한 부탁을 받았다고 여겨 유념하고 삼가서 잠시라도 잊지 않았다. 그리하여 한 가지 말과 행동에서부터 음식과 기거의 세밀한 부분에 이르기까지 반드시 말하기를 "선조의 가르침에 어김이 없는가?"라고 하였다. 이 때문에 곤경을 당하여 떠돌거나 온갖 어려운 일을 겪어도 편안히 대처하였으며, 제사와 봉양하는 일 이외에는 어떤 일에도 마음을 쓰지 않았다.

33 계왕개래(繼往開來)의 공 : 지난 성인(聖人)의 뒤를 잇고 앞으로 올 후학을 열어주는 학문의 공을 말한다. 주자(朱子)가 〈중용장구서(中庸章句序)〉에서 공자의 덕을 찬양하면서 "지나간 성인을 잇고 후세에 올 학자를 열어 준 것은 그 공이 도리어 요순(堯舜)보다도 나은 점이 있다.〔繼往聖開來學, 其功反有賢於堯舜者.〕"라고 한 데서 온 말이다.

비록 낮은 관직과 적은 녹봉에도 관직에 나아가면 반드시 자신의 직분을 다하였으며, 떠나야 할 때면 관직을 버리고 떠나 조금의 미련도 보이지 않았다. 음양과 선악의 분별에는 논의가 준엄하여 마치 단 칼에 두 동강을 낸듯한 통쾌하였다. 비록 눈앞에서 생사와 화복이 결정되더라도 확고하여 빼앗을 수 없는 지조가 있었다. 이는 모두 선생의 우뚝한 유풍(遺風)이니, 그 어렴풋한 모습을 상상해 볼 수 있다.

다만 공은 평소 성품이 강직하여 남들과 구차히 영합하지 않았으니, 곤궁하게 생을 마쳐 타고난 자질을 만에 하나도 펼쳐보지 못한 것이 당연하다. 그러나 지금 의리가 가려지고 인심이 매몰되었으니, 가령 공이 지금 세상에 살아있다면 한 가닥 올바른 논의가 오히려 퇴폐한 풍속을 진작시킬 수 있을 터인데, 하늘이 또 공의 수명을 연장해주지 않은 것은 어째서인가. 아, 슬프도다. 공이 일찍이 말하기를,

"학문을 할 적에는 마땅히 실제 행실에 힘써야 하니, 실제가 없고 명성만 있으면 학문이 아니다."

하였다. 그러므로 절대로 학문으로 자임하지 않았다. 그러나 늘 말하기를,

"우리 집안은 본래 정대(正大)한 법칙이 있으니, 어찌 다른 것을 구할 필요가 있겠는가."

하여, 평생 동안 강습하고 실천하였다. 묵묵히 자신을 수양하고 법도(法度)를 지킴이 매우 엄격하였으며, 집안 내에서도 볼 만한 법도가 있었다. 날마다 보는 행실에 드러난 것이 학문이 아닌 것이 없었으니, 이를 어찌 남들이 알 수 있겠는가. 공은 자호를 '염수(念修)'라고 하였으니, 훗날에 공을 아는 자는 마땅히 여기에서 보아야 할 것이다.

공의 부인 김씨(金氏)는 판서 진귀(鎭龜)의 딸로, 사계 선생(沙溪先

生)의 5세손이다. 슬하에 4남 1녀를 두었다. 아들은 술상(述相), 학상(學相), 덕상(德相)이고 막내는 요절하였다. 사위는 사인 강주립(姜柱立)이다. 명은 다음과 같다.

넉 자 되는 무덤	四尺之封
만의리 언덕에 있네	萬山之原
나의 명이 부끄럽지 않으니	我銘不愧
우암의 증손이라네	尤翁之孫

군수 송공 묘지[34]

郡守宋公墓誌

나는 어려서 송도능(宋道能) 공과 어울렸다. 도능은 나보다 겨우 두 살 위였지만 벌써 엄정하여 함부로 대할 수가 없었고, 장성해서는 더욱 공경하여 갈수록 더욱 인정하였다. 신축년(1721, 경종1)에 도능은 금산 군수(錦山郡守)로 있었다. 이때 사화(士禍)가 일어나자 그날로 관직을 버리고 떠나 옥주(沃州)의 용호(龍湖)에 은거하다가 죽어 그곳에 묻혔다. 나는 당시에 설악산 아래에 은거하고 있었는데, 부고를 받고서 곡위(哭位)를 세워 곡을 하였다. 올해 봄에 우연히 옥주를 지나게 되었는데, 공이 세상을 떠난 지 이미 12년의 세월이 흘렀다. 처음으로 완락재(玩樂齋)라는 곳을 방문하였는데, 공의 무덤과 아주 가까운 거리에 있다. 수백 권의 장서가 소장되어 있고, 산이 높고 물이 깊어 깨끗하고 그윽하니, 묻지 않아도 도능이 은거하던 곳임을 알 수 있었다. 아, 지금은 끝이 없는 변고가 일어나고 온 세상이 혼탁하게 물들었으니, 도능과 같은 자가 불우하게 살다가 이곳에서 생을 마감한 것은 당연한 일이라 하겠다.

도능의 휘는 요좌(堯佐), 호는 묵옹(默翁)이다. 동춘(同春) 문정 선생(文正先生)에게 네 명의 손자가 있었는데, 의금부 도사 휘 병원(炳遠)은 서열로 셋째이고, 막내는 상주 목사(尙州牧使) 휘 병익(炳翼)이

34 군수 송공 묘지 : 이 글은 송요좌(宋堯佐, 1678～1723)의 묘지이다. 본관은 은진(恩津), 자는 도능(道能), 호는 묵옹(默翁)이다.

다. 목사공이 군수 임천(林川) 조경망(趙景望) 공의 딸에게 장가들어 공을 낳았다. 공은 어려서부터 국량과 식견이 있었으며 독서를 좋아하였다.

도사공이 후사 없이 세상을 떠나자, 장령 형(逈)의 딸인 그의 아내 이 단인(李端人)이 울면서 목사공에게 말하기를 "돌아가신 남편이 이 조카를 마음에 두셨습니다."라고 하니, 공이 드디어 도사공의 후사가 되었다. 공은 이 단인을 섬길 적에 평소에는 공경을 다하고 병이 들었을 때는 근심을 다하였다. 두 누이과 함께 곁에서 모시며 깊이 사랑하니, 이 단인이 아주 편안히 여겼다. 돌아가신 우리 모친은 문정 선생의 외손녀로, 이따금씩 이 단인의 집에 서 돌아올 때면 그의 효성을 말한 것이 이와 같았다.

신사년(1701, 숙종27)에 경녕전 참봉에 보임되었는데, 당시에 공의 나이가 아직 적어 마음속으로 그다지 즐거워하지 않았지만, 억지로 나가서 사은숙배하고 얼마 뒤에 스스로 사직하였다. 을유년(1705, 숙종31)에 진사시에 합격하고, 이듬해 익위사 시직에 조용되었다. 공은 벌써 과거 공부를 그만두었지만, 연로한 부모 봉양을 위해 벼슬길에 나아가 차례대로 승진하여 부솔을 역임하고 빙고 별제를 거쳐 공조 좌랑으로 자리를 옮겼다. 얼마 뒤에 호조로 자리를 옮겼는데, 친혐(親嫌)으로 인해 체직되었다. 종부시 주부를 거쳐 의성 현령(義城縣令)으로 나갔으며, 그만두고 돌아와서는 5년 동안 집에 머물렀다. 다시 사재감 주부를 거쳐 연기 현감(燕岐縣監)으로 나갔다. 목사공의 상을 당하였다가 상을 마치고 나서는 평강 현감(平康縣監)에 제수되었는데, 부임하기 전에 금산 군수(錦山郡守)로 자리를 옮겼다가 몇 개월 뒤에 돌아왔다.

목사공의 상을 당하였을 때는 묘소 아래에 여막을 짓고서 추워도 흙을 쌓아 문을 막지 않고, 더워도 부채질을 하지 않았으며, 날마다 두 번 묘소에 올라가 곡을 하니, 애통함이 주위 사람들을 감동시켰다. 한결같이 고례(古禮)를 따라 죽을 먹고 거친 반찬을 먹다가 몸이 수척해져 병이 들었는데, 금산에서 돌아온 뒤로는 병이 더욱 심해져 마침내 계묘년(1723, 경종3) 10월 20일에 세상을 떠났으니, 공의 나이 겨우 46세였다.

공은 눈에 맑은 광채가 있었고, 말과 웃음이 적었다. 모습은 보통 사람과 다를 바 없었지만, 자연스레 위엄과 무게가 있어 자제들이 감히 쳐다보지 못했고, 집안이 조정처럼 엄숙했다. 종족과 친구를 대할 때에는 정과 사랑이 아주 독실하여 믿음을 받지 않는 경우가 없었다. 한 가지 선한 일을 들으면 마음으로 기뻐하여 얼굴과 말에 드러났으며, 비루한 사람을 보면 심한 경우에는 얼굴에 침을 뱉으려 하였으며, 음양과 선악의 구분에는 더욱 엄격하였다. 늘 말하기를 "유자(儒者)가 한 가지 이치라도 궁구하지 않으면 곧 본분을 다하지 못한 것이다."라고 하였다.

경전을 연구하고 곁가지로 백가(百家)에 두루 통하였으나, 소리 내어 읽은 적이 없고 오직 마음을 쏟아 완미하여 때로는 눈을 감고서 밤을 보내기도 하였으며, 촛불을 켠 채로 아침을 맞기도 하였다. 성명(性命)과 이기(理氣)에 대해서는 때때로 선배들을 답습하지 않고 마음에 터득한 바가 있었으나 마음에 두고 입 밖으로 내지 않아 아는 사람이 드물었다. 오직 이 중겸(李仲謙) 현익(顯益)이 가장 믿을 수 있는 사이였는데, 늘 함께 말할 적에 감탄하며 "공은 나의 스승이다."라고 하였다.

평소에 단정한 자세로 묵묵히 앉아 있었지만, 모든 일이 저절로 다스려졌고, 관직에 있을 때도 그러하였다. 의성(義城)은 평소에 번잡하고 일이 많은 고을로 알려졌으나 눈으로 보고 귀로 들으며 입으로 전하고 손으로 판단하여 번갈아 응하면서도 혼란스럽지 않았다. 중문을 활짝 열어 빈객들이 북적거렸으나 종일토록 기운과 모습이 고요하여 마치 아무 일도 없는 듯 조용하였다. 고을을 다스릴 때는 심사숙고하고 과단성 있게 판단하여 사적인 지혜를 과시하지 않았고 눈앞의 이익을 구하지 않았다. 백성들은 은택을 받는 줄을 몰랐고, 아전들은 그의 마음을 예측할 수 없었기에 부임하는 곳마다 모두 잘 다스려졌다.

대체로 엄준하고 고결한 사람은 규모가 편협하기 마련이고 여유가 있고 고아한 사람은 재주와 지혜가 부족하기 마련이다. 그런데 공은 그러한 장점을 소유하고서 그러한 병통이 없었으니, 천부적인 자질이 진실로 이미 남보다 뛰어났고, 학문에서 터득한 것 역시 많았다. 내가 일찍이 남들에게 말하기를,

> "큰일을 당면하여 큰 의론을 결정하면서도 목소리와 얼굴빛이 흔들리지 않는 것은 도능이 거의 그렇게 할 수 있다."

하였는데, 듣는 자들이 믿기도 하고 믿지 않기도 하였다.

공은 성품이 간엄(簡嚴)하여 구차히 유속(流俗)을 따르지 않았으며, 귀한 신분의 사람을 만나는 것을 즐기지 않았다. 비록 평소에 친애하는 사람도 역시 오만하다고 의심하였으니, 하물며 그 나머지 사람이야 말할 나위가 있겠는가. 이로 인해 낮은 관직에 침체되어 평생을 마쳤으니, 선비가 세상에 용납되지 못하는 것이 진실로 이와 같다. 그러나 문정 선생(文正先生)이 말씀하기를 "세상만사는 훌륭한 자손을 두는 것만 한 것이 없다."라고 하였으니, 공은 선생의 뜻을 저버리지 않은

자라고 할 만하다. 선생이 이와 같은 손자를 두게 하고서도 수명을 조금 늘려 주어서 가학을 완수하도록 하지 않았으니, 아, 이는 또 누가 그렇게 만든 것인가.

공은 일찍부터 세속을 초월하는 뜻이 있어 이름난 산수를 유람하는 것을 좋아하였다. 일찍이 병천(甁泉)가에 집을 짓고 만년에 돌아가서 노년을 보내려 하였으나 역시 그렇게 하지 못했다. 공은 문장이 간결하고 고아하였으나 저술을 즐기지 않았다. 일찍이 목사공의 명으로 선생의 연보를 수정하여 10년 만에 비로소 완성하였는데, 명백하고 정밀하여 식자들이 말하기를 "이 연보가 나오고 나서 선생의 도가 더욱 빛나게 되었다."라고 하였다.

공의 부인은 파평 윤씨(坡平尹氏)로, 정랑 부(扶)의 딸이다. 아들과 딸을 두 명씩 두었는데, 아들은 명흠(明欽)과 진사 문흠(文欽)이다. 사위는 참봉 윤득경(尹得敬)과 사인 민극열(閔克烈)이다. 명흠이 나에게 명을 청하니, 내가 늙은 나이에도 죽지 않고 이미 익숙히 세상을 보았기에 지금 세상에 공과 같은 분을 다시 얻을 수 없음을 더욱 잘 알겠다. 그러나 공이 살아계실 때 깊은 학식을 여쭈어 몽매함을 깨우치지 못하였으니, 이 점이 더욱 안타깝다. 드디어 그 감회를 써서 돌려주어 무덤에 고하게 한다. 명은 다음과 같다.

아, 도능이여	嗟乎道能
남들에게 인정받지 못하고	不得於人
하늘에게도 용납받지 못하였네	而又不得於天也
후대 사람들이 오히려 혹시라도 안다면	惟後之人尙或知之
그의 무덤을 훼손하지 말라	而勿夷其墳也

교리 신공 묘지[35]

校理申公墓誌

백증(伯曾)은 휘가 로(魯)이며, 평산(平山)사람으로, 장절공(壯節公) 태사 숭겸(崇謙)의 후손이다. 국초에 정언 효(曉)가 직언을 하다가 임금의 뜻을 거슬러 벼슬에서 물러나 서호(西湖) 가에서 노년을 보냈고, 그 후 3대를 지나 이간공(夷簡公) 영(瑛)은 기묘명현(己卯名賢)이다. 또 2대를 지나 상촌(象村) 문정공(文貞公) 흠(欽)은 선조와 인조 연간의 명신이다. 상촌의 손자 분애(汾崖)는 휘가 정(晸)으로, 현종과 숙종 두 임금을 섬겼으며, 예조 판서와 제학을 역임하였다. 기국과 도량으로 한 세상을 감복시켰는데, 백증은 그의 손자이다.

분애공에게는 8명의 아들이 있었는데, 장남 휘 징화(徵華)는 요절하였다. 이분이 우리 숙조(叔祖) 대사헌 타우 선생(打愚先生) 상(翔)의 딸에게 장가들었는데, 후사가 없었다. 차남 휘 서화(瑞華)는 부사로, 이분이 백증을 낳았다. 분애공이 장남에게 명하여 백증을 후사로 들이게 하였다. 백증이 대여섯 살 무렵에 분애공이 무릎에 앉히고는 거울을 가져다 스스로 비추어 보며 기뻐하기를 "네가 나를 꼭 닮았구나."라고 하였다.

백증이 불우한 신세로 50세에 가까워지자 식자들이 "어찌 백증처럼 훌륭하면서 오랜 세월 동안 곤궁한 사람이 있단 말인가."라고 하였다.

35 교리 신공 묘지 : 이 글은 신로(申魯, 1680~1730)의 묘지이다. 본관은 평산(平山)이고, 자는 백증(伯曾)이다.

지금 성상 원년 을사년(1725, 영조1) 정시에 몇 등으로 급제하였는데, 당시 조정의 분위기가 맑아지자 즉시 시강원으로 들어가 설서가 되었으며, 곧 이어 한림원에 예속되었는데 명망이 높았다. 차례대로 승진하여 대교와 봉교, 겸설서를 역임하였고, 사간원 정원으로 자리를 옮겼으며, 병조 정랑을 역임하였다. 성상이 친히 조정의 신하들에게 책문(策問)을 시험하였는데, 선발에 들어 녹피(鹿皮)를 하사 받았으며, 여러 차례 사서, 문학, 사헌부 지평에 제수되었다. 《숙종실록》의 편수에 참여하였고, 외직으로 나가 경기 도사(京畿都事)를 역임하였으며, 돌아와 문학을 역임하였다. 이윽고 홍문관과 이조에 배속되어 한 차례 교리와 좌랑을 역임하였으며, 사서와 한학 교수를 겸임하였다.

사직(史職)에 있을 적에 삼사(三司)에서 일제히 역적을 성토(聲討)하자 붓을 잡고 힘써 간언하였으며, 또 성상의 뜻에 응하여 극론하기를,

"유봉휘(柳鳳輝)가 제일 먼저 흉악한 상소를 올려 국본(國本)을 동요시켰으며, 조태구(趙泰耉)와 최석항(崔錫恒)이 잇달아 무옥을 일으켜 성상을 핍박하였습니다. 역적 이삼(李森)은 그들의 수하로 안으로는 궁중과 결탁하고 밖으로는 김일경(金一鏡)과 목호룡(睦虎龍)을 사주하여 놀라운 일을 번갈아 일으키고 흉언(凶言)을 교대로 퍼뜨렸습니다. 비록 하늘이 종사를 도와 재앙을 일으키려는 마음을 이루지는 못했으나, 그 자취가 마치 진흙탕 속에서 싸움을 벌이는 짐승과 같으니, 이런 자들을 처단하지 않으면 어떻게 나라를 다스리시겠습니까."

하였다.

대각(臺閣)에 있을 때에는 상소를 올려 묘정에 배향한 남구만(南九萬), 윤지완(尹趾完), 최석정(崔錫鼎)을 속히 출향할 것을 청하였고,

또 금리(禁吏)를 구타한 액례(掖隷)를 엄히 징계하라고 청하였다. 또 공물(貢物), 양역(良役), 군정(軍政)의 폐단과 관련된 수백 자의 말을 아뢰었다. 경연에서는 "국고가 텅 비었는데 궁중에서 쓰이는 비용은 한량이 없으니, 성상께서는 선왕의 검소한 덕을 본받으소서."라고 하고, 또 말하기를 "지난해에 이광좌(李光佐)가 사친(私親)을 높여야 한다고 청한 일은 예전에 형서(邢恕)가 했던 일[36]을 답습한 것입니다."라고 하였는데, 성상이 기뻐하지 않았다.

정미년(1727, 영조3) 7월, 시국이 갑자기 변하여 함께 역적을 성토하던 여러 신하들이 연좌되어 파직되었다. 무신년(1728, 영조4)에 역적의 반란이 일어나자, 궁중 안팎이 두려움에 움츠러들었는데, 백증이 떨쳐 일어나 곧장 상소를 올려 조목조목 방략을 아뢰었다.

첫째는 호서(湖西)의 장수가 해를 입은 뒤에[37] 여러 고을의 수령이 도피하여 숨었으나, 역적의 무리가 지역을 나누어 점거하는 일이 없어 그들의 수가 적다는 것을 알 수 있으니, 주현(州縣)에 명을 내려 관리와 병사들을 선발하여 토벌을 맡기고, 녹봉을 많이 주고 상벌을 명확히

36 형서(邢恕)가 했던 일 : 형서는 북송(北宋) 때의 사람으로, 자는 화숙(和叔)이다. 철종(哲宗)이 즉위하자, 철종의 조모 선인태후(宣仁太后)의 조카 고공회(高公繪)가 상주문(上奏文) 초안에 철종의 생모인 주 태비(朱太妃)를 존숭하기를 청하여 고씨(高氏)의 후일을 위한 계책을 하였다. 그러자 태후가 고공회를 불러 묻기를, "너는 글자를 알지 못하니 누가 너를 위하여 이 글을 지었느냐?"라고 하니, 고공회는 형서의 상소문 초안을 올렸다. 태후는 노하였고 형서는 기거사인(起居舍人)에서 지수주(知隨州)로 좌천되었다. 《宋史 卷471 邢恕傳》

37 호서(湖西)의……뒤에 : 이인좌(李麟佐)의 반란으로 청주의 관군이 무참히 패배하고 청주 영장(淸州營將)으로 토포사(討捕使)를 겸하고 있던 남연년(南延年)이 반란군과 싸우다가 청주성이 함락되어 잡혀 죽은 일은 말한다.

하며, 또 속히 효유(曉諭)를 내려 협박에 못 이겨 따른 자들은 처벌하지 않음을 알게 하고, 모두 돌아가 농사짓도록 허락한다면 여러 역적들이 자연히 흩어져 섬멸하기가 쉬울 것이라는 내용이었다.

둘째는 충주(忠州)는 호서와 영남의 요충지이니, 목사 신(臣) 김재로(金在魯)에게 안무(按撫)의 소임을 살피도록 맡겨 편의대로 일을 처리하도록 허락하라는 내용이었다.

셋째는 수원(水原)의 병마 8천과 광주(廣州)의 군사 3천을 일시에 징발하면 농사를 망칠까 염려되고, 군사를 먹이는 일도 큰일이니 노약자들은 귀가시키도록 하고, 정예병을 뽑아 각각 천 명을 채워 주둔지에 머물게 하면 역시 방비할 수 있으니 여러 도에 내린 징병의 명을 거두어 달라고 요청하는 내용이었다. 당시에 도순무사 오명항(吳命恒)이 출정을 미루고 있었는데, 상소에서 아울러 언급하였다.

또 말하기를 "조지빈(趙趾彬)은 어리석은 일개 미치광이이니, 어찌 큰일을 맡기겠습니까."라고 하였다. 조지빈은 권력을 잡고 있던 자의 아들로, 양서(兩西) 지역을 안핵하고 있었다. 성상이 그가 상대편을 제거하려 한다고 생각하여 엄한 교지를 내려 삭탈관직하고 내쳤다. 그러나 열거하여 아뢴 계책 중에 채택된 것이 제법 많았다. 당시에 역적 이사성(李思晟)이 평안 병사로 있었는데, 징병한다는 핑계로 서쪽 지방에서 올라와 대궐을 범하려고 하였으나 결행하지 못했다. 대신이 간혹 공의 결백을 아뢰자 오랜 뒤에야 풀려났고, 또 오랜 뒤에 고신(告身)을 돌려받았다.

백증의 나라에 충성하고 임금을 사랑하는 마음은 성품에 근원을 두었으니, 포의시절부터 그러하였다. 노쇠하고 늦은 나이에 벼슬길에 올랐으나, 지기(志氣)를 더욱 분발하여 정령(政令)에 한 가지 잘못이

있다고 들으면 여러 날 탄식하고, 밥 먹고 잠자는 일도 그만두었다. 한번은 스스로 말하기를,

"대장부는 마땅히 마음을 미덥게 하고 행실을 올곧게 해야지, 기교를 부려서는 안 된다. 기교를 한 번 부리면 곧 자신의 정대(正大)한 기운을 해치게 된다."

하였다. 이 때문에 조정에 벼슬을 하여 3년을 채우지 못하였고, 여러 차례 지위를 넘어 일을 말하다가 결국 이로 인해 시련을 겪었으나 개의치 않았다. 성상이 비록 그가 질박하고 올곧다는 사실을 알았지만, 역시 등용하지 못했다.

아, 지금 세상의 사람들은 왕왕 종신토록 입을 다물고 있으면서 그대로 높고 좋은 관직을 차지하고, 또 임금의 의중과 얼굴빛을 잘 엿보아 의지하고 인내하며 지위를 잃지 않으려 한다. 이런 자들은 나라의 형세가 위급해지면 역시 두려워하며 손을 쓰지 않고 좌시하며 처벌을 받지 않기만 바라니, 자기 일신을 도모하는 것은 지극히 잘하지만, 국가에 무슨 보탬이 되겠는가. 아, 백증과 같은 자가 한번 배척당하여 다시 돌아오지 못한 것이 마땅하다.

백증이 벼슬에서 쫓겨난 뒤에는 성 밖을 전전하였는데, 어떤 때에는 여강(驪江)의 강가에 우거하기도 하였다. 당시 사대부들은 대부분 도성에 사는 것을 즐거워하지 않았는데, 어떤 이가 집을 팔아 전답을 사라고 권하면 백증이 서글퍼하며 말하기를,

"우리 집안은 대대로 도성에 살았고, 조정의 녹을 먹은 지가 이미 300년입니다. 나라가 존재하면 함께 존재하고 나라가 망하면 함께 망하니, 내가 어찌 차마 발끈 성을 내며 뒤도 돌아보지 않고 떠나는 사람처럼 하겠습니까."

하였다.

곤궁하게 거처하면서도 역사책 읽는 것을 즐겼다. 한번은 "송(宋)이 나라를 세운 법도는 우리나라와 대략 동일하다."라 하고는 손수 송나라의 역사를 초록하여 세 편으로 만들고, 그중에 희령(熙寧)·원풍(元豐)·원우(元祐)[38] 연간의 일에 더욱 유념하였으니, 훗날에 소매 자락에서 꺼내어 성상에게 올리려고 해서였다. 이어 남에게 말하기를,

> "한위공(韓魏公 한기(韓琦))은 영종(英宗)이 함께 큰일을 이룰 수 있는 군주라고 여겼습니다. 중서령이 되자 조종(祖宗)의 어비(御批) 백여 편을 찾아 올리니, 모두 나라를 다스리는 장구한 계책이었는데, 영종이 한번 보고는 자신도 모르게 자리를 피했습니다. 제가 감히 옛날의 현인에게 견주려는 것이 아니라, 우리 성상은 지극히 명철하시니, 이것을 보면 깨닫는 바가 있을 것입니다."

하였다. 책이 거의 완성되었으나 백증이 병든 뒤였다. 지금 임금을 섬기는 자들 중에 누가 백증과 같은 마음을 지니려 하겠는가. 임금에게 인정받지 못해도 계속 그리워하며 잊지 않고 함부로 미약한 힘으로 위로 천지와 같은 임금의 마음을 돌리려 하였다. 그의 계책은 서툰 것 같지만 뜻은 원대하니, 어찌 속인과 이야기 할 수 있겠는가.

백증은 경신년(1680, 숙종6) 3월 경신일에 태어나서 경술년(1730, 영조6) 6월 6일에 세상을 떠나 8월 18일에 여주(驪州)의 안평(安平)에 장사지냈으니, 부사공의 묘소와는 1리 떨어진 곳이다. 백증의 아우

38 희령(熙寧)·원풍(元豐)·원우(元祐) : 희령(熙寧, 1068~1077)과 원풍(元豐, 1078~1085)은 송나라 신종(神宗)의 연호이며, 원우(元祐)는 송나라 철종(哲宗)의 연호(1086~1093)이다.

신석(申晳) 성여(聖與)는 응교로 신축년(1721, 경종1)의 당적[39]에 올라 유배지에서 죽었고, 백증이 또 쫓겨나 죽었으니, 사류들이 모두 애도하고 안타깝게 여긴다. 백증은 파평 윤씨(坡平尹氏)에게 장가들었으니, 지평 지익(之翊)의 딸이다. 슬하에 3남 1녀를 두었다. 아들은 경안(景顔), 경민(景閔), 경옹(景雍)이니, 경민은 성여(聖與)의 후사가 되었고, 딸은 사인 이홍중(李弘重)에게 출가하였다.

백증은 효도와 우애가 독실하였다. 부사공의 병세가 위독해졌을 때 허벅지를 베어 피를 내어 글을 써서 사당에 기도를 올렸으며, 성여가 죽었을 때에는 갑자기 몸이 떨리고 얼굴빛이 변하였는데, 얼마 뒤에 부고가 이르렀다. 숙부들이 일찍 세상을 떠나 백증이 홀로 가문을 부지하였으니, 일가 중에 장례를 치르지 못하는 자가 있으면 장례를 치러 주었고, 시집가지 못한 자가 있으면 시집 보내주었다. 궁핍하여 돌아갈 곳이 없는 사람에게는 "우리 집에 머물게나."라고 하여 원근의 친척이 늘 집에 가득하여 함께 끼니를 먹었는데, 보는 사람이 거의 손님과 주인을 구분하지 못할 지경이었으나, 그 집을 보면 쌀독이 자주 비었다.

선을 즐기고 의를 좋아하였으며 흉금이 넓었는데, 비루하고 천박한 사람을 보면 마치 얼굴에 침을 뱉을 듯이 하였으며, 비록 평소에 친하게 지내던 사람이라도 옳지 않은 행동을 보면 그때마다 사람들 앞에서 배척하였다. 평상시에는 그다지 구속되지 않았으며, 말이 느리고 기운이 온화하였다. 그러나 자제들은 두려워서 감히 말하지 못했으며 재물

39 신축년의 당적 : 신축옥사(辛丑獄事)를 가리킨다. 소론 김일경(金一鏡) 등 7명이 연명으로 상소하여 세제(世弟)의 대리청정을 제기한 조성복(趙聖復)과 이를 강행하려 했던 노론 4대신을 역모로 몰아, 4대신은 위리안치되고 노론 5, 60명이 처벌받았다

과 여색에는 담박하였다. 쓸쓸하고 울적한 마음이 들 때면 술을 마시며 다 쏟아내고 마음껏 고금을 담론했으니, 풍류가 볼 만했다. 벗들이 술을 줄이라고 권하면 말하기를 "인생은 죽고 나면 그만일 뿐이네."라고 하였다. 평소에 감식안이 있어 남들의 선악과 길흉을 미리 말하였는데, 들어맞는 경우가 많았다. 겉으로는 현실과 동떨어진 듯 보였으나 세상일에 통달하였으며, 사학(史學)으로 보완하였으니, 한 번 세상에 시험할 듯하였는데, 역시 그렇게 하지 못했다.

요컨대 백증은 기국이 관대하고 넓어 지금 세상의 인물이 아닌 듯하니, 어찌 이 세상에 오래살 수 있었겠는가. 나는 그와 같은 해에 태어났으나 태어난 날이 조금 늦었기에 백증을 형이라 불렀는데, 백증은 나를 몹시 아껴주었다. 경민이 울면서 청하기를,

> "장례 날짜가 정해졌습니다. 비록 그대가 엄연히 상중(喪中)에 있지만, 그대가 한마디 말을 해주지 않으면 장례를 치르지 않은 것과 같습니다."

하니, 내가 사양할 수가 없다. 명(銘)은 다음과 같다.

아, 백증이여	吁嗟兮伯曾
지금 세상에 쓰이지 못한 것이 마땅하도다	宜不用於今世
그러나 먼 훗날에는	而百世之後
오히려 그 마음 알아주는 이 있으리	尙或見其心與

현감 이공 묘지[40]

縣監李公墓誌

공의 휘는 매신(梅臣), 자는 계화(季和)로, 연안(延安) 사람이다. 그의 선대는 당나라의 중랑장 무(茂)에게서 나왔다. 조선에 들어와서는 저헌(樗軒) 문강공(文康公) 휘 석형(石亨)이 비로소 문장으로 이름이 났으며, 좌의정 문충공(文忠公) 월사(月沙) 휘 정귀(廷龜), 이조 판서 문정공(文貞公) 휘 명한(明漢), 예조 판서 문숙공(文肅公) 휘 일상(一相)에 이르러서는 3대가 대제학을 역임하였다. 사복시 첨정 휘 성조(成朝)는 문숙공(文肅公)의 장자로, 공의 부친이다. 모친 풍양 조씨(豐壤趙氏)는 진사 증 찬성 상정(相鼎)의 딸이다.

공은 태어나면서부터 미목(眉目)이 수려하고, 기운과 도량이 남달랐으니, 보는 자들이 크게 될 인물로 기대하였다. 8세에 부친을 여의고 종숙부 간암 선생(艮庵先生 이희조(李喜朝))에게 나아가 수학하였는데, 문장과 행실이 날마다 진보하였다. 평소 성품은 편안하고 고요하여 교유를 즐기지 않았으며, 늘 모친을 곁에서 모시면서 마음과 뜻을 기쁘게 해드리는 데 힘썼다. 여가에는 고문을 읽는 것을 즐겨 먹고 잠자는 일을 잊기도 하였다. 이윽고 위독한 병에 걸려 몇 년 동안 고질을 앓기도 하였으나, 결코 장기와 바둑과 같은 잡된 놀이는 가까이 하지 않았다. 얼마 뒤에 모친의 상(喪)을 당했으며, 상을 마친 뒤에는 끝없는

40 현감 이공 묘지 : 이 글은 이매신(李梅臣, 1689～1740)의 묘지이다. 본관은 연안(延安), 자는 계화(季和), 호는 기국재(杞菊齋)이다.

세상의 재앙을 보고서 문을 닫고 나가지 않았다. 과거 공부를 일삼지 않고 《소학》과《심경》 등 여러 책을 읽으며 기뻐하고 즐겼다. 구기(枸杞)와 국화를 심는 것을 좋아하여 집의 편액 이름으로 하고, 날마다 형제와 친척들과 거문고를 타고 시를 읊어 근심을 떨쳐버렸다.

을사년(1725, 영조 1)에 다시 과거에 응시하여 사마 양시(司馬兩試)에 합격하였다. 병오년(1726, 영조2)에 순릉 참봉(順陵參奉)에 제수되었다. 무신년(1728, 영조4)에 휘릉 봉사(徽陵奉事)로 자리를 옮겼는데, 역당(逆黨) 중에 동료 관원이 된 자가 있어 공이 부끄러워 즉시 관직을 버리고 떠났다. 그 후 몇 년 뒤에 다시 명릉 참봉(明陵參奉)에 제수 되었다가 의금부 도사로 자리를 옮겼고, 전설사 별검으로 교체되었다. 차례대로 승진하여 통례원 인의에 제수되었고, 호조에 들어가 좌랑을 역임하였으며, 외직으로 나가 삼등 현령(三登縣令)을 역임했다가 돌아와 그대로 본직(本職)을 역임하고 평시서 영으로 옮겼다.

정사년(1737, 영조13)에 예안 현감(禮安縣監)에 제수되었다. 고을에는 퇴계(退溪) 이황(李滉)의 유풍이 있어 부로(父老)를 초빙하여 학규를 세우고, 각 고을에 학술에 능통한 자를 선발하여 스승으로 삼아 마을의 재주 있는 자제들로 하여금 날마다 수업을 받게 하였으며, 초하루와 보름에는 모두 모아 시험을 보고 상벌로 권면하고 징계하니, 몇 년 사이에 온 고을의 풍속이 변하여 성취한 자들이 많았다. 공이 한 번은 탄식하여 말하기를,

"영남에는 가르침이 미치지 않아 난리와 역모가 계속해서 일어나니, 만일 화산(花山 안동)에 청음 선생(淸陰先生 김상헌(金尙憲))의 서원을 건립하여 사림이 학문을 닦는 장소로 삼는다면 풍속의 교화를 돈독히 하여 나아가야 할 방향을 바로잡을 수 있을 것이다."

하였다. 이에 두세 명의 선비에게 권하여 힘을 모아 사당을 건립하였으나 곧이어 흉악한 무리들에 의해 훼철되었고, 공도 다른 일로 인해 무함에 걸려 심문받기까지 하였으나 의연한 자세로 후회하지 않았다.

경신년(1740, 영조16) 2월에 한질(寒疾)에 걸려 15일에 관아에서 세상을 떠났으니, 그가 태어난 기사년(1689, 숙종15)으로부터 52년 되던 해였다. 제문을 지어 와서 곡을 하는 원근의 인사들이 몹시 많았는데, 상(喪)을 치를 적에 상자 속에 낡은 옷가지 몇 벌만 있는 것을 보고는 조문하는 자들이 모두 놀라 감탄하기를 "4년 동안 관직에 있었는데, 이처럼 청빈하고 검소하단 말인가."라고 하였다. 3월에 고향으로 운구하여 5월 1일에 광주(廣州) 문영산(文映山) 남쪽 기슭 경좌(庚坐)의 언덕에 장사지냈다. 김 숙인(金淑人)은 공보다 5년 앞서 세상을 떠났는데, 이때에 이르러 부장(祔葬)하였다.

공은 사람됨이 간소하고 깨끗하였으며, 평소에 절개를 숭상하였고 기개가 준엄하였으나 마음속은 화락하고 평탄하였다. 어려서부터 병치레가 많아 한가히 거처하며 조용히 수양하였다. 집안 살림에는 마음을 쓰지 않고 방을 깨끗이 청소하고는 하루 종일 엄숙히 책을 읽었다. 남들을 대할 때에는 마음이 넓어 환한 얼굴빛과 웃음으로 친근하게 대하였다. 그러나 사람들의 선악을 논하고 일의 시비를 분별할 때에는 한결같이 의리로 결단하여 이해와 화복에 흔들리지 않았다. 스스로 일찍 부친을 여읜 일을 통한으로 여겨 출타하여 첨정공과 나이가 같은 사람을 만나면 그때마다 집으로 돌아와 눈물을 흘렸다. 큰형님을 부친처럼 섬기고 이웃에 살면서 날마다 반드시 아침저녁으로 안부를 여쭈었다. 과부가 된 누이와 늙어서 가난한 셋째 형을 가엾게 여겨 관직에 있을 때 녹봉의 여분으로 세제(歲制)[41]를 마련해주었다.

분수를 편안히 여기고 졸렬함을 지켜 자기 자랑을 즐기지 않았으며, 능력이 없는 듯이 겸손하였다. 그러나 때때로 길게 휘파람 불며 높은 기상을 드러내었으며, 천박하게 세속에 가까운 사람을 보면 함께 말할 수 없는 것처럼 여겼다. 널리 많은 책을 읽고 기억을 잘하여 옛날 사람들의 말과 행실에 대해 아는 것이 많았으며, 국조(國朝)의 전고(典故)에 대해서도 익숙하였다. 시(詩)는 담박하고 고아하였으며, 또 〈이소(離騷)〉의 남은 뜻이 있었다. 공은 후사가 없어 셋째 형의 아들 혜보(惠輔)를 후사로 삼았는데, 혜보가 와서 명(銘)을 청하였다. 명은 다음과 같다.

문풍이 있는 집안에서	文獻之家
이렇게 뛰어난 인물 태어났으니	生此俊姿
학문과 문장을	學問文章
무엇인들 하지 못하랴만	何所不爲
어려서부터 병치레 많았고	少嬰沈疾
중년에는 많은 재앙 겪었네	中丁百罹
이런 기개를 지니고서	抱此氣槩
다만 스스로 기특하게 여겼네	秖以自奇
불우하게 미관말직에 머물 줄을	潦倒下僚

41 세제(歲制) : 세제는 관(棺)을 말하는데, 쉽게 만들 수 없으므로 세제라고 한다. 의물(衣物) 가운데 만들기 어려운 것은 3개월이 되어야만 마련할 수가 있으므로 '시제(時制)'라고 하며, 의물 가운데 쉽게 얻을 수 있는 것은 한 달이면 마련할 수가 있다. 이것을 '월제'라고 한다. 90세가 되면 관이나 의물을 모두 갖추어서 다시 제작하는 일이 없으며, 단지 매일처럼 손질한다.《禮記 王制》

어찌 평소에 생각이나 했겠는가	夫豈素期
만년에 베푼 유학의 교화가	晩年儒化
영남 고을에 그치고 말았네	止於嶺縣
창의하여 사당 세웠으니	倡義建祠
뜻과 절개를 볼 수 있네	志節可見
하늘은 선한 자를 돕지 않아	天不祐善
마침내 주검으로 돌아오니	乃以柩歸
온 경내가 비통하여 사모하고	一境悲慕
많은 선비들 슬피 눈물 흘렸네	多士涕唏
그대를 닮은 양자 있으니	有兒式穀
어찌 굳이 친자식일 필요 있으랴	何必自生
내가 묘지에 명을 지어	我銘幽堂
아름다운 명성 드날리노라	載揚休聲

정랑 주공 묘지[42]

正郎朱公墓誌

기억하기로 내가 젊었을 때에 한 번은 사우들이 북방의 인물에 대해 논하는 것을 들은 적이 있는데, 반드시 주택정(朱宅正) 공을 제일 먼저 꼽았다. 그 사람의 됨됨이를 묻자 대답하기를,

"그 사람은 우암 선생(尤菴先生 송시열)의 문인이라네. 선생이 과거에 그를 호걸스러운 선비라고 칭찬하였고, 선생 문하의 여러 현인들이 모두 그를 칭찬하였으니, 어찌 옛날에 이른바 '산은 보지 못하면, 나무를 본다.'라는 경우가 아니겠는가."

하였다. 계축년(1733, 영조9) 겨울에 그의 문인 문정팔(文挺八) 군이 산을 넘고 물을 건너 천리 길을 거쳐 한천(寒泉)에 있는 나를 찾아와 울면서 말하기를,

"우리 스승은 불행히도 집안의 난리를 만나 30여 년 동안 불우하게 지내다가 세상을 떠났습니다. 덕은 있으나 명(命)이 따르지 않은 것은 어진 사람들이 슬퍼하는 것입니다. 만일 한 마디 말을 해주신다면 우리 스승이 돌아가셨어도 돌아가신 것이 아닙니다."

하였다. 내가 그의 정성을 높이 여겨 아직 듣지 못한 사실을 물어보니, 다시 일어나 말하기를,

"우리 스승이 집에 있을 때 볼 만한 행실은 한두 가지로 거론할 수

42 정랑 주공 묘지 : 이 글은 주택정(朱宅正, 1651~1727)의 묘지이다. 본관은 신안(新安), 자는 정이(靜而), 호는 덕곡(德谷)이다.

없습니다. 그러나 부모에게 효도하고 스승에게 충심을 다하였으니, 이것이 그 중에 큰 것입니다. 모친상을 당했을 때에는 백발의 노인이었는데, 예법보다 지나치게 슬퍼하였고, 끝까지 강계(薑桂)[43]를 가까이 하지 않았습니다. 모친이 살아계실 때는 한결같이 그 뜻을 순히 받들었습니다. 모친이 막내딸을 가장 사랑하였고, 사위의 집이 영흥(永興)에 있었는데, 모친을 위해 집을 옮겨가서 그 곳에 살았습니다. 오랫동안 다리 병을 앓아 지팡이를 짚고서야 일어났지만, 하루도 혼정신성(昏定晨省)을 빠트린 적이 없었고, 맛있는 음식을 얻으면 반드시 직접 모친에게 올렸습니다. 가법이 매우 엄하여 자제들에게 자리에 앉으라고 명하지 않으면 감히 앉지 못하였습니다. 고을에서 의롭지 못한 일이 생기면 우리 스승이 알까 두려워하였습니다. 마을의 재주 있는 젊은이 중에 우리 스승에게 배우는 자들이 많았는데, 가르치는데 방도가 있었습니다. 제가 우리 스승을 40년 동안 섬겼는데, 성을 내는 모습을 한 번도 본 적이 없고, 한 번도 비속한 말을 들은 적이 없습니다. 우리 스승은 말씀하기를 '예(禮)란 사람이 지켜야할 큰 법도이니, 한 번 법도를 넘어서면 하지 못하는 일이 없다.'라고 하였습니다. 노년이 되어서도 더욱 엄하게 자신을 단속하여 말씀하기를 '혈기가 노쇠하였으니, 혹여 젊을 때만 같지 못한가.'라고 하였습니다. 음악과 여색에 대해 마치 자신을 더럽힐 것처럼 여겼으며, 집은 덩그러니 사방에 벽뿐이었는데, 털끝 하나 구차히 남에게 취하지 않았습니다.

우리 스승은 천부적인 자질이 뛰어날 뿐만 아니라, 노선생(老先生

43 강계(薑桂) : 292쪽 주28 참조.

송시열)에게 배운 점이 많습니다. 선생이 덕원(德源)에 유배되었을 때, 우리 스승이 처음 찾아뵙고서 배웠고, 또 화양동(華陽洞)으로 찾아뵙고 여러 가지 성리서(性理書)를 수업받았는데, 선생께서 손수 '학여불급(學如不及)' 네 글자를 써서 면려하셨습니다. 또 스승이 각고하여 노력하는 모습을 보고 기뻐하여 말씀하기를 '정이(靜而)는 조이기만 하고 풀어놓지 않는다.'라고 하셨습니다. 정이는 우리 스승의 자(字)입니다.

정묘년(1687, 숙종13) 동문 한성보(韓聖輔)등 여러 공과 함께 선생이 당한 무함을 바로잡았으며, 기사년(1689, 숙종15) 선생이 화를 당하자 남쪽으로 달려가 곡을 하였는데, 그대로 선생의 당적에 이름이 오르게 되었습니다. 선생이 신원되자 다시 조정에 벼슬을 하였습니다. 선생이 6월 8일 세상을 떠났다고 하여 이날 저녁에는 효자가 부모를 사모하는 것처럼 밤새도록 눈물을 흘렸습니다. 늘 당시의 군신간의 뜻이 합치되는 융성함과 존양(尊攘)의 의리[44]를 들어 어리고 무지한 사람들을 가르치다가 이따금씩 주먹을 쥐고 탄식하였습니다. 또 화양동의 승경을 담론하기를 좋아하여 여러 번 꿈에 나타나기도 하였습니다. 장암 정공(丈巖鄭公 정호(鄭澔))이 한번은 '선생의 지결(旨訣)은 직(直) 자(字) 하나이다.'라고 써서 주었는데, 평생동안 마음에 새겼습니다. 우리 스승과 같은 분은 '독실히 믿고 죽음으로 지킨다.'[45]고 할 수 있습니다."

44 존양(尊攘)의 의리 : 존양은 '존중화 양이적(尊中華攘夷狄)'의 준말로, 존양의 의리는 중화족인 명나라를 높이고 야만족인 청나라를 정벌하고자 한다는 말이다.

45 독실히……고수한다 : 《논어》〈태백(泰伯)〉에 "독실하게 믿으면서 학문을 좋아할

하였다. 내가 감탄하여 말하기를,

"북방의 풍속은 교양이 없고 무식했는데, 노봉(老峰 민정중)이 진작시킨 뒤에야 점점 학문을 알았네. 공이 그 중 뛰어난 분이고, 또 큰 현인을 만나 의지하여 배움이 올바르고 지킴이 확고하였는데, 조금도 재주를 펼쳐보지 못하고 결국 곤액을 겪다 세상을 떠났으니, 이는 운명이네. 그러나 지금은 세교(世敎)가 무너져 스승과 제자의 관계가 거의 사라졌는데, 배운 스승을 존중하고 받들어 자신을 선하게 하고, 또 이를 고을 사람들에게까지 미쳐 후세 사람들이 스승의 도가 이토록 중한 줄을 알게 하였으니, 호걸스러운 자질을 지닌 자가 아니라면 이렇게 할 수 있겠는가. 여기에서 선생은 인물을 알아보았고, 공도 선생을 저버리지 않았다고 할 수 있네."

하였다. 정팔(挺八)이 일어나 절을 하고는 "돌아가 이것으로 묘지를 삼겠습니다."라고 하였다.

주씨(朱氏)는 완산(完山)에서 나왔는데, 남쪽에서 북쪽으로 옮겨와 대대로 함흥(咸興)에 거주하였다. 국초에 전서(典書)를 역임한 인(仁)이 가장 드러났다. 증조 대건(大乾)과 조부 식맹(式孟)은 모두 참봉을 지냈고, 부친 목(楘)은 문과에 급제하여 군수를 지냈다. 외조부는 전적을 역임한 한여호(韓汝虎)이다.

공은 숙종 기미년(1679, 숙종 5)에 명경과에 급제하여 성균관에 분관되어 학유(學諭)에서 승진하여 직강에 이르렀으며, 예조와 병조의 좌랑을 역임하였고, 다시 병조 정랑이 되었다. 외직으로는 은계도 찰방

줄 알아야 하고, 죽음으로 지키면서 도를 잘 행할 줄 알아야 한다.〔篤信好學 守死善道〕"라는 공자의 말이 나온다.

(銀溪道察訪)과 보령(保寧), 이성(利城) 두 고을의 현감을 지냈는데, 은계의 백성들이 지금까지 그의 맑은 덕을 칭송한다. 조정에서 서북 지역 출신자를 통청(通淸)하고자하여 공론이 공을 제일 먼저 천거하였으나, 이윽고 이루어지지 못하였다. 벼슬에 나가지 못하고 집에 있을 때, 장암이 관찰사로 부임하여 공을 맞이하여 교수로 임명하여 어린 선비들의 모범으로 삼았다. 신묘년(1651, 효종2) 10월 17일에 태어나 정미년(1727, 영조3) 11월 5일에 세상을 떠났다. 묘소는 같은 고을 당내면(塘內面) 해향(亥向)의 언덕에 있는데, 부인 영흥 박씨(永興朴氏)를 부장(附葬)하였다. 아들 원제(遠濟)는 먼저 죽었고, 손자가 1명 있는데, 휘석(徽錫)이다. 명(銘)은 다음과 같다.

우옹의 문하에는	尤翁之門
선한 선비들이 많지만	蓋多善士
북쪽 인물로는	其在于北
오직 공뿐이었네	曰惟公爾
우암의 학문을 독실히 믿어	篤信其學
죽은 뒤에야 그만두었네	死而後已

도암집

제44권

묘지 墓誌

처사 조공 묘지[1]

處士曹公墓誌

처사(處士) 조일주(曹一周) 공이 무술년(1718, 숙종44) 12월 26일에 영암(靈巖)의 정한재(靖閒齋)에서 세상을 떠나니 향년 73세였다. 종당(宗黨)과 사우(士友)들이 모두 슬피 곡하고서 얼마 뒤에 말하기를,

"이 사람이 덕이 있었으나 지위가 없었고 일찍이 정한(靖閒)이라고 자호(自號)하였으니 도연명(陶淵明)의 풍도를 사모한 자이다. 어찌 이것을 기록하지 않겠는가."

하고는 마침내 '정한재처사조공지구(靖閒齋處士曹公之柩)'라고 써서 같은 고을 감동(甘洞)의 모향(某向)의 언덕에 안장하고, 유인(孺人) 은진 송씨(恩津宋氏)를 합장하였다.

공은 약관이 되기 전에 우암 선생(尤庵先生 송시열)에게 배웠다. 당시 선생의 문하에는 목마른 사람이 강으로 달려가듯이 사방의 학자들이 모여들어 영재들이 몹시 많았으나, 선생은 특별히 공을 사랑하고 중시하여 족자(族子)의 딸을 시집보냈다. 공이 사문(師門)에 있을 때 각고의 노력을 기울여 피로가 극에 달해 병이 들었는데, 십 년 동안 병을 앓으면서도 해이하지 않아 남에게 옛 격언을 쓰게 하여 좌우에 걸어두고서 아침저녁으로 보면서 반성하였으니 학문에 뜻을 둠이 이처럼 독실하였다.

1 처사 조공 묘지 : 이 글은 조일주(曹一周, 1646~1718)의 묘지이다. 조일주는 본관이 창녕(昌寧), 자가 가운(可運)이다.

세상의 변고가 끝이 없어 우암 선생이 화를 당하고 시사가 이미 어찌할 수 없게 되자 마침내 소화산(小華山)으로 들어가 깊이 은거하고 나오지 않았다. 공은 젊은 시절에 뜻과 기개가 성대하였고 훌륭한 스승을 얻어 의지하였으니, 명망 있는 공경(公卿)과 대인(大人)이 중하게 칭찬했을 뿐만 아니라, 공 스스로 기대함이 어떠했겠는가. 그런데도 험난한 때를 만나 끝내 스스로 정한(靖閒)의 절개에 의탁하였으니 그 뜻이 비장하다고 할 수 있다. 그러나 공은 평소에 술 한 통과 거문고 한 장을 곁에 두었다가 흥취가 나면 술을 따르게 하고 몇 곡조 연주하였으니, 보는 자들이 갈건(葛巾)에 술을 거르고 줄이 없는 거문고를 어루만졌던[2] 도연명의 유취(遺趣)가 있다고 하였다.

그러나 이는 작은 행적이다. 종신토록 오랑캐의 달력을 보지 않고 집안 제사에 숭정(崇禎)의 연월(年月)을 쓴 것이 바로 도연명의 마음이다.[3] 공이 굳이 위로 수천 년 이전 사람을 벗하고자 한 것은 아마도 이 때문일 것이다. 우암 선생은 몸소 천하의 대의(大義)를 맡아 아홉 번 죽더라도 후회하지 않았으니,[4] 공의 학문이 바로 그 잔여물이다.

2 갈건(葛巾)에……어루만졌던 : 도연명은 갈건을 썼다가 술이 익으면 벗어서 술을 걸러 마시고 다시 머리에 썼다고 하며, 거문고를 연주할 줄 모르면서도 집안에 줄 없는 거문고 하나를 두고서 술을 마시고 흥취가 일어나면 이를 어루만지면서 "거문고의 정취만 알면 그뿐이지, 굳이 줄을 퉁겨 소리를 낼 것이 있으랴."라고 하였다. 《宋書 卷93 陶潛列傳》

3 숭정(崇禎)의……마음이다 : 명나라의 숭정(崇禎) 연호를 씀으로써 청나라를 인정하지 않았다는 뜻이다. 도잠은 글을 지을 때 반드시 연월(年月)을 기록했는데, 동진(東晉)의 마지막 연호인 의희(義熙) 연간까지는 연호를 분명히 기록했지만 남송(南宋)이 건국된 이후로는 간지만 씀으로써 자신이 동진 사람임을 드러내었다. 《南史 卷75 陶潛列傳》

또 일찍이 스스로 말하기를,

> "도학과 절의는 본래 한 가지 일인데 지금 사람들이 나누어 둘로 만들려 하니, 나는 이것이 옳은지 모르겠다."

하였으니, 이 말을 들은 자는 공이 선생의 제자임을 알 수 있다. 공은 젊어서부터 주자(朱子)의 글을 몹시 좋아하였고 또 퇴계(退溪) 선생이 편찬한 《주자서절요(朱子書節要)》를 깊이 익혀 마치 자기 말을 외우듯 하였으니 평생토록 힘을 얻은 것이 많다고 한다.

공의 자는 가운(可運)이고 창녕(昌寧) 사람이다. 그 선조는 멀리 신라에서 나왔는데, 고려조에선 평장사를 지낸 사람이 8인이었고, 본조에서는 집현전 제학 상치(尙治)와 창산군(昌山君) 계은(繼殷)이 가장 저명한 인물이다. 증조 인서(麒瑞)는 의금부 도사를 지냈고, 조부 행립(行立)은 첨지중추부사를 지냈고, 부친 경보(敬輔)는 통사랑을 지냈다. 모친 창원 유씨(昌原兪氏)는 서윤 여해(汝諧)의 딸이다. 공의 장인 기륭(基隆)은 찰방을 지냈는데, 그 위로 2대는 충현공(忠顯公) 시영(時榮)과 습정공(習靜公) 방조(邦祚)이다.

공의 세 아들 석침(錫琛), 석형(錫珩), 석종(錫琮)은 모두 가업을 이어 사우(士友) 사이에 명성이 있었고, 세 딸은 윤천주(尹天柱), 양몽협(梁夢協), 임계헌(林啓憲)에게 출가하였다. 석무(錫珷)와 전익창(全益昌)에게 출가한 딸은 측실 소생이다. 석침이 석종을 보내어 말하

4 우암……않았으니 : 송시열이 79세 되던 1685년에 박경초(朴景初)에게 답한 편지에 "지금 내가 바닷가에서 곤경을 당하고 있으나 당초의 일을 돌이켜보면 실은 세도(世道)를 위하여 횡류(橫流)를 막으려는 데서 나온 것이니, 아홉 번 죽더라도 후회하지 않네."라고 하였다. 《宋子大全 卷113 答朴景初》 "아홉 번 죽더라도 후회하지는 않는다"는 말은 이외에도 다른 편지에 자주 보인다.

기를,

"무덤을 쓸 때에 묘지(墓誌)를 두는 것이 예법이니 감히 청합니다." 하였다. 내가 생각건대, 공의 실제 행동이 집안과 고을에 믿음을 받았으니 기록할 만 한 것이 한두 가지가 아니다. 그러나 장암(丈巖) 정호(鄭澔) 공이 지은 묘갈에 이미 상세하게 기록되어 있으니 또 무엇을 덧붙이겠는가. 다만 공의 자호(自號)의 뜻에서 매우 깊이 감발되어 대략 이상과 같이 서술하니, 이 또한 쇠퇴한 세상의 뜻이리라. 명(銘)은 다음과 같다.

젊어서는 주자를 사모하였고	少慕考亭
만년엔 도연명을 좋아하였네	晩悅淵明
아, 백대 먼 훗날에	噫百世之下
누가 이 마음을 알리오	誰知此心者

생원 유공 묘지[5]

生員柳公墓誌

공의 휘는 휴(畦)이고 자는 회중(晦仲)이다. 문화 유씨(文化柳氏)는 모두 고려조의 대승(大丞) 차달(車達)을 시조로 삼는다. 본조에서는 상공 하정(夏亭) 관(寬)이 맑은 덕으로 이름이 났다. 증조 휘 공량(公亮)은 예조 참판을 지냈다. 조부 휘 훤(萱)은 현령을 지냈고, 호는 절초(節初)이다. 부친 휘 겸후(謙厚)는 성균 진사이다. 모친 파평 윤씨(坡平尹氏)는 직장 영(瑛)의 딸이다.

공은 나면서부터 용모가 수려하고 출중하게 영특하였다. 겨우 7, 8세 되었을 적에 절초공(節初公)이 뜰 앞의 벽오동 나무를 가리키며 시를 짓게 하였는데, 공이 즉시 답하여 "곧기가 군자의 마음과 같네.〔直如君子心〕"라고 하였다. 절초공이 놀라 감탄하기를,

"이 아이는 필시 범상치 않은 인물이 될 것이다."

하였다. 부친이 병이 들자 대변을 맛보았으며 상(喪)을 당해서는 예제(禮制)에 지나치게 슬퍼하였다. 얼마 뒤에 절초공이 또 세상을 떠나자 공은 극도로 슬퍼하다 목숨을 잃을 뻔하였는데 이것이 그대로 고질병이 되었다.

계축년(1673, 현종14)에 생원시에 합격하였다. 공은 부모를 여의었고 숙부인 승지 휘 담후(譚厚)는 아들이 없었기에 공을 자식처럼 여겼

5 생원 유공 묘지 : 유규(柳畦, 1642~1699)의 묘지이다. 유규는 본관이 문화(文化), 자가 회중(晦仲)이다.

다. 공도 아버지처럼 섬겨 물심양면으로 극진히 봉양하였으니 보는 자들이 감탄하였다. 승지공이 병이 있거나 혹 술에 취해 곧바로 잠자리에 들지 않으면 공이 잠자지 않고 모시고 앉아 더러 새벽까지 있었으니, 비록 노쇠하고 병이 깊어도 조금도 해이하지 않았다. 승지공이 엄격하여 자제들을 쉽게 인정하지 않았지만 공에게는 든든히 의지하여 여러 차례 고을을 맡아 다스릴 적에 항상 공을 데려갔다. 공은 일에 따라 승지공을 도와 자잘한 문서 따위도 빠뜨리는 것이 없었다.

공이 한번은 외삼촌 윤필은(尹弼殷) 공의 임소인 합천군(陜川郡)에 이르렀는데, 그곳에 군포(軍布)를 훔친 죄로 사형을 받게 된 사람이 있었다. 공은 그 노모가 자식을 위해 하늘을 부르며 억울함을 호소하는 것을 보고는 원통한 사정이 있으리라 의심하여 차분히 그 정상을 말하였다. 이에 윤공이 다시 사실을 조사하여 그 사람이 죽지 않게 되었으니, 남을 사랑하는데 마음을 둠이 이러하였다. 승지공을 일깨워준 것도 대부분 이와 같았다.

승지공은 청렴하고 담박하여 고을을 다스리는 동안 집을 돌아보지 않았고, 공은 그 자제로서 털끝만큼도 사사로이 취함이 없었다. 일찍이 삼척부(三陟府)에 있을 때에는, 이전의 관리들은 세선(稅船)에 기물(器物)을 실어 집으로 보내는 일이 많았지만, 공은 아뢰고서 동쪽 누각의 관청 매화나무 한 그루를 집으로 보냈다. 집으로 돌아간 뒤에 아침저녁으로 이를 감상하였으며 딸을 송씨(宋氏)에게 시집보낼 때엔 혼수는 아무 것도 없이 그저 매화 화분만 동행하였다.

공은 과거에 여러 차례 낙방한 뒤로는 더 이상 벼슬하기를 구하지 않고 이천(利川) 송현(松峴) 선영 아래에 집을 짓고서 형제들과 함께 화목하게 살았다. 큰 형님이 부모의 제사를 주관하기에 기일(忌日)이면 반드시 제수(祭需)를 갖추어 큰 형님 집에 가서 정결히 재계하고 제사를 도왔으며, 늙어서도 부모를 그리워하는 애통함이 하루처럼 한결같았다. 승지공이 세상을 떠나자 무덤 곁에 여막을 짓고 3년을 마쳤으며 승지공의 부인 홍씨(洪氏)의 초상 때에도 똑같이 하였으니, 비록 후사가 없어도 뒷일에 유감이 없게 하였다.

공은 평소 재산을 불리지 않았기에 늙어서는 가산이 더욱 쇠락하였다. 어떤 이가 벼슬을 권하면 공은 마음에 즐거워하지 않으며 말하기를,

"집안이 대대로 분수를 지키고 녹을 구함이 구차하지 않았으니, 어찌 빈곤 때문에 선조를 욕되게 하는 사람이 되겠는가."

하였다.

공은 젊은 시절에 문망(文望)이 있어 사우들이 흠모하였다. 동년배 중에 현달한 자가 많았으나 더 이상 교제하지 않았고, 오직 장암(丈巖) 정호(鄭澔) 공과는 지취(志趣)가 같아 끝까지 우정이 변치 않았다. 공이 헛되이 늙어가는 것을 안타깝게 여긴 정공이 과거에 응시하라고 권하니, 공이 시를 지어 사양하였다.

공은 우암 선생(尤庵先生)과 교분이 없었지만 선생이 화를 당했다는 소식을 듣고는 애사(哀辭)를 지어 자신의 심정을 피력하였다. 그 대략은 다음과 같다.

선생이 살아계실 적엔	先生之生
도가 선생과 함께 하였네	道則與俱
선생이 돌아가셨으니	先生之亡
대의를 누가 부지하랴	大義誰扶
죽수와 초산[6]이	竹樹楚山

만고토록 함께 원통해 하리　萬古同寃
이치는 끝내 꺾이지 않으니　理不終屈
백세 뒤를 기다리노라　百世以俟

어진 이를 높이고 덕 있는 이를 사모함은 그 천성에서 나온 것이다. 또 선(善)을 즐기고 의(義)를 좋아하여 부모에게 효도하는 자를 보면 비록 미천한 자라도 반드시 경애(敬愛)의 마음을 극진히 하였다.

한번은 어떤 일로 호남(湖南)에 갔는데, 그곳 관찰사 김만길(金萬吉) 공이 또한 공과 친한 벗이었다. 길에서 만나 초대를 받고 관소에 이르자, 김공이 종이 수백 권과 전폐(錢幣)를 주며 말하기를,

"돌아가서 곤궁할 때 쓰시오."

하였다. 공은 이것을 받아 책을 인쇄하는데 다 쓰고 한 푼도 가지고 돌아가지 않았다. 김공이 웃으며 공에게 말하기를,

"집사람이 내게 '유공(柳公)이 청렴하게 살다가 이처럼 곤궁하게 되었는데, 어찌 의복과 음식을 넉넉히 주지 않았습니까? 지금 책을 꾸려서 돌아간다고 하는데, 책이 굶어 죽는 것을 구제할 수 있겠습니까.'라고 꾸짖었네."

하였다. 공이 듣고서 웃으며 말하기를,

"굶어 죽는 것은 따로 분수가 있다네."

하였다. 공은 자주 쌀독이 비어 여러 날 굶은 때도 있었다.

기묘년(1699, 숙종25) 여름에 병이 들었는데 임종 때 두려워하는 뜻이

6 죽수(竹樹)와 초산(楚山) : 죽수는 화순(和順)으로 조광조(趙光祖)가 사사(賜死)된 곳이고, 초산은 정읍(井邑)으로 송시열이 사사된 곳이다.

없었다. 조카 문갑(文甲)을 불러 말하기를,

"너는 나를 부축하라. 능(能)의 어미는 내보내야 하니, 남자는 부인의 손에서 숨을 거두지 않는다."

하였으니, 능의 어미는 바로 그 첩이었다. 마침내 일어나지 못하고 세상을 떠나니 4월 21일이었다. 송현(松峴)의 선영에 안장하였다.

배위 양천 허씨(陽川許氏)는 진사 훈(塤)의 딸로, 유순하고 부녀자의 도리를 갖추었다. 홍 부인(洪夫人)이 항상 칭찬하여 "이 며느리는 마음이 비단결처럼 고우니, 자녀들이 닮으면 반드시 어질 것이다."라고 하였다. 43세의 나이로 공보다 15년 먼저 세상을 떠나 공과 합장하였다.

슬하에 딸 다섯을 두었다. 사위는 정귀하(鄭龜河), 송달원(宋達源), 한덕진(韓德晉), 신의중(愼儀重), 이택(李澤)이다. 계실(繼室) 강씨(姜氏)도 아들이 없고, 측실 소생으로 문석(文錫)과 문탁(文鐸)이 있다.

나와는 절초공 때부터 여러 대에 걸친 집안의 친분이 있기에 정씨(鄭氏)에게 출가한 딸이 편지로 공의 행적을 기록하여 명(銘)을 지어주기를 부탁하였다. 나는 그 뜻이 슬프고 또 공의 곤궁함을 슬퍼하여 병든 몸으로 힘써 묘지를 지어 정씨의 아들 반(槃)에게 보낸다. 명은 다음과 같다.

우옹을 뵙지 못했어도	不見尤翁
애사를 먼저 지었으니	而哀誄先就
장암의 벗임을 알 수 있네	可知爲丈巖之友
종신토록 곤궁하게 지내고	終身固窮

구차히 녹을 구하지 않았으니 不苟干祿
깨끗한 선비라 할 수 있네 可謂淸士
명을 청하는 딸이 있어 有女乞銘
그 가려진 덕업을 드러내니 以闡厥幽
아들이 없다고 말하지 말라 勿云無子

생원 김공 묘지[7]

生員金公墓誌

경순(景純) 김광백(金光白) 공은 오래 전부터 나와 친분이 있었는데, 공은 북방 사람이다. 나는 십수 년 전에 도성에서 처음 공을 보았다. 공은 언론이 강개하여 변방을 굳건히 지키고 백성을 안정시킬 방책을 한번 아뢰고자 했으나 올리지 못했는데, 내가 그 부본(副本)을 보고서 면전에서 감탄하여 말하기를,

"공과 같은 사람을 초야에서 늙어 죽게 해서야 되겠는가."

하였다.

정미년(1727, 영조3)에 생원시에 합격하였다. 나를 만나 울며 말하기를,

"돌아가신 부친의 명이라, 감히 어길 수 없었습니다."

하였으니, 당시 공의 나이 73세였다. 집으로 돌아갈 때 내게 어떤 책을 읽어야 할지 물었다. 내가 묻기를,

"공은 눈이 잘 보입니까?"

하니, 답하기를,

"잘 보이지 않습니다."

라고 하였다. 내가 묻기를,

"귀가 잘 들립니까?"

7 생원 김공 묘지 : 이 글은 김광백(金光白, 1655~1732)의 묘지이다. 김광백은 본관이 영흥(永興), 자가 경순(景純)이다.

하니, 답하기를,

"잘 들리지 않습니다."

하였다. 내가 묻기를,

"그렇다면 어떻게 책을 읽겠습니까?"

하니, 답하기를,

"내 눈은 잘 보이지 않고 내 귀는 잘 들을 수 없지만, 내 마음만은 죽지 않았습니다."

하였다. 내가 《소학》을 권하자, 공이 일어나 절하며 말하기를,

"이는 내가 종신도록 행하기를 원했던 바인데, 더구나 거듭 군자의 말씀을 들었으니 여부가 있겠습니까."

하니, 좌중의 사람들이 눈짓하며 비웃었다. 내가 이들에게 말하기를,

"그러지 마시오. 늙어서 배우기를 좋아함은 공경할 만한 일이오."

하였다.

이후 7년이 지난 계축년(1733)에 공의 아들 익항(益恒) 등이 문인 이팽재(李彭載)를 보내어 말하기를,

"우리 부친께서 작년 12월 26일에 세상을 떠났습니다. 올해 3월 모일(某日)에 모친 개성 최씨(開城崔氏)의 무덤을 열어 같은 고을 초부리(草阜里)에 합장할 것입니다. 우리 부친은 죽음에 임해서도 덕 있는 이를 사모하는 마음이 다하지 않았으니, 집사의 말을 얻지 못한다면 장사 지내지 않은 것과 같습니다."

하였다. 내가 그 가장(家狀)을 받아 읽어보니 다음과 같았다.

공은 인품이 성실하고 주밀하였으며 선을 좋아하고 악을 미워하였다. 배움에 독실하여 죽을 때까지 게을리하지 않았는데, 일찍이 송포(松浦)에 서실(書室)을 짓자 찾아와 배우는 이들이 많았다. 색양(色

養)[8]으로 부모를 섬기고, 심상(心喪)[9]으로 스승에게 보답하고, 예교(禮敎)로 고을에 모범을 보이고, 겸손한 덕으로 자손을 가르쳤다. 이는 어느 것 하나 《소학》에서 얻지 않음이 없으니, 공과 같은 이는 글을 잘 읽은 사람이라 할 수 있다. 공이 또 일찍이 스스로 외우기를,

"선비가 귀중하게 여길 것은 지절(志節)이니, 크게는 한 나라의 원기(元氣)이고 작게는 한 고을의 원기이다."

하였는데, 나는 이를 명언(名言)이라 생각한다.

공의 집안은 대대로 신라 왕족에서 나왔다. 풍천(豐川)으로 본관을 옮겼다가 몇 대조 군기 소감(軍器少監) 원(原)에 이르러 처음으로 북방으로 옮겼다. 또 몇 세대 지나 덕원(德源)에서 정평(定平)으로 옮기고 또 영흥(永興)으로 옮겼다. 증조 진우(璡佑)는 참봉을 지냈고, 조부는 응상(應祥)이다. 부친 극선(克鐥)은 80세가 되어 수직(壽職)으로 가선대부에 올랐고, 교하 조씨(交河趙氏)가 그 배위이다.

공의 배위 최씨(崔氏)는 아들 열 명을 두었는데, 장남이 익항(益恒)이다. 정랑 익헌(益憲)과 전적 익침(益忱)은 모두 문과에 급제하였고, 익희(益熹), 익무(益懋), 익서(益恕), 익훈(益勳)은 모두 일찍 죽었고,

8 색양(色養) : 자식이 낯빛을 온화하게 하여 부모를 봉양하는 것을 말한다. 자하(子夏)가 효(孝)에 대해 묻자, 공자가 '색난(色難)'이라고 대답한 데에서 유래한 말이다. 이에 대한 주희(朱熹)의 주석에 "색난은 부모를 섬길 때에 얼굴빛을 온화하게 하는 것이 어려움을 말한다."라고 하였다. 《論語 爲政》

9 심상(心喪) : 스승의 상에 상복(喪服)은 입지 않더라도 슬퍼하는 마음만은 상복을 입고 있을 때처럼 하는 것을 말한다. 《예기》 〈단궁 상(檀弓上)〉의 '심상삼년(心喪三年)'에 대한 정현(鄭玄)의 주(註)에 "심상은 슬퍼하는 모습이 부친상을 당한 것과 같은데, 복이 없는 것이다."라고 하였다.

나머지 아들 셋은 이름도 짓기 전에 죽었다. 익돈(益惇), 익신(益愼), 익활(益恬)과 김만재(金萬載)에게 출가한 딸은 측실 소생이다. 공은 일찍이 화릉(和陵)과 숙릉(淑陵)의 침랑을 지냈다고 한다. 명(銘)은 다음과 같다.

내가 들으니 《소학》은	吾聞小學
사람답게 만들어 주는 책이라네	做人樣子
공은 오직 독실히 믿고서	公惟篤信
이것을 처음부터 끝까지 행하였네	以之終始
내가 그 무덤에 명을 지어	我銘其幽
북방의 선비들에게 고하노라	以告北士

처사 이공 묘지[10]

處士李公墓誌

나는 외진 곳에 살아 견문이 부족하지만 사방의 어진 선비들을 수집하기를 좋아하여 듣는 대로 기록하였는데, 용인(龍仁) 지방에서 이 처사(李處士) 한 사람을 얻었다. 이후 화를 당해 집을 떠나 선영 아래에 우거할 적에 이 처사의 집과 30리 거리로 가까이 살았는데, 이때 이 처사가 옛 것을 좋아하여 독실히 행하는 군자임을 알고서 이전에 들은 말이 헛소문이 아님을 비로소 믿게 되었다.

공의 휘는 여송(汝松), 자는 교년(喬年)으로, 전의(全義) 사람이다. 그 선조는 고려에서 태사를 지낸 도(棹)이다. 본조에 들어와서 휘 구직(丘直)이 참찬의정부사(參贊議政府事)를 지냈고, 그 후로 관작을 지닌 이가 많았다. 고조 휘 충가(忠可)는 군수를 지냈다. 증조 휘 언렴(言恬)은 선교랑을 지냈는데, 광해군(光海君)이 모후(母后)를 폐위하려 할 적에 홍무적(洪茂績)의 상소에 이름을 올리고는 용인 들판에서 유유자적하였으니 자손이 그대로 이 지방에 살았다. 조부 휘 정선(廷選)은 승사랑을 지냈다. 젊은 시절 연양(延陽) 이시백(李時白) 공과 같은 마을에서 자라며 친하게 지냈는데, 계해년(1632)에 이공이 반정(反正)의 일로 찾아와 공에게 넌지시 말했으나 공은 사양하고 참여하지 않았다. 부친의 휘는 지인(志仁)이고, 모친 평산 신씨(平山申氏)는 상

10 처사 이공 묘지 : 이 글은 이여송(李汝松, 1654~1731)의 묘지이다. 이여송은 본관이 전의(全義), 자가 교년(喬年)이다.

안(尙顔)의 딸이다.

공이 겨우 네 살 때에 한번은 모부인에게 꾸지람을 들었는데 공의 대답이 공손하지 못해 부친이 종아리를 치면서 경계하니, 눈물을 흘리며 뉘우치고서 같은 잘못을 되풀이하지 않았다. 여섯 살에 부친을 잃고서 어른처럼 슬퍼하였다. 조금 자라서 노봉(老峰) 민정중(閔鼎重) 상국에게 수학하였다. 노봉이 우계 선생(牛溪先生 성혼)이 찬집한 《위학지방(爲學之方)》을 주자, 공이 공경히 받들어 읽으며 위기지학(爲己之學)에 온 힘을 기울였다. 노봉이 세상을 떠나자 1년 동안 심상(心喪)을 입었다. 노봉의 아들과 조카가 연이어 경상(卿相)이 되었으나 공은 한번도 찾아가지 않았다.

모부인을 섬김에 있어서는 밤새도록 곁에서 화순한 모습으로 모시고 잠시도 떠난 적이 없었으며, 흉년에 먹을 것이 없어 자신은 솔잎을 먹으면서도 모친이 좋아하는 음식을 빠뜨리지 않았다. 모친상을 당했을 때 공이 이미 연로하였지만 상복을 벗지 않고 소식(素食)하면서 3년을 마쳤다.

공은 매일 새벽에 반드시 사당에 알현하고 물러나 방에 앉아 경전을 읽었다. 《주자대전(朱子大全)》과 《이정전서(二程全書)》에 가장 힘을 기울였는데, 모든 견해는 강학과 토론에 의지하지 않고 대부분 마음에서 터득하였다.

평소에 청(淸)나라 물건을 가까이하지 않아 크게는 서책과 작게는 관모(冠帽) 따위도 모두 접하지 않았으며, 또 자신이 죽은 뒤에 청나라 비단을 쓰지 말라고 명하였다. 매년 달력에 개인적으로 명(明)나라 연호를 사용하였으며, 정월(正月)을 초월(初月)이라 개칭하여 말하기를,

"왕정(王正)[11]의 뜻을 어찌 오늘에 취할 수 있겠는가."

하였다. 조정에서 한번은 청나라에 구휼미를 요청하여 그 쌀이 와서 원근에 두루 퍼졌는데, 공은 받으려 하지 않으며 말하기를,

"차라리 죽을지언정 의리상 먹을 수 없다."

하였으니, 그 강개함이 이러하였다.

포은 선생(圃隱先生 정몽주)의 무덤에 오랫동안 신도비가 없어 공의 백부 지유(志儒)가 우암(尤庵) 선생에게 비문을 청하였다. 미처 비석을 새기기 전에 백부가 화를 당하여 일이 중지되었는데, 갑술년(1694, 숙종20)에 이르러 공이 원임(院任)으로서 끝내 완성하였다. 일찍이 포은 선생의 서원(書院)에 〈백록동규(白鹿洞規)〉를 게시하여 그 대의(大義)를 거듭 밝히고 인하여 향음주례(鄉飮酒禮)를 익혔다. 또 마을의 장로들과 함께 여씨 향약(呂氏鄕約)을 시행하여 오륜(五倫)이 있음을 백성에게 알게 하였으니, 공의 몸은 비록 초야에 있었으나 교화가 또한 고을 전체에 점차 행해졌다. 현사(賢邪)의 구분에 더욱 엄격하고 시비(是非)를 밝게 분별하여 조금도 회피하지 않았기에 위험한 말이 자주 입에서 나와 큰 화를 당할 뻔하였으나 개의치 않았다. 공은 노년에 곤궁하여 굶주렸으나 근심스런 기색을 보이지 않았으며 얼굴빛이 붉고 윤택하였다. 신해년(1731, 영조7) 5월 22일에 78세의 나이로 세상을 떠났다.

11 왕정(王正) : 《춘추》에 통용된 연대 표기 방식으로, 공자(孔子)가 존왕양이(尊王攘夷)의 대의(大義)를 명시하기 위하여 노(魯)나라 각 공후들이 바뀌어 새로 시작할 때마다 '어느 해 봄 주(周)나라 왕이 쓰는 정월'이라는 뜻의 '춘왕정월(春王正月)' 네 자를 기록하였다.

공은 타고난 품성이 질박하고 성실하였으며 풍모가 굳세고 깨끗하였다. 마음씀과 일처리가 한결같이 곧아 항상 말하기를,

"성인(聖人)이 아닌 이상 권도(權道)를 말해서는 안 된다."

하였다. 학문은 깊이 연구하고 실천하여 스스로 터득하는 것을 중시하였으며 남이 알까 두려운 듯이 문을 닫고 교유를 끊었다. 비록 은거생활을 즐거워하였으나 군민(君民)의 뜻[12]을 차마 잊지 못했으니, 치도(治道)를 논해서는 "인재를 얻음이 요체이다."라고 하였고, 잘못된 병농(兵農)의 제도를 한탄하여 "옛 도를 다시 행할 수 없단 말인가."라고 하였다.

병자년(1636)과 정축년(1637) 이후 세월이 점차 흐르자 인심(人心)이 안일에 빠져 사대부들이 수치를 무릅쓰고 청나라의 금, 비단, 구슬, 옥 사이로 달려갔지만 공은 홀로 '함원인통(含寃忍痛)'[13] 네 글자를 이마 위에 걸어두었으니, 시속(時俗)에서 이상한 사람 취급 받은 것이 마땅하다. 그러나 만일 우암 선생이 보았다면 가상하게 여기고 칭찬함이 어떠하였겠는가. 내가 이 때문에 드러내어 밝혀 쇠퇴한 풍속을 진작

12 군민(君民)의 뜻 : 요순(堯舜)과 같은 임금과 요순 때의 백성처럼 태평 시대를 만들고자 하는 뜻을 말한다. 이윤(伊尹)이 상탕(商湯)의 초빙을 세 차례나 받고 나서 "내가 밭두둑 사이에서 이대로 요순의 도를 즐김이 어찌 이 임금으로 하여금 요순과 같은 성군을 만드는 것만 하겠으며, 어찌 이 백성들로 하여금 요순 때의 백성이 되게 하는 것만 하겠으며, 내 어찌 그런 시대를 내 몸으로 직접 보는 것만 하겠는가."라고 한 데서 온 말이다. 《孟子 萬章上》

13 함원인통(含寃忍痛) : "원한을 품고 아픔을 참는다."는 뜻으로, 주희(朱熹)의 〈여진시랑서(與陳侍郎書)〉에 나오는 말이다. 송(宋)나라가 금(金)나라의 침략을 받아 양자강(揚子江) 이남으로 쫓겨난 것에 대하여 "아픔을 참고 원한을 품으며 절박하여 어쩔 수 없이 한다.〔忍痛含寃, 迫不得已.〕"라고 하였다. 《晦庵集 卷24》

시키는 바이다.

공은 고을 동쪽 운주산(雲住山) 선영 간좌(艮坐)의 언덕에 안장하였다. 배위 평양 조씨(平陽趙氏)는 공보다 8년 뒤에 세상을 떠나 합장하였다. 슬하에 아들 다섯을 두었으니, 각(璀), 육(琦), 숙(琡), 위(瑋), 원(瑗)이다. 손자는 경천(敬天), 경성(敬聖), 경행(敬行), 경현(敬賢)이다. 명(銘)은 다음과 같다.

옛날의 이른바 한 고을의 선사[14]가	古所謂一鄕之善士
바로 공의 짝이요	是公儔耶
옛날의 이른바 천하의 고사[15]가	天下之高士
공이 그러한 부류로다	子其流耶
장차 후세에 알아 줄 자를 기다려	且以俟夫後世之知者
우선 무덤에 기록하노라	姑識諸幽

14 한 고을의 선사 : 《맹자》 〈만장 하(萬章下)〉에 "한 고을의 훌륭한 선비라야 이에 한 고을의 훌륭한 선비를 벗할 수 있다.〔一鄕之善士 斯友一鄕之善士〕"라고 한 데서 온 말이다.

15 천하의 고사 : 전국(戰國)시대 제(齊)나라의 고사(高士)인 노중련(魯仲連)을 가리킨다. 위(魏)나라 안이왕(安釐王)이 천하에 고사를 자순(子順)에게 묻자, "세상에 그러한 사람은 없으나 그 다음이 될 만한 자는 노중련일 것입니다."라고 하였다. 노중련(魯仲連)이 무도한 진(秦)나라를 황제로 받들려는 위(魏)나라 신원연(新垣衍)에게 "진나라가 방자하게 황제가 되어 천하를 다스린다면 나는 동해에 빠져죽을지언정 그 백성이 될 수는 없다"라고 하였다. 《史記 卷83 魯仲連列傳》

진사 윤공 묘지[16]

進士尹公墓誌

나의 벗 양직(養直)이 죽은 지 이미 34년이 되었는데 그를 생각할 때면 늘 눈물이 흐른다. 나의 막내 숙모 윤 부인(尹夫人)이 양직의 손윗누이라, 나는 어린 시절부터 양직을 알았다. 양직은 당시 이미 관례(冠禮)를 올렸지만 장성해서는 함께 교유하였는데 항상 나를 아우처럼 살펴주었다. 또 양직을 따라 과문(科文)을 익혔는데, 양직은 마치 생각하지도 않고 쓰는 사람처럼 붓을 들자마자 바로 문장을 완성하였기에 매번 미칠 수 없다고 혼자 탄식하였다. 양직은 문사(文辭)가 풍부하고 특히 사부(詞賦)와 변려문(騈儷文)에 뛰어났다. 25세에 사마시에 제3명으로 합격하였는데, 사람들은 이를 늦었다고 여기고 모두들 조만간 급제하리라 말했는데 불행히도 28세에 세상을 떠났다. 모부인이 당시 살아계셨기에 공의 죽음을 들은 자들이 더욱 슬퍼하였다.

양직의 부친 관찰공은 충주목(忠州牧) 임소에서 세상을 떠났다. 당시 양직은 겨우 14세였지만 슬퍼하는 모습과 엄숙한 예절이 어른과 다름없었으니, 수암(遂菴) 권공(權公 권상하)이 와서 호상(護喪)하면서 보고서 칭찬하고 감탄하였다.

모부인이 일찍이 공의 과음을 경계하자 종신토록 술잔을 들지 않았다. 이웃에 소를 잡는 사람이 있었는데 우연히 소가 두려워 떠는 것을

16 진사 윤공 묘지 : 이 글은 윤지호(尹志浩, 1672～1699)의 묘지이다. 윤지호는 본관이 칠원(漆原), 자가 양직(養直)이다.

보고는 측은하게 여겨 다시는 그 고기를 먹지 않았다. 여러 종형제들과 같은 마을에 살면서 친애의 정이 매우 돈독하였다. 기복(期服)과 공복(功服)을 입는 친척의 상(喪)에는 반드시 밖에서 자고 소식(素食)하면서 한결같이 예제(禮制)를 따랐다. 친족 중에 곤궁하게 살면서 상을 당한 사람이 있으면 서둘러 달려가 힘을 다해 도왔다.

공은 성품이 교유를 좋아하였다. 모두 한 시대의 뛰어난 인물들로 좌중이 항상 가득 찼으며 또 더러는 나막신을 신고 찾아가 끝없이 담론을 이어가며 밤새도록 피곤할 줄 몰랐다. 하나의 선(善)을 보면 마음속으로 기뻐하여 미치지 못할 듯이 칭찬하여 드러내었고 불선(不善)을 보면 바른 말로 배척하였다. 이 때문에 사람들이 모두 공을 사랑하면서도 두려워하여 공이 세상을 떠났을 때는 몹시 슬피 곡하였다. 내가 세상을 겪은 지 다소 오래되었는데 거짓 없이 진실하고 붕우의 도리에 독실한 사람을 찾았지만 양직과 같은 이는 아직 보지 못했다. 이것이 내가 그를 생각할 때마다 눈물짓는 이유이다.

양직의 휘는 지호(志浩)로, 칠원(漆原) 사람이다. 상조(上祖) 시영(始榮)은 신라의 태사이다. 본조의 직제학 석보(碩輔)는 곧은 말을 하다가 유배되어 배소(配所)에서 죽었고 청백리(淸白吏)에 뽑혔다. 5대를 전하여 군수 휘 유길(有吉)이 장령 휘 우정(遇丁)을 낳았고, 장령이 관찰공 휘 가적(嘉績)을 낳았는데 맑은 덕으로 세상에 이름이 났다. 모부인 배천 조씨(白川趙氏)는 도사 석명(錫命)의 딸이다.

양직은 청송 심씨(靑松沈氏)에게 장가들었는데, 그 부친은 부사 징(澂)이다. 외동딸은 생원 임형(任逈)에게 출가하였다. 아우 지명(志溟)의 아들 경조(敬祖)를 후사로 삼았는데 경조도 요절하여 후사가 없다. 아! 하늘의 뜻을 알 수 없도다.

양직은 금천(衿川) 우파(牛坡)에 안장하였다가 갑인년(1734, 영조 10)에 면천(沔川)의 감사공 무덤 왼쪽으로 이장하였다. 지명(志溟)이 울면서 내게 말하기를,

“우리 형님의 무덤에 그대의 말이 없어서는 안 됩니다.”

하기에 마침내 사양하지 못하고 명(銘)을 짓는다. 명은 다음과 같다.

누가 그대에게 재주를 주고서 孰賦爾才
그 수명을 짧게 하였나 而促其年
아, 양직이여 嗚呼養直
하늘을 뜻을 어찌하리오 奈何乎天

진사 신공 묘지[17]

進士申公墓誌

나는 젊은 시절에 사우(士友)들에게서 농암(農巖 김창협) 문하에 두 신씨(申氏)가 있다는 말을 듣고는 이들과 일면식이 없는 것을 안타깝게 여겼는데, 근래에야 비로소 이른바 《은파시고(隱坡詩稿)》를 구해 읽고서 그 사람의 불행을 슬퍼하였다. 또 일찍이 공의 방문을 받았을 때엔 만나자마자 마치 오랜 벗을 만난 듯이 즐거웠다.

공은 은파(隱坡)의 아우이다. 초명(初名)은 시욱(始旭)이었는데 명관(命觀)으로 개명하였고 자(字)는 용빈(用賓)이다. 은파의 이름은 명정(命鼎)이다.

처음에 공은 구애받지 않은 호방한 기운을 지녔는데 점차 장성하면서 마음을 바꾸어 학문에 종사하였다. 농암의 문하에는 당대의 수재들이 넘쳐났는데, 공의 형제가 그 사이에서 수학하며 문학과 행실로 추대받았으며, 매번 의리를 분명하게 분석함에 선생이 대부분 인정하였다. 또 당세의 대인군자를 두루 찾아뵙고 학문을 넓히는데 도움 받았으니 그 진전이 대개 끝이 없었다. 그런데 얼마 뒤에 농암이 세상을 떠나고 몇 년 뒤에 형님마저 세상을 떠났다. 공은 이때부터 무리를 떠나 외로이 살면서 울적한 심정으로 세상에 뜻을 두지 않았으니, 과거 시험에 응시했어도 좋아서 한 일이 아니었다.

17 진사 신공 묘지 : 이 글은 신명관(申命觀, 1674~1736)의 묘지이다. 신명관은 본관이 평산(平山), 자가 용빈(用賓)이다.

집안이 몹시 가난해도 모친을 위해 맛난 음식을 힘껏 마련하였으며, 성품이 옛것을 좋아하여 예법대로 두 아들의 관례를 치렀다. 때때로 말 한필로 나라 안의 이름난 산수를 찾았는데 가서는 번번이 돌아오길 잊었다. 만년에 동호(東湖) 가에 집을 지었는데 그 맑고 조용한 지세를 사랑하여 꽃과 나무를 심고서 날마다 그 사이에서 시를 읊조렸다. 해진 옷을 입고 거친 음식을 먹었지만 사람들은 공의 얼굴에서 근심스런 기색을 보지 못했다.

내가 공을 만났을 때 공의 나이가 예순에 가까웠는데 용모가 수려하고 또 온화하여 가까이할 만하였으며 말이 강개하여 전혀 속된 뜻이 없었다. 나는 공에게 아직 젊은 시절의 지기(志氣)가 남아 있는 것을 기뻐하면서도 한편으로 때를 만나지 못함 것을 슬퍼하였다. 공의 두 아들이 먼저 내게 배웠는데, 공이 나를 보고는 또 집을 옮겨 이웃에 살기를 소망하였다. 나도 마음으로 허락하고 작년에 화음(華陰) 땅 한 구역을 구했건만 공은 나를 기다려주지 않았다. 아, 슬프다!

공은 평산(平山)사람으로, 고려 장절정(壯節公) 숭겸(崇謙)의 후손이다. 증조 휘 게(垍)는 예조 좌랑을 지냈다. 조부 휘 상급(尙伋)과 부친 휘 긍(緪)은 모두 벼슬하지 않았다. 모친 남원 윤씨(南原尹氏)는 생원 이진(以進)의 딸이다.

숙종 무자년(1708, 숙종34)에 진사시에 합격하였고, 병진년(1736, 영조12) 12월 21일에 63세의 나이로 세상을 떠났다. 양주(楊州)의 풍양(豐壤)에 안장하니 선영을 따른 것이다.

공의 학문은 실천을 중시하였으며 또 세상일에 관심을 두었으니, 고지식한 유자나 고루한 선비에 비할 바가 아니었다. 일찍이 말하기를,

"오늘날의 학자들이 능히 심성(心性)을 말하고 또 천하국가를 말하

면서도 백성을 다스림에 미쳐서는 도리어 볼만한 정사가 하나도 없으니, 평소에 강학한 것을 장차 어디에 쓰겠는가?"

하였다. 또 토지를 균등하게 하고 학교를 일으키는 것을 세상을 다스리는 큰 일로 여겨 〈소익책(小益策)〉 몇 조목을 지었는데, 요컨대 오늘날에 시행할 만한 것들이다. 여기에서도 공의 포부를 알 수 있다.

공의 배위는 연일 정씨(延日鄭氏)로, 그 부친 세빈(世賓)은 효성으로 이름이 났다. 아들 광벽(光壁)과 광두(光斗)는 내게 수학한 자들이고, 딸은 한방좌(韓邦佐)에게 출가하였다. 광벽이 무덤에 묘지를 들이고자 수척한 모습으로 찾아와 눈물을 흘리며 묘문을 청하였다. 마침내 명(銘)을 지어 슬퍼한다. 명은 다음과 같다.

천지 사이에 天地之間
떠다니는 기운이 뒤엉키니 游氣絪緼
맑고 순일한 기운 얻은 이 得清得醇
대체로 구하기 어렵네 蓋難其人
그러나 순일한 기운으로 학문에 전념하지 못하고 而醇者不能專爲學
맑은 기운으로 더러 시문에 드러내었네 清者乃或發之詩文
부여받은 아름다운 자질 온전히 하지 못했는데 而不能全其所予之美
어찌하여 또 곤궁하게 생을 마치게 하였나 而又胡使之窮餓以終其身
아, 슬프도다 嗚呼
조물주에게 따지고 싶어도 그 이유를 들을 수 없네 吾欲詰之造物者而不可聞

학생 박공 묘지[18]

學生朴公墓誌

나는 어린 시절에 박사빈(朴士賓) 공과 종유하였는데 공은 나보다 두 살이 많았다. 공의 부친 남평공(南平公 박세표(朴世標))이 우리 선친에게 외숙이 되기에 나는 공을 숙부라고 불렀으나 공은 나를 벗으로 대하였다. 남평공이 관소에서 세상을 떠나자, 당시 공이 약관의 나이로 관(棺)을 호송하여 북쪽으로 돌아오는데, 애훼(哀毁)가 지나쳐 병이 들고 피를 쏟듯 눈물을 흘렸다. 나는 과천(果川)에서 관을 맞이하였는데, 행로의 사람들이 "이 사람은 효자로다"라고 외치며 감탄하였다.

공은 피부가 희고 키가 컸으며 용모가 수려하였다. 일찌감치 학문에 마음을 두었으며 몸가짐이 단정하고 엄숙하여 걸음걸이에 법도가 있었으니, 멀리서 바라보면 친하기 어려울 듯하지만 그 앞에 다가가면 온화하여 친할 만하였다. 흉금이 화평하고 넓어 세속의 구속에서 벗어났으며 천하의 일에 불가능한 것이 없다고 여겼다. 교유한 이들은 대부분 이름난 선비들인데 나란히 겨루며 마음껏 논변하였다. 언론이 뛰어나 매번 고금 인물의 득실과 국가의 치란을 논할 때면 말이 끝없이 이어져 장차 이를 들어 한 시대에 시행할 듯이 하였으니, 그 지기(志氣)가 성대하다고 하겠다. 얼마 뒤에 과거에 낙방하고 명성을 이루지 못하자 시 짓기를 좋아하여 답답하고 불평스러운 일이 있을 때마다 한결같이

18 학생 박공 묘지 : 이 글은 박태관(朴泰觀, 1678~1719)의 묘지이다. 박태관은 본관이 반남(潘南), 자가 사빈(士賓)이다.

시에 드러내었다. 동남(東南) 지방의 산수를 두루 유람하여 왕왕 돌아오기를 잊었으며, 또 더러는 노름꾼이나 술꾼과 함께 실컷 마시며 질탕하게 노는 것도 싫어하지 않았다.

선(善)을 즐기고 의(義)를 좋아함이 진심에서 우러났기에 현명한 사람이나 어리석은 사람이나 모두 더없이 기쁘게 하였으니, 집에 곡식 한 섬도 제대로 없었으나 궁핍한 자들이 찾아들었다. 한번은 남한산성(南漢山城)에서 관아의 환곡 몇십 곡(斛)을 얻었는데, 돌아올 때 굶주림을 호소하는 친구가 있어 대번에 모두 그에게 주었다. 어떤 사람이 "너무 지나치지 않는가?"라고 하자, 공은 웃으며 아무 말도 하지 않았으니, 베풀기를 좋아함이 이러하였다. 이 때문에 남에게서 받는 것도 어려워하는 기색이 없었고 남들도 공의 요구를 싫어하지 않았다.

만년에 삼연(三淵) 김창흡(金昌翕) 공과 지기(知己)가 되었는데, 한번은 설악산(雪嶽山)으로 삼연을 방문하였다. 공이 돌아왔다는 소식을 듣고서 내가 찾아가니 기뻐하며 시권(詩卷)을 꺼내 보여주었다. 간간이 그 중에 한두 뛰어난 구절을 외우고는,

"이는 삼연이 칭찬한 구절이다."

하였는데, 시의 음절이 강개하고 풍류가 넘쳐흘렀다. 나는 공의 곤궁함이 슬프면서도 또 공의 지기가 쇠하지 않은 것이 기뻤다. 이후 다시 나를 찾아와 말하기를,

"나는 병들고 지쳤네. 이제 삼청동(三淸洞) 백련봉(白蓮峰) 아래에 집을 짓고서 한가로이 시를 읊으며 남은 생을 마쳐도 되겠지?"

하였다. 나는 말하기를,

"공의 소싯적 자부가 어떠하였는데 지금은 일개 시인일 뿐입니까."

하였다. 공이 서글피 말하기를,

"나도 후회스럽다네."

하였다. 그런데 얼마 지나지 않아 부고가 이르렀으니, 아! 슬프다.

공은 숙종 무오년(1678, 숙종4)에 태어나 기해년(1719) 2월 9일에 세상을 떠났으니 향년 42세였다. 사대부들이 모두 탄식하고 슬퍼하였으며 공과 친했던 사람들은 더욱 애달프게 곡하였다. 양주(楊州) 판곡(板谷) 술향(戌向)의 언덕에 안장하였다.

공은 집안에서 은혜와 의리가 매우 돈독하여 아내와 자식들을 손님처럼 대하였으며 형수를 어머니처럼 섬겼다. 또 고아가 된 조카를 자신의 소생처럼 길러 때를 놓치지 않고 혼인시켰다. 서모(庶母)가 전염병으로 죽자 자신이 직접 염빈(斂殯)하였으며, 서모의 아들이 또 기이한 병에 걸리자 지성으로 약을 구하여 마침내 목숨을 살렸다. 미친한 노복들도 공의 덕의(德意)에 감격하여 굶주려도 떠나지 않았다. 삼연이 일찍이 공을 품평하기를,

"사람들은 그 텅 빈 점을 병통으로 여기지만 나는 그 텅 빈 점을 귀하게 여긴다."

하였다. 사람들은 이를 명언(名言)이라 말하지만 공의 실제 행실의 아름다움에 대해선 세상에서 혹 다 알지 못한다.

공이 지은 시는 삼연이 편집하여 《응재고(凝齋稿)》라고 명명하였고, 친구 이일원(李一源) 병연(秉淵)이 봉록을 덜어 목판에 새겨 세상에 유포하였다.

공은 반남(潘南) 사람으로, 휘는 태관(泰觀)이고 자는 사빈(士賓)이다. 남평공은 휘가 세표(世標)로, 첨지중추부사를 지내고 이조 판서에 추증된 휘 호(濠)의 아들이고, 관찰사 남곽(南郭) 휘 동열(東說)의 손자이며, 배위는 함평 이씨(咸平李氏)이다.

공은 두 번 장가들었다. 전주 이씨(全州李氏)는 참봉 양석(讓錫)의 딸로, 아들 필윤(弼胤)을 두었다. 영월 신씨(寧越辛氏)는 현감 태동(泰東)의 딸로, 외동딸은 사인 조중걸(趙重傑)에게 출가하였다. 나는 평소 공에 대해 슬퍼한 사람이라, 마침내 명(銘)을 짓는다. 명은 다음과 같다.

어찌하여 태어났다가	胡然而生
어찌하여 돌아갔는가	胡然而歸
우리들이 그대를 위해 슬퍼하네	吾徒爲子悲
이 뛰어난 기개를 거두어	斂此奇氣
한 언덕에 묻어 두었으니	戢之一邱
아, 훼손하지 말라	噫其勿夷之

학생 정공 묘지[19]

學生鄭公墓誌

정언형(鄭彦衡) 군이 48세의 나이로 을사년(1725, 영조1) 4월 1일에 세상을 떠나니, 그 부친 직장 도동(道東)이 청주(淸州) 목과동(木瓜洞)에 안장하고, 몇 년 뒤에 삼주(三州) 이재(李縡)에게 명(銘)을 청하기를,

"우리 선조는 동래(東萊)에서 나왔습니다. 부윤 경업(慶業), 승지에 추증된 숙(橚), 첨지중추부사를 지내고 참판에 추증된 태고(台耉)가 우리 3대조이고, 여흥(驪興) 민취중(閔就重)이 제 장인입니다. 우리 아이는 나면서부터 총명하여 3세에 한호(韓濩)의 글씨를 따라 쓸 줄 알았으며 6세에는 짧은 시를 지었습니다. 말을 배울 때부터 어른을 공경할 줄 알아 손님이 오면 절하고 꿇어앉으며 맞이하고 전송하였으니 보는 자들이 기이하게 여겼습니다. 자라면서 병이 많아 학문에 힘을 쏟지는 못했으나 몸가짐이 고상하고 깨끗하여 구차하게 취하지 않았고 아무나 사귀지 않았습니다.

내가 생계에 서툴러 아이에게 집안일을 맡겼는데, 아이는 힘껏 농사지어 나를 봉양하였습니다. 밖에서 맛난 음식 하나라도 얻으면 자신의 입을 잊고 내게 올렸으며 왕왕 어린아이처럼 재롱을 부려 나를 즐겁게 하였으니, 우리 부부는 늙고 가난해도 근심을 알지 못했

19 학생 정공 묘지 : 이 글은 정언형(鄭彦衡, 1678~1725)의 묘지이다. 정언형은 본관이 동래(東萊), 자가 성임(聖任)이다.

습니다. 형제의 자식 중에 내가 사랑하는 자를 더욱 사랑하였으며, 내 딸이 일찍 과부가 되자 곁에 집을 마련해주고 식량을 넉넉히 대주었으니 그 실제 행동이 이러하였습니다."

하였다. 또 눈물을 흘리며 말하기를,

"우리 부부는 매월 초하루 아침마다 당 위에 앉아 아들과 며느리들의 절을 받았는데, 아이가 기쁜 마음으로 앞장서서 엄숙하고 공손하게 뜰에서 절하고 물러났습니다. 아이가 죽은 뒤로 나는 차마 더 이상 이 일을 할 수 없습니다."

하였다. 내가 면전에서 감탄하기를,

"공의 바른 가법(家法)이 훌륭합니다. 오늘날에 살면서 옛 도를 행하였으니 공이 진실로 어진 분이거니와 만일 어진 자제가 없었다면 또 어찌 이룰 수 있겠습니까."

하였다. 내가 평소에 공의 곧은 성품을 아는데, 대체로 사랑 때문에 치우칠 자가 아니니, 사람들이 응당 그 말에 이의를 제기하지 않을 것이다.

군의 배위는 안동 권씨(安東權氏)로, 자(慈)의 딸이다. 아들 다섯을 두었는데, 후(垕), 증(增), 야(埜), 방(堕), 기(基)이다. 증과 야는 남의 후사로 나갔다. 군의 자는 성임(聖任)이다. 명(銘)은 다음과 같다.

행실은 내게 달려 있고 명은 하늘에 있으니	行在己命在天
군이 하늘에 대해 어찌하리오	君如彼何
생각건대 군의 후사 반드시 창대하리니	謂君後必昌大
참으로 그러하리라	其信然耶

진사 김공 묘지[20]

進士金公墓誌

귀래정(歸來亭)은 행주(幸州)에서 으뜸가는 지역이다. 김이숙(金彝叔) 군이 그 곁에 집을 짓고 살았는데, 우리 중부(仲父) 귀락공(歸樂公 이만성)의 별서(別墅)와 가까웠다. 나는 어려서부터 자주 행호(幸湖)[21]를 왕래하였기에 이숙과 친하였다. 임인년(1722, 경종2)에 화가 일어나자[22] 이숙이 자주 내 집을 찾아왔는데 시사를 말할 때마다 비분강개하여 눈물을 흘렸다. 내가 가솔을 이끌고 강원도 인제(麟蹄) 골짜기로 들어갈 때 이숙이 병을 앓아 찾아와 이별하지 못했는데, 내가 돌아왔을 땐 1년 전에 세상을 떠나고 없었다.

이숙의 휘는 시서(時敘)로, 그 선조는 안동(安東) 사람이다. 근세에 참판 상준(尙寯)과 참찬 광욱(光煜) 부자가 연이어 현달하였으니, 귀래정은 바로 참찬공이 지은 것이다. 참찬의 동생 광위(光煒)는 현령을 지냈다. 현령의 두 아들은 의주 부윤(義州府尹) 수익(壽翼)과 돈녕부 도정 수일(壽一)인데, 참찬공이 그 막내 수일을 후사로 삼았다. 도정공

20 진사 김공 묘지 : 이 글은 김시서(金時敘, 1681~1724)의 묘지이다. 김시서는 본관이 안동(安東), 자가 이숙(彝叔)이다.

21 행호(幸湖) : 행주대교와 방화대교 사이의 한강을 지칭한다. 한강은 이 부근에 이르러 호수와 같이 넓어져 행주로 이어지는데, 이곳을 흔히 소동정호 또는 행호(杏湖)로 불렀다.

22 임인년에 화가 일어나자 : 신임사화(辛壬士禍)를 말하는데, 이때 저자의 중부 이만성(李晩成)이 부안(扶安)에 유배되고 국문을 당하다가 옥사하였다.

의 둘째 아들로 부윤공의 후사가 된 분이 현감 휘 성대(盛大)인데, 바로 군의 부친이다. 모친 파평 윤씨(坡平尹氏)는 군자감 정 협(恢)의 딸이다.

군은 젊은 시절에 족부(族父) 농암 선생(農巖先生 김창협)의 문하에서 수학하였다. 삼연옹(三淵翁 김창흡)이 설악산(雪嶽山)에서 《주역》을 강학할 적에 군이 또 가서 따랐다. 김씨(金氏)는 모두 시(詩)를 업으로 삼았는데, 군은 늦게 사부(詞賦)를 공부하여 41세에 비로소 진사시에 제5명으로 합격하였다. 이해 겨울에 태학생(太學生)이 직언을 올리다가 죽임을 당하자, 군이 탄식하며 말하기를,

"이런데도 과거에 응시할 수 있겠는가."

하고는 문을 닫고 인사를 끊고서 거문고 타고 시를 읊으며 유유자적 지냈다.

군은 가정에서의 행실이 독실하였다. 7세에 윤 숙인(尹淑人)이 세상을 떠나자 어른처럼 가슴을 치며 통곡하였으며, 계모를 받드는데 뜻을 어기지 않았다. 막내 동생이 여러 차례 파산하자 의복과 음식을 함께 나누었으며 또 손윗누이를 잘 섬겼다. 손윗누이가 말하기를,

"내 아들도 이보다 잘하지는 못한다."

하였다. 손윗누이가 일찍이 호향(湖鄕)에 우거하여 1년 동안 만나지 못하자 서둘러 달려가 문안하였다. 군이 평소 비만증이 있었기에 자제들이 가지 말라고 간하자,

"누이가 늙었는데 내가 어찌 병이 두려워 가지 않겠느냐."

하더니, 돌아와서 병이 마침내 심해졌다. 군은 신유년(1681, 숙종7) 3월 28일에 태어나 갑진년(1724, 경종4) 1월 5일에 세상을 떠났다. 양주(楊州) 와공리(瓦孔里) 정좌(丁坐)의 언덕에 안장하니, 선영이다.

공의 배위 은진 송씨(恩津宋氏)는 현감 이석(彝錫)의 딸이다. 아들은 현행(顯行), 면행(勉行), 근행(謹行), 선행(善行)이고, 딸은 이동필(李東馝)과 안표(安杓)에게 출가하였으며 막내는 어리다.

군은 남들과 경계를 두지 않았다. 일을 만나면 간혹 기세를 올리며 따졌지만 마음은 실로 화락하였다. 위급하고 사정이 어려운 자가 있으면 근심이 얼굴빛에 드러났으며 반드시 서둘러 가서 구제하였으니, 일가에 길흉이 있을 때엔 대부분 군에게 의지하여 처리하였다. 군은 사물을 두루 알았으며 특히 변통에 능하였다. 군을 아는 자는 모두 일을 처리하는 재간과 국량을 인정하였는데 끝내 하나도 시행하지 못했으니, 애석하다.

나는 중부를 잃은 뒤로 차마 귀래정을 찾지 못했는데 이숙을 곡하기 위해 겨우 한번 이르렀다. 내 나이 아직 쉰 살로 못 되었는데 사생(死生)과 비락(悲樂)이 눈앞에서 바뀜이 이러하니, 오랫동안 죽지 않고 이 세상을 보는 자는 응당 어떠하겠는가. 아! 슬프다. 면행이 와서 명(銘)을 청하였다. 명은 다음과 같다.

질박하면서 명민하니	質而敏
누가 그러한 자질 주었나	孰予其有
곤궁하고 요절하였느니	窮而夭
또 장차 누구를 탓하랴	又將誰咎
아, 이숙이여	嗟嗟彝叔
후손에게 복이 덮이리라	尙燾厥後

고모부 오공 묘지[23]

姑夫吳公墓誌

공의 휘는 이주(履周)이고 자는 계직(季直)이다. 부친은 양곡(陽谷) 충정공(忠貞公) 휘 두인(斗寅)이고, 모친은 정경부인 상주 황씨(尙州黃氏)이다. 그 배위 유인(孺人) 이씨(李氏)는 우리 조부 우의정 휘 숙(翻)의 막내딸이다.

숭정(崇禎) 후 갑자년(1684, 숙종10)은 충정공이 회갑이 되는 해인데 공이 이때 태어났으니, 가장 어린 데다 자신을 몹시 닮아 충정공이 매우 사랑하였다. 벗들이 모두 시를 지어 기쁨을 표하였는데 의정공도 이 가운데 있었다. 6년이 지나 충정공이 화를 당하자 공은 어린나이에도 이미 슬피 사모할 줄 알았다. 종신토록 채색 옷을 입지 않고 남의 연회에 참여하지 않았으며 기일(忌日)이면 처음 상을 당했을 때처럼 통곡하였다.

유인은 공보다 세 살 어리다. 유인도 의정공의 회갑 이듬해에 태어났는데, 그 이듬해에 의정공이 세상을 떠났다. 장성하자 배필을 택하여 공에게 시집왔다.

내 나이 7, 8세쯤에 충정공이 자신의 막내딸을 위해 우리 조부와 함께 나와의 혼인을 약속했는데, 두 집안이 화고(禍故)를 겪은 뒤에 비로소 장가들었다. 그때 공을 보니 재기 발랄한 소년으로, 황 부인(黃

23 고모부 오공 묘지 : 이 글은 오이주(吳履周, 1684~1709)의 묘지이다. 오이주는 본관이 해주(海州), 자가 계직(季直)이다.

夫人)의 곁에선 화락한 모습이었고 여러 형님을 섬길 적엔 지극히 공경하고 조심스러웠다. 물러나 친족에게 들으니 모두 말하기를,

"오씨 집안에 인재가 있다."

하였다.

공이 우리 집안에 장가들었을 때 공의 손윗누이인 내 아내는 이미 세상을 떠났는데, 황 부인이 우리 고모를 보고는 눈물을 흘리며 말하기를,

"온순함이 어찌 이리도 내 딸과 같은가."

하였다. 또 일찍이 공과 유인을 어루만지며 내게 말하기를,

"이는 나의 훌륭한 아들과 며느리이니, 미망인이 죽어도 무슨 여한이 있겠는가."

하였다. 갑신년(1704, 숙종30)에 황 부인이 세상을 떠나자, 공은 지나치게 슬퍼하여 피를 토하더니 갈수록 심해져 기축년(1709) 3월 22일에 끝내 세상을 떠났다. 10년 뒤에 유인마저 세상을 떠났으니, 아! 슬프다.

공은 문예를 일찍 성취하여 16세에 향시에 합격하였다. 그러나 격식에 어긋났다는 이유로 회시(會試)에선 낙방하였다. 공은 인품이 단정하고 중후하며 온화하고 고상하여 몸가짐이 처녀와 같았다. 교류한 이들은 대부분 이름이 알려진 선비였는데, 유인 또한 이들을 접대하는데 싫어하는 기색이 없었다. 공은 사람들과 모여 있을 때 허물없이 장난치거나 웃지 않았으며 정성스러운 뜻이 은연중에 미더웠다. 성품이 또 자애롭고 신실하여 남의 잘못을 말하기를 좋아하지 않았다. 이 때문에 공이 세상을 떠나자 친척과 벗들이 모두 슬피 곡하였다. 유인이 세상을 떠난 날은 7월 1일로, 공의 무덤을 열어 양성(陽城) 천덕(天德)

의 기슭에 합장하였으니 충정공의 무덤과 가깝다.

슬하에 딸 둘을 두었다. 장녀는 사인(士人) 이양중(李養重)에게 출가하였다. 막내는 공이 죽은 뒤에 태어났는데 아직 출가하지 않았다. 공의 넷째 형 진주(晉周) 명중(明仲)이 자신의 어린 아들 범대(範大)를 공의 후사로 삼은 것이 지금 몇 해 되었다.

공은 일찍이 나를 형으로 대하였고 나는 공을 고모부라 불렀으니 정의가 막역하였다. 공의 둘째 형 도위공(都尉公)이 내게 공의 묘지를 부탁했으나 몹시 슬퍼 글을 지을 수 없었다. 지금 도위공 무덤의 묘목이 이미 무성하게 자랐고 작년에 명중마저 세상을 떠났다. 처음부터 지금까지 40년도 못 되는 사이에 인사의 변천이 무궁하여 나만 홀로 남았는데 나 또한 노쇠하니, 인간 세상에 대해 어떤 마음이겠는가. 마침내 눈물을 거두고 공을 위해 이와 같이 서술한다. 그 세계(世系)와 세덕(世德)은 충정공의 신도비에 갖추어 있기에 다시 상세하게 말하지 않는다.

통덕랑 김공 묘지[24]

通德郎金公墓誌

중여(重汝)는 나와 집안 대대로 교분이 있는 사이라 어렸을 때부터 면식이 있었고, 내가 한천(寒泉) 골짜기에 우거할 때엔 중여의 집과 겨우 수십 리 떨어져 살았다. 나는 일찍이 소은옹(素隱翁)이 진실한 마음으로 위기지학(爲己之學)에 힘쓰고 남이 알아주기를 구하지 않은 것을 훌륭하게 여겼기에 중여를 볼 때마다 힘껏 가학(家學)을 잇기를 권면했는데, 불행하게도 중여가 나를 버리고 먼저 떠났다. 지금 그의 묘지를 내가 어찌 차마 사양하겠는가.

공의 휘는 정(碇)이고 중여는 그 자(字)이다. 경주 김씨(慶州金氏)는 모두 신라 경순왕(敬順王)을 선조로 두었다. 본조의 계림군(雞林君) 균(稛)은 태조(太祖)를 도와 조선을 개국하여 관직이 찬성에 이르렀으며 시호는 제숙(齊肅)이다. 고조 휘 원립(元立)은 혼조(昏朝 광해군)에서 유생의 신분으로 직언을 올려 모자(母子)의 의리를 밝혔다. 이후 문과 급제로 벼슬에 진출하여 통정대부에 오르고 부사를 역임하였다. 증조 휘 민효(敏斅)는 공조 정랑을 지냈다. 조부 휘 재현(載顯)은 도승지를 지냈고 청백리로 알려졌다. 부친 휘 성호(性豪)는 은거하여 자신의 뜻을 추구하여, 돈녕부 참봉에 제수되었으나 나아가지 않았고, 대신의 천거로 세자 자의(世子諮議)에 의망되었다. 이분이 바로 소은옹이

24 통덕랑 김공 묘지 : 이 글은 김정(金碇, 1691~1738)의 묘지이다. 김정은 본관이 경주(慶州), 자가 중여(重汝)이다.

다. 모친 청주 한씨(淸州韓氏)는 첨정 지원(志遠)의 딸이다.

공은 신체가 크고 기운이 넘쳤으며 자질이 후하고 뜻이 깨끗하였다. 어린 시절에 노성한 사람처럼 점잖아서 조부 지신공(知申公)이 매우 사랑하였다. 타고난 자질이 총명하여 책을 한번만 봐도 종신토록 잊지 않았다. 만년에는 더욱 학문을 좋아하여 밤낮으로 손에서 책을 놓지 않고 글을 읽어 경사(經史)와 백가(百家)에 이르기까지 두루 관통하였다. 문장은 두텁게 쌓아 널리 펼쳤으니 붓을 들면 곧장 수백 언을 지어 내어 끝나지 않을 듯이 이어졌다. 사부(詞賦)에 능하여 왕왕 깊고 현묘한 여운이 있었는데 시속의 기호에는 맞지 않아 누차 향시에 합격했으나 끝내 급제하지 못했다. 인품이 강개하여 손뼉치며 시사를 논하기 좋아하였으며 음양과 선악의 구분에 확고하였다.

양친을 섬김에 있어 그 뜻을 어기지 않았으며, 집안이 본래 청빈하였으나 힘껏 농사지어 봉양하였다. 모친 한 공인(韓恭人)이 풍비(風痺)를 앓아 도성에 와서 치료받았는데, 생계가 더욱 어려웠지만 공은 밤낮으로 살림을 꾸려나가 부드럽고 맛난 음식을 빠뜨리지 않았고 혹 다른 곳에서 맛난 음식을 만나면 그때마다 소매에 넣어 와서 올렸다.

공은 선조를 위하는 일에 더욱 정성을 다하였다. 선조의 묘가 대방(帶方 남원(南原))에 있는데 어떤 후손이 이곳에 압장(壓葬)[25]하자, 공이 말을 빌려 타고 가서 살피고 관청에 고하여 무덤을 파내게 했으니, 다른 일들도 모두 이러하였다.

종족이 쇠락하여 출세하지 못했기에 개연히 후손을 성취시키는 것을 자신의 소임으로 삼아 갈천(葛川) 옛 터에 집을 지어 잠재(潛齋)라

25 압장(壓葬) : 묘역(墓域) 안에 다른 묘를 쓰는 것을 말한다.

명명하고 그 곳에 무리를 모아 재주에 맞게 수업하고 과정(課程)을 엄격하게 두었다. 항상 말하기를,

"하늘이 내게 수명을 빌려준다면 우리 종족의 후생이 거의 성취할 수 있을 것이다."

하였다. 내가 또 충렬서원(忠烈書院)과 심곡서원(深谷書院)의 원장을 맡아 고을의 우수한 인재를 권면하여 매달 강학할 때에도 공에게 든든히 의지하였다.

공은 무오년(1738, 영조14) 1월 15일에 서재에서 세상을 떠났다. 임종 때에 정신이 어지럽지 않아 두루 소년들을 불러 강학을 폐하지 말도록 권면하였고, 부인을 밖으로 내보내고 몸을 깨끗이 하고 자리를 바르게 하여 떠났으니, 향년 48세였다. 용인(龍仁) 보라산(甫羅山) 곤좌(坤坐)의 언덕에 안장하였다.

공은 네 번 장가들었으나 모두 아들을 얻지 못하여 종조형(從祖兄) 염(礦)의 아들 낙선(樂善)을 데려다 후사로 삼았다. 오찬(吳瓚)에게 출가한 딸은 오천 정씨(烏川鄭氏) 소생이다. 완산 이씨(完山李氏)도 딸 하나를 두었는데 아직 출가하지 않았다.

중여가 일찍이 내게 소은옹의 덕행을 기록하는 글을 부탁했는데, 지금 또 중여를 위해 묘지를 지으니, "죽지 않고 오랫동안 보면서 이 세상에 사는 자는 어떤 심정이겠는가."[26]라고 말한 한유씨(韓愈氏)의

26 죽지……심정이겠는가 : 이 부분은 한유(韓愈)의 〈전중소감마군묘지명(殿中少監馬君墓誌銘)〉의 구절과 조금 다르다. 한유의 글에는 "내가 40년이 못 되는 사이에 조(祖)와 자(子)와 손(孫) 3대의 죽음을 목격하고 곡하였으니, 인간 세상에 대해 어떤 마음이겠는가. 사람이 오래도록 죽지 않고서 이 세상을 보면서 살고자 하는 것은 어째서인가.〔未四十年, 而哭其祖子孫三世, 於人世何如也? 人欲久不死而觀居此世者何也?〕"

심정과 같다. 이어 명(銘)을 붙인다. 명은 다음과 같다.

갈천에 은거하신 분	有泌葛川
석인의 마음 넉넉하였네[27]	碩人之薖
그분이 떠나고 갈천이 텅 비니	人去川空
향리에 탄식이 일었네	鄕里興嗟
선조를 욕되게 하지 않은 자손 있으니	有子不忝
그 어짊이 어떠한가	其賢如何
책을 좋아함이 습벽(習癖)이 되어	嗜書成癖
백가의 글에도 빠져들었네	浸淫百家
그 박식한 기예	博洽之藝
이보다 나은 사람 없었네	人未或過
인재를 기르는데 마음을 두고	存心樂育
죽을 때까지 딴 마음 없었네	至死靡他
평민으로 세상을 근심하여	布衣憂世
강개하여 슬피 노래하였네	慷慨悲歌
가령 세상에 쓰여졌다면	使其見用
풍절이 과장된 게 아니었으리	風節匪夸
한 언덕에 거두었으니	斂之一邱

하였다.

27 석인의 마음 넉넉하였네 : 석인은 덕이 높은 현자(賢者)로, 《시경》 〈고반(考槃)〉에 "즐거움이 언덕에 있으니 석인의 마음이 넉넉하도다.〔考槃在阿, 碩人之薖.〕"라고 한 데서 온 말이다.

명인 것을 어찌하리오	命也其那
친구가 명문을 짓나니	故人作銘
영원토록 없어지지 않으리라	永世不磨

학생 홍군 묘지[28]

學生洪君墓誌

홍계록(洪啓祿) 사백(斯百)은 행 대사간 휘 우전(禹傳)의 아들이다. 대간공의 둘째 형 휘 우천(禹天)은 은덕(隱德)이 있었고, 그 배위 회천 황씨(懷川黃氏)는 동지중추부사 세정(世楨)의 딸인데, 아들이 없어 군을 데려다 아들로 삼았다. 군은 당시 7세의 나이에 이미 어버이를 사랑할 줄 알았고 장성해서는 또 능히 공경하였으니 두 아버지가 모두 효자라 일컬었다.

을미년(1715, 숙종41)에 황 부인이 세상을 떠나고 무술년(1718)에 부친이 또 세상을 떠나니, 군은 근심을 다해 병간호하고 슬픔을 다해 상을 치렀다. 궁벽한 시골에 친족이 없어 직접 효금(絞衾)을 잡았는데 모두 예에 맞았으니, 사람들이 어려운 일이라고 여겼다. 매일 새벽마다 반드시 사당에 배알하고 제사에 반드시 정성을 다하였다.

임인년(1722, 경종2) 사화(士禍)에 대간공이 전주(全州) 구만(龜灣)으로 완전히 돌아갔는데, 군이 집을 짓고 꽃과 대나무를 심는 일에 조리가 분명하여 대간공을 수고롭게 하지 않았다. 그 이듬해에 대간공이 정주(定州)로 유배되자 군이 눈길을 헤치며 수천 리를 달려가 곁에서 모셨으니, 비록 이리저리 떠돌며 고초를 겪을 때에도 그 공경하고 근실한 태도를 느슨히 하지 않았다. 또 그 이듬해에 대간공이 남쪽

28 학생 홍군 묘지 : 이 글은 홍계록(洪啓祿, 1695~1724)의 묘지이다. 홍계록은 본관이 남양(南陽), 자가 사백(斯百)이다.

시산(詩山)으로 이배(移配)되었는데, 시산이 구만과 가까웠기에 군이 그 사이를 왕래하다가 마침내 병에 걸려 5월 11일에 구만에서 죽었다. 군이 태어난 을해년(1695, 숙종21)에서 30년 되는 해였다.

군의 배위 풍천 임씨(豐川任氏)는 사원(士元)의 딸로, 아들 셋을 두었는데 모두 요절하였다. 유인(孺人)은 시부모를 잘 섬겼다. 병들어 죽음을 앞둔 상황에서도 억지로 일어나서 단정히 손을 모아 마치 절하고 영결하는 듯이 하였으니, 들은 사람들이 슬퍼하였다. 계배(繼配) 전의 이씨(全義李氏)는 우혁(宇爀)의 딸로, 딸 하나를 두었다.

군은 온아하고 자상하여 사람들과 화락하게 지냈으니 여러 종형제들이 모일 때마다 군이 빠지면 즐겁지 않았다. 재주가 또 명민하고 과단성이 있어 사무에 통달하였다. 문장도 정교하고 치밀하였으나 마음속으로 달가워하지 않았다. 일찍이 석담옹(石潭翁 이이)의 《격몽요결(擊蒙要訣)》을 읽고는,

"이는 사람을 만들어 주는 틀이니 이 책을 읽지 않으면 일생을 그르치게 될 것이다."

하고는 이때부터 분발하여 진보하였다. 책은 입으로 읽는 것을 부끄럽게 여기고 몸으로 체험하고자 하여 항상 여 동래(呂東萊)의 변화법[29]을 거론하고서 사서(四書)를 순환하며 익숙하게 읽었다. 아우들이 노장(老莊)의 서적을 읽는 것을 보면 경계하기를,

"잡서를 좋아해서 정력을 분산시키지 말라."

29 여 동래(呂東萊)의 변화법 : 동래는 여조겸(呂祖謙)의 호이다. 여조겸은 젊은 시절 성품이 거칠어 집안의 살림살이를 때려 부수곤 하였는데, 훗날 《논어》를 숙독하여 죽을 때까지 분노를 폭발하는 일이 없었다. 《心經附註 懲忿窒慾章》

하였으니, 그 지식이 이러하였다. 하늘이 군에게 수명을 빌려주었다면 그 성취를 어찌 헤아릴 수 있겠는가. 아! 슬프다.

군은 우리 숙조(叔祖)이신 타우 선생(打愚先生) 휘 상(翔)의 외손이고, 대간공은 또 나를 망년지우(忘年之友)로 대하였으니,[30] 내가 이 때문에 군을 몹시 아꼈다. 계희(啓禧)가 군을 고산(高山)의 선치(鐥峙)에 이장할 적에 행록(行錄) 한 통을 보여주면서 울며 말하기를,

"우리 형님은 형의 문장을 소중히 여겨 편지를 받으면 반드시 보관해두었으니, 형의 한 마디를 얻지 못하면 장례지내지 않은 것과 같습니다."

하였다. 내가 이를 슬퍼하여 마침내 군을 위해 묘지를 짓는다. 내가 이미 군의 2대를 위해 명(銘)을 지었으니,[31] 세계(世系)와 세덕(世德)은 다시 상세하게 말하지 않는다. 명은 다음과 같다.

너의 행동 신중하고 너의 재주 민첩했는데	而行謹而才敏
너의 수명 늘려주지 않았네	而年之不引
아, 사백이여	嗟乎斯百
아, 사백이여	嗟乎斯百

30 대간공은……대하였으니 : 홍우전(洪禹傳)은 저자에게 처숙부가 된다.

31 내가……지었으니 : 홍계록의 부친 홍우전의 묘문 〈참판 홍공 묘지〔參判洪公墓誌〕〉는 본서 제43권에 실려 있고, 조부 홍수진(洪受晉)의 묘문 〈증 참판 홍공 묘갈〔贈參判洪公墓碣〕〉은 본서 제35권에 실려 있다.

이종제 신군 묘지[32]

姨弟申君墓誌

군의 휘는 학(壆)이고 자는 원고(元固)로, 평산(平山) 사람이다. 가평 군수(嘉平郡守) 휘 석화(錫華)의 아들이고, 예조 판서 분애(汾崖) 휘 정(晸)의 손자이다. 모친 민씨(閔氏)는 여양부원군(驪陽府院君) 휘 유중(維重)의 딸이요, 동춘(同春) 문정 선생(文正先生)의 외손이다. 분애공의 아우 섬(暹)은 빙고 별검으로 행실이 지극하였으나 일찍 죽었다. 별검은 아들 셋을 두었는데 평양 서윤(平壤庶尹)을 지낸 차남 처화(處華)가 그 숙부 휘 창(晸)의 후사가 되었으나 또 아들이 없어 군을 데려다 아들로 삼았다. 군은 숙종 경진년(1700, 숙종26) 4월 11일에 태어나 지금 성상 을사년(1725, 영조1) 8월 18일에 죽었으니 나이 겨우 26세였다. 아! 어찌 이리로 명이 짧단 말인가.

군은 인품이 깨끗하고 호방하였으며 피부가 옥설처럼 희고 용모가 수려하였다. 타고난 자질이 매우 높고 재기(才氣)도 남보다 월등하였으나, 운수가 기구하여 7세에 민 부인(閔夫人)을 잃고 15세에 군수공을 잃었으며 3년이 못되어 서윤공마저 세상을 떠났다. 군은 어려서부터 효성이 매우 돈독하였다. 초상을 치를 때엔 슬픔이 곁에 있는 사람까지 감동시켰고 지나치게 슬퍼하다 몸이 극히 상했으나 목숨을 잃지는 않았다.

32 이종제 신군 묘지 : 이 글은 신학(申壆, 1700~1725)의 묘지이다. 신학은 본관이 평산(平山), 자가 원고(元固)이다.

장성해서는 개연한 심정으로 글을 읽어 반드시 크게 성취하여 문호를 창성시키려 하였으니, 군을 본 사람들은 모두 원대하게 기대하였다. 그러나 불행하게도 집안일과 세상일에 빠져 학문에 전념하지 못했으니 자신의 신세를 생각하며 항상 탄식하였다.

처음에 서윤공이 군수공의 집 가까이로 이사하며 말하기를,

"너로 하여금 형제간에 의지하며 살게 하려는 것이다."

하였는데, 얼마 지나지 않아 양가 모두 가난이 심해서 그 옛집을 지키지 못했다. 군이 이때부터 처가에 의지했으나 반드시 본종(本宗)의 집 깨끗한 곳을 택하여 가묘(家廟)를 모셨다. 그때 마침 신임사화(辛壬士禍)가 일어나 선한 이들이 거의 죽임을 당하자 군이 깊이 분개하고 원통해하여 서울에 있기를 좋아하지 않았는데, 군의 장인 김상원(金相元) 공이 원주(原州)에 집을 짓자 군이 가족을 모두 데리고 따랐다.

군이 세상일에 눈을 뜬 이후로 생존해 있는 제부(諸父)들이 없었고 외삼촌 지재공(趾齋公 민진후(閔鎭厚)) 형제의 덕행과 공업이 세상에 이름났기 때문에 사모하는 마음이 지극하여 아버지처럼 섬겼다. 지재공이 세상을 떠나자 그 아들 익수(翼洙) 사위(士衛)와 우수(遇洙) 사원(士元)이 여주(驪州)에 우거하였는데, 여주가 원주와 가까운 땅이라 군이 길을 오가는 수고도 잊고 끝없이 왕래하였다. 내가 인제(麟蹄) 산골짜기로 깊이 들어갔기에 매번 와서 따르고자 했으나 끝내 하지 못했다.

군은 성품이 책을 좋아하였고 옛 도를 반드시 행할만하다고 여겼다. 또 고례(古禮)를 몹시 좋아하여 그 집안에서 선조를 따라 행하던 예절 가운데 고례에 어긋난 것이 많은 것을 하나하나 바로잡았다. 아들을

낳으면 반드시 사당에 고하였으며 출입할 때에도 반드시 고하였다. 사시(四時)의 정제(正祭)를 폐하지 않았고 또 반드시 부부가 직접 제사 지내 떠돌며 고초를 겪는 와중에도 빠뜨린 적이 없었다. 몇 년 지나 조정이 일신되어 둘째 외숙 단암공(丹巖公 민진원(閔鎭遠))이 재상에 제수되고 장인 김상원 공도 송도 유수(松都留守)에 제수되었다. 군 또한 의원을 찾아 도성에 들어왔는데, 초상과 우환을 겪으며 몸에 병이 쌓였던 것이다. 또 그 절조가 깨끗하였기 때문에 포용함이 적고 과감하게 결단하였기 때문에 참고 묵인함이 없었으니, 병의 근원이 실로 여기에 있었다. 내가 일찍이 군에서 '관(寬)' 자를 주자, 군도 '증세에 맞는 처방'이라 말했으나 이미 어찌할 수 없었다. 병중에 한번은 홀로 읊조리기를,

"이 사람이 이런 병에 걸리다니 천명이로다."[33]

하였다. 이처럼 읊조린 것이 여러 차례였으니 듣는 자들이 슬퍼하였다. 군은 25세의 나이에 흰 머리털 42가닥을 뽑더니 1년 뒤에 세상을 떠났다.

군은 2남2녀를 두었으나 군이 죽은 뒤로 모두 요절하였으니 어찌 이다지도 혹독하단 말인가. 김 유인(金孺人)은 7년 동안 병을 앓다가 끝내 일어나지 못했다. 본생 형 야(埜)의 둘째아들 경악(景岳)을 후사로 삼았다. 군은 여주(驪州) 효지(孝地)의 서윤공 무덤 곁에 안장하였다.

33 이……천명이로다 : 공자의 제자 염백우(冉伯牛)가 몹쓸 병에 걸리자, 공자가 문병 가서 남쪽 창문으로 그의 손을 잡고서 "이런 병에 걸릴 리가 없는데, 천명인가 보다. 이런 사람이 이런 병에 걸리다니! 이런 사람이 이런 병에 걸리다니!"라고 하였다. 《論語 雍也》

사원이 군의 행장을 짓고 내가 그 말을 취하여 묘지를 지어 무덤에 들인다. 나와 사원은 군이 좋아하던 사람이니, 지하에서 슬퍼하는 군의 마음을 혹 위로할 수 있으리라. 명(銘)은 다음과 같다.

아, 원고여	吁嗟乎元固
뜻이 있고 재주 있었으나 복이 없었네	有志有才而獨無祿
아, 원고여	吁嗟乎元固

학생 정군 묘지[34]

學生鄭君墓誌

공조 정랑 정공(鄭公)은 우리 모친의 고종 사촌 동생인데, 일찍이 내게 부탁하기를,

"나의 아들 넷 중에 막내가 가장 우수하고 또 어른의 말을 능히 공경하고 믿으니 가르칠 만하네. 부디 그대가 성취할 때까지 보살펴 주시게."

라고 하였다. 내가 공경히 승낙했으나, 얼마 뒤에 화고(禍故)를 당하여 설악산(雪岳山) 아래로 옮겨 가 살았다.[35] 하루는 공이 편지를 보내어 말하기를,

"내 아이가 스물한 살인데 계묘년(1723, 경종3) 1월 27일에 죽었네. 그대가 미처 가르치지 못했으니, 아이의 이름이 불후하게 전해지도록 해 주겠는가? 내가 늙어 죽음을 앞두고 있으니 속히 지어주기 바라네."

하였으니, 내가 애통해 하였다.

가장(家狀)을 살펴보건대, 군의 이름은 복하(復河)이고 자는 성재(聖再)이다. 어려서부터 성숙하여 장난을 치지 않았고 장성해서는 효성으로 부모를 섬기고 형제간에 우애가 있어 사사로이 재물을 축적하

34 학생 정군 묘지 : 이 글은 정복하(鄭復河, 1703~1723)의 묘지이다. 정복하는 본관이 연일(延日), 자가 성재(聖再)이다.

35 화고(禍故)를……살았다 : 저자는 중부 이만성(李晩成)이 무옥(誣獄)에 연루되어 죽은 뒤에 가솔을 이끌고 강원도 인제(麟蹄) 가덕산촌(佳德山村)으로 들어가 살았다.

지 않았다. 남과 교유할 적에는 몸가짐이 진중하고 마음이 실로 겸손하였으며 언론이 무작정 남을 따르지 않았다. 어린 시절 잦은 병치레로 학업에 뒤늦게 나아갔으나 날마다 부지런히 노력하여 문한(文翰)이 급속히 향상되었다. 정랑공이 제천(堤川)에 집을 짓자 군은 그 조용하고 구석진 것을 좋아하여 문을 닫고 독서하였다. 일찍이 과거공부에 매진했는데, 셋째 형 익하(益河)가 급제하자 기뻐하며 말하기를,

"이로써 충분히 가문을 지켰으니, 나는 우리의 가학(家學)을 잇겠다."

하였다. 대개 율곡(栗谷), 우계(牛溪) 두 현인과 친했던 송강(松江) 문청(文淸 정철(鄭澈)) 상공이 군의 5세조이고, 공의 증조 진선 휘 양(瀁)과 조부 처사 휘 보연(普衍)은 뛰어난 행실과 기개를 지닌 분으로 우암 선생(尤菴先生)을 벗으로 삼고 스승으로 삼았다. 군이 장차 더욱 분발하여 능히 그 명성을 이었을 것인데 불행하게도 일찍 죽었으니 어찌 기질이 맑아 수명이 적은[36] 것이 아니겠는가. 아! 슬프다.

정랑공은 이름이 천(洊)으로, 연일(延日) 사람이다. 그 배위 심씨(沈氏)는 청양군(靑陽君) 의겸(義謙)의 후손이다. 군의 배위는 시남(市南) 유계(兪棨) 공의 증손녀로, 딸 하나를 두었다.

정랑공이 군을 제천 월림(月林)에 안장하니 진선공과 처사공의 무덤과 가깝다. 또 그 무덤 윗자리를 비워두고 말하기를, "내가 죽거든 이곳에 묻으라." 하였다.

내가 일찍이 군을 보았을 때 남달리 영특한 소년이라 마음에 이미

36 기질이……적은 : 정호(程顥)가 5살에 죽은 둘째아들을 위해 지은 〈정소공묘지(程邵公墓誌)〉에서 한 말로, "기질이 맑은 자는 수명이 한정되었다.〔氣淸者數局〕" 하였다.

기특하게 여겼는데, 정랑공의 부탁을 받고는 더욱 마음에 두고 잊지 않았다. 그 행실의 아름다움과 뜻의 독실함이 이러하니 그로 하여금 조용한 물가에서 따라 노닐며 여러 노선생의 글을 강론하여 교학상장(教學相長)하게 했다면 거의 맹자(孟子)가 말한 한 가지 즐거움[37]에 가까웠을 것인데 하늘이 나를 버리고 말았으니 또한 나의 운이 궁한 것이리라. 내가 문장에 능하지 못하여 군을 중하게 하기에 부족하기에 우선 이렇게 서술하여 나 자신을 슬퍼하고 또 정랑공의 슬픔을 대신한다.

37 맹자(孟子)가……즐거움 : 영재를 얻어 가르치는 즐거움을 말한다. 《맹자》 〈진심상(盡心上)〉에 "부모가 모두 생존하고 형제가 무고한 것이 첫 번째 즐거움이요, 하늘을 우러러 부끄러움이 없고 사람들에게 부끄럽지 않은 것이 두 번째 즐거움이요, 천하의 영재를 얻어 가르치는 것이 세 번째 즐거움이다.〔父母俱存, 兄弟無故, 一樂也. 仰不愧於天, 俯不怍於人, 二樂也. 得天下英才而教育之, 三樂也.〕" 하였다.

학생 최군 묘지[38]

學生崔君墓誌

동지중추부사 최방언(崔邦彦) 공은 우암(尤庵) 문하의 높은 제자로, 내가 젊은 시절에 뵈니 깨끗하고 화락한 사람이었다. 그 조카가 호조 정랑 수적(守迪)인데, 군은 그의 아들이다.

군의 휘는 보업(普憹), 자는 사긍(士兢)으로, 완산(完山) 사람이니, 연촌(烟村) 덕지(德之)의 후손이다. 성품이 질박하여 꾸밈이 없었으며 남보다 뛰어나게 총명하지는 않았으나 근면하고 독실함은 지극하였다. 책에 있어서는 《상서(尙書)》를 읽고 《송명신언행록(宋名臣言行錄)》을 읽을 적에 십수 년 동안 손에서 책을 놓지 않았다. 이 때문에 정밀하고 난숙함이 다른 책에 비할 바가 아니었으니, 여러 책을 두루 읽기를 좋아하지 않고 오로지 한 곳에 집중함이 이러하였다. 내게 배울 때에 처음에는 《소학》과 《대학》 등의 책을 배우다가 위기지학(爲己之學)에 뜻을 세우고 비로소 순서에 따라 올라갔는데 그 진전을 헤아릴 수 없었다. 그런데 불행하게 전염병에 걸려 계축년(1733, 영조9) 6월 24일 세상을 떠났으니, 나이 31세였다.

군이 병들었을 때 군의 형 보열(普悅)이 먼저 죽었고, 군과 군의 아들이 동시에 앓다가 아들이 또 죽었고, 아내 김씨(金氏)는 아들의 시신을 안고 가슴을 치다가 기력이 다해 죽었고, 군의 모친 이씨(李氏)

38 학생 최군 묘지 : 이 글은 최보업(崔普憹, 1703~1733)의 묘지이다. 최보업은 본관이 완산(完山), 자가 사긍(士兢)이다.

는 우거한 곳에서 병에 걸려 돌아와 또 일어나지 못했으니, 네 차례 상(喪)이 이어졌다. 부친이 군에게 잠깐 피하라고 권하니,

“어머니의 빈소가 여기 있는데 제가 장차 어디로 가겠습니까.”

하면서 죽음을 무릅쓰고 따르지 않고 끝내 관을 지켰다. 부친에게는 들어오지 말라고 글을 지어 부탁하였다. 이튿날 새벽에 화장실에 가다가 쓰러져 한참 만에 깨어나자, 자신의 죽음을 예견하고서 노복들을 지휘하여 집안일을 처리하고 급히 판재(板材)를 사들이고 명모(幎冒)와 악수(握手)[39] 따위의 염구(斂具)에 이르기까지 직접 살피고 마련하였다. 조카딸을 돌아보며 말하기를,

“내가 관에 들어간 뒤에 아버지가 계신 곳에 알려야 한다.”

하였으니, 부친이 들어와 구제할까 염려했기 때문이다. 이튿날 아침에 끝내 세상을 떠났다.

인가(人家)의 상화(喪禍)에 군처럼 참혹한 경우가 없건만 초상의 슬픔과 생사의 갈림길에서 능히 차분히 일을 처리하고 전혀 어지럽지 않았으니 그 정력이 실로 남보다 매우 뛰어남이 있었다. 진정으로 사랑하고 슬퍼하는 마음이 귀신과 천지를 감동시키기 충분하거늘 끝내 하늘의 도움을 받지 못해 이렇게 요절하였으니 이것이 무슨 이치란 말인가. 아! 슬프다.

그해 8월에 고양(高陽) 만월산(滿月山) 북쪽 기슭 간좌(艮坐)의 언덕에 김씨와 함께 안장하였다. 딸 하나를 두었는데 사인 박 아무개에게 출가하였다.

39 명모(幎冒)와 악수(握手) : 명모는 시신의 얼굴을 감싸는 헝겊이고, 악수는 시신의 손을 감싸는 헝겊이다.

정랑공이 살아있을 때에 내게 군의 묘지를 부탁하였다. 차마 돌아가신 분의 부탁을 저버릴 수 없고 또 군의 불행을 슬퍼하여 묘지를 지어 무덤에 들인다. 명(銘)은 다음과 같다.

효제충신한 자는	孝悌忠信
신이 돕는 바인데	維神所勞
복이 아니라 화가 내렸으니	降福斯禍
어찌 이리 보답이 어긋났나	胡舛其報
그 독실한 학문	篤實之學
옛날의 전문[40]과 같았으니	類古專門
가령 오래 살았다면	使永厥年
성취를 어찌 이루 말할 수 있으랴	成就可言
기질이 맑으면 수명이 한정되니[41]	氣淸數局
예로부터 그러하였네	終古伊然
내가 이 명을 지어	我作斯銘
오래도록 전하노라	用壽其傳

40 전문(專門) : 한 가지의 학문이나 사업에 전적으로 전심함을 말한다.

41 기질이……한정되니 : 375쪽 주36 참조.

학생 조군 묘지[42]

學生趙君墓誌

군은 평양(平壤) 사람이다. 초명(初名)은 여중(呂重)인데 내게 수학할 때 홍중(弘重)으로 바꿔 주었다. 자는 백승(伯勝)이다. 부친 휘 광원(光遠), 조부 휘 현(炫), 증조 휘 수익(壽益)은 모두 출사하지 않았다. 승정원 도승지 휘 정지(廷芝)가 그 5대조이다. 모친 파평 윤씨(坡平尹氏)는 사헌부 감찰 징(徵)의 딸이다.

군은 숙종 병술년(1706, 숙종32)에 태어났다. 어려서부터 호기로운 큰 뜻이 있었고 조금 자라서는《육도(六韜)》등의 서적 읽기를 좋아하였다. 임진왜란이나 병자호란을 언급할 때면 팔뚝을 걷어붙이고 강개하지 않은 적이 없었고, 진을 설치할 만한 곳을 보면 매번 세상에 훌륭한 장수가 없는 것을 탄식하였으니 항상 치욕을 갚고자 생각하였다. 중년에 위독한 병에 걸려 의원을 찾았으나 치료에 아무 효과가 없자, 스스로 헌기(軒岐)[43] 등의 의서(醫書)를 구해 읽고서 직접 약을 조제하여 먹고 마침내 쾌차하였다. 천문(天文), 지리(地理), 율려(律呂), 성력(星曆)을 두루 섭렵하여 오묘한 이치를 자득함이 제법 많았는데, 얼마 뒤에《소학》을 읽고서 탄식하기를,

42 학생 조군 묘지 : 이 글은 조홍중(趙弘重, 1706~1733)의 묘지이다. 조홍중은 본관이 평양(平壤), 자가 백승(伯勝)이다.

43 헌기(軒岐) : 중국 의학의 시조인 황제(黃帝) 헌원씨(軒轅氏)와 그의 신하인 기백(岐伯)의 병칭이다. 황제가 기백으로 하여금 초목(草木)을 맛보면서 약초를 가려내 질병을 치료하게 하였다.

"하마터면 일생을 그르칠 뻔했구나. 성인(聖人)의 문로(門路)는 본래 평정(平正)하니 이외는 모두 잡기(雜技)일 뿐이다."

하였다.

군은 일찍 부친을 잃은 것을 지극히 애통하게 생각하여 항상 말하기를,

"훌륭한 스승을 얻어 아버지처럼 섬기고 훌륭한 벗을 얻어 형처럼 섬기고 싶다."

하였다. 군이 내게 수학할 때 내가 본디 졸렬하여 다른 일에 전혀 아는 것이 없기에 군의 지식이 넓고 재주가 높은 것을 알면서도 그 쌓인 지식을 한번도 묻지 못했으니, 마침내 유명(幽明)의 한이 되고 말았다. 아! 슬프다.

군이 일찍이 차분하게 더 배우기를 청했는데, 내가 정자(程子)의 "성선을 알고 충신을 근본으로 삼는다면 이것이 먼저 큰 것을 확립하는 것이다.〔知性善, 以忠信爲本, 此先立其大者〕"라는 열네 자를 직접 써서 주면서 "이것이 지(志)와 행(行)의 큰 것이다."라고 하니,[44] 군이 잊지 않고 명심하였다. 계축년(1733, 영조9) 5월에 전염병에 걸렸는데 조금 열이 내리자 옷을 정돈하고 단정히 앉아 이를 암송하였다. 이날 저녁에 죽었으니, 이때가 5월 25일, 군의 나이 겨우 28세였다.

군은 가정에서의 행실이 매우 독실하였다. 조모를 섬김에 있어 맛난 음식을 모친보다 먼저 올렸다. 조모가 그 까닭을 묻자, 군이 울면서

44 내가……하니 : 《근사록(近思錄)》 권2 〈위학(爲學)〉 에 정호(程顥)의 이 말이 나오고, 그 아래 주석에 "학문은 성(性)을 아는 것보다 더 큰 것이 없으니, 성이 본래 선함을 안다면 아는 것이 큰 것이요, 충신을 바탕으로 삼은 뒤에 예의를 둘 곳이 있으니, 충신을 근본으로 삼는다면 행실이 큰 것이다."라고 하였다.

대답하기를,

"이는 돌아가신 아버지의 뜻입니다."

하였다. 모친도 훌륭한 아들이라고 감탄하였다. 손윗누이를 공경히 섬겨 매사에 꼭 의견을 물어 결정하였다. 군의 효성과 우애가 이러하니 나머지는 생략해도 될 것이다. 내가 군의 재주를 훌륭하게 여기고 군의 뜻을 슬퍼하여 마침내 이웃 사람들의 말에서 채택하여 묘지를 짓고 명(銘)을 붙인다. 명은 다음과 같다.

하늘이 낳은 영재	天生英才
초야에 매몰되었네	埋沒草萊
뜻과 행실을 조금 펴지도 못하게 하고	使不得少展其志行
수명마저 짧게 하였네	而又年之不永
아, 백승이여	嗚呼伯勝

학생 정군 묘지[45]

學生鄭君墓誌

정집(鄭鍓) 군의 자는 의중(義仲)으로, 포은 선생(圃隱先生)의 12대 손이다. 재주가 뛰어났으나 불행하게도 일찍 죽어 내가 몹시 슬피 곡하였다.

기억하건대, 내가 일찍이 여주(驪州) 골짜기에 우거할 때 의중이 자신의 종인(宗人) 사빈(士賓) 관제(觀濟)와 함께 와서 수업을 청하고 남쪽 암자에서 기숙하였다. 암자가 내가 우거하는 집과 십 리나 떨어져 있었지만 밤낮으로 오가며 게을리하는 기색이 없어 내가 마음으로 가상하게 여겼다. 이때 의중은 19세의 나이로 훤칠하게 키가 컸으며 인품이 침착하고 성실하며 말과 웃음이 적었다.

얼마 뒤에 내가 상화(喪禍)를 당하여 용인(龍仁) 한천(寒泉)으로 돌아가 장사지냈는데, 용인은 의중의 고향이었다. 이때부터 의중이 더욱 자주 왕래하였는데, 그때마다 사빈과 함께 《소학》과 《대학》 등의 책을 읽고 부지런히 강학하여 밤낮을 다해 공부하면서도 싫증내지 않았다. 사빈은 정밀하고 민첩하였고 의중은 부지런하고 독실하여 진보가 끝이 없었으니, 일찍이 붕우 가운데 진실하게 공부할 자를 논할 적에 대번에 의중을 들었다.

얼마 지나지 않아 사빈은 상(喪)을 당하였고, 의중도 가난 때문에 스스로 힘쓸 수 없어 중간에 과문(科文)을 익혔기에 지난날처럼 자주

45 학생 정군 묘지 : 이 글은 정집(鄭鍓, 1710~1734)의 묘지이다. 정집은 본관이 영일(迎日), 자가 의중(義仲)이다.

종유하지 못했다. 아, 의중이 어찌 이리 갑자기 죽었단 말인가. 군이 죽고 사빈도 병이 들어 자주 만나지 못했는데, 그를 만나면 마치 군을 보는 듯하였다. 우리들이 종유한 지 십 년도 못 되는 사이에 생사(生死)와 성쇠(盛衰)의 무상함이 이와 같단 말인가.

군은 가정에서의 행실이 지극하였다. 부친이 몹시 군을 사랑하여 관례를 올린 뒤에도 안아주고 어루만졌는데 군은 그럴수록 더욱 공손하였다. 부친이 일찍이 더위를 먹자, 군이 자신의 몸을 씻어 차갑게 하여 부친의 피부에 맞대었다. 어린 시절부터 장성할 때까지 신체에 한 점의 상처도 없었다. 군이 죽자 그 부친이 곡하기를,

> "내가 일을 할 적에 늘 나의 어진 아들에게 누가 되지 않으려 생각했는데, 지금은 다 끝나버렸다."

하였다. 나는 이 말을 듣고 더욱 슬펐으니, 이로써 군의 어짊을 알 수 있다.

군은 갑인년(1734, 영조10) 1월 3일에 죽었으니 겨우 25세였다. 3월 모일에 포옹(圃翁)의 무덤 서남쪽 모좌의 언덕에 안장하였다. 군의 부친은 찬해(纘楷)이고, 외조부는 안동(安東) 권중재(權重載)이다. 군은 밀양(密陽) 박창진(朴昌震)의 딸에게 장가들어 아들 하나를 두었는데 태어난 지 1년이 못 된다고 한다. 사빈이 의중의 부친의 명으로 와서 명(銘)을 청하였다. 명은 다음과 같다.

너의 조상을 생각하지 않는가	無念爾祖
내가 일찍이 너를 권면하였네	余嘗勉汝
어찌 너의 집을 크게 일으키지 않고	胡不大爾門
저승에서 따른단 말인가	而從于九原

사위 유백익 묘지[46]

兪婿伯翼墓誌

정승 유척기(兪拓基) 공의 네 아들 가운데 군이 그 장남이니, 휘는 언흠(彦欽)이고 자는 백익(伯翼)이다. 15세에 관례를 올릴 적에 여호(黎湖) 박필주(朴弼周) 공이 빈계(賓階)[47]에 올라 축사하였다. 이어 이해 겨울에 우리 집으로 장가들었다. 대개 군이 어렸을 적에 민익수(閔翼洙) 군이 함열공(咸悅公)[48] 댁에서 군을 한번 보고서 "행동에 일정한 법도가 있으니 뜻이 있는 인물임을 알 수 있다." 했는데, 내가 평소에 익수의 말을 믿는지라 마침내 혼인을 허락했던 것이다.

군은 몸가짐이 겸손하고 의복이 검소하여 만나는 사람들이 재상집의 아들인지 알지 못했다. 내게 배울 적에 함께 공부하던 제생(諸生)들이 먼 지방에서 온 자들이 많았는데 군이 그 사이에서 잘 응접하고 털끝만큼도 교만한 기색이 없었다. 이 때문에 현명한 사람이나 어리석은 사람이나 늙은이나 젊은이나 모두 그들의 마음을 기쁘게 하였다.

군은 가정에서의 행실이 더욱 독실하였으니 부모를 깊은 사랑으로 섬겼다. 평소에 전전긍긍 몸가짐을 조심하여 한 마디 말이나 한 가지

46 사위 유백익 묘지 : 이 글은 유언흠(兪彦欽, 1713~1743)의 묘지이다. 유언흠은 본관이 기계(杞溪), 자가 백익(伯翼)이다.

47 빈계(賓階) : 손님이 오르내리는 서쪽 층계이다.

48 함열공(咸悅公) : 함열 현감(咸悅縣監)을 지낸 유학기(兪學基, 1677~1735)로, 본관은 기계(杞溪), 자는 성윤(聖胤)이다. 저자의 사돈 유척기(兪拓基)의 사촌이다.

일의 실수로 혹 부모에게 걱정을 끼칠까 두려워하였으며, 피부에 상처가 난 사람을 보면 반드시 매우 슬퍼하였다. 동생들을 사랑하는 마음이 깊어 어렸을 때부터 맛난 음식 하나라도 얻으면 차마 혼자 먹지 못했고 일에 따라 경계함이 지극한 정성에서 우러나왔다.

정승이 평소에 친족과 화목하였기에 큰 고을을 맡았을 때에는 원근의 궁핍한 친족들이 제집 드나들듯 공에게 찾아가 각기 그 소망을 다 채우고 돌아가며 칭송하지 않음이 없었는데 그 자제들도 잘 대해줬다고 말하였다.

함열공은 군에게 종숙부가 된다. 군은 늙어서 자식을 잃은 함열공을 걱정하여 병간호할 때 옷의 띠를 풀지 않았고 아침저녁으로 약을 맛보고 올렸으니, 함열공이 그 지극한 정성에 감격하여 감탄이 그치지 않았다.

군은 본래 벼슬길에 오르려는 생각이 적었다. 신유년(1741, 영조17) 생원시에 합격하자 뜻을 굳히고 과거공부를 그만두고서 이때부터 오로지 학업에 전념하였다. 그 이듬해에 선릉 참봉(宣陵參奉)에 제수되자, 군은 마지못해 녹사(祿仕)에 종사할 뜻을 두었다. 직임에 나아가서는 제사를 정결히 올리고 나무를 함부로 베지 못하도록 엄히 다스렸으며 부지런하고 청렴하게 생활하며 미관말직이라고 조금도 소홀히 하지 않았다. 합당하지 않는 취렴(聚斂)을 일체 혁파하자 촌민들이 서로 경계하여 감히 산에 들어와 땔나무를 하지 않았으니, 능지기가 그 은혜를 칭송하였다. 내가 그 소식을 듣고 가상하게 여겨 말하기를,

"말단 관리가 만물을 사랑하는데 마음을 두는[49] 것을 내가 이 군에게

49 말단……두는 : 정호(程顥)가 말하기를, "말단 관리가 만물을 사랑하는 데 마음을

서 보았다.”

하였다. 하루는 내게 들렀기에 말하기를,

“예전에 사계 선생(沙溪先生)이 창릉 참봉(昌陵參奉)을 맡아 거사비(去思碑)가 있었으니 이 일을 배워야 함은 물론이거니와, 사계옹의 법문이 가장 훌륭하니 겉으로는 풍속과 섞인 듯하지만 안으로는 실로 자신을 닦아 마침내 유학의 종장이 되셨다. 옛날의 염옹(濂翁 주돈이(周敦頤))도 마찬가지였다.”

하니, 군이 웃으며 사양하지 않았다. 군이 조용하고 단아하며 몸가짐을 삼가고 조심하였으나 마음속엔 확고하게 지킴이 있어 자질이 본디 이미 도에 가까웠으니, 내가 일찍이 선인(善人)과 신인(信人)의 중간으로 허여하였다.[50] 만약 나이를 빌려주어 신속하게 앞으로 나아가 맹렬하게 공부하게 했다면 그 성취를 어찌 헤아릴 수 있겠는가.

또 일처리가 주밀하고 세심하여 물샐 틈 없이 완벽하였으니, 상국의 곁에 있을 적에 안으로 자잘한 문서나 밖으로 중요한 정무에 이르기까지 군이 밤낮으로 많은 도움을 주었다. 설령 관리의 사무에 부침했더라도 은택의 미침이 필시 한 주군(州郡)에만 그치지 않았을 것이다. 그런데 뜻이 있고 재주가 있었으나 그 사업을 조금도 다하지 못하고 마침내 계해년(1743) 10월 8일에 세상을 떠났으니 겨우 31세였다.

쓴다면 백성에게 반드시 이로움을 줄 것이다.〔一命之士, 苟存心於愛物, 於人必有所濟.〕”라고 하였다. 《近思錄 卷10》

50 내가……허여하였다 : 본서 제26권 〈사위 유백익에 대한 제문〔祭兪婿伯翼文〕〉에 “군의 인물됨을 논하면 선인과 신인의 중간이다.”라고 하였다. 선인과 신인은 《맹자》 〈진심 하(盡心下)〉에 “누구나 좋아할 만한 사람을 선인이라 하고, 자기 몸에 선을 소유한 것을 신인이라 한다.〔可欲之謂善, 有諸己之謂信.〕” 하였다.

나의 딸은 아들 하나를 두어 이름이 뇌웅(雷雄)이었는데 죽어서 마침내 자식이 없다. 군이 세상을 떠나자 지나친 슬픔으로 몸이 상하여 상기(喪期)를 마치지 못하고 소상(小祥) 한 달 뒤에 또한 따라 죽었다. 철원(鐵原) 지혜동(芝蕙洞) 증(贈) 의정공의 무덤 아래에 합장하니, 군의 뜻을 따른 것이다.

처음 군이 병을 앓을 때에 벗이 편안한 마음으로 병을 치료하라고 권면하니, 군이 말하기를,

"비록 생사의 갈림길에 있더라도 어찌 마음이 동요되는데 이르겠는가."

하였다. 병이 위독해지자 집안사람들이 좌우에 둘러앉아 우는데도 군은 과연 자신의 말처럼 태연히 웃으며 이야기하고 조금도 두려워하는 뜻이 없었으며, 돌아보며 하는 간곡한 말이 또한 이치에 맞지 않음이 없었다. 아! 이로써 군이 평소에 보존한 것을 알 수 있다. 맹자(孟子)가 말한 세 가지 즐거움[51] 가운데 군이 다행스럽게 한 가지 즐거움을 가졌지만 두 가지 즐거움은 온전히 하지 못했으니 더욱 슬프다.

군은 기계(杞溪) 사람이다. 청주 목사(淸州牧使)를 지내고 영의정에 추증된 휘 명악(命岳)과 대사헌을 지내고 좌찬성에 추증된 휘 철(澈)이 상국 위의 2대이다. 정승의 부인 평산 신씨(平山申氏)는 판관을 지내고 집의에 추증된 휘 사원(思遠)의 딸이고, 그 조부는 좌참찬 충경공(忠景公) 휘 임(銋)이다. 이것으로 묘지를 삼고 명(銘)을 붙인다. 명은 다음과 같다.

51 맹자(孟子)가……즐거움 : 376쪽 주37 참조.

아, 백익이여	嗚呼伯翼
뜻은 어찌 그리 장대하고	何志之長
수명은 어찌 그리 짧은가	何命之短
운수는 통하고 막힘이 있고	數有通局
이치는 가득 차게 두지 않는다네	理無盈滿
증조부 무덤 산자락에 뼈를 묻었으니	惟歸骨於山之足
효심에 흡족하여 길이 탄식하지 않으리	恔孝心兮不永歎

학생 서군 묘지[52]

學生徐君墓誌

참찬 서여사(徐汝思)에게는 이름이 명현(命顯)이고 자가 사순(士純)인 재주 있는 아들이 있는데 20세에 요절하였다. 여사는 나와 누대에 걸쳐 한 마을에 사는 교분이 있는데, 어느 날 나를 찾아와 눈물을 흘리며 말하기를,

"우리 아이는 어려서부터 두각이 드러났으며 점차 자라면서 피부가 희고 풍채가 아름다웠습니다. 타고난 성품이 침착하여 노성한 사람처럼 의젓하였으며, 부모 곁에 있을 때에는 말과 안색이 온화하였고 노복을 질타하지 않았습니다. 말을 잘 못하는 사람처럼 종일토록 공손하고 신실하였으나 마음이 맞는 사람을 마주하면 고금을 담론하고 의론을 펼치며 지칠 줄 모르고 이야기를 이어갔습니다.

제가 근래에 오랫동안 긴요한 직임을 맡아 빈객이 집에 가득했지만 아이는 혼자 방에 틀어박혀 방 밖의 일에 관심을 두지 않았으니, 이서(吏胥)들도 아이의 얼굴을 모르는 자가 있었습니다. 의복이 검소하였고 외출할 때 말을 타지 않는 등 부귀한 집안의 호사스런 버릇이 전혀 없었습니다. 세간의 음악, 여색, 재화, 이득 따위에 일체 마음을 두지 않고 오로지 도적(圖籍), 법서(法書), 금석문(金石文), 전각문(鐫刻文)을 좋아하였으니, 옛 물건을 수집했던 구구(歐九)[53]

52 학생 서군 묘지 : 이 글은 서명현(徐命顯, 1724~1743)의 묘지이다. 서명현은 본관이 달성(達城), 자가 사순(士純)이다.

의 유의(遺意)가 자못 있었습니다. 특히 전주(篆籒)[54]를 좋아하여 오묘한 경지를 깊이 탐구하였고 간간이 읊조린 시는 풍치가 매우 고상하였습니다. 또 작은 과녁을 설치하여 활쏘기를 연습하면서, '선비도 이것을 알아야 한다.'고 하였습니다.

이처럼 많은 재예(才藝)를 지녔지만 또한 즐겨하지는 않았습니다. 어떤 사람이 과문(科文)을 익히라고 권하자, 대번에 웃으며, '선비의 급선무가 이것뿐이겠습니까.'라고 하였습니다. 지기(志氣)가 뛰어나 유속(流俗)에서 우뚝 빼어났으니 장차 옛사람처럼 되기를 스스로 기약했을 것인데, 애석하게도 하늘이 나이를 빌려주지 않아 그 뜻과 사업을 마치지 못하게 하였으니, 아! 슬픕니다."

하였다. 이에 내가 면전에서 탄식하기를,

"재주가 있건 재주가 없건 간에 각자 자기 자식을 소중히 여기는데, 하물며 이런 훌륭한 아들이야 말해 뭐하겠습니까."

하였다. 하늘이 영재를 낸 것이 우연이 아닐 듯한데 갑자기 목숨을 앗아갔으니, 나는 실로 천하를 위해 그 재주를 애석하게 여긴다. 어찌 군 한 집안의 불행일 뿐이겠는가. 여사가 또 군의 유묵(遺墨)을 새겼는데 내가 우연히 얻어 보니 힘차고 유려한 필세(筆勢)가 옛 명가(名家)의 솜씨와 흡사하였으니 이것으로 군의 출중한 한 단면을 볼 수 있다.

53 구구(歐九) : 송(宋)나라 문장가 구양수(歐陽脩)를 말하는데, 배항(輩行)이 아홉 번째에 해당하기에 이렇게 부른 것이다.

54 전주(篆籒) : 전문(篆文)과 주문(籒文)으로, 주 선왕(周宣王)의 태사(太史)였던 주(籒)가 과두문자(蝌蚪文字)를 변형하여 만든 서체(書體)이다.

군은 갑진년(1724, 영조즉위년) 11월 29일에 참찬공의 고금도(古今島) 배소(配所)에서 태어나 계해년(1743) 10월 20일에 세상을 떠났다. 연기(燕岐) 신원리(新院里) 갑좌(甲坐)의 언덕에 안장하였다.

참찬공의 이름은 종급(宗伋)이고 여사는 그 자(字)이니, 달성위(達城尉) 경주(景霌)의 증손이요, 직장을 지내고 참판에 제수된 휘 진리(晉履)의 손자요, 주부를 지내고 판서에 추증된 문택(文澤)의 여섯째 아들이다. 참찬공의 배위 신창 맹씨(新昌孟氏)는 대사간 만택(萬澤)의 딸이다.

군은 정승 유척기(兪拓基)의 집에 장가들었다. 정승이 늘 크게 될 인물이라 칭찬하였는데, 군이 죽자 곡하기를, "내가 더 이상 감히 남의 관상을 볼 수 없다." 하였다. 딸 하나를 낳았는데 일찍 죽었다.

정승의 아들 언흠(彦欽) 백익(伯翼)은 나의 사위이다. 늘 나를 위해 군의 출중한 재기(才氣)를 말하며 조만간 와서 배울 것이라 말했는데, 불행하게도 백익과 서로 앞뒤로 죽고 말았다.[55] 내가 미처 군을 보지는 못했지만 그 뜻을 슬퍼하여 백익을 위해 무덤에 명(銘)을 짓고 나서 또 군의 명을 지으니, 군의 죽음을 애도할 뿐만 아니라 또한 이로써 참찬공의 슬픔을 대신한다. 명은 다음과 같다.

빛나고 빛나는 영지는	煌煌靈芝
한 해에 세 번 꽃을 피우는데	一年三秀
나는 홀로 어찌하여	余獨胡爲

55 백익과……말았다 : 저자의 사위 유언흠은 1743년 10월 8일에, 서명현은 1743년 10월 20일에 세상을 떠났다.

뜻을 이루지 못했나[56]	有志未就
이는 군이 즐겨 암송했던	君所喜誦
중산의 시라네	中散之詩
지금 와서 보니	由今以觀
마치 자신을 슬퍼한 듯하네	似若自悲
이것으로 군의 명을 지어	以此銘君
거듭 슬퍼하노라	重以哀之

묘문(墓文)이 완성되어 미처 무덤에 들이기 전에 참찬공이 자신의 족제(族弟) 종해(宗海)를 보내어 말하기를,

> "죽은 아들의 아내 유씨(兪氏)가 스물네 살의 나이로 불행하게도 모월 모일에 죽었습니다. 며느리는 우리 집에 시집온 8년 동안 우리 부부의 뜻을 거스른 적이 없었고, 소위 길쌈이나 침선 등의 부녀자의 일에 능하지 않은 것이 없었습니다. 아이가 죽은 뒤에 며느리는 우리를 생각해서 날마다 억지로 밥을 먹었습니다. 그러나 실제로는 따라 죽을 작정으로 소금이나 간장도 입에 넣지 않았는데 시부모인 우리는 알지 못했습니다. 그 대략을 추가로 기록하여 동시에 지석(誌石)을 구워 무덤에 들이고 싶습니다."

하였다. 나는 이 말을 듣고 더욱 슬펐다. 내 딸이 백익을 따라 죽었는

56 빛나고……못했나 : 이 시는 죽림칠현(竹林七賢)의 한 사람으로 중산대부(中散大夫)를 지낸 혜강(嵇康)의 〈유분시(幽憤詩)〉이다. 주희(朱熹)도 운당포(篔簹鋪) 벽에 걸려있던 이 시를 보고서 자신의 뜻과 같다고 비통해하였다고 한다. 《朱子大全 卷84 題袁機仲所校參同契後》

데, 내가 일찍이 백익의 묘지(墓誌)를 지을 때 너무도 슬퍼 차마 딸아이의 일을 나란히 쓰지 못했다. 지금 유인(孺人)의 죽음을 부득이 아래에 조금 기록하니, 유인의 죽음을 애도할 뿐만이 아니라 이로써 내 딸의 죽음을 애도한다. 아!

학생 이군 묘지[57]

學生李君墓誌

완산(完山) 이영원(李英源) 군이 내게 배웠는데, 하루는 눈물을 흘리며 말하기를,

"제 아우는 이름이 영수(英秀)이고 자가 군실(君實)입니다. 을미년(1715, 숙종41) 4월 8일에 태어나 17세에 청주(淸州) 한덕기(韓德驥)의 딸에게 장가들어 1년도 채 못 살고 임자년(1732, 영조8) 6월 15일에 서호(西湖)의 처가에서 죽었으니 나이 겨우 18세였습니다.

아우는 어려서부터 타고난 효성과 우애가 있었으니, 모친이 병들어 곁에서 모실 적에는 얼굴빛에 근심하는 기색이 있었고 잠시도 곁을 떠나지 않았으며 또 밤새도록 잠들지 않았습니다. 외조부이신 수약재(守約齋) 김석훈(金碩勛) 공이 기특하게 여겨 '어찌 이처럼 하는 4세 아이가 있겠는가.'라고 하였습니다. 한번은 조모 신 숙인(申淑人)이 친정에 문안 갈 때 따라 갔는데 맛있는 과일을 받자 먹지 않았습니다. 그 이유를 물어보니, '돌아가 부모님에게 드리고자 합니다.'라고 하였습니다. 숙인의 아우 명겸(命謙)이 자신의 아들과 조카들에게 일어나 절하게 하면서 말하기를, '너희들은 이 아이에게서 배워야 한다.'라고 하였습니다.

11세에 수약공(守約公)에게 수학하여 경사(經史)의 내용을 꿰뚫

57 학생 이군 묘지 : 이 글은 이영수(李英秀, 1715~1732)의 묘지이다. 이영수는 본관이 전주(全州), 자가 군실(君實)이다.

었고 문사(文辭)가 크게 진보하여 하는 말마다 사람들을 놀라게 하였으니, 과거에 한번 응시하기도 전에 사람들이 일찍 현달할 것이라 기대하였습니다. 한번은 집안의 어른인 병산(屛山 이관명(李觀命)) 정승을 찾아뵈었는데, 공이 매우 기특하게 여기며 '우리 집안에 훌륭한 인물이 있구나.'라고 하였습니다. 질병이 위독하여 부형(父兄)이 가서 보니 억지로 일어나 모친의 안부를 물었습니다. 당시 가뭄이 심했는데, '백성이 모두 죽게 생겼다.'라고 탄식하고는 더 이상 아무 말도 하지 않았습니다. 죽은 뒤에 자녀가 없어 제 둘째 아들을 취해 후사로 삼았고, 여주(驪州) 활대(活臺) 선영 곁에 안장하였습니다. 이것이 그의 생몰과 언행의 대략입니다.

이씨(李氏)는 세종(世宗)의 별자(別子)인 밀성군(密城君) 침(琛)에서 나왔습니다. 7대조 휘 극강(克綱)에 이르러 비로소 종적(宗籍)에서 벗어나 문과에 급제하고 첨정을 지냈으며 손자인 백강(白江) 상국 경여(敬輿)로 인해 추은(推恩)되어 찬성에 추증되었습니다. 증조 휘 세택(世澤)은 익위사 사어를 지냈고, 조부 휘 성언(聖彦)은 공조 좌랑을 지냈고, 부친은 통덕랑 도상(道祥)이니, 이것이 그의 세계(世系)입니다."

하였다. 영원이 또 울면서 말하기를,

"아우의 부인 한씨(韓氏)는 총명하여 사리를 알았고 성품이 효성스럽고 공손하였습니다. 친정 부모에게 다른 자식이 없는 관계로 남편 집으로 돌아가지 못했어도 미망인으로 자처하였습니다. 남편의 죽음을 지나치게 슬퍼하여 몸이 극히 상했으나 목숨을 잃지는 않았는데, 남편이 죽고 나서 11년 뒤인 계해년(1743)에 세상을 떠났으니 나이 겨우 30세였습니다. 유인이 임종할 적에 그 부친을 돌아보며 말하기를, '남편이 오래전부터 한천(寒泉)의 문하에서 공부하고자 했는데 그 뜻을 이루지 못했으니 죽어서 필시 눈을 감지 못했을 것입니다. 만약 선생의 한 말씀을 얻는다면 죽은 남편의 마음을 거의 위로할 수 있을 것입니다. 그러나 이것이 또 안 된다면 지하에서 남편을 볼 면목이 없을 것입니다.'라고 하였습니다."

내가 늙고 병들어 오래전에 글 짓는 것을 그만두었기에 이 묘지에 대해서도 예전에 수락하고서 아직 짓지 못하였다. 죽은 이의 뜻을 슬퍼하여 마침내 이렇게 써서 돌려보낸다.

김 수재 묘지[58]

金秀才墓誌

김현웅(金顯雄) 군이 한천(寒泉)으로 나를 찾아와 말하기를,

"우리 부친이 저를 보내어 다음과 같이 선생께 청을 올립니다. 현웅의 아우 언웅(彦雄)이 26세에 죽었는데, 고을 사람들이 모두 '애석하구나, 이 사람이여!'라고 하였습니다. 아이는 자질이 매우 아름다워 온화하고 인자하고 너그러웠으며 실언하지 않고 망동하지 않았으니 어려서부터 이미 이러하였습니다.

마음 속에 잡념이 없었고 일을 할 때에 조리가 있었습니다. 또 성품이 효성스러웠으니, 아버지가 자주 병을 앓았기에 매일 곁에서 자면서 몰래 그 숨소리를 살펴 편안한지 아닌지 판단하였으며, 어머니가 힘들게 일하는 것을 안타깝게 여겨 간혹 물 긷고 절구질하는 일을 대신하였습니다. 신해년(1731, 영조7)에 온 집안사람이 역병에 걸리자 밤낮으로 곁에서 보살핀 것이 유곤(庾袞)[59]의 고사와 똑같았으며 계부(季父)의 기이한 병을 더욱 정성을 다해 보살폈습니다.

58 김 수재 묘지 : 이 글은 김언웅(金彦雄, 1711~1736)의 묘지이다. 김언웅은 본관이 광산(光山)이다.

59 유곤(庾袞) : 진(晉)나라 무제(晉武帝) 때의 사람이다. 전염병으로 두 형이 죽고 셋째 형이 위독하자, 부모와 여러 아우들은 모두 병을 피해 다른 곳으로 갔으나 유곤은 떠나지 않고 홀로 남아서 형의 병구완을 하는 한편 죽은 두 형의 시신을 어루만지며 통곡하였다. 그러나 끝내 전염되지 않고 무사하여 사람들이 기이하게 여겼다고 한다. 《晉書 卷88 孝友列傳 庾袞》

독서할 적엔 그 뜻을 끝까지 궁구하기를 힘썼는데 특히 예서(禮書) 읽기를 좋아하였고 과거 공부하는 것을 부끄럽게 여겼습니다. 이는 귀인(貴人)이 되려하지 않고 호인(好人)이 되고자 한 것인데, 뜻이 있었으나 성취하지 못하고 불행하게도 명이 짧아 죽었습니다.

아! 자식에 대한 아비의 사랑은 천성에서 나왔으니 어찌 재주가 있는지 재주가 없는지를 따지겠습니까. 그러나 재주가 있었기에 기대가 더욱 컸고 기대가 컸기에 슬픔이 더욱 심합니다. 더구나 인정상 어느 누군들 자식이 가정을 꾸리기를 원하지 않겠습니까마는[60] 그 바람대로 하지 못했으니, 이는 감히 옛 도[61]를 따른 것이 아니라, 가난 때문이었습니다. 이것이 또 아비된 자의 한입니다. 만일 당세 대인군자의 한 말씀을 얻어 후세로 하여금 아이의 삶과 죽음을 알게 한다면 혹 조금이나마 저의 슬픔을 덜 수 있겠기에 감히 묘문을 청합니다."

하였다. 나는 그 말이 애처로워 묘지를 지어 돌려보내 무덤에 표지하게 한다.

군은 신묘년(1711, 숙종37) 2월 20일에 태어나 병진년(1736, 영조12) 4월 28일에 세상을 떠났다. 그 선조는 신라의 왕자 흥광(興光)에서 나왔다. 증조 휘 화준(華俊)은 지평을 지냈고, 조부 휘 주만(胄萬)은 첨지중추부사를 지내고 효행으로 승지에 추증되었다. 부친은 이름이

60 인정상……않겠습니까마는 : 《맹자》 〈등문공 하(滕文公下)〉에 "사내가 태어나면 그를 위하여 아내가 있기를 원하고, 딸이 태어나면 그를 위하여 남편이 있기를 원하는 것은 부모의 마음이므로 누구나 다 지니고 있다."라고 하였다.

61 옛 도 : 《예기》 〈곡례(曲禮)〉에 "30세를 '장(壯)'이라 하니 아내를 둔다.〔三十曰壯有室〕"라고 하였다.

주(澍)인데 내가 면식은 없지만 행실로 이름났다고 한다. 군은 고부(古阜) 빈동(濱洞) 손향(巽向)의 언덕에 안장하였는데, 그 집과 몇 걸음 떨어져 있다. 명(銘)은 다음과 같다.

싹만 틔우고 꽃 피우지 못했으니[62]	苗而不秀
명인 것을 어찌하리오	命也如之何
한천의 늙은이[63]가 명을 지으니	泉老作詩
길이 전해지리라	其不朽也耶

62 싹만……못했으니 : 대성(大成)하지 못하고서 일찍 죽은 것을 비유한 말이다. 《논어》 〈자한(子罕)〉에 "싹만 틔우고 꽃 피우지 못하는 경우도 있고, 꽃은 폈지만 열매 맺지 못하는 경우도 있다.〔苗而不秀者, 有矣夫; 秀而不實者, 有矣夫.〕"라 하였다.

63 한천의 늙은이 : 저자를 가리킨다.

심 상동 묘지[64]

沈殤童墓誌

진사 심중하(沈重夏)는 세상에서 통달한 선비라 불리었고 또 지극한 행실이 있었는데, 불행하게도 요절하여 사우(士友)들이 모두 슬퍼하고 애석하게 여겼다. 그 아들 봉경(鳳慶)은 군이 죽었을 때 겨우 다섯 살이었다. 점차 자라면서 《소학》, 《대학》, 《시전》, 《논어》, 《맹자》 등의 책을 읽었으며 특히 사학(史學)에 조예가 깊어 숙유(宿儒)들도 그와 논란하지 못했으니, 사람들이 "심중하 군이 죽지 않은 것이다."라고 여겼다. 그런데 또 불행하게도 17세의 나이에 관례도 올리지 못하고 죽었으니, 이때가 신해년(1731, 영조7) 12월 7일이었다. 그 계부(季父) 중주(重周) 계문(季文)이 예전에 내게 배웠는데, 울면서 자신이 지은 조카의 행록(行錄) 한 통을 보여주기에 내가 받아 읽어보았다.

동자는 이름이 대흠(大欽)이고 봉경은 그의 어릴 적 이름이다. 동자는 성품이 어질고 효성스러웠다. 어린 시절에 나가 놀다가 배와 대추를 얻으면 반드시 품에 지니고 돌아와 조모와 모친에게 올린 뒤에 먹었다. 남이 추위에 떠는 것을 보면 자기 옷을 벗어 입혀주려 생각했으며 곡하는 소리를 들으면 반드시 얼굴빛을 슬피 바꾸었고, 초목, 곤충, 참새와 같은 미물도 차마 해치지 못했다. 함께 어울리는 사람 중에 화려한 의복을 입은 사람이 있어도 누추한 복장으로 나란히 서는 것을 부끄러

64 심 상동 묘지 : 이 글은 심대흠(沈大欽,1715~1731)의 묘지이다. 심대흠은 본관이 청송(青松)이다.

워하지 않았다. 세속의 어떤 이욕(利欲)도 그 마음을 얽맬 수 없었으니, 장차 발분하여 힘써 공부하였을 것인데 갑자기 죽고 말았다. 죽음을 앞두고 말하기를,

"내가 태어나 선친의 얼굴도 기억하지 못했는데, 이제는 돌아가 모실 수 있게 되었다."

하였다. 곁에서 울고 있는 모친을 돌아보며 말하기를,

"우리 할머니를 잘 모십시오. 저는 참으로 불효자이니 제 생각은 하지 마십시오."

하였다. 또 계문에게 말하기를,

"사람이 천지 사이에 태어나 초목과 함께 이름도 없이 썩고 싶지 않거늘, 17년 세월을 헛되이 보내다가 이름도 알려지지 못하고 죽을 줄 어찌 생각이나 했겠습니까. 이것이 슬픕니다."

하였다.

내가 자세히 살펴보건대, 동자는 뜻이 있고 행실이 있는 사람이다. 하늘이 그를 낳은 것이 우연이 아닐 듯한데 또 빨리 목숨을 앗아간 것은 어째서인가? 옛날 형거실(邢居實)이 약관의 나이에 죽었는데 그가 지하에게 내세울 것은 오직 〈추풍삼첩(秋風三疊)〉 뿐이었다.[65] 그러나 이것은 단지 하나의 작은 기예일 뿐이니, 설령 동자가 문장에

65 형거실(邢居實)이……뿐이었다 : 형거실은 북송(北宋) 때의 유명한 시인으로, 어려서부터 문재가 뛰어났으나 약관의 나이에 요절하였다. 그가 지은 〈추풍삼첩기진소유(秋風三疊寄秦少游)〉시에 대하여 주희(朱熹)가 평가하기를, "형거실이 이 시를 지은 때는 약관이 되기 전이었다. 하지만 그 시어를 음미해 보면, 마음에서 이해하여 자연스레 표출되었으므로 마치 마음을 쓰지 않은 듯하고, 한 글자도 지금 사람의 말투로 짓지 않았다."라고 하였다.

능했다 할지라도 어찌 중대한 일이 되겠는가.

인(仁)은 천지가 만물을 낳는 마음을 사람이 얻어 태어난 것인데 동자가 이를 잃지 않았으며, 효(孝)는 모든 행실의 근본인데 동자가 또 이를 지녔으니, 오늘날의 이른바 성인(成人)들도 꼭 그렇게 하지는 못한다. 더구나 이름이 알려지지 않은 것이 부끄러운 일임을 동자의 나이에 이미 알았으니, 저 늙어서도 죽지 않은 자들은 응당 어떠하겠는가. 동자가 비록 성년이 못되어 죽었지만 그 언행이 이러하니, 공자(孔子)가 왕기(汪踦)를 대우한 방식으로 동자를 대우한다면 상(殤)으로 장사 지내지 않으려는 것이 마땅하다.[66]

계문이 일어나 사례하기를,

"군자의 한 말씀을 얻어 길이 전해지게 되었으니 이는 죽은 자의 소망입니다."

하였다. 마침내 이를 기록하여 무덤에 들인다.

동자의 조부는 익희(益熙)이고, 증조 제(梯)는 참봉을 지내고 학문과 행실로 이름났으며, 고조 지한(之漢)은 승지를 지냈다. 면천(沔川) 박재태(朴載泰)가 동자의 외조부이다.

66 공자(孔子)가……마땅하다 : 왕기(汪踦)는 춘추시대 노(魯)나라의 동자(童子)이다. 노나라와 제(齊)나라가 낭(郎)에서 싸울 적에 공숙우인(公叔禺人)이 이웃 마을의 동자인 왕기와 함께 싸움터에 달려가 싸우다가 모두 죽었다. 노나라 사람들이 동자 왕기를 상(殤)의 예(禮)로 장례하지 않고자 해서 공자에게 물었는데, "능히 창과 방패를 잡고서 사직을 보호하였으니, 비록 상의 예로 장례하지 않더라도 옳지 않겠는가."라고 대답하였다.《禮記 檀弓下》상(殤)은 성년이 되지 못하고 일찍 죽은 사람으로, 나이에 따라 상·중·하 세 등급으로 나누어 상복을 줄여서 입고 장례 의식도 강등된다.

유인 남양 홍씨 묘지[67]

孺人南陽洪氏墓誌

숭정(崇禎) 정축년(1637, 인조15) 호란에 오랑캐가 강화도를 함락하자, 주촌(舟村) 신만(申曼) 공의 아내 유인(孺人) 홍씨(洪氏)와 그 시어머니 한 단인(韓端人)이 일시에 순절하였다. 당시 유인의 시아버지 호량공(濠梁公) 휘 익륭(翊隆)이 익위사 관원으로 빈궁(嬪宮)을 호위하여 강화도에 들어왔다. 유인은 빈궁의 명으로 행궁 서쪽 누각에 들었는데, 이때 참판 여이징(呂爾徵)의 부인이 한 단인의 친속으로서 동행하였다. 유인은 1월 25일에 자결하였고 얼마 뒤에 오랑캐가 서쪽 누각을 불태웠다. 불탄 잔재 속에서 유인과 여공 부인의 형체를 분간할 수 없었으나 겨우 염습하여 각각 섬의 산기슭에 초빈(草殯)하였다. 난이 그친 뒤에 두 집에서 김 문경공(金文敬公 김집(金集)) 등 여러 현인에게 질정하여 마침내 양근군(楊根郡) 북쪽 수청리(水青里) 사향(巳向)의 언덕으로 옮겨 안장하였는데 묘역은 같고 무덤은 따로 썼다.

두 집안 자손들이 함께 두 묘소에 전배(展拜)하고 두 무덤 모두 합장하지 않았으니, 중대한 변례(變禮)이다. 그러나 허장(虛葬)은 예(禮)가 아니라고 군자가 말했지만 더러 허장하는 경우가 있는데, 하물며 이 경우는 또 허장과 구별되니 진실로 장사지낸다고 하지 않을 수 없다. 장사 지낼 때엔 묘지(墓誌)를 두는 것이 예이고, 또 서로 비슷한

67 유인……묘지 : 이 글은 신만(申曼)의 부인 남양 홍씨(南陽洪氏, 1620~1637)의 묘지이다.

두 무덤 사이에 어찌 더욱 지문이 없을 수 있겠는가. 이것이 주촌의 증손 대래(大來)가 내게 묘지를 부탁한 이유이다.

삼가 살펴보건대, 남양 홍씨(南陽洪氏)는 고려 태사 은열(殷悅)에서 나왔다. 본조 성종조(成宗朝)에 좌리공신(佐理功臣) 좌의정 응(應)이 유인의 8대조이다. 증조 휘 덕수(德壽)는 군수를 지냈고, 조부 휘 사효(思斅)는 판결사를 지냈고, 부친 휘 이일(履一)은 목사를 지냈으며 외조부는 구희삼(具希參)이다.

유인은 만력(萬曆) 경신년(1620, 광해군12)에 태어났다. 타고난 자품이 온화하고 유순하였으며 지극한 행실이 남보다 뛰어났다. 부모에게 순종하고 형제간에 우애로웠으며 예교(禮敎)에 특히 신중하여 평소에 말과 웃음이 적었다. 노비들에게도 과격한 말이나 사나운 얼굴로 대하지 않았다. 17세에 주촌에게 출가하니 실로 장절공(壯節公) 숭겸(崇謙)의 후손이다. 호량공의 형님 익량(翊亮)은 호가 상봉(象峰)이며 집안 대대로 기절(氣節)을 숭상하였다. 주촌공에 이르러서는 우암 선생(尤菴先生)이 일찍이 '대명천지숭정일월(大明天地崇禎日月)' 여덟 글자를 써서 주었으니,[68] 오랑캐에게 몸을 더럽히지 않고 맹렬한 불길을 따라 산화된 유인이 아니라면 어찌 그 의리에 짝할 수 있겠는가. 사군자(士君子)가 평소에 글을 읽고 도의(道義)를 담론하여 원대하기

68 주촌공에……주었으니 : 한국문집총간 150집에 수록된 《한수재집(寒水齋集)》권22 〈주촌사당기(舟村祠堂記)〉에 따르면, 조정에서 모친 한씨와 부인 홍씨를 정려(旌閭)하라는 특명이 내렸으나, 신만(申曼)은 《춘추(春秋)》의 법에 '적(賊)을 토벌하기 전에는 장(葬)이라고 쓰지 않는다.'라고 하면서 조정의 명령을 따르지 않았다. 이에 송시열이 누차 방문하여 '대명천지숭정일월(大明天地崇禎日月)' 여덟 글자를 크게 써서 그 절의를 표장하였다고 한다.

를 기약하지 않음이 없지만 하루아침에 사생(死生)의 기로에서 결단하지 못하고 구차하게 모면하여 지조를 잃은 자들은 유인에 견주어 부끄럽지 않을 수 있겠는가. 아! 장렬하다. 명(銘)은 다음과 같다.

출중한 선비가 있으니	曰有奇士
바로 주촌이라네	舟村卽是
한 모퉁이 우리나라가	靑邱一隅
바다에 몸을 던지는[69] 열사의 땅이라네	蹈海之地
우암 선생이 손수 쓰신	尤老手墨
여덟 글자 찬란히 빛나네	煌煌八字
목숨을 버리고 의를 취한	不有烈婦
열부가 없었다면	舍命取義
집안에 모범을 보인 교화를	刑家之化
어디에 기록할 수 있으랴	於何可識
내가 그 행실을 새기노니	我銘厥行
백세토록 우러르리라	百世仰止

69 바다에 몸을 던지는 : 전국 시대 제(齊)나라의 노중련(魯仲連)이 무도한 진(秦)나라를 황제로 받들려는 위(魏)나라 신원연(新垣衍)에게 "진나라가 방자하게 황제가 되어 천하를 다스린다면 나는 동해에 빠져죽을지언정 그 백성이 될 수는 없다."라고 하였다. 《史記 卷83 魯仲連列傳》

숙인 여흥 민씨 묘지[70]

淑人驪興閔氏墓誌

숙인의 성은 민씨(閔氏), 본관은 여흥(驪興)으로, 강원도 관찰사를 지내고 의정부 영의정에 추중된 휘 광훈(光勳)의 막내딸이다. 대사헌 기중(蓍重), 노봉(老峰) 문충공(文忠公) 정중(鼎重), 둔촌(屯村) 문정공(文貞公) 유중(維重)이 숙인의 세 오빠로 모두 이름난 사람들이다.

숙인은 16세에 풍산(豐山) 홍만형(洪萬衡) 숙평(叔平)에게 출가하였으니, 바로 영안위(永安尉) 휘 주원(柱元)과 목릉(穆陵 선조)의 왕녀 정명공주(貞明公主)의 둘째 아들이다. 홍공은 일찌감치 높은 성적으로 급제하여 관직이 홍문관 교리에 이르렀다. 노봉이 매번 '숙평은 참으로 신선 세계의 사람'이라며 탄복하였으니, 부귀한 집안에서 자랐으나 청고하여 속습에서 벗어났으며 의복과 기용이 가난한 선비의 차림과 똑같았다. 숙인이 능히 그 뜻을 본받아 가시나무 비녀를 꽂고 베로 만든 치마를 입었던[71] 옛사람의 뜻을 항상 사모하였다. 홍공은 항상 숙인을 존중하였고 숙인도 한결같이 공경하고 근실하여 조금도 느슨하지 않았다. 홍공은 깡마른 몸에 고질병이 있었는데 특히 기침이 심했다. 숙인

70 숙인……묘지 : 이 글은 홍만형(洪萬衡)의 부인 여흥 민씨(驪興閔氏)의 묘지로, 1633년(인조11)에 태어나 1706년(숙종32)에 세상을 떠났다.

71 가시나무……입었던 : 후한(後漢) 때 은사(隱士)인 양홍(梁鴻)의 아내 맹광(孟光)의 고사이다. 본래 부유한 집안 출신이었으나 남편의 뜻을 따라 화려한 의복을 벗어던지고 가시나무로 만든 비녀를 꽂고 베로 만든 치마를 입고 생활하며 패릉산(霸陵山)에 은둔하였다. 《後漢書 卷83 逸民列傳 梁鴻》

은 엄동설한에도 침실 밖에 앉아 병의 차도를 몰래 살피고 밤새도록 눈을 붙이지 않았다. 미망인으로 자처하면서부터는 손수 길쌈하여 제사 비용을 마련하였고 가까운 친지에게도 절대 궁핍한 기색을 보이지 않았다.

질녀들 가운데 인현왕후(仁顯王后)가 일찍 모친을 여의었기에 숙인이 정성을 다해 양육하였고, 중전의 지위에 오르자 왕후를 받들어 섬기는 도리가 본가에 있을 때와 다름이 없었다. 인현왕후도 숙인을 낳아주신 어머니처럼 대하여 끊임없이 서찰을 보내고 빈번하게 하사품을 내렸다. 숙묘(肅廟)께서 지은 인현왕후의 행장에 "홍씨에게 출가한 고모에게 양육되었다."라는 말이 바로 숙인을 가리킨 것이다.

우리 선비(先妣)는 숙인과 실로 숙질(叔姪) 사이의 지기(知己)이다. 늦게 임신하여 출산을 앞두고 숙인에게 의지하여 돌아갔는데, 내가 태어났을 때에 숙인이 백일 때까지 직접 젖먹이는 것을 살폈으며 추조거습(推燥居濕)[72]의 수고를 남에게 맡기지 않았다. 우리 선비는 항상 이때의 일을 말하여 "네가 태어났을 때 나의 고모가 아니었다면 어떻게 양육했겠는가."라고 하였다. 친당(親黨)에 대한 숙인의 곡진한 은혜와 사랑이 대체로 이러하였다.

숙인은 병술년(1706, 숙종32) 12월 2일에 세상을 떠났으니 향년 74세였다. 파주(坡州) 천현(泉峴) 손향(巽向)의 언덕에 안장하였다.

72 추조거습(推燥居濕) : 양육하는 수고를 말한다. 《효경원신계(孝經援神契)》에 "어머니는 자식에 대해 정성을 다하여 길러 마른자리는 자식을 앉히고 진자리는 자신이 앉으며 적은 것은 스스로 사양하고 감미로운 것은 나누어 먹인다.〔母之於子也, 鞠養殷勤, 推燥居濕, 絶少分甘.〕"라고 한 데서 온 말이다.

숙인은 슬하에 아들 둘을 두었다. 장남 중모(重模)는 진사로 군수를 지냈고, 차남 중해(重楷)는 진사로 목사를 지냈다. 군수는 후사가 없어 중해의 차남 윤보(允輔)를 데려다 아들로 삼았다. 중해의 아들 양보(良輔)는 이조 참판에 추증되었고, 윤보는 진사로 지금 밀양 부사(密陽府使)가 되었다. 양보의 아들 창한(昌漢)은 문과에 급제하고 지금 전라도 관찰사로 있고, 장한(章漢)은 문학과 행실이 있다. 윤보의 아들은 기한(紀漢), 진사 유한(維漢), 신한(紳漢)이다.

숙인은 정숙하고 단정하였다. 젊어서는 도리를 다하여 시부모를 섬겼으며 날마다 반드시 일찍 일어나 집안일을 다스려 정연하게 법도가 있었다. 교리공(홍만형(洪萬衡))의 무덤이 좋지 못하자 일흔이 넘은 나이에도 이장을 계획하여 몸소 산 아래에 이르러 크고 작은 일을 직접 처리하였으니 사람들이 하기 어려운 일이라고 여겼다.

숙인은 견식이 출중하였다. 목사공(홍중해(洪重楷))이 아버지를 잃어 배움을 놓친 것을 걱정하여 노봉에게 수학하도록 시켰다. 노봉이 당시 충주(忠州)에 살았는데 애틋한 사랑을 끊고 멀리 보내어 음식과 거처 문제를 걱정하지 않고 학업에 힘쓰게 하였다. 노년에는 가문을 염려하여 증손 창한을 내게 수학시켜 자립하게 하였다. 그 뛰어난 식견을 논하자면 비록 글을 읽은 남자라도 미칠 자가 없을 것이다.

나는 선비의 명으로 매월 꼭 한 번씩 숙인을 찾아뵈었는데 숙인은 말하고 웃는 것이 명랑하고 정과 사랑이 넘쳐흘렀다. 지금까지 40년간 인사의 변고를 이루 다 말할 수 없다. 지금 창한이 무덤에 묘지(墓誌)를 들이고자 내게 글을 부탁하기에 대략 이처럼 서술하고 이어 명(銘)을 붙인다. 명은 다음과 같다.

예전에 부인을 뵈니 昔拜夫人
기운이 온화하고 용모 공손하였네 氣貌溫恭
견실한 그 정신 精爽之緊
우리 외조부와 비슷하였네 類吾外翁
주남의 성대한 시절에 周南盛際
엄숙하고 화락함을 노래하였네[73] 有歌肅雝
봉황새가 우니 鳳凰鳴矣
저 오동나무에서 울도다[74] 于彼梧桐
어찌하여 번화했던 심원[75]이 何沁園之繁華
꿈속처럼 빨리 지나버렸나 若飄忽於夢中
경신년(1680, 숙종6)에 내가 태어난 것은 維庚申吾以降
실로 부인의 보호 덕분이었네 寔夫人之帡幪

73 주남(周南)의……노래하였네 : 반정(反正) 이후 인조(仁祖)의 치세(治世) 때에 정명공주가 혼인한 일을 말한다. 정명공주는 1613년(광해군5) 계축옥사부터 1623년(인조1)까지 서궁에 유폐되어 있다가 인조 반정 이후에 혼인하였다. 주남은 주(周)나라 주공(周公)의 채읍(采邑)이다. 원문의 숙옹(肅雝)은 《시경》 〈하피농의(何彼襛矣)〉에 "어쩌면 저리도 무성한가, 아가위꽃이로다. 어찌 엄숙하고 화락하지 않으리오, 우리 공주님이 타신 수레로다.〔何彼襛矣? 唐棣之華. 曷不肅雝? 王姬之車.〕"라 한 데서 온 말로, 이는 왕가(王家)의 공주가 하가(下嫁)하는 것을 노래한 시이다.

74 봉황새가……울도다 : 홍만형이 훌륭한 인재라는 뜻이다. 《시경》 〈권아(卷阿)〉에 "봉황새가 우니, 저 높은 뫼에서 울도다. 오동나무가 자라니, 저 아침 해가 뜨는 동산에서 자라도다.〔鳳凰鳴矣, 于彼高岡, 梧桐生矣, 于彼朝陽.〕"라고 하였는데, 이는 훌륭한 인재들이 모여 있음을 비유한 시이다.

75 심원(沁園) : 후한(後漢) 때에 명제(明帝)의 딸인 심수공주(沁水公主)의 정원 이름인데, 이후 공주의 정원이나 처소를 일컫는 말로 통용되었다.

오직 사랑하고 애쓰셨으니[76] 惟恩斯而勤斯

돌아보고 길러준[77] 은혜와 그 공이 똑같네 與顧復而同功

그 옛날 어리고 예뻤던 증손이 昔婉孌之曾孫

지금은 호남 관찰사가 되었네 今湖臬之觀風

소자에게 명문을 맡기니 屬小子以銘幽

그 아름다움을 무궁하게 드러내노라 昭厥美于無窮

76 사랑하고 애쓰셨으니 : 원문의 '은사(恩斯)'와 '근사(勤斯)'는 노심초사하며 자식을 키우는 부모의 사랑을 말한다. 《시경》 〈치효(鴟鴞)〉에 "사랑하고 애쓰면서 자식을 키우느라 노심초사하였네.〔恩斯勤斯, 鬻子之閔斯.〕"라고 한 데서 온 말이다.

77 돌아보고 길러준 : 원문의 '고복(顧復)'은 길러준 부모의 은혜를 말한다. 《시경》 〈육아(蓼莪)〉에 "아버지 날 낳으시고 어머니 날 길러 주시니 나를 어루만지고 나를 길러 주시며 나를 자라게 하고 나를 키워 주시며 나를 돌아보고 나를 또 돌아보시며 나갈 때나 들어올 때나 나를 가슴에 품으시니 그 은혜를 갚고자 할진댄 저 하늘처럼 끝이 없구나.〔父兮生我, 母兮鞠我. 拊我畜我, 長我育我. 顧我復我, 出入腹我. 欲報之德昊天罔極.〕"라고 한 데서 온 말이다.

잠성부부인 이씨 묘지[78]

岑城府夫人李氏墓誌

달성부원군(達城府院君) 서종제(徐宗悌) 공이 세상을 떠나고 9년 뒤에 이천(利川) 표교(標橋)로 무덤을 옮겼다. 잠성부부인(岑城府夫人) 이씨(李氏)는 공보다 20년 뒤에 세상을 떠나 음양설(陰陽說)에 구애되어 다른 산에 안장했는데, 2년 뒤 경신년(1740, 영조16) 5월 17일에 또 장단(長湍) 용두리(龍頭里) 간좌(艮坐)의 언덕으로 이장하니, 부인이 비로소 공과 합장되었다. 그 손자 인수(仁修) 등이 내게 묘지를 부탁하여 무덤에 넣고자 하였다. 묘문은 다음과 같다.

잠성(岑城)은 우봉(牛峰)의 옛 이름인데, 고려에서 시중을 지낸 공정(公靖)이 처음으로 족보에 보인다. 본조의 참판 순(淳)은 청백리에 기록되었고, 집(緝)은 집의를 지냈다. 집의가 세마를 지낸 세명(世銘)을 낳았는데 기묘명현(己卯名賢)[79]이다. 2대를 지나 휘 건(騫)은 현령을 지내고 판서에 추증되었다. 이 분이 통덕랑 휘 사창(師昌)을 낳았으니, 바로 부인의 부친이다. 모친 의성 김씨(義城金氏)는 장사랑 규(圭)의 딸로, 사재(思齋) 정국(正國)의 후손이다.

부인은 타고난 성품이 유순하였다. 14세에 김 부인이 세상을 떠나자

78 잠성부부인 이씨 묘지 : 이 글은 달성부원군(達城府院君) 서종제(徐宗悌)의 부인 잠성부부인 이씨의 묘지로, 1660(현종1)에 태어나 1738년(영조14) 12월 8일에 세상을 떠났다.

79 기묘명현(己卯名賢) : 1519년(중종14) 기묘사화 때 화(禍)를 입은 사림들을 가리켜 부르는 말이다.

집안일을 주관하여 제수를 장만하고 음식을 봉양하는 일에 정성을 다하니 종당(宗黨)들이 그 효성을 칭찬하였다. 17세에 서씨(徐氏) 집안에 출가해서는 부모를 섬기듯이 시부모를 섬겨 특별한 일이 아니면 처소에 가지 않았으며 한결같은 마음으로 조심하고 삼가하며 밤낮으로 해이하지 않았다. 동서지간에 정이 두터웠으며 고아가 된 조카들을 자신의 소생처럼 길렀다. 미천한 노복들에게도 화를 낸 적이 없었다. 지금 성상이 잠저(潛邸)에 있을 때 중궁전하가 간택에 뽑혔는데 입궁할 때 부인이 전송하며 "부녀자의 도리는 온화하고 순종하며 공손하고 검소한 것뿐이다."라고 하였다. 지금 성상이 즉위하자 공은 부원군에 추증되고 부인에게도 잠성부부인의 칭호가 내려졌다.

서씨 집안이 본래 청빈하여 부인이 손수 길쌈하여 생계를 이었는데 왕왕 가난을 면치 못했으나 끝내 근심하는 기색이 없었다. 관직이 높아지고 몸이 늙었어도 더욱 조심하고 두려워하였으며 항상 자손들에게 교만과 사치를 경계하였다. 친정이 침체되었기에 선조를 위해 제구(祭具)를 돕는 일을 종신토록 변함없이 행하였다.

부인은 저위(儲位)가 오랫동안 비어있는 것을 늘 걱정하였는데, 동궁이 탄생했다는 소식을 듣고는 자신의 중병을 잊은 듯이 기뻐하고 송축하였다. 혼자 사사로이 말하기를, "나라가 반석처럼 안정되었으니 다시 무엇을 근심하랴."라고 하였는데, 자나깨나 잠꼬대처럼 하는 말이 모두 이 말이었다.

무오년(1738, 영조14) 12월 8일에 세상을 떠나니, 향년 79세였다. 성상께서 애도하는 전교를 내리고 특별히 넉넉하게 장사를 도왔으니 그 가난을 가엾게 여겨서이다.

이전에 부인의 손자 덕수(德修)가 무옥(誣獄)에 걸려 죽고[80] 온 집안이 거의 보존되지 못했는데, 부인은 수십 년간 한결같이 피눈물을 흘리며 애통하게 지냈다. 부인이 세상을 떠나자 성상께서 그 뜻을 가엾게 여겨 특별히 덕수의 원통함을 풀어주었다. 이는 중궁 전하의 지극하고 순수한 효성이 성상의 마음을 감동시켰기 때문이지만 우리 성상의 덕의(德意)가 융숭하고 두터워 죽은 자와 산 자에게 두루 미쳤으니 부인의 눈이 이에 감겨졌으리라. 부원군의 세계(世系)와 자손은 이미 원래의 묘지에 기록하였기에 다시 상세히 말하지 않는다.

80 덕수(德修)가……죽고 : 임인년(1722, 경종2)에 노론(老論) 자제들이 주축이 되어 경종을 시해하려 했다는 목호룡(睦虎龍)의 고변으로 인해 옥사가 일어나 사대신(四大臣)을 비롯한 노론 인사 대다수가 처형되거나 찬배되었는데, 서덕수(徐德修)도 경종 시해 음모에 가담했다는 죄목으로 형신을 받다가 죽었다.《景宗實錄 2年 5月 14日》

둘째 외숙모 정경부인 파평 윤씨 묘지[81]

仲舅母貞敬夫人坡平尹氏墓誌

정경부인 파평 윤씨(坡平尹氏)는 의정부 좌의정 휘 지선(趾善)의 딸이며, 원임 좌의정 민진원(閔鎭遠) 공의 배위이며, 영의정에 추증된 여양부원군(驪陽府院君) 문정공(文貞公) 휘 유중(維重)의 며느리이다. 조부는 이조 판서 휘 강(絳)이다. 외조부는 부사를 지내고 참판에 추증된 휘 서(恕)로, 직제학 남양(南陽) 홍종록(洪宗祿)의 아들이다.

부인은 숭정(崇禎) 임인년(1662, 현종3)에 태어났다. 17세에 의정공에게 출가하여 숙부인부터 정경부인까지 봉호를 받았으며 신해년(1731, 영조7) 4월 30일에 아들 형수(亨洙)의 이천현(利川縣) 관아에서 세상을 떠났다.

슬하에 6남1녀를 두었다. 창수(昌洙)는 생원으로 교관을 지냈다. 형수(亨洙)는 문과에 급제하고 정언을 지냈다. 통수(通洙)는 생원시에 장원하고 참봉을 지냈다. 아들 셋은 요절하였다. 딸은 정언 이주진(李周鎭)에게 출가하였다. 백순(百順)과 이흥중(李興重)에게 출가한 딸은 창수의 소생이며, 백상(百祥), 백흥(百興), 백증(百增), 백갑(百甲)은 형수의 소생이며, 백선(百善)은 통수의 소생이다. 장남의 막내딸과 차남의 세 딸과 삼남의 네 딸은 모두 출가하지 않았다. 사위 이주진의 아들 셋과 딸 하나도 어리다.

81 둘째……묘지 : 이 글은 민진원(閔鎭遠)의 부인 파평 윤씨(坡平尹氏)의 묘지로, 1662년(현종3)에 태어나 1731년(영조7) 4월 30일에 세상을 떠났다.

부인은 모월(某月) 모갑(某甲)에 원주(原州) 사포(蛇浦) 간좌(艮坐)의 언덕에 안장하니, 문정공의 무덤과 강 건너 십 리 되는 가까운 곳이다.

창수가 그 외형(外兄)인 내게 묘지를 청하기를,

"우리 모친은 평소에 부인의 행장(行狀)이나 뇌문(誄文)을 좋아하지 않아 '규문 안의 일을 남들이 누가 믿겠는가.'라고 하였으니, 이것이 그 유지(遺志)입니다. 그러나 《가례(家禮)》의 도식(圖式)을 감히 빠트릴 수는 없습니다."

하였다. 이에 내가 마침내 이상과 같이 서술하고서 조금 뒤에 말하기를,

"내가 어려서부터 오랫동안 부인을 섬겼으니 부인의 아름다운 덕에 대해 이루 다 쓸 수가 없다. 외부인의 처지에서 보자면 그 편안하고 부유하고 존귀하고 영화로움이 지극하다고 하겠으나 부인은 제 것이라 여기지 않고 자만하지 않았다. 나이 일흔에도 어린 며느리처럼 시어머니를 섬겨 아래로 음식을 장만하고 길쌈하는 일까지 손수하지 않음이 없었다. 공손하면서 검소하였고 민첩하면서 부지런하였으니, 이는 중대한 부덕(婦德)인데 끝내 쓸 수 없단 말인가?"

하였다. 창수가 울면서 말하기를,

"제가 불초하지만 또한 감히 이것을 모르는 것은 아닙니다. 우리 모친이 일찍이 불초 등에게 말씀하기를, '우리 모친 홍 부인((洪夫人)은 실로 아름다운 덕이 있었다. 우리 외가가 불행히도 후사가 끊어져 모친이 제사를 주관하였으나 그 노비와 전답은 여러 자매들이 취하여 쓰도록 일체 맡겨두었고 외손들이 왕왕 쪼개어 팔아도 따지지 않았다. 우리 막내 숙부 판서공이 일찍 부모를 여의었기에 모친이 지극한 정성으로 길렀으며 장성해서 아들을 두자 또 그 아들

을 자식처럼 기르셨다. 우리 집이 본래 청빈하고 검소하여 조석으로 돈을 빌려 생활하였지만 입에서 가난이라는 말을 꺼내지 않았으며, 노비들이 잘못을 저질러도 심한 말로 꾸짖지 않았으니, 그 덕성이 이러하였다. 그러나 우리 형제들이 모두 일찍 죽고 조카들이 또 어려서 그 덕이 민멸되어 전해지지 못했으니, 이것이 내게는 큰 슬픔이다. 내가 참으로 우리 모친에게 전혀 미치지 못하는데 너희들 때문에 죽은 뒤에 혹 실정에 지나친 문자를 얻게 된다면 이는 내가 모친께 해드리지 못한 것을 자식에게서 얻은 것이니, 내가 감히 편안하겠느냐.'라고 하였습니다. 제가 이 때문에 감히 그 뜻을 실추시킬 수 없어 전전긍긍하는 것입니다."

하였다. 내가 감탄하여 말하기를,

"훌륭하도다. 부인이여! 내가 일찍이 '근세에 부인처럼 복록이 성대한 사람이 없는데 이는 부인의 온화하고 은혜로운 덕이 이렇게 만든 것이니, 부인에게서 천도(天道)를 볼 수 있다.'라고 여겼는데, 이제야 또 부인의 덕이 유래가 있었음을 알게 되었네. 부인과 같은 분은 부모에 대한 효성이 변치 않은 분이라 할 수 있네."

하였다. 이에 이 말까지 아울러 기록하여 무덤에 들인다. 홍 부인의 언행을 줄이지 않고 번잡하게 쓴 것은 지하에서 부인의 효성을 위로하기 위함이고, 부인에 대해서는 간략하게 쓰고 감히 다 말하지 않은 것은 또한 부인의 겸손한 덕을 손상시킬까 염려해서이니, 모두 효자의 마음을 본받은 것일 뿐이다.

증 정부인 반남 박씨 묘지[82]

贈貞夫人潘南朴氏墓誌

관찰사 이공(李公)의 부인 반남 박씨(潘南朴氏)가 숙종 병인년(1686, 숙종12) 11월 1일에 그 부친 세장(世樟)의 영월(寧越) 관소에서 세상을 떠났으니, 나이 22세요, 자식도 없었다. 기해년(1719, 숙종45)에 관찰공이 광주 부윤(廣州府尹)에 제수되자 부인도 따라서 정부인에 추증되었다. 공주(公州) 저동(豬洞) 사향(巳向)의 언덕에 안장하였으니 관찰공의 무덤과 십여 리 떨어진 곳이다. 관찰공의 아들 목사 수보(秀輔)가 무덤에 묘지(墓誌)를 들이고자 내게 묘문을 청하면서 울며 말하기를,

"불초는 6세에 모친을 잃고 7세에 부인을 어머니로 맞았습니다. 부인의 극진한 양육으로 보는 자들이 거의 계모인 줄 알지 못했는데, 10세 때에 부인이 또 세상을 떠났습니다. 불초가 매우 어리고 몽매할 때라 부인의 아름다운 덕을 만분의 일도 알지 못하고, 오직 그 성정과 도량이 단정하고 은혜로웠다는 것만 선친에게 들은 것이 이러합니다."

하였는데, 그 말이 몹시 슬픈 데서 부인의 어짊을 절로 알 수 있다.

영월공(寧越公)은 사헌부 장령을 지냈다. 그 부친은 통덕랑 유(瀏)이고, 조부는 길주 목사(吉州牧使) 동망(東望)이다. 배위 경주 김씨(慶

82 증……묘지 : 이 글은 이만직(李萬稷)의 부인 반남 박씨(潘南朴氏)의 묘지로, 1665년(현종6)에 태어나 1686년(숙종12) 11월 1일에 세상을 떠났다.

州金氏)는 충암 선생(冲菴先生) 정(淨)의 후손으로, 현령 진현(震賢)의 딸이다.

관찰공은 한산(韓山) 사람으로, 휘는 만직(萬稷)이며, 평안도 관찰사(平安道觀察使) 태연(泰淵)의 아들이다. 수보(秀輔)의 모친은 동래 정씨(東萊鄭氏)이다. 막내 아우 수득(秀得)은 참봉을 지냈는데, 후부인(後夫人) 광주 김씨(光州金氏) 소생이다. 명(銘)은 다음과 같다.

단정하고 은혜로웠으니	維端與惠
부녀자의 바른 도리네	婦道之貞
부친에게 들었다 하여	曰吾有受
무덤에 표시하려 하네	用表厥塋
이와같은 아들 있으니	有子若此
직접 낳을 필요 있으랴	何必自生

정부인 광산 김씨 묘지[83]

貞夫人光山金氏墓誌

정부인 광산 김씨(光山金氏)는 관찰사 이만직(李萬稷) 공의 배위이다. 그 부친 익추(益炢)는 선공감 봉사를 지냈고, 증조 첨지중추부사 은휘(殷輝)는 사계 선생(沙溪先生)의 중부(仲父)이다. 시아버지는 평안도 관찰사(平安道觀察使) 태연(泰淵)으로, 목은 선생(牧隱先生)의 후손이다.

관찰공이 연이어 두 부인의 상을 당했기에 부인이 시집온 뒤에야 살림이 비로소 이루어져서 제사를 모시고 빈객을 대접하는 일에 모두 마땅함을 얻었다. 아들 수보(秀輔)는 원배(元配) 소생으로 당시 겨우 십여 세였는데, 부인이 자신의 소생처럼 돌보고 사랑하였다.

관찰공의 첩은 공의 엄격한 성격을 꺼려서 하고 싶은 말이 있어도 감히 하지 못했는데, 부인이 첩을 위해 곡진하게 잘 말해주었다. 여러 조카들과 함께 수십 년을 한 집에 살았으나 이간하는 말이 전혀 없었다. 반드시 곤궁한 사람을 먼저 구휼하였으며 노복들을 꾸짖은 적이 없었다. 관찰공이 만년에 맡은 고을이 모두 큰 고을이었으나 검약하게 자신을 지키고 개인적인 일로 공직에 누를 끼치지 않았던 것은 실로 부인의 내조의 힘이 많아서이다. 부인이 항상 자손들에게 말하기를,

"이전 부인들은 모두 남편이 빈곤했을 때에 시집왔고 또 불행하게도

83 정부인……묘지 : 이 글은 이만직(李萬稷)의 부인 광산 김씨(光山金氏)의 묘지로, 1665년(현종6)에 태어나 1723년(경종3) 3월 18일에 세상을 떠났다.

일찍 죽었으니, 내가 차마 홀로 이 영화를 누리겠는가."

하였다. 두 부인의 기일(忌日)에는 늘 소식(素食)하고 치재(致齋)하였으니 그 인자함이 이러하였다.

부인은 평소에 감식안이 있어 왕왕 일에 앞서 미리 잘 맞추었으니 관찰공이 의심스러운 일이 있으면 간혹 물어서 결정하였다. 자손이 남의 장단점을 논하는 것을 보면 대번에 기뻐하지 않으며 말하기를,

"남을 지나치게 칭찬하는 자가 반드시 남을 지나치게 헐뜯지 않는 것이 아니니, 너희들은 조심하라."

하였다. 임인년(1722, 경종2)에 관찰공이 남한(南漢 광주(廣州))에서 파직되어 돌아왔는데, 당시 사화(士禍)가 크게 일어났다. 부인이 불안해하면서 말하기를,

"국사를 알 만하니, 부디 빨리 죽어서 남편으로 하여금 나를 장사지내게 하고 싶다."

하였는데, 얼마 뒤에 그 말대로 되었다.

부인은 을사년(1665, 현종6) 1월 10일에 태어나 계묘년(1723, 경종3) 3월 18일에 세상을 떠났다. 5년 뒤에 관찰공이 세상을 떠났는데 장사 지낸 곳이 부인의 무덤과 겨우 열 걸음 떨어진 곳이었다.

부인의 아들 수득(秀得)은 참봉을 지냈고, 두 딸은 부사 홍진유(使(洪晉猷)와 사인(士人) 신필우(愼必遇)에게 출가하였다. 수보의 두 아들은 사중(思重)과 사홍(思弘)이다. 사중은 참봉을 지냈고 사홍은 수득의 후사가 되었다. 수보는 지금 상주 목사(尙州牧使)로 있다. 수득이 와서 무덤의 명(銘)을 청하였다. 명은 다음과 같다.

아, 관찰공은 嗟嗟觀察

치적이 탁월하였네	治績卓殊
솔선했을 뿐 아니라	非惟身率
내조에 의지하였네	閫助是須
형편에 맞게 생활하며[84]	方舟泳游
그 이전을 생각하였네	言念厥初
영화로운 자리에서 놀란 듯이 하였으니[85]	履榮若驚
검소한 덕이 외롭지 않으리라	儉德不孤
현달한 말씀 있으니	賢達之言
장부가 아니라고 말하지 마오	莫曰非夫
내가 동관(彤管)의 붓[86]을 잡고서	我秉彤筆
무덤을 빛내노라	式賁幽墟

84 형편에 맞게 생활하며 : 원문의 '방주유영(方舟泳游)'은《시경》〈패풍(邶風) 곡풍(谷風)〉에 "깊은 곳에 나아갈 때는 뗏목을 타고 배를 타며, 얕은 곳에 나아갈 때는 수영을 하고 헤엄을 치노라.〔就其深矣, 方之舟之. 就其淺矣, 泳之游之.〕"라고 한 데서 온 말이다.

85 놀란 듯이 하였으니 : 영화로운 자리에 있더라도 놀란 듯이 두려워하여 경계하였다는 말이다.《도덕경(道德經)》13장에 "총애와 치욕에 놀란 듯이 해야 하고 큰 환란을 자신의 몸처럼 귀중하게 여겨야 한다. 총애와 치욕에 놀란 듯이 해야 한다는 것은 무엇을 말한 것인가? 총애는 낮은 것이니, 그것을 얻어도 놀란 듯이 하고 잃어도 놀란 듯이 해야 한다.〔寵辱若驚, 貴大患若身. 何謂寵辱若驚? 寵爲下, 得之若驚, 失之若驚.〕"라고 한 데서 온 말이다.

86 동관(彤管)의 붓 : 옛날 여사(女史)가 궁중에서 정령(政令)과 후비(后妃)의 일을 기록할 때 쓰던 붉은 대통의 붓을 이른다.《후한서(後漢書)》〈광무 곽황후기(光武郭皇后紀)〉에 "여사가 동관으로 공을 기록하고 허물을 쓴다."라고 보이는데, 그 주(注)에 "동관은 붓대가 붉은 붓이다."라고 하였다.

정부인 완산 이씨 묘지[87]

貞夫人完山李氏墓誌

정부인 완산 이씨(完山李氏)는 병마절도사 정덕징(鄭德徵) 공의 배위이다. 계보는 세종(世宗)의 별자 임영대군(臨瀛大君) 구(璆)에서 나왔다. 부친 후근(厚根)은 효성을 다하다 요절하였고, 모친은 원주 원씨(原州元氏)이다. 남편의 부친은 현감을 지낸 주한(周翰)으로, 포은선생(圃隱先生)의 9대손이다.

부인은 타고난 성품이 유순하였다. 22세에 절도공에게 출가하였는데, 공이 당시 현달하지 못했고 집이 본래 가난하였다. 부인은 밤낮으로 길쌈이나 침선 등의 일을 해서 의복을 마련하였으며 직접 채마밭을 일구고 몸소 음식을 만들어 시부모를 봉양하였다. 남편의 서모(庶母)에게 자식이 없었는데, 서모가 병이 들자 부인이 곁에서 간호하여 오래되어도 나태한 기색이 없었다. 성품이 투기하지 않고 일을 독단적으로 처리하지 않았기에 절도공이 매우 공경하였다. 성품이 어질고 동정심이 있어 남을 구휼하는데 급급하였고 몹시 굶주리고 추위에 떠는 사람을 보면 대번에 눈물을 흘렸다. 손님이 이르면 대접이 풍성하고 정갈하였기에 친족들이 제집 드나들 듯 찾아왔다.

일찍이 시골에 살 때 흉년이 들어 도적들이 한밤중에 쳐들어왔다. 부인이 거짓으로 소리치기를 "창밖에 날아오는 화살 소리가 어디에서

87 정부인……묘지 : 이 글은 정덕징(鄭德徵)의 부인 완산 이씨(完山李氏)의 묘지로, 1656년(효종7)에 태어나 1729년(숙종9) 윤7월 12에 세상을 떠났다.

들려오는 소리인가?"라고 하자 도적이 즉시 놀라 흩어졌으니, 창졸간의 임기응변에 사람들이 지혜롭다고 여겼다. 절도공이 귀한 신분이 되었고 아들 찬술(纘述)도 한 지방의 병무(兵務)를 총괄하였지만 부인은 젊었을 때처럼 여전히 직접 길쌈을 잡았으며 또 당시의 유행을 좇아하지 않아 의복이 검소하였다.

기유년(1729, 영조5) 윤7월 12일에 세상을 떠나니 향년 74세였다. 당시 절도공이 영남(嶺南) 감영에 있다가 해직하고 돌아와선 곧장 고향에 은거하여 노년의 풍치가 볼 만하였지만 부인은 이미 세상을 떠난 뒤라 알 수 없었다.

슬하에 2남2녀를 두었다. 찬술이 장남인데 훈련원 도정을 지냈고 백부의 후사로 나갔다. 차남은 찬지(纘志)이고, 사위는 윤찬(尹燦)과 이익겸(李益謙)이다. 찬술은 후사가 없어 족자(族子) 건(鍵)을 데려다 아들로 삼았고, 딸은 이익화(李益和)와 이길유(李吉儒)에게 출가하였다. 찬지의 아들은 주(鑄)이고 사위는 송단(宋煓)이다. 윤찬의 아들은 재경(在慶), 재도(在度), 재후(在厚)이고 사위는 조정순(趙挺淳)이다. 이익겸의 아들은 기정(基鼎)이고 사위는 신계(申琗)와 홍신국(洪藎國)이다. 건의 아들과 딸은 모두 어리고 관례를 올린 자는 익제(翼濟)이다. 명(銘)은 다음과 같다.

젊어서는 직접 우물 긷고 절구질하더니	少而親井臼
노년에는 계극[88]이 빛났네	老而光棨戟兮

88 계극(棨戟) : 지방관이나 장군이 밖에 나다닐 때 앞에서 길을 인도하는 나무로 만든 의장용 창이다. 남편과 아들이 병마절도사를 지냈음을 말한 것이다.

공손하고 자애로웠으니	旣恭且慈
하늘이 복록을 내림이 마땅하네	宜天之餉爾福兮
내가 그 아름다운 덕을 새겨	我銘厥美
규방의 법도를 드러내노라	以著梱則兮

유인 수원 최씨 묘지[89]

孺人水原崔氏墓誌

유인의 성은 최씨(崔氏)이니, 신라 경순왕(敬順王)의 아들 영규(永奎)가 처음으로 수원(水原)에 적(籍)을 두었다. 휘 세웅(世雄)은 문과에 급제하고 참판을 지낸 분으로, 유인에게 고조가 된다. 증조 휘 설(渫)은 감찰을 지냈다. 조부는 휘 신경(愼卿)이고, 부친은 휘 홍질(弘耋)이다.

유인은 갑신년(1644, 인조22)에 태어났고 어려서부터 효행이 있었다. 무신년(1668, 현종9)에 참봉 정찬헌(鄭纘憲)에게 출가하니, 실로 포은 선생(圃隱先生)의 몇 대손이다. 유인은 길쌈이나 침선 등의 부녀자의 일에 능하여 하룻밤에 습의(襲衣) 한 벌을 완성하였다. 부유한 집안에서 나고 자랐지만 시댁이 몹시 가난하여 더러 쌀독이 비었어도 태연하게 처신하였다. 친정에서 보내온 재물을 사사로이 비축하지 않았으며 시할머니와 시부모 봉양에 정성과 공경을 다하였다. 또 노비를 엄격히 단속하여 남편 집의 일을 절대 남에게 말하지 못하게 하였기에 두 집안 사이에 쓸데없는 말이 전혀 없었다. 부모가 나이가 많고 딸을 몹시 사랑하여 차마 떼어놓지 못했고, 시댁에서도 친정 문안을 자유롭게 하게 하였다. 얼마 뒤에 부친상을 당하여 예제(禮制)에 지나치게 슬퍼하였는데 질병이 따라서 심해져 계해년(1683, 숙종9) 4월 8일에

89 유인……묘지 : 이 글은 정찬헌(鄭纘憲)의 부인 수원 최씨(水原崔氏)의 묘지로, 1644년(인조22)에 태어나 1683년(숙종9) 4월 8일에 세상을 떠났다.

세상을 떠났으니 나이 겨우 40세였다. 처음에는 본가 선산 뒤에 임시로 매장하였다가 임신년(1692)에 용인(龍仁) 기곡(器谷) 계좌(癸坐)의 언덕에 이장하였다.

슬하에 1남1녀를 두었다. 아들은 진(鎭)이고 딸은 사인(士人) 윤광태(尹光台)에게 출가하였다. 진의 아들은 관제(觀濟), 흥제(興濟), 겸제(謙濟), 건제(健濟), 순제(順濟)이다. 사위 윤광태의 아들은 옥(氵+玉), 목(睦), 숙(塾), 채(埰)이다.

유인이 죽었을 때 진은 겨우 여섯 살이었는데 장성하자 참봉공이 말하기를,

“너의 어머니가 나를 섬긴 십 년 동안 내 뜻을 거스르는 것을 한번도 보지 못했다.”

하였다. 유인이 남편에게 이렇게 인정받았으니 그 어짊을 알 수 있다. 지금 그 후손의 번창함이 이러하니 또한 어찌 유인의 남은 경사가 발현된 것이 아니겠는가.

진이 관제를 보내어 무덤의 묘지를 청하기에 행장의 말을 뽑아 기록하여 돌려보낸다.

도암집

제45권

묘지 墓誌

유인 여흥 민씨 묘지[1]

孺人驪興閔氏墓誌

유인 여흥 민씨(驪興閔氏)는 절도사 선(墡)의 딸이며 훈련도정 인길(仁佶)의 손녀이며 감찰 전주(全州) 이사증(李師曾)의 외손이다. 나이 18세에 밀양(密陽) 박현주(朴玄胄) 공에게 시집왔다. 공은 이조판서와 대제학을 지낸 충원(忠元)의 현손으로, 부친 승임(承任)은 승의랑을 지냈고, 조부 안례(安禮)는 목사를 지냈다.

유인은 어려서 부친을 잃고 어른처럼 슬퍼하였다. 모부인을 섬기면서 음식을 바치고 정성을 다해 봉양하는 절차를 다하였다. 시집간 뒤에도 정성이 줄어들지 않아 종종 찾아가 뵈었는데, 떠나고 싶지 않은 것 같았다. 부인에게는 딸 여섯이 있었지만 유인을 마음으로 편안히 여기며 항상 말하기를,

"네 손으로 바치는 것이라면 죽더라도 흠향하겠다."

하였다.

유인은 시부모를 몹시 효성스럽게 섬겼다. 4년 뒤 시아버지가 세상을 떠나고 시어머니 이부인도 늙었다. 집안이 평소 가난한데다 흉년까지 겹쳤으나 유인은 힘을 다해 전(奠)을 올리고 또 이부인을 잘 봉양하였다. 행여 맛있는 음식이 넉넉하지 않으면 번번이 자책하며,

"남의 아내가 되어 그 어머니를 제대로 봉양하지 못하는가."

1 유인……묘지 : 이 글은 저자의 제자 박성원(朴聖源)의 모친 여흥 민씨(1649~1738)의 묘지이다.

하였다.

승의공(박승임)에게는 딸 아홉 명이 있었는데, 유인은 그들을 잘 대우하여 모두의 환심을 얻었다. 집에서 기르는 시누이의 아들에게는 자기 아들보다 먼저 옷을 입혔다. 유인이 병이라도 걸리면 집안 부녀들이 마주보고 눈물을 흘렸다.

이 부인은 나이 여든 남짓이 되어 오랫동안 설사병을 앓았는데, 유인이 집어서 맛을 보고 차도가 있는지 확인하였다. 상을 당하자 상을 치를 도구를 모두 준비하였다. 유인은 성품이 몹시 부지런하여 잠시도 게으름을 피운 적이 없었는데, 늙어서도 여전히 그러하였다. 집안의 길사와 흉사에 필요한 모든 물품은 모두 손수 만들었으며, 과일 하나라도 얻으면 보관해 두었다가 제사에 썼다. 모친이 남긴 뜻을 추념하여 기일이면 음식을 준비하여 제사지냈으니, 그 효성이 이와 같았다.

유인은 중년에 과부가 되었다. 또 몇 해 뒤에 장남이 죽자, 유인은 애통해 하며,

"나는 미망인으로 죽었어야 하는 지 오래인데 죽지 않은 데는 이유가 있었다."

하였다. 어린 손자들을 쓰다듬을 때마다 눈물을 흘리며 말하기를,

"너희 집안이 이처럼 영락하였으니 기대할 것은 너희들 뿐이다."

하고, 밤낮으로 공부시키며 춥고 배고픈 줄 모르게 하였다. 스승 삼을 사람이 있다는 말을 들으면 멀고 가깝고를 따지지 않고 반드시 비용을 주어 보내며,

"너희들을 사람답게 만들 수 있다면 내 살을 베어내더라도 무엇이 아깝겠느냐."

하였다. 손자 성원(聖源)이 높은 성적으로 급제하자 유인이 말하기를,

"한미한 집안이 이것을 얻었으면 충분하다. 좋은 관직은 바라지 않는다."

하였다. 성원이 또 강직한 도를 지키다가 십 년 가까이 금고되었으나[2] 유인은 슬퍼하는 생각이 없었다. 간혹 영예롭게 봉양하는 일이 더디다고 한스러워하면 "나를 염려하지 마라." 하였다. 종종 시사를 언급하면 번번이 탄식하며,

"윗사람과 아랫사람이 이익을 추구하는데 망하지 않은 나라가 있는가."

하였다.

아, 부인의 직분은 음식과 길쌈을 잘 하여 부모와 시부모를 봉양하는 것이 제일이다. 부인이 이렇게 하였다면 충분히 어질다 하겠다. 그러나 유인은 이것으로 만족하지 않고, 집안을 오래 가게 하는 계획을 세우는 데 급급하였으니, 참으로 대체(大體)를 알았던 것이다. 부귀와 빈천을 취사선택하는 데 있어서는 평소 독서하고 도의를 말하는 자도 어려워하는 경우가 있다. 더구나 유인 같은 자는 평생 가난을 맛보았으니, 마음이 움직이는 것이 마땅하다. 그러나 조금도 낯빛에 기미를 드러내지 않았고, 또 간절히 나라를 걱정하였으니, 식견이 탁월하지 않다면 어떻게 이 정도에 이르렀겠는가. 유인과 같은 사람은 여자 중의 장부라 하겠다. 유인이 예전에 말하기를,

2 성원이……금고되었으나 : 박성원은 1730년(영조6) 승문원 부정자로 재직 중 이덕수(李德壽)의 아들 이산배(李山培)가 문과에 급제하여 승문원에 분관된 사실을 문제삼으며 파방(罷榜)을 주장했다가 의금부에 잡혀가 심문을 받고 한동안 관직에 임명되지 못했다.《英祖實錄 10年 12月 3日》

"내가 세상에 오래 살아 무슨 즐거움이 있겠는가. 오직 평생의 행동이 마음에 부끄럽지 않기를 바랐을 뿐이다."

하였다.

무오년(1738, 영조14), 유인은 나이 아흔이 되었으나 시력과 청력이 쇠하지 않았으며, 날마다 새벽에 일어나 세수하고 빗질하였다. 자손들이 간언하면, "성품에 편안한 바이다." 하였다. 이해 10월 21일, 병 없이 세상을 떠났다. 12월 19일, 양주(楊州) 대곡(大谷)에 부장(祔葬)하였다.

유인은 2남 4녀를 두었으니, 아들은 일찍 죽은 진석(震錫)과 내석(乃錫)이다. 사인 권성징(權聖徵), 이유(李瑜), 진사 황종렬(黃宗烈), 전적 홍하서(洪河瑞)는 사위이다. 진석의 아들은 최원(最源)과 지금 함경 도사로 재직 중인 성원(聖源), 태원(泰源)이다. 딸은 영(令) 김응지(金應祉)에게 시집갔다. 내석은 태원을 후사로 삼았으며 딸은 군수 정수(鄭鐩), 사인 이성백(李聖百)에게 시집갔다. 장사를 앞두고 성원이 내게 와서 글을 청해 무덤에 넣으려 하기에 마침내 이와 같이 서술한다.

숙인 은진 송씨 묘지[3]

淑人恩津宋氏墓誌

송씨는 은진에서 나왔다. 두 선생(송시열, 송준길) 이후로 세상 사람들이 하남(河南)의 정씨(程氏)에 비견하였다. 숙인은 동춘(同春 송준길) 문정공(文正公)의 증손이다. 부친 휘 병익(炳翼)은 상주 목사(尙州牧使)를 지냈고, 조부 휘 광식(光栻)은 정랑을 지내고 승지에 추증되었다. 숙인은 19세에 안동(安東) 권정성(權定性) 경중(敬仲)에게 시집왔다. 경중의 조부는 한수(寒水 권상하) 문순공(文純公)이며, 부사 휘 욱(煜)이 부친이다.

숙인은 예법을 지키는 가문에서 나고 자랐으며, 시집간 집도 그와 아름다움을 나란히 하였다. 이와 같은 경우를 고금에 어찌 많이 찾을 수 있겠는가. 그러나 위대한 현인의 아래에서 자손노릇하기 어려우니, 덕행이 아름다워 조상을 욕되게 하지 않는 경우가 아니라면 그 수치가 보통 사람의 갑절이나 될 것이니, 이것이 두려운 일이다.

숙인은 사람됨이 총명하고 민첩하였다. 어려서부터 단정하여 예의가 있었으며 자라서는 더욱 삼가 항상 법도를 따랐다. 또 《내훈(內訓)》, 《열녀전(列女傳)》 등의 책을 보아 대의를 대략 섭렵하였다. 부모를 섬길 적에는 공경하고 신중하여 사랑을 믿고 조금이라도 게을리 한 적이 없었다. 목사공이 중년에 부인 조씨(趙氏)를 잃자, 숙인은 당시

3 숙인……묘지 : 이 글은 권정성(權定性, 1677~1751)의 아내 은진 송씨(恩津宋氏)의 묘지명이다. 1676년(숙종2) 태어나 1737년(영조13) 5월 11일 세상을 떠났다.

집에 있으면서 집안일을 담당하여 위로는 제사를 모시고 아래로는 아우들을 길렀는데, 인정과 예의를 모두 다하였다.

시부모를 섬길 적에는 효성이 지극하여 시부모가 몹시 사랑하였으나 숙인은 더욱 두려워하고 조심하였다. 분가하여 살게 되자 집이 황강(黃江)과 몇 리 떨어진 곳에 있었는데, 당시 문순공만 살아 있었다. 숙인은 새벽마다 사람을 보내 문안하였는데 하루도 빠뜨린 날이 없었다. 문순공이 항상 칭찬하며,

"이 며느리는 나를 잘 섬긴다."

하였고, 일가의 존속들은 자기 부녀자들에게 경계하기를,

"너희들이 본받아야 한다."

하였다. 경중과는 화목과 공경이 모두 지극하였다. 의복과 음식은 검소하면서도 깨끗하였으며, 집안에 재산이 있고 없고를 한 번도 경중이 알게 한 적이 없었다.

남편의 친척을 대할 적에는 정성과 사랑이 가득하면서도 예법이 몹시 엄격하여 사람들이 모두 공경하고 두려워하였다. 문순공의 서모는 자녀가 없어 숙인의 집으로 의지하러 왔는데, 숙인은 존경하며 한 가지 음식이라도 얻으면 감히 먼저 맛보지 못하고,

"시부모가 세상을 떠난 뒤로 존속은 이분 뿐이다."

하였다. 상을 당하자 또 예법대로 제사지냈다. 의지할 데 없는 서족(庶族)을 경중이 또 많이 데려다 길러서 결혼시켰는데, 숙인은 번번히 그 뜻을 따라 모두 잘 대우하며,

"조상의 골육을 귀천 때문에 차별해서는 안 된다."

하였다. 집안을 다스림에 질서정연하여 법도가 있었다. 새벽에 세수하고 머리 빗고는 노비에게 각기 할 일을 주며 감히 게을리하지 않았다.

만년에 고질병에 걸렸으나 여전히 힘을 내어 일을 보며,

"음식을 하는 것은 여자의 직분이니, 하루라도 죽지 않았다면 어찌 제 몸을 편히 할 생각을 하겠는가."

하였다.

자녀를 가르칠 적에는 반드시 의로운 방법으로 하였다. 항상 진응(震應)을 경계하며,

"입신양명이 어찌 부모의 소원이 아니겠는가. 그러나 지금의 시사는 물러나 숨는 것이 참으로 합당하다. 유업(遺業)을 수습하여 명문가의 좋은 자제가 된다면 죽더라도 무슨 한이 있겠는가. 만약 벼슬길에 연연하며 명성과 이익을 추구한다면 날마다 성대한 봉양을 받더라도 나는 기쁘지 않다."

하였다. 경중은 음사(蔭仕)로 당시 광흥창 수(廣興倉守)로 있다가 비안 현감(比安縣監)이 되자 숙인이 따라갔다. 정사년(1737, 영조13) 5월 11일 관청에서 세상을 떠나니 향년 62세였다. 그해 7월 20일 충주(忠州) 동쪽 행화동(杏花洞)에 장사지냈다.

1남 5녀를 두었으니 진응이 아들이고 사위는 대제학 이동복(李東馥), 현감 오원(吳瑗), 민백형(閔百亨), 김성휴(金聖休), 김양행(金亮行)이다. 내외 손자 손녀는 모두 어리다. 진응은 한창 독실한 뜻으로 학문을 하여 사우들 사이에 명성이 있다. 과연 그 덕을 성취하여 문순공을 닮은 자손이 되어 숙인의 바람에 부응한다면 어찌 어질지 않겠는가. 명은 다음과 같다.

여사라는 호칭	女士之稱
예전에 《시경》에서 들었네[4]	舊聞於詩

유순하게 말을 들어[5] 婉娩之聽
집안을 마땅하게 하였네 室家其宜
군자가 있지 않았더라면 不有君子
이 사람이 어디서 본받았으랴[6] 斯焉取斯
내가 그 미덕을 명으로 남겨 我銘厥美
후손에게 물려주노라 後昆是貽

4 여사라는……들었네 : 《시경》 〈기취(旣醉)〉의 "군자에게는 만년 동안 하늘의 명이 있을 것이다. 그 명은 무엇인가. 너에게 여사를 내려주는 것이다.〔君子萬年, 景命有僕. 其僕維何, 釐爾女士.〕"라는 말을 인용한 것이다. 《시집전(詩集傳)》에 따르면 여사는 선비의 행실이 있는 여자이다.

5 유순하게 말을 들어 : 《소학》 〈입교(立教)〉의 "여자가 열 살이 되면 집 밖을 나가지 않고 보모가 유순하게 듣고 따르는 법을 가르친다.〔女子十年, 不出, 姆教婉娩聽從.〕"라는 구절을 인용한 것이다.

6 이……본받았으랴 : 《논어》 〈공야장(公冶長)〉에 공자가 제자 자천(子賤)을 군자답다고 칭찬하기를 "노나라에 군자가 없었다면 이 사람이 어디에서 본받았으랴〔魯無君子者, 斯焉取斯?〕"라고 한 데서 나온 말이다.

숙인 창녕 성씨 묘지[7]

淑人昌寧成氏墓誌

숙인의 성(姓)은 성씨(成氏)이며 선조는 창녕(昌寧) 사람이다. 고려의 중윤(中允), 인보(仁輔)부터 족보에 처음 보인다. 우리나라에 들어와 정평공(靖平公) 석인(石因)과 문안공(文安公) 임(任)이 재주와 학문으로 재상의 지위에 올라 당시의 명신(名臣)이 되었다. 그 뒤로 점차 쇠퇴하여 증조 래(逨)와 조부 창일(昌一)은 벼슬하지 않았고, 부친 집(鏶)은 무과에 급제하였으나 일찍 죽었다.

성씨는 오래된 집안으로 예로부터 현인 군자가 많다고 일컬어졌다. 숙인은 남다른 자질을 타고났으며 18세에 이씨 집안에 시집가서 형조좌랑 휘 세운(世雲)의 계배(繼配)가 되었다. 시가에 들어가자 시아버지 현령공이 한 번 보고 어질다고 여겨 집안 살림을 맡겼다. 숙인은 법도에 맞게 집안을 다스렸다. 얼마 후 현령공이 세상을 떠나고 시어머니 윤씨가 늙고 병들자 숙인은 5년 동안 약 시중을 들며 곁을 떠나지 않았다. 또 그 사이에 상례 준비를 유감없이 다 하였다. 시어머니가 임종하면서 가져다 보고 탄식하기를,

"집이 가난한데 어떻게 이렇게 하였느냐. 나는 신부의 은혜를 갚을 길이 없구나."

7 숙인……묘지 : 이 글은 이세운(李世雲, 1657~1713)의 처 창녕 성씨(昌寧成氏)의 묘지명이다. 창녕 성씨는 1680년(숙종6) 1월 18일 태어나 1732년(영조8) 윤5월 4일 세상을 떠났다.

하였다. 3년 동안 직접 물 긷고 음식을 마련하였다. 추울 때는 손발이 터서 피가 났고, 밤에도 옷을 벗지 않고 잤으니, 부지런하기가 이와 같았다.

공의 친족 자제 중에 외롭고 곤궁하여 의지할 데 없는 자들이 자기 집에 가는 것처럼 왔는데, 숙인은 지성으로 돌보고 때맞추어 시집 장가 보내니, 모두들 진심으로 기뻐하고 감복하며 어머니처럼 섬겼다. 친척 중에 상을 당하고도 제힘으로 상을 치르지 못하는 자가 있으면 집에서 직접 도구를 만들어 도와주었다. 봄 가을 여가가 있는 날에는 손님이 집에 가득하였는데, 그때마다 대접하며 재물 때문에 공에게 누를 끼치지 않았다.

공은 호탕하고 기개와 절조가 있었으며 신의를 중시하고 베풀기를 좋아하였는데, 숙인의 도움이 컸다. 이 때문에 숙인이 어질다는 것을 듣지 못한 사대부가 없었다. 공의 병이 위독해지자 숙인은 목욕재계하고 한데 서서 가묘에 기도하여 자기가 대신 죽겠다고 하였다. 공이 세상을 떠나자 숙인은 집안을 유지하며 가법을 조심하였다. 매일 날이 밝기 전에 일어나 가묘에 배알하고 정당(正堂)에 앉아 여러 가지 일을 보았다. 세시의 제사가 있으면 기일에 앞서 깨끗이 청소하고, 제사를 돕는 노비도 새옷을 입고 재계하게 하였다. 직접 술과 음료를 살펴보아 정결하게 하며 말하기를,

"선조에게 제향하는 것은 정성에 달려 있지 물건에 달려 있는 것이 아니다."

하였다. 먼 선조의 묘소에 제전(祭田)이 있으나 종인(宗人)이 제사를 지내지 못하자, 숙인은 그를 타일러 그 제전을 떼어 다시 주인을 두게 하고 해마다 그 수입을 거두어 제사를 지냈다.

자손을 가르칠 적에는 몹시 사랑하면서도 얼굴빛이나 말투를 꾸민 적이 없었다. 잘못이 있으면 뜰에 내려가 꾸지람을 받게 하였다. 항상 아들들에게 타이르기를,

"너희들은 학문에 힘쓰고, 집안의 자잘한 일은 알 필요 없다. 너희 아버지가 한번은 퇴근하여 탄식하기를, '지금의 사대부는 대부분 용렬하고 이익을 가까이 하니, 세상이 쇠퇴하였다.'라고 하였으니, 너희들은 기억하여라."

하였다. 또 말하기를,

"나는 성품이 명예와 이익을 좋아하지 않아 너희들과 함께 산수 사이에 집을 지어 독서하고 농사지으며 세상에 바라는 것이 없었으면 한다. 선비된 자가 몸가짐과 행실을 가다듬어 군자다운 사람이라고 불린다면 이 또한 부모의 영예가 될 수 있다. 어찌 꼭 부귀하고 현달해야 하겠는가."

하였다. 때로는 서실에 나왔다가 책과 책상, 벼루가 정리되지 않고 어지러이 흩어진 모습을 보면 반드시 손으로 정돈하며,

"너희들이 이렇게 게으르니 무슨 일을 할 수 있겠느냐."

하였다.

집에서 일상생활을 할 때 법도를 세우고 가르침을 보인 것은 항상 효제와 인륜이었으니, 아무리 사소한 일이라도 구차하게 하지 않았다. 매번 '정대(正大)' 두 글자를 말하기 좋아하여 "군자는 이와 같아야 한다." 하였고, 또 문공(文公 주자)의 《소학》을 논하며,

"이것은 사람이 반드시 스스로 해야 하는 일이니, 어찌 책에 써서 깨우칠 필요가 있겠는가."

하였다. 매번 국가의 대상(大喪)을 당하면 반드시 마루에서 내려와

곡읍하고 눈물을 흘리며 "군신의 의리는 부인이라고 해서 버릴 수 없다." 하였으니, 의리에 밝기가 이와 같았다.

숙인은 어려서 부친을 잃고 어른처럼 상을 치렀는데 곡읍하느라 거의 실명할 정도였다. 모부인은 몹시 노쇠하였는데 숙인이 평생 봉양하였고, 상을 당하자 장사지내는 절차와 음식 마련을 모두 예법대로 하였다. 조상의 제사에는 반드시 채소, 과일, 생선, 고기를 준비하였으며 가깝고 소원한 차이가 없었다. 숙인과 같은 사람은 부모에 대한 효도가 쇠하지 않은 사람이라고 하겠다.

숙인은 평소 병이 많았는데, 상을 치르며 슬픔을 다하고 십여 년 동안 소식을 하느라 위독해진 적이 여러 번이었으나 종종 신의 도움을 받았다. 좌랑공이 세상을 떠나자 숙인은 묘소 아래에서 거상하였다. 거적에 몸을 두고 밤낮으로 질대(絰帶)를 벗지 않았으며 눈물이 땅에 흘렀는데 한 해가 지나도록 사라지지 않았다. 집에는 벽을 칠하지 않아 여름철에는 덥고 습하여 벌레가 집에 가득하여 밤새 잠을 잘 수가 없었다. 그러나 한번도 긁지 않았고 모시는 자에게도 함부로 벼룩 한 마리 죽이지 못하게 경계하며 "나는 미망인이니 어찌 편안함을 바라랴." 하였다. 얼마 후 개미들이 밤낮으로 물어 뜯으며 집 밖으로 지고 나가니 벼룩이 마침내 사라졌다. 병이 심해져도 약을 복용한 적이 없고 답답하면 물을 가져다 마신 지 여러 해였다. 홀연 공이 약물을 주는 꿈을 꾸더니 즉시 나았다. 사람들은 정성이 감응한 결과라 하였다. 그러나 여러 해 병을 앓다가 지금 성상 임자년(1732, 영조8) 윤5월 4일 금천(衿川)의 강가에서 세상을 떠났다.

임종을 앞두고는 조용히 다른 말 없이 술을 가져오게 하여 두 아들과 영결하였으니, 향년 53세였다. 숙인이 한번은 의하(宜夏)에게 말하기를,

"네 모친이 돌아가셨을 때 검소하게 상을 치렀으니 내가 죽어도 그렇게 해라."

하였다. 이때에 이르러 유지를 따라 감히 어길 수 없었다고 한다.

숙인은 2남 1녀를 낳았으니 아들 의철(宜哲)은 진사시에 합격하여 교관을 지냈다. 의대(宜大)는 뜻과 행실이 있었으나 일찍 죽었고, 딸은 계례(笄禮)를 치르기 전에 요절했다. 의하(宜夏)는 원배(元配) 연안 김씨(延安金氏) 소생으로 그의 아들은 보창(普昌), 보행(普行), 보성(普聖)이다. 의철의 아들은 보한(普翰), 보형(普衡)이며, 보형은 의대의 후사가 되었다.

숙인은 나의 종숙(宗叔) 선무랑 만희(晚熙)의 외손이다. 우리 종족은 5대가 한 집에 살았는데, 숙인이 외가에서 양육된 적이 있어 내가 어렸을 적에 직접 보았다. 두 아들은 또 내게 배웠으므로 숙인의 미덕을 나만큼 자세히 아는 사람이 없다. 숙인은 총명하고 기억력이 뛰어났으며 행동에 법도가 있었다. 식견이 높고 사려가 깊으며 뜻은 부지런하고 일은 잘 다스렸다. 그 아름다운 언행은 독서하고 도의를 말하는 자도 더한 자가 드물다. 그러나 한 마디로 말하자면 다른 일은 미칠 수 있어도 고명하고 남다른 성품과 정성스럽고 간절한 마음으로 자연히 집안의 믿음을 얻고 친척 모두의 마음을 얻었다. 어찌 겉모습과 명령으로 할 수 있는 것이겠는가. 이것이 숙인이 어진 이유이다.

숙인이 세상을 떠난 해 8월 그믐, 포천(抱川) 쌍곡리(雙谷里) 이씨의 선영에 장사지냈고, 3년 뒤 갑인년(1734), 금천에서 공과 원배의 묘소를 옮겨와 합장하고 숙인은 왼편에 부장하였다. 명은 다음과 같다.

아, 숙인이 집안을 다스림은　　　嗟淑人之御家兮

충신이 고난을 만난 것 같았네	若忠臣之遭囏危
집이 비바람에 흔들리니	室漂搖其風雨
내 깃은 닳고 울음소리 슬프구나[8]	予羽譙兮鳴聲悲
재주와 정성을 모두 갖추지 않았다면	匪材誠之兩備
누가 이처럼 부흥시킬 수 있으랴	孰能興復之若斯
학문을 닦고 덕을 쌓아	惟績學而種德
자신이 갖고 후손에게 전했네	旣身有而後貽
만약 사관(史官)이 나타난다면	苟有彤史者作
부녀의 덕행을 적은 비석에서 취할 것이 있으리	尙或取乎婦德之碑

8 내……슬프구나 : 《시경》 빈풍 〈치효(鴟鴞)〉의 "내 깃은 닳고 내 꼬리는 해졌는데 내 둥지가 위태롭거늘, 비바람이 뒤흔들어 내 울부짖는 소리 다급하네.〔予羽譙譙, 予尾翛翛, 予室翹翹. 風雨所漂搖, 予維音嘵嘵.〕"라는 구절을 인용한 것으로, 어려운 생활을 비유한다.

막내 외숙모 한산 이씨 묘지[9]

季舅母淑人韓山李氏墓誌

정랑 민진영(閔鎭永) 공의 아내 숙인 한산 이씨(韓山李氏)는 목은(牧隱 이색)의 후손이며 이조 판서 충정공(忠貞公) 휘 현영(顯英)의 현손이며 파주 목사(坡州牧使) 휘 휘조(徽祚)의 증손이며 동지중추부사 휘 창령(昌齡)의 손녀이며 배천 군수(白川郡守) 휘 명승(明升)의 딸이다. 정랑의 3대는 여양부원군(驪陽府院君) 문정공(文貞公) 휘 유중(維重), 강원도 관찰사(江原道觀察使) 휘 광훈(光勳), 경주 부윤(慶州府尹) 휘 기(機)이다. 공의 맏형 충문공(忠文公 민진후(閔鎭厚))이 북평사(北評事)로 함흥(咸興)을 지났는데, 당시 판관 장세남(張世南) 공이 숙인의 외조였기에 숙인을 위하여 혼약을 맺었다.

숙인은 나이 15세에 민씨에게 시집 와서 경인년(1710, 숙종36) 12월 4일 세상을 떠났으니, 태어난 계해년(1683, 숙종9)로부터 28년이다. 숙인이 세상을 떠난 뒤 공은 벼슬하여 공조 정랑이 되었다.

숙인은 처음에 여주(驪州) 섬락리(蟾樂里) 문정공 묘소 건너편 언덕에 장사지냈는데, 갑진년(1724, 경종4) 정랑공이 세상을 떠나자 무덤을 파고 합장하였다. 신유년(1741, 영조17) 9월 또 풍창부부인(豐昌府夫人)[10] 묘소 왼쪽 산기슭 간좌(艮坐)의 언덕으로 이장하였으니, 용인

9 막내……묘지 : 이 글은 저자의 막내 외숙모 한산이씨(韓山李氏)의 묘지명이다. 한산이씨는 이명승(李明升)의 딸이며 민진영(閔鎭永)의 아내이다. 1683년(숙종9) 11월 12일 태어나 1710년(숙종36) 12월 4일 세상을 떠났다.

(龍仁) 땅이다.

숙인은 용모와 태도가 바르고 깨끗하였으며 행동거지가 조용하였다. 앉을 적에는 반드시 단정히 앉고 여기저기 둘러보지 않았다. 낯빛과 웃음은 온화하고, 말은 간략하고 적절하였으니, 대체로 원래 그러한 것이지 의도를 가지고 한 것이 아니었다. 혼수는 세속에서 으레 화려한 것을 숭상하는데, 부인은 많고 적고 사치하고 검소하고 간에 전혀 생각이 없었다. 한 집에서 함께 밥을 먹는 사람이 몹시 많아 노비들이 서로 험담하느라 듣는 사람이 괴로워 견디지 못할 정도였는데, 숙인은 못 들은 척 태연하게 처하였다. 부모 곁에서 몸져 누웠을 때는 병이 위독해지자 옆사람에게 부탁하여 시어머니가 있는 곳으로 가서 죽고 싶다고 하였으니, 평소의 효성스러운 마음을 알 수 있다. 정랑공이 예전에 말하기를,

"숙인은 한가로이 있을 때도 공경하는 태도를 지켜서 게으른 모습을 보인 적이 없으니 시종일관 하루 같았다."

하였으니, 남편을 잘 섬긴 것이 또 이와 같았다. 충문공의 부인 이씨는 사람을 알아보는 눈이 있어 인정하는 사람이 드물었는데, 유독 숙인만은 깨끗하여 흠이 없다고 칭찬하여 여러 부녀와 함께 있을 때도 애정이 특별했다. 또 예전에 모시던 여종이 숙인의 사당 앞에서 잡초를 뽑으며 눈물을 줄줄 흘리는 모습을 보자, 손가락으로 가리키며 탄식하기를,

"이 또한 어진 은혜를 베풀어 죽어도 잊지 못하는 것이다."

하였다.

숙인의 아우 하귀(夏龜)는 독서하는 사람이었는데, 숙인과는 실로

10 풍창부부인(豐昌府夫人) : 민진후의 계모 풍양 조씨(豐陽趙氏)를 말한다.

남매간의 지기(知己)였다. 숙인이 세상을 떠나자 제문을 지어 통곡하기를,

"도량이 넓어서 구차하지 않아 악착스러운 부녀자와는 절로 다른 점이 있었다. 말과 행동을 분명하게 하는 데 힘쓰고, 에두르거나 망설이는 태도를 부끄러워하였다."

하였다. 정랑공의 조카 익수(翼洙)가 예전에 공의 사실을 기록하였는데, 숙인에 대해서는,

"한 점의 속된 기운도 없고, 대의를 알아 여사(女士)의 풍모가 있었다."

하였다. 이 말로 미루어본다면 숙인의 미덕이 보통을 넘어선다는 것을 알 수 있다.

숙인은 또 바느질에 뛰어나 칼과 자를 들고 재봉하면 손의 움직임이 나는 것 같아 하룻밤 사이에 두 벌의 옷을 만들었기에 본 사람들이 지금까지도 기이하다고 말한다고 한다. 아들 둘을 두었으니 낙수(樂洙)는 현감을 지냈고 각수(覺洙)는 지금 학문에 뜻을 두고 있다. 손자와 손녀는 모두 어리다. 각수의 사위는 서퇴수(徐退修)이다. 명은 다음과 같다.

비유하자면 옥병에 담은 찬 얼음 같으니	譬如寒冰貯玉壺
아름다운 자질 맑고 밝아 잊을 수 없네	美質淸瑩不可忘
아름다운 명성만 사후에 가득하니	惟有令譽滿身後
소자가 시를 지어 영원히 보이리라	小子作詩示無疆

숙인 창원 황씨 묘지[11]

淑人昌原黃氏墓誌

시서(詩序)에서 〈주남(周南)〉과 〈소남(召南)〉에 나오는 부인의 덕을 찬미하여,

"이미 시집갔는데도 부모에 대한 효성이 쇠하지 않았다."

하였다. 이미 시집갔는데도 부모에게 효도한다면 시집가기 전은 어떻겠는가. 그리고 시집가서 시부모를 섬기는 것도 알 수 있다. 내가 근세의 어진 부인들의 묘지명을 많이 지었는데, 시서에서 칭송한 것과 같은 사람으로는 황숙인(黃淑人) 만한 분이 없다.

숙인의 계보는 창원(昌原)에서 나왔으니, 고려 시중 충준(忠俊)이 시조이다. 우리나라에 들어와 휘 위(瑋)가 예문관 봉교를 지냈고, 형제 부자 열 사람이 동시에 과거로 현달하였으니, 숙인의 5대조이다. 증조 휘 해(瀣)는 이조 판서에 추증되었다. 조부 휘 신구(藎耈)는 돈녕부 도정을 지내고 좌찬성에 추증되었다. 일곱 아들을 낳았는데, 막내 휘 만(鏋)은 당진 현감(唐津縣監)을 지냈다. 두 대를 추은(推恩)한 것은 당진 현감의 형 판돈녕 흠(欽)이 귀해졌기 때문이다. 당진공은 팔순의 나이로 통정대부에 올랐으니, 실로 숙인의 부친이다. 배위 문화 유씨(文化柳氏)는 정랑 축(軸)의 딸이다.

숙인은 나면서부터 어질고 은혜로우며 정숙하고 현명하여 행동에

11 숙인……묘지 : 이 글은 김시민(金時敏, 1681~1702)의 처 창원 황씨(昌原黃氏)의 묘지명이다. 1683년(숙종9) 10월 11일 태어나 1739년(영조15) 2월 5일 세상을 떠났다.

법도가 있었다. 성격도 총명하며 부지런히 일을 잘하였다. 겨우 열 살이 되었을 때 찬성공을 모시러 가서 한 해 남짓 있었는데, 모친이 데리고 오려고 하자 찬성공이 만류하며,

"손자아이가 적지 않지만 노인의 봉양은 이 아이에게 많이 의지하니, 버리고 갈 수 없다."

하였다.

계미년(1703, 숙종29), 안동(安東) 김시민(金時敏) 사수(士修)에게 시집갔다. 김시민은 호조 정랑 성후(盛後)의 아들이며 돈녕부 도정 수일(壽一)의 손자이다. 판서를 지내고 호가 휴암(休菴)인 상준(尙寯), 참찬을 지내고 호가 죽소(竹所)인 광욱(光煜)이 도정 위의 두 대이다. 시어머니 조 숙인(趙淑人)은 집안의 법도가 몹시 엄격하였으나 숙인은 그 뜻에 맞추고자 힘썼다. 묵은 병이 겨울철을 만나면 번번이 심해졌는데 정성을 다해 간호하고 잠시도 곁을 떠난 적이 없었다. 심지어 추운 새벽에 침소 창 밖에 서서 기다리다가 시어머니가 부르면 숙인이 반드시 대답하였다. 시어머니가 한번은 말하기를,

"내가 이 며느리에게 의지하는 것은 강보에 싸인 아이가 유모에게 의지하는 것과 같다."

하였다.

계사년(1713), 정랑공이 세상을 떠나고 시어머니도 병들어 셋집으로 나가자 숙인이 갑자기 집안 살림을 맡게 되었다. 한편으로는 제사를 지내고 한편으로는 약시중을 들며 이곳저곳 물건을 대주었는데 조금도 군색하거나 틀리는 일이 없었다. 또 간혹 주방에 들어가 음식을 준비하느라 손등이 얼어 터져 피가 흐르는데도 괴로운 줄 몰랐다. 남편의 친척들이 보고 탄식하기를,

"효성과 정력이 모두 세속 부녀자가 미칠 수 있는 바가 아니다."

하였다. 장남의 집으로 두 대 선조의 제사를 번갈아 모셨는데, 숙인은 깨끗하게 정성을 다하였고, 아무리 병이 심해도 남에게 대신 시키지 않았다.

당진공이 목천(木川)에 우거(寓居)하자 서울과 150리에서 180리 떨어져 있어 소식을 계속 전하기 어려웠다. 숙인은 지성으로 안부를 묻고, 달마다 반드시 누차 노인의 안부를 알아내었다. 따뜻하고 맛있는 음식을 바치는 일은 길이 멀다고 해서 빠뜨린 적이 없었다. 당진공이 늘 탄식하기를,

"나처럼 늙고 가난한 자가 김씨 며느리가 없었다면 어떻게 지탱하겠는가."

하였다. 나도 직접 그 말씀을 들었고, 고을 사람들이 지금도 그 효성을 칭찬한다.

서울에서 객지살이하며 벼슬하게 되어서는 의복과 음식도 직접 마련하여 시골집을 번거롭게 하지 않았다. 판돈녕공이 보고서 가상히 여기며 말하기를,

"이 일만 어려운 것이 아니다. 가난한 집안의 딸은 대부분 부모에게 급한 사정을 알리며 구걸하기를 멈추지 않는데, 유독 우리 조카만은 반드시 자기 부모를 걱정하여 한번도 자기 일을 언급하지 않았으니, 나는 이미 효녀인 줄 알았다."

하였다.

사수는 소탈하여 집안 살림을 돌보지 않고 오직 조용히 앉아 시를 읊을 뿐이었다. 숙인은 집안을 다스리느라 몹시 힘들었으나 사수에게 알리지 않았다. 때때로 손님이 오면 탄식하며 곧장 음식을 마련하니,

친구들이 모두 말하기를,

"어진 운판(運判)[12]이 아니라면 어찌 이렇게 할 수 있겠는가."

하였다. 사수는 불우하여 명성을 이루지 못하였으나 숙인은 운명을 편히 여기고 원망하지 않았다. 만년에 처음 벼슬하여 낭천 현감(狼川縣監)이 되었는데, 청정하게 다스려 경내의 백성이 칭송하였으니, 숙인의 도움이 컸다.

숙인은 남다른 식견이 있어 무당과 점장이를 집에 들이지 않았다. 여러 해 병을 앓았는데도 의약을 가까이 하지 않았다. 기미년(1739, 영조15) 2월 5일 세상을 떠나니, 향년 56세였다. 한달 뒤 양주(楊州) 도혈리(陶穴里) 선영에 장사지냈다.

숙인은 자식이 없어 조카 면행(勉行)을 어렸을 때부터 데려다 길러 후사로 삼았는데, 자기 소생보다 사랑하며 반드시 의로운 방법으로 가르쳤다. 면행이 내게 배웠기에 숙인을 위해 묘지명을 청하였는데, 시간이 지날수록 더욱 간곡하였다. 나는 그 효성에 감동하여 병든 몸을 일으켜 서술하고 명을 덧붙인다.

집안을 마땅하게 한 덕	宜家之德
〈주남〉과 〈소남〉에 짝할 만하네	可配二南
그러나 더 훌륭한 점 있으니	然且有大
딸이면서 아들 노릇하였네	女而當男
효도가 쇠한 처자들이	孝衰妻子

12 운판(運判) : 원래 물자 수송을 담당하는 관직명인데, 여기서는 음식을 잘 마련한 숙인을 비유한 것으로 보인다.

부끄럽지 않을 수 있으랴　能不懷慙
나는 그 미덕을 모아　我最厥美
후세에 전하노라　以風來今

증 정부인 청송 심씨 묘지[13]

贈貞夫人靑松沈氏墓誌

사람이 누군들 자식을 위해 스승을 골라 가르쳐 현달하기를 바라지 않겠는가. 그러나 잠시 눈앞을 떠나면 곧 이별을 아쉬워하는 마음이 생기고, 또 음식과 거처가 집에 있을 때만 못할 것이라 걱정하니, 고식적인 사랑에 구애되어 끝내 짐독(酖毒) 같은 안일[14]을 이루는 것이다. 자애로운 어머니의 사랑을 잘라내고 대체(大體)에 통달하여 의로운 방법으로 가르치기를 다하는 경우는 나는 오직 심부인 만을 보았을 뿐이다.

부인은 청송의 큰 집안 출신으로, 고려 위위시승 홍부(洪孚)의 후손이다. 우리나라에 들어와 청송백(靑松伯) 덕부(德符) 이래 연달아 고관을 지냈다. 청릉부원군(靑陵府院君) 강(鋼)의 증손 광세(光世)는 의정부 사인을 지냈고, 이분이 급(檍)을 낳았으니 진사를 지냈다. 이분이 약명(若溟)을 낳았으니 현감을 지냈고, 이분이 척(滌)을 낳았으니 통덕랑을 지냈으며 부인의 부친이다. 공조 좌랑 해평(海平) 윤세규(尹世揆)가 외조이다.

부인은 태어나면서부터 밝고 지혜로와 남다른 자질이 있었다. 부형

13 증……묘지 : 이 글은 홍양보(洪良輔)의 처 청송 심씨(靑松心氏)의 묘지명이다. 1683년(숙종9) 태어나 1716년(숙종42) 7월 29일 세상을 떠났다.

14 짐독(酖毒) 같은 안일 : 《춘추좌씨전》 민공(閔公) 1년 기사에 "안일에 빠지는 것은 짐독과 같으니, 바라서는 안 된다.〔宴安酖毒, 不可懷也.〕"라고 하였다.

들이 모두 기특하게 여기며,

"네가 아들로 태어나 우리 집안을 번창하게 하지 못하는 것이 한스럽다."

하였다. 통덕공은 일찍부터 기이한 병을 앓았으며, 계모 이씨는 집안 살림에 서툴렀다. 부인은 당시 어렸는데 밤낮으로 바느질하여 끼니를 마련했다. 재주가 민첩하고 오묘하여 남들이 미칠 수 없었다.

당시 민 숙인[15]은 손자 양보(良輔)를 몹시 사랑하여 어진 베필을 구하였다. 정랑 정천(鄭洊)은 숙인의 조카인데, 부인의 고모부이므로 부인이 남다른 자질과 성품을 타고났다는 사실을 잘 알고 있었기에 혼인을 권했다. 부인은 나이 13세에 친영례(親迎禮)를 행하였다.

양보는 자가 강백(康伯)으로 충주 목사(忠州牧使) 홍공(洪公) 휘 중해(重楷)의 아들이며, 홍문관 교리 휘 만형(萬衡)의 손자이며, 영안위(永安尉) 휘 주원(柱元)은 그의 증조이다. 부인이 초례(醮禮)할 때 용모와 태도가 빼어나고 예법에 익숙하여 내외 친척이 떠들썩하게 칭찬하였다. 민 숙인은 곧고 깨끗하여 속습을 벗어나 인정하는 사람이 드물었는데, 오직 부인만은 어진 손자며느리라고 하였으며, 일마다 반드시 물어본 뒤에 행하였다. 부인은 효성을 다해 섬기고, 감히 사랑을 믿고서 혹시라도 게을리하지 않았다.

폐질에 걸려 홀로 사는 통덕공을 불쌍히 여겨 때때로 집안으로 모셔다가 지극하게 봉양하였다. 따로 살 때는 날마다 반드시 몇 번이고 안부를 물었으며, 맛있는 음식을 하나라도 얻으면 반드시 보내서 바쳤다. 옛날에 말한 '이미 시집갔는데도 효도가 쇠하지 않는 자'가 바로

15 민 숙인 : 홍양보의 조모인 여흥 민씨(驪興閔氏) 광훈(光勳)의 딸을 말한다.

부인이다.

부인의 나이 열여섯 살에 아들 창한(昌漢)이 태어났다. 남편이 일찍 과거를 그만두어 가문이 쇠퇴하였으니 반드시 학문을 권하여 성취시키려고 겨우 열 살이 되자 내게 와서 배우게 했다. 창한이 처음 집을 떠났을 적에는 감히 돌아갈 생각을 하지 못했지만, 종종 달아나 돌아가면 부인이 간곡히 타일러 돌려보냈다. 내가 북방의 군막으로 부임하자[16] 부인은 또 지재(趾齋) 민공(閔公 민진후)에게 가서 배우게 했다. 그러다가 내가 화전(花田)으로 물러나 살자 다시 내게 와서 머물게 했다.

오래 떨어져 있다가 잠깐 만나면, 아이는 부인의 품에 안겨 젖을 빨며 차마 떠나지 못했다. 그러면 부인은 온화한 안색으로 타이르거나 엄한 말로 꾸짖으며 날이 저물어도 반드시 보냈다. 만났을 때는 항상 서글퍼하며,

"너에게 바라는 것은 항상 어른 곁에 있으면서 보고 감동하여 좋게 변하는 것이다. 그런데 돌아올 때마다 재주가 예전 그대로이니, 어찌하여 부모의 마음을 유념하지 않느냐?"

하였다. 나의 돌아가신 모친께서 감탄하며,

"이 어미는 어질구나. 하늘이 반드시 그 지성에 감동하여 아들을 현달하게 해 줄 것이 의심없다."

하였다. 불행히 병신년(1716, 숙종42) 7월 29일 세상을 떠났으니 나이는 겨우 34세였다.

부인이 세상을 떠난 뒤 무신년(1728, 영조4) 창한이 비로소 문과에

16 내가……부임하자 : 1709년(숙종35) 함경북도 병마평사로 부임한 일을 말한다.

급제했다. 예문관과 홍문관을 거쳐 지금 전라도 관찰사가 되었는데, 부인은 미처 보지 못하였다. 그리하여 강백을 이조 참판에 추증하고, 부인도 규례대로 따라서 추증하였다. 부인이 살아 있을 때 창한에게 말하기를,

"네가 과거에 급제하기를 기다려 부모의 산소로 데리고 가서 성묘하고 돌아온다면 유감이 없겠다."

하였다. 아, 이제 와서 어찌하겠는가. 구양수(歐陽脩)가 말하기를,

"선행은 보답받지 못하는 경우가 없으나 빠르고 늦은 때가 있다."[17]

하였으니, 이 말이 옳다.

차남 장한(章漢) 역시 내게 배웠는데 사우들 사이에 명성이 있다. 부인은 파주(坡州) 당작동(當作洞) 손향(巽向)의 언덕에 장사지냈다. 참판공과 같은 언덕이고 봉분은 다르다. 나는 평소 부인이 어질다고 여겼기에 지금 묘지문을 의리상 차마 사양할 수 없다. 명은 다음과 같다.

부인은 열세 살에	夫人十三
마루에 올라 시아버지 뵈었지	上堂拜舅
예법이 우아하고	禮度嫺雅
덕성을 일찍 이루었지	德性夙就
여사였던 시할머니	尊姑女士
나의 착한 며느리라 하였지	曰吾佳婦
집안을 마땅하게 한 행실	宜家之行

17 선행은……있다 : 구양수의 〈상강천표(瀧岡阡表)〉에 보인다. 《文忠集 卷25》

무엇인들 본받지 않으랴 疇非可取
스승 골라 자식 가르치니 擇師敎子
옛날에도 짝이 드무네 於古罕偶
자애를 끊고 의리를 지키니 割慈以義
이 어미는 어질구나 賢哉是母
사람의 일은 터무니없어 人事謬悠
죽은 뒤 경사가 났네 慶在身後
교지가 휘황찬란하고 恩誥煌煌
아들은 절하고 머리 조아리네 兒拜稽首
선행의 보답은 爲善之報
빠르고 늦은 때가 있네 遲速則有
내가 대략을 명으로 지으니 我銘其大
불후히 전하리라 可以不朽

유인 완산 이씨 묘지[18]

孺人完山李氏墓誌

아, 예로부터 충신(忠臣)과 의사(義士)가 위급한 때를 만나 충성스러운 마음으로 힘을 다하여 머리카락 하나로 천 균(匀)[19]의 무게를 지탱하는 시기에 나라의 형세를 지탱하는 경우는 세상에 드물게 한 번 있는 일이다. 그러나 죽기는 쉽고 고아를 세우기는 어렵다는 점은 정영(程嬰)과 공손저구(公孫杵臼)[20] 이래 정론이 있었다. 그런데 지금 규방 안에서 찾았으니, 이와 같은 일은 옛날의 절개 있는 장부와 비교해도 더욱 어려운 일이 아니겠는가. 나는 유인 이씨에게서 그런 일을 보았다.

이씨는 우리 세종대왕(世宗大王)의 별자(別子) 밀성군(密城君) 침(琛)의 후손이며, 백강(白江) 상국 휘 경여(敬輿)의 증손이자 대사헌을 지낸 죽서(竹西) 휘 민적(敏迪)의 손녀이다. 부친은 판서를 지낸 휘 사명(師命)으로 왕실에 공로가 있었으나 숙종 기사년(1689, 숙종

18 유인……묘지 : 이 글은 이사명(李師命)의 딸이자 김용택(金龍澤)의 아내인 전주 이씨(全州李氏)의 묘지명이다. 1677년(숙종3)에 태어나 1739년(영조15) 10월 26일 세상을 떠났다.

19 균(匀) : 무게의 단위로 균(鈞)이라고도 한다. 30근에 해당한다.

20 정영(程嬰)과 공손저구(公孫杵臼) : 춘추시대 진(晉)나라 사람이다. 대부 도안가(屠岸賈)가 조삭(趙朔)의 집안을 몰살하자, 두 사람은 조삭의 아들을 보호하기로 하였다. 공손저구는 다른 아이를 조삭의 아들로 꾸며서 그 아이를 지키다가 죽고, 정영은 조삭의 진짜 아들을 키워 훗날 원수를 갚았다. 《史記 卷43 趙世家》

15) 간흉들의 무함을 받아 끝내 참혹한 화를 당하였다. 모친 안정 나씨(安定羅氏)는 목사 성두(星斗)의 딸이다.

유인은 정사년(1677, 숙종3)에 태어났다. 태어난 지 7일 만에 나 부인이 세상을 떠나자 조모 황 부인(黃夫人)[21]이 데려다 키웠으므로 황 부인을 어머니로 여겼다. 조금 자라서 자기가 나 부인의 소생이라는 것을 알게 되자 어른처럼 추모하며 눈물을 흘렸다. 황 부인이 몹시 사랑하기는 했지만 엄격히 가르쳤기에 말 한 마디 행동 하나도 반드시 법도를 따랐다.

19세에 광산(光山) 김용택(金龍澤)에게 시집갔으니, 목사를 지낸 휘 진화(鎭華)의 아들이며 서포(西浦) 휘 만중(萬重)의 손자이며 사계(沙溪) 문원공(文元公) 휘 장생(長生)의 5대손이다.

처음 기사년의 화가 일어났을 때 서포공(김만중)이 감옥을 나와 유배지로 가면서 집안 사람들에게 말하기를,

"이 아무개(이사명)의 원통함은 내가 몹시 불쌍히 여긴다. 그에게 어린 딸이 있다고 하는데 장손이 아내로 삼을 만하다."

하였다. 혼사를 앞두었으나 판서공(이사명)이 신원되지 않았기에 많은 사람들이 화를 당한 집안의 자식과는 혼인할 수 없다고 하였다. 그러나 목사공(김진화)이 의연히 말하기를,

"선친의 뜻이니 바꿀 수 없다."

하였다. 유인은 김씨 집안에 시집온 뒤 부덕(婦德)이 모두 마땅하여 모든 친척이 축하하였다. 남편은 시문(詩文)을 좋아하여 집안 일을 마음에 두지 않아 유인에게 수고를 대신하게 하였다.

21 황 부인(黃夫人) : 창원 황씨(昌原黃氏)로 황일호(黃一皓)의 딸이다.

경자년(1720, 숙종46), 온 집안 식구를 데리고 부여(扶餘)로 내려갔다가 곧 연산(連山)으로 이사하였다.

임인년(1722, 경종2) 봄, 흉당이 무옥(誣獄)을 크게 일으키자 남편이 가장 먼저 화를 당했다.[22] 유인은 어린 아이를 같은 마을의 남편 친척에게 맡기고 몸소 서울로 들어가 밤마다 목욕재계하고 하늘에 절하며 화가 풀리기를 기도하였다. 그러나 화의 기색이 더욱 급해져 남편은 마침내 4월 11일 옥중에서 죽었다. 흉인들은 옥사가 이루어지지 않을까 걱정하여 며칠이 지난 뒤 자백을 받았다고 거짓으로 조보(朝報)에 써서 발표하였다.[23] 유인은 그 실상을 정탐하여 올바른 기일을 잃지 않도록 하였으니, 죽은 날도 몰랐던 명(明)나라 유 시강(劉侍講)과 목 첨사(繆詹事)[24]와는 같은 선상에서 이야기할 수 없다. 더구나 남편이 거짓으로 자복한 일이 이로 말미암아 밝혀진 경우에 있어서랴.

유인은 자결하여 뒤따르려 하였으나 밤에 꿈을 꾸었는데, 남편이 감옥에서 벽의 종이를 잘라 큰 글씨로,

"반드시 살아남아 자식을 보존하시오."

22 임인년……당했다 : 유인의 남편 김용택이 목호룡(睦虎龍)의 고변에 따라 역모로 체포된 일을 말한다.《景宗實錄 2年 3月 27日》

23 흉인들은……발표하였다 : 김용택은 국문을 받았으나 결안(結案)하기 전에 죽었으나, 당시 우의정이었던 최석항(崔錫恒)이 문목(問目)에 대한 원정(原情)을 일일이 조보에 써내도록 요청하였다.《承政院日記 景宗 2年 4月 13日》

24 유 시강(劉侍講)과 목 첨사(繆詹事) : 유 시강은 유구(劉球), 목 첨사는 목창기(繆昌期)이다. 유구는 환관 왕진(王振)을 탄핵했다가 감옥에서 살해당했고, 목창기는 환관 위충현(魏忠賢)을 탄핵했다고 고문을 받고 감옥에서 죽었다.《明史 卷162 劉球列傳》《明史 卷245 繆昌期列傳》

라고 써 주었다. 유인은 마침내 대의로 결단하여 죽지 않기로 맹세하였다. 흉인들은 수사율(收司律 연좌율)을 적용하려고 군졸들을 보내 유인이 사는 집을 둘러싸고 급히 장남을 찾았다. 그러나 유인은 행동거지가 편안하여 평소의 법도를 잃지 않았다. 흉인들이 장남을 죽인 뒤 마침내 유인과 맏며느리를 사천(泗川)과 하동(河東)에 나누어 유배보냈다. 유인이 통곡하며 며느리 이씨에게 말하기를,

"내가 너와 함께 같은 날 자결한다면 어찌 통쾌하지 않겠느냐. 그러나 충성스럽고 효성스러운 네 시아버지가 지극한 원통함을 품고 부자가 함께 죽었는데 내가 또 죽는다면 어린 아이는 필시 보전할 수 없을 것이다. 내가 살고 싶어도 네가 죽으면 나 혼자 살 수는 없으니, 이는 네가 그 후사를 거듭 끊는 것이다. 차마 이렇게 할 수 있겠느냐."

하니, 며느리 이씨가 죽지 않겠다고 허락하였다. 그러자 또 통곡하며 말하기를,

"나와 네가 사는 것은 죽는 것보다 더욱 슬프다. 그러나 십 년을 기한으로 만일 하늘의 해를 다시 볼 수 있다면 아이들을 장성시켜 시집의 은덕을 만분의 일이나마 갚을 수 있을 것이다."

하였다.

유인의 숙부 의정공(이이명)이 사사당한 뒤 유인의 아우 희지(喜之)와 의정공의 아들 기지(器之)는 모두 고문을 받다가 죽었다. 유인의 계비(繼妣) 조씨(趙氏)[25]와 유인의 언니인 감사 김보택(金普澤)의 부인, 희지의 아내 정씨(鄭氏)[26]는 모두 자결하였으니, 한 가문의 참혹한

25 조씨(趙氏) : 임천 조씨(林川趙氏)로 조현기(趙顯期)의 딸이다.

26 정씨(鄭氏) : 연일 정씨(延日鄭氏)로 정만해(鄭萬楷)의 딸이다.

화가 예전에 없던 것이었다. 유배지로 가려고 할 적에 송씨에게 시집간 딸이 찾아와 작별하기를 청하였으나 허락하지 않으면서,

"그저 내 마음을 어지럽힐 뿐이다."

하였다. 두 아들과 딸 하나를 데리고 유배지로 가면서 며느리 이씨에게 말하기를,

"나와 네가 살았지만 만약 고을에서 포악한 짓을 한다면 즉시 죽어 마땅하다."

하였다. 유배지의 집에 궤연(几筵)을 마련하고 아침 저녁으로 피눈물을 흘리며 하늘에 통곡하니, 이웃 사람들이 감동하여 눈물을 흘렸다.

당시 둘째 아들은 14세였는데, 국법에 장성하기를 기다려 연좌한다는 조문이 없는 데도 흉인들이 속셈을 자행하여 어떤 자가 '나이가 차면 연좌할 것이다.'라고 하였다. 유인은 걱정스럽고 두려워 어찌할 줄 몰라 하다가 둘째 아들에게 옷을 바꿔입혀 여종으로 꾸미고 송씨에게 시집간 딸에게 보내 다른 곳에 숨기게 하였다. 그리고는 둘째 아들이 전염병에 걸려 죽었다고 소문을 내며 관아에 가서 고하고, 임기응변으로 검시(檢屍)를 모면하였기에 아는 사람이 없었다.

유인은 일개 여자로서 홀로 여종과 함께 이처럼 지극히 어렵고 위험한 일을 하였다. 은혜와 의리가 평소 믿음직하여 적임자를 구해 일을 시켰으므로 모두 죽을 힘을 다하였고, 비록 변고가 생겨 위급한 때에도 끝내 배신하지 않았다. 매번 댓조각에 길흉(吉凶) 두 글자를 나누어 쓰고 영좌(靈座) 앞에서 점을 쳐서 결정하면 조금도 틀린 적이 없었으니, 정성에 감응한 것이 이와 같았다.

지금 성상 을사년(1725, 영조1), 연좌되어 유배된 사람들을 모두 석방하였는데, 유인은 둘째 아들의 일을 자수한 덕택에 가장 먼저 사면

을 받았다. 화를 당했을 때 남편과 장남을 모두 얕은 땅에 장사지내고 장례를 지낼 때도 빠뜨린 것이 많았는데, 유인이 홀로 경영하여 병오년(1726) 비로소 이장하였다. 이듬해 시사(時事)가 또 변하여 아들들을 데리고 회덕(懷德)으로 돌아갔다.

무신년(1728, 영조4), 난리를 피해 또 연산으로 이사하였다. 아들들에게 말하기를,

"이 땅은 친족이 사는 곳이며 문학이 있는 곳이니, 이제야 비로소 거처를 정했다."

하였다. 유인은 고아가 장성하기 전에는 온갖 곤액을 당해도 죽겠다는 말을 한 적이 없었다. 그러다가 아들들이 장성한 뒤에 도리어 죽어서 남편을 따르지 못한 것을 지극한 한으로 여기며 십 년을 하루같이 고통을 감내하였다.

기미년(1739, 영조15) 10월 26일 병에 걸려 세상을 떠나니 향년 63세였다. 임종을 앞두고 아들들에게 경계하기를,

"부친의 원한을 슬피 유념하고 모친의 뜻을 저버리지 말며 형제가 화목하게 지내 집안을 보존하게 하라. 내가 죽은 뒤에는 네 형수를 나처럼 섬겨라."

하였다. 12월 9일, 석성(石城) 입석촌(立石村) 건좌(乾坐)의 언덕에 임시로 장사지냈으니, 조 부인(趙夫人) 묘소 곁이었다.

유인은 성품이 명민하고 대체를 알았으며, 《소학(小學)》, 《논어(論語)》, 《맹자(孟子)》의 뜻을 대략 통하였다. 항상 말하기를,

"남녀의 사이에는 큰 한계가 있으니 반드시 엄격하고 조심해야 집안의 도가 선다."

하였다. 나이가 많이 든 뒤에도 젊은 조카들이 조금이라도 가까이 앉

지 못하게 하였다. 유배지의 집에 한번은 밤에 화재가 났는데, 막내딸이 발을 구르고 통곡하며,

"어머니, 빨리 나오세요."

하였으나 유인은 천천히 걸어나왔다. 막내딸이 앞에서 끌어당기니 유인이 말하기를,

"어찌 이리 급박하냐?"

하였다.

신축년(1721, 경종1) 세제(世弟)를 세운 뒤 사람들은 모두 걱정이 없다고 여겼는데 유인은 홀로 몹시 걱정하였으니, 그 탁월한 식견이 대체로 이와 같았다. 조카의 아들이 가난하여 판서공의 묘제(墓祭)를 지내지 못하자 유인이 대신 지냈으며, 기일에는 반드시 제수를 보탰는데 죽을 때까지 그렇게 하였다. 희지는 딸 하나만 있었는데 연좌되어 유배되자 유인은 홀로 남은 딸을 불쌍히 여겨 금령을 무릅쓰고 데려와 자기 딸처럼 키우고 사위를 골라 시집보냈다. 아들들의 의복과 음식은 박하게 하도록 힘쓰며 말하기를,

"너희들이 어찌 좋은 옷을 입고 좋은 음식을 먹을 사람이겠느냐."

하였다. 또 종신토록 소대(素帶)를 매게 하여 지극히 애통한 마음을 표하고, 항상 눈물을 흘리며 자제들에게 말하였다.

"기사년 화가 일어난 초기에 조모께서 한밤에 부친의 손을 잡고 묻기를, '네가 지금 생사가 정해지지 않았는데 혹시 옳지 않은 짓을 하였느냐? 네가 어찌 나를 속이겠느냐?' 하니, 부친이 서글피 말하기를, '저는 단지 나라를 위하는 마음뿐입니다. 하늘이 굽어보고 있으니 어찌 감히 어머니를 속이겠습니까.' 하였다. 나는 당시 나이가 어려 화변의 시말을 몰랐으나 부친의 지극한 원통함은 뼈에 사무치게 슬

펴하였다.

네 부친은 매번 술 마신 뒤면 부모를 부르고 눈물 흘리며 '나는 지금 부모님이 계시지 않으니 임금에게 충성하는 것 외에 또 무슨 일을 하겠는가. 나는 대대로 벼슬한 집안의 신하이다. 이미 나라를 위해 죽기로 허락하였으니, 만약 부귀를 탐내는 마음이 있다면 하늘이 반드시 미워할 것이다.'라고 하였다. 이는 충성스럽고 효성스러운 마음을 타고나 그러한 것이었다."

을사년(1725, 영조1) 이후 세도가 잠시 밝아졌으나 여러 억울한 사람들은 아직 다 신원되지 못하였다. 유인은 남편의 심사가 밝혀지지 않았고 죽은 날이 거짓으로 알려졌다는 이유로 격쟁(擊錚)하여 하소연하려 하였으나 어떤 이가 만류하였다. 유인이 죽은 이듬해 화가 또 일어나 둘째 아들이 체포되자[27] 유인이 아뢰려던 내용을 국문 받을 때 아뢰었다. 성상이 측은해하며 사형을 면하고 섬으로 유배보내라고 명하였다.

아, 옛날 왕원미(王元美 왕세정(王世貞))가 탕절부(湯節婦)의 전(傳)을 쓰면서,

"이 사람이야말로 백 가지 화에 걸리고 만 번 죽음을 모면하여 마침내 고아를 성취시킨 자이다."[28]

27 둘째 아들이 체포되자 : 둘째 아들은 김원재(金遠材)이다. 그는 영조가 김용택에게 지어주었다는 가짜 어제시(御製詩)를 관원들에게 전파하였다는 이유로 체포되어 국문을 받았다. 《英祖實錄 16年 10月 29日》

28 이……자이다 : 《엄주사부고(弇州四部稿)》 속고(續稿) 권67에 실려 있는 〈서절부탕씨전(徐節婦湯氏傳)〉에 보인다. 탕씨는 서씨(徐氏)에게 시집갔는데 남편이 죽자 홀로 아들 명덕(明德)을 키워 성취시켰다.

하였다. 또 문신공(文信公 문천상(文天祥))에게 비유하면서 탕절부는 고아를 성취시켰으니 더 낫다고 하였다. 하물며 유인이 이룬 일은 탕절부보다 더 어려운 일임에랴. 유인은 예전에 제갈무후(諸葛武侯 제갈량(諸葛亮))의 "나라를 위해 몸과 마음을 바쳐 죽은 뒤에야 그만둘 것이다."[29]라는 말을 거론하며 말하기를,

"내가 김씨 집안을 위한 평소의 뜻도 이와 같다."

하였다.

유인은 4남 4녀를 두었으나 1남 2녀는 요절하였다. 장남 대재(大材)는 임인년에 연좌된 자이고, 차남 원재(遠材)는 지금 제주(濟州)에서 육지로 나왔다. 삼남은 회재(晦材)이다. 장녀는 송재복(宋載福)에게 시집갔고, 차녀는 박종형(朴宗衡)에게 시집갔다. 원재가 체포되었을 때 회재는 형제가 모두 온전할 수 없다고 생각하고, 유인의 행적이 이로 인해 인몰되어 전하지 않을까 두려워 달려와 눈물을 흘리며 내게 명을 청하였다. 나는 그의 뜻을 불쌍히 여겨 허락하였다. 명은 다음과 같다.

올빼미야 올빼미야	鴟鴞鴟鴞兮
내 자식을 데려가고 내 집을 부수었구나[30]	取我子兮毁我室
깃털은 모지라지고 꼬리는 닳아 빠졌는데[31]	羽譙譙兮尾翛翛

29 나라를……것이다 : 제갈량(諸葛亮)의 〈후출사표(後出師表)〉에 나오는 말이다. 《古文眞寶 後集》

30 올빼미야……부수었구나 : 《시경》 〈치효(鴟鴞)〉의 "올빼미야, 올빼미야. 이미 내 새끼를 잡아먹었으니 내 집은 부수지 마라.〔鴟鴞鴟鴞, 旣取我子, 無毁我室.〕"라는 구절을 인용한 것이다.

비바람이 흔드니 우는 소리 급하구나[32]	風雨漂搖兮音嘵嘵
아, 유인이여, 부지런히 고생한 뜻	嗚呼孺人勤苦勞悴之意
이 시와 비슷하구나	其尚類乎斯詩
내가 이 때문에 명을 지어	我用作銘
슬픔을 새기노라	銘以哀之

31 깃털은……빠졌는데 : 《시경》 〈치효〉의 "나의 깃은 모지라지고 나의 꼬리는 닳아 빠졌다.〔予羽譙譙, 予尾翛翛.〕"라는 구절을 인용한 것으로, 어려운 생활을 비유한 것이다.

32 비바람이……급하구나 : 《시경》 〈치효〉의 "비바람에 흔들리니 내 우는 소리 급하도다.〔風雨所漂搖, 予維音嘵嘵.〕"라는 구절을 인용한 것으로, 다급한 처지를 비유한 말이다.

유인 여흥 민씨 묘지[33]

孺人驪興閔氏墓誌

유인의 성은 민씨, 휘는 모(某)이며 나의 큰외숙 의정부 좌참찬 지재 부군(趾齋府君) 휘 진후(鎭厚)의 딸이다. 부군은 재주와 정성이 모두 지극하여 나라를 위해 몸을 바쳤으니 실로 우리 숙종의 명신이다. 모부인 연안 이씨(延安李氏)는 명석하여 여사(女士)의 풍도가 있었다. 유인은 아름다운 자질을 타고났으며, 또 어진 부모가 있음을 즐거워하여 항상 가르침에 물들어 법도를 벗어나지 않았다. 온화하고 겸손하기는 어릴 적부터 이미 그러하였다.

16세에 광산(光山) 김광택(金光澤) 덕요(德耀)에게 시집왔다. 덕요의 부친 진화(鎭華)는 진사시에 장원하고 충주 목사(忠州牧使)를 지냈다. 조부 만중(萬重)은 호가 서포(西浦)이며, 예조 판서, 대제학을 지냈다. 유인이 시집오니 친족들이 모두 좋은 며느리라고 하였다.

신축년(1721, 경종1) 덕요가 진사시에 급제하자 내가 삼청동(三淸洞) 집으로 축하하러 갔다. 이곳은 덕요가 터를 정한 곳으로 유인이 재물을 모아 집을 지었다. 긴 시내와 흰 바위가 집을 둘러싸고 송대(松臺)가 뒤에 있어 몹시 맑고 그윽하여 산수의 흥취가 있었다. 덕요는 편안히 앉아 시를 읊고 유인은 손수 길쌈을 하였는데, 《시경(詩

33 유인……묘지 : 이 글은 민진후(閔鎭厚)의 딸이자 김광택(金光澤)의 아내인 여흥 민씨(驪興閔氏)의 묘지명이다. 1687년(숙종13) 태어나 1742년(영조18) 10월 3일 세상을 떠났다.

經)》〈여왈계명(女曰雞鳴)〉의 유의(遺意)[34]를 깊이 터득하였다. 내가 전후로 모두 세 차례 방문하여 보니, 유인이 목소리를 높이지 않아도 집안일이 저절로 다스려졌고, 의복과 음식은 모두 검소하면서도 정결하였다.

이해 가을, 큰 사화(士禍)가 일어났다. 이듬해 목호룡(睦虎龍)이 상변(上變)하여 덕요의 형 용택(龍澤)이 가장 먼저 체포되고 심지어 죽음을 당하기까지 하였다. 덕요는 상심하고 넋을 잃어 살고 싶은 생각이 없었으나 얼마 후 연좌되어 장기현(長鬐縣)에 유배되었다. 처자가 따라가다가 여주(驪州)를 지나게 되었는데, 당시 이 부인(李夫人)이 식구를 모두 데리고 선영 아래로 돌아와 있었고, 지재부군의 상제(祥祭)가 열흘 앞이었다. 또 유인은 산달을 앞두고 있었다. 집안 사람들이 모두 잠시 머물게 하려고 하였으나 이 부인만은 이렇게 말했다.

"남편 집안에 범상한 우환이 있더라도 감히 제 몸을 편하게 할 생각을 하지 말아야 한다. 더구나 지금과 같은 때는 어떻겠는가. 한 몸의 생사도 돌볼 것이 없으니, 상제를 어찌 논하겠는가."

그리고는 따라가라고 재촉하며 작별을 앞두고도 조금도 낯빛을 바꾸지 않았다. 유인도 그 뜻을 유념하여 감히 눈물을 흘리지 못하고 유배지에 와서야 비로소 해산하였다. 바닷가에서 객지 생활하면서 온갖 고생을 겪었으나 유인은 초연히 마음을 달랬다. 이 부인이 또 유인에게 편지를 보내 말했다.

"내가 보니 화를 당한 집안의 자제들은 세상에 쓰이지 못할 줄 알고

34 시경……유의(遺意) : 〈여왈계명〉은 《시경》 〈정풍(鄭風)〉의 편명으로 아내가 남편을 잘 인도하여 금슬 좋은 부부를 노래한 시다.

서 부지런히 학문을 하려는 뜻이 전혀 없어 마침내 그 집안을 일으키지 못하고 만다. 너는 낙심한 기색을 아이들에게 보여 그들이 게을리 학문을 그만두지 않게 해라."

유인은 명심하여 감히 잊지 않았고, 어린 두 아들도 학문에 힘썼다. 지금 성상 을사년(1725, 영조1) 비로소 유배에서 풀려났으나 갈 곳이 없었다. 유인의 아우 익수(翼洙) 사위(士衛)와 우수(遇洙) 사원(士元)이 이 부인을 모시고 여주에 있었는데, 덕요가 유인을 데리고 가서 의지하였다. 누차 이사하여 우만(牛灣)의 강가 마을에 자리잡았는데, 그 뒤 내가 누차 방문하였다.

덕요는 성품이 소탈하여 평소 자신을 내세우지 않았다. 비록 몇 차례 출사하기는 하였으나 모두 유인이 출사하게 만든 것이었다. 유인은 덕요 곁에 있으면서 공경하고 삼가서 마치 아버지처럼 대하며 게으른 모습을 보인 적이 없었다. 나는 몹시 훌륭히 여겨 집으로 돌아가 아내에게 말하고 찬탄하였다. 집안이 가난하여 거친 밥도 대지 못했으나 유인은 걱정하지 않았고 덕요에게 알리지도 않았다.

계축년(1733, 영조9), 이 부인이 돌아가시자 유인은 더욱 의지할 데 없이 외로워졌다. 십 년 뒤 임술년(1742, 영조18) 10월 3일 우연히 병에 걸려 섬락(蟾樂)의 임시 거처에서 세상을 떠났으니 향년 56세였다. 덕요는 유인보다 두 살 많았는데 유인이 세상을 떠난 지 이틀 뒤 역시 세상을 떠났다. 김씨의 선산이 모두 멀리 있어 상여를 모시고 돌아갈 수 없었기에 아무 달 아무 날에 우만의 집 뒤에 합장하였다. 유인은 3남을 두었으니 민재(敏材), 간재(簡材), 헌재(獻材)이다.

아, 옛글에 이르기를,

"환난에 처해서 환난에 맞게 행동하면 어디에 가더라도 만족하지 않는 경우가 없다."[35]

하였다. 이것은 군자만 능한 것이다. 부인은 성품이 편협하니 이 점을 논할 수 있겠는가. 유인은 한미한 선비의 아내로 곤궁하지 않다고 할 수 없는데다 중년 이후 겪은 험하고 어려운 일은 실로 고금에 드문 것으로 사람들은 그 고통을 견디지 못한다. 그러나 유인은 낙원에 있는 것처럼 지내며 한 마디도 원망하는 말을 한 적이 없었고, 누군가 위로하면 운명이라고 하였다.

아, 우리 모친께서는 평소 남의 부귀를 보고서 한탄하거나 부러워하는 생각이 없었다. 한번은 말씀하시기를,

"사람의 온갖 병통은 모두 질투하고 탐내는 데서 나온다."

하였다. 유인의 덕성도 우리 모친과 비슷한 점이 있다. 그러므로 환난을 당해서 이와 같이 징험된 것이다. 설령 유인이 부귀한 처지에 있었더라도 나는 필시 지나치지 않았으리라는 것을 알겠다. 어찌 훌륭하지 않은가.

아, 《시경(詩經)》에 "온순하고 공손한 사람은 덕의 바탕이 된다."[36]라고 하지 않았는가. 온순하다는 것은 인(仁)이 드러난 것이고, 공손하다는 것은 순종이 드러난 것이다. 이것은 부인의 덕에 있어서 지극하다고 하겠다. 예전 우리 모친께서 이야기가 유인에 미치자 탄식하기를,

"내가 일가의 부인들을 많이 보았는데, 자질이 온순하고 공손하기로는 이 여자 만한 자가 없다. 이와 같은 덕을 지니고서 운명이 곤궁하여 이 지경에 이르렀으니 이는 무슨 하늘의 뜻인가."

35 환난에……없다 : 《중용장구(中庸章句)》 제14장에 나오는 말이다.

36 온순하고……된다 : 《시경》 〈소완(小宛)〉에 나오는 말이다.

하니, 소자가 대답하기를,

"일상적인 것은 이(理)이고 일상에 어긋나는 것은 기(氣)입니다. 예로부터 변고는 많고 일상적인 경우는 드물었습니다. 그러나 곤액을 겪지 않았다면 우리 누이의 이와 같은 덕이 드러나지 않았을 것이니, 이 또한 하늘의 뜻이 아니라고 할 수는 없습니다."

하였다. 내가 예전에 유인에게도 이렇게 말한 적이 있는데, 유인의 부고를 받고서 이 말을 돌이켜 생각하니 더욱 서글펴 눈물이 흐른다. 성복한 이튿날, 유인을 위해 묘지문의 초고를 지었다. 효자의 가장(家狀)을 기다리지 않고 단지 몸소 견문한 것을 바탕으로 지었으니, 유인의 선행을 알리기 위해서만이 아니라 선행을 하는 자가 조금이라도 권면할 줄 알게 하고자 해서이다. 명을 덧붙인다.

끝내 온화하고 순종하여	終溫且惠
그 몸을 잘 삼갔네[37]	淑愼其身
나는 이 시를 읊어	我賦斯詩
유인의 명을 짓는다	以銘孺人

37 끝내……삼갔네 : 《시경》 〈연연(燕燕)〉에 나오는 구절이다.

유인 경주 김씨 묘지[38]

孺人慶州金氏墓誌

유인의 성은 김씨로 본관은 경주(慶州)이며 우리나라 개국공신 곤(梱)의 13대손이다. 증조는 종성 부사(鍾城府使)를 지낸 휘 원립(元立), 조부는 좌승지에 추증된 휘 민격(敏格), 부친은 학생 휘 재한(載漢)이다. 모친 전주 이씨(全州李氏)는 학생 중기(重耆)의 딸이며, 조부는 부제학을 지낸 유홍(惟弘)이다. 유인의 남편은 연일(延日) 정진(鄭鎭) 중숙(重叔)으로 참봉 찬헌(纘憲)의 아들이며 포은(圃隱 정몽주) 선생의 몇 대손이다.

유인은 정사년(1677, 숙종3) 2월 24일에 태어나 경진년(1700, 숙종26) 6월 22일에 세상을 떠났다. 유생 김언호(金彦豪)는 나의 동향 친구로 유인의 아우이다. 그가 유인의 가장(家狀)을 지었는데, 읽어보니 유인이 어질었다는 것을 알 수 있었다.

유인은 5세에 모친을 잃고 계모를 잘 섬겼다. 계모가 여공(女工)을 가르치며 매번 재주가 기특하다고 하였다. 생모의 기일이면 계모는 유인이 슬피 곡하는 모습을 보고서 언호를 품에 안고 가르치기를,

"자식의 효성은 이와 같아야 하니, 네가 네 누이를 닮았으면 한다."

하였다. 계례(笄禮)를 치르자 계모가 또 세상을 떠났다. 유인이 지극

38 유인……묘지 : 이 글은 김재한(金載漢)의 딸이자 정진(鄭鎭)의 아내인 경주 김씨(慶州金氏)의 묘지명이다. 1677년(숙종3) 2월 24일에 태어나 1700년 6월 22일에 세상을 떠났다.

한 정성으로 슬퍼하니 보는 사람들이 탄식하였다. 언호는 나이 7, 8세였는데 둔하고 어리석어 무식하였다. 부친은 오랫동안 어버이 곁에 있었는데 집이 조금 떨어져 있어서 단속할 겨를이 없었다. 유인이 눈물을 흘리며 말하기를,

"어머니는 너를 사랑하여 밖에 나가지 못하게 하고 독서를 권하였다. 그런데 너는 어머니의 가르침을 생각하지 않고 날이 갈수록 더욱 방자하니, 어머니가 아신다면 무어라 하시겠느냐."

하니, 언호가 눈물을 흘리며 사죄하기를,

"지금부터는 누님의 말씀을 따르겠습니다."

하였다. 이후로 부친이 밖에 나가면 책을 들고 왔다. 유인은 기뻐하며 반짇고리 위에 책을 펴고 산가지를 잡고서 읽는 횟수를 세며 자주 글뜻을 물었다. 또 자리 옆에 단정히 앉게 하고 과실을 깨우쳤다. 간곡히 타이르는 말이 모두 어버이를 사랑하고 어른을 공경하며 책을 읽고 몸가짐을 단속하는 방법이었다. 비록 옛날 어진 부형의 가르침이라도 어찌 이보다 더하겠는가.

유인은 타고난 자질이 민첩하고 지혜로우며 식견이 뛰어났다. 우애하는 본성과 간절한 정성이 속에 쌓여 밖으로 드러났다. 그러므로 언호처럼 어리석은 자도 저절로 두려워하고 공경할 줄 알아 감히 그 옆에서 장난치지 못하고 오직 그의 말만 들었다. 지금은 비록 늙도록 이룬 것이 없으나 큰 죄를 저질러 집안을 욕되게 하지는 않았으니, 실로 유인이 구해준 덕택이다. 유인이 남편 집에 있을 적에는 시부모가 효성스럽고 순종한다고 칭찬하였으며, 노비들도 그 자애와 은혜에 감동하였으니, 어질다는 것을 더욱 잘 알 수 있다.

유인은 포은 선생의 묘소 오른쪽 산기슭 을좌(乙坐)의 언덕에 장사

지냈다. 중숙은 재취하여 아들 관제(觀濟)를 두었는데, 그는 내게 배운 자이다. 장차 유인을 위해 무덤에 묘지(墓誌)를 넣으려 하기에 김생이 지은 가장(家狀)에서 요점을 취해 서술한다.

유인 의령 남씨 묘지[39]

孺人宜寧南氏墓誌

유인 남씨(南氏)는 오천(烏川) 정진(鄭鎭) 중숙(重叔)의 아내이다. 남씨는 의령(宜寧)에서 나왔다. 국초에 영의정을 지낸 충경공(忠景公) 재(在)가 있었고, 그 뒤 찰방 정유(挺蕤)와 현감 철(澈) 부자가 충효로 알려졌다. 현감의 증손 천거(天擧)는 첨지중추부사를 지냈는데 유인의 부친이다. 배위 언양 김씨(彦陽金氏)는 경지(慶趾)의 딸이다. 중숙은 포은(圃隱 정몽주) 선생의 몇 대손으로 부친은 참봉 찬헌(纘憲)이다.

유인은 나이 19세에 정씨에게 시집왔다. 사람됨이 인자하고 정결하였으며 시부모를 예의로 섬겨 시누이들과 지내면서 이간질하는 말이 없었다. 의지할 데 없는 시누이의 자식을 자기 자식처럼 길렀다. 집이 가난하였으나 절약하였으며 또 누에 치고 채소밭을 경작하여 음식과 의복을 대었다. 제사가 있으면 반드시 정성을 다하였다. 부친이 수직(壽職)을 받자 유인이 축하하러 갔는데, 돌아오기 앞서 탄식하기를,

"여자가 시집 가면 부모가 늙어도 봉양할 수 없으니 어찌해야겠는가."

하였다. 얼마 후 전염병에 걸려 몹시 위독해졌다. 중숙이 들어가 보니 유인이 기운을 내어 말하기를,

"부군께서는 조심하십시오."

39 유인……묘지 : 이 글은 남천거(南天擧)의 딸이자 정진(鄭鎭)의 아내인 의령 남씨(宜寧南氏)의 묘지명이다. 1685년 태어나 1730년(영조6) 5월 14일 세상을 떠났다.

하고, 말을 마치자 세상을 떠났으니 경술년(1730, 영조6) 5월 14일로 향년 46세였다. 중숙이 용인(龍仁) 고매곡(古梅谷) 곤좌(坤坐)의 언덕에 장사지냈으니 포은의 묘소와 십 리 떨어진 곳이었다. 5남 3녀를 두었으니 아들은 관제(觀濟), 흥제(興濟), 겸제(謙濟)이며 나머지는 어리다. 딸은 모두 요절하였다.

관제가 내게 배운 적이 있는데 유인이 전송하며 말하기를,

"밤낮으로 경계하여 삼가 스승을 욕되게 하지 마라."

하고, 돌아오자 또 무엇을 배웠는지 물었다. 나는 관제를 통해 유인의 언행을 익숙히 들었다. 유인은 성품이 책을 좋아하여 밤이면 아들에게 읽게 하고 들었는데, 충신과 효자의 일에 이르면 찬탄하여 마지 않았다. 매번 아들들에게 경계하기를,

"불량한 아들은 없는 것만 못하다."

하고, 또 말하기를,

"부녀자 때문에 바뀌는 사람이 많은데 너희들은 조심해라."

하였다.

아, 세상 사람들 중에 고식(姑息)을 사랑이라 여기지 않는 사람이 드문데 유인은 홀로 그렇지 않았다. 관제가 몸가짐과 행실을 가다듬은 것은 내가 잘 가르쳐서가 아니라 실로 유인이 가르쳤기 때문이다. 어찌 현명하지 않은가. 관제가 울면서 명을 청하였다. 명은 다음과 같다.

부지런히 집안을 다스리고	勤以理家
의리로 아들을 가르쳤다	義以教子
부인의 행실은	婦人之行
이와 같으면 그만이다	如斯而已矣

숙인 안동 김씨 묘지[40]

淑人安東金氏墓誌

숙인 안동 김씨(安東金氏)는 안악 군수(安岳郡守) 휘 창열(昌說)의 딸이며 영의정 문익공(文翼公) 퇴우당(退憂堂) 휘 수흥(壽興)의 손녀이다. 모친 오씨(吳氏)는 양곡(陽谷) 충정공(忠貞公) 휘 두인(斗寅)의 딸이다. 나의 둘째 숙모 귀락당(歸樂堂) 부인[41]은 숙인의 고모이고, 숙인은 또 내 아내를 이모라고 부른다. 나는 이 때문에 숙인의 어릴 적 일을 제법 자세히 들었다.

숙인은 두 집안에서 처음으로 본 손주였기에 몹시 사랑을 받았다. 그러나 터럭만큼도 교만하고 나태한 기습이 없고 모든 행동이 법도에 맞았다. 겨우 말을 배울 때 이미 어버이를 사랑하고 어른을 공경하는 도리를 알았다. 조모 윤 부인(尹夫人)[42] 여사(女士)가 항상 칭찬하기를,

> "네가 아들로 태어났다면 필시 김씨 집안을 다시 번창하게 하였을 것이다."

하였다. 시집갈 때가 되자 첨정 이성조(李成朝) 공의 막내 아들 매신

40 숙인……묘지 : 이 글은 김창열(金昌說)의 딸이자 이매신(李梅臣)의 아내인 안동 김씨(安東金氏)의 묘지명이다. 1690년(숙종16) 8월 15일에 태어나 1735년(영조11) 1월 27일 세상을 떠났다. 저자의 처조카이다.

41 귀락당(歸樂堂) 부인 : 귀락당은 저자의 숙부 이만성(李晩成)이며, 그 부인은 안동 김씨로 김수흥(金壽興)의 딸이다.

42 윤 부인(尹夫人) : 김수흥의 부인 남원 윤씨(南原尹氏)로 윤형각(尹衡覺)의 딸이다.

(梅臣)의 아내가 되었다. 내 아내는 일찍 세상을 떠났고, 나의 둘째 숙모도 이어서 세상을 떠났기에 그 뒤로 숙인의 일을 다시 듣지 못했다. 때때로 오씨 집안의 자제들에게 물으면 숙인은 어질지만 아들이 없었기에 항상 애석해 하였다.

수십여 년 뒤, 이씨의 아들 혜보(惠輔)가 와서 숙인의 묘지문을 청하며 말하기를,

"이는 우리 아버지의 유언입니다. 우리 어머니의 묘지명을 지을 사람이 선생이 아니면 누구이겠습니까."

하였다.

내가 생각해보니 유인은 타고난 성품이 맑고 단정하였다. 어릴 적의 행적은 실로 내가 들은 바와 같았다. 남편의 집에 있을 적에는 부모를 섬기는 것처럼 시어머니를 섬겼으니, 시어머니의 마음에 들었으리라는 것을 알 수 있다. 집안 살림할 적에 집에는 아무 것도 없어 가난과 고생을 견딜 수 없을 정도였지만 사소한 일은 남편에게 알리지 않으며,

"장부가 가산을 영위하는 데 골몰하는 것은 부인의 수치이다. 내가 어찌 이 때문에 누를 끼치겠는가."

하고, 누에 치고 길쌈하며 밤낮으로 조금도 게을리 하지 않았다. 심지어 논밭과 건물에 관한 일도 직접 수고하였으나 목소리가 집밖을 나가지 않았다. 평소 집을 반드시 깨끗이 청소하고 기물을 반드시 정돈하여 윗사람과 아랫사람이 각기 제 할 일을 하니, 규문 안이 화목하였다. 평소 담박한 생활을 좋아하여 부귀를 부러워하지 않았고, 녹거(鹿車)의 고사[43]를 들으면 번번히 기뻐하며 부러워하였다. 형제들이 분가할

43 녹거(鹿車)의 고사 : 후한(後漢) 사람 포선(鮑宣)의 아내 환씨(桓氏)가 부유한

적에 숙인이 말하기를,

"종가가 가난하면 제사를 지낼 수 없으니 무엇하러 재산을 나누겠는가."

하고는 한 가지 물건도 자기가 갖지 않았다. 나는 이 가장(家狀)에서 전에 듣지 못한 것을 들었다.

혜보가 또 눈물을 흘리며 말하기를,

"우리 아버지께서 불초에게 말씀하시기를 '네 어머니는 바르지만 막히지 않았고 지혜롭지만 휩쓸리지 않았으며, 온화하고 공경하여 부덕(婦德)을 갖추었다. 종신토록 부모를 사모한 사람은 아마도 네 어머니일 것이다.'라고 하였습니다."

하였다. 남편에게 이처럼 인정을 받았으니 또 무슨 말이 필요하겠는가.

숙인은 경오년(1690, 숙종16) 8월 15일에 태어나 을묘년(1735, 영조11) 1월 27일 세상을 떠났으니 향년 46세였다. 나는 이미 예안공(禮安公 이매신)의 묘지명을 지었는데, 또 숙인을 위해 따로 묘지명을 지었으니, 차마 효자의 마음을 상하게 할 수 없기 때문이다. 명은 다음과 같다.

집에 있을 때는 착한 딸이었고	在室爲淑女
가난에 처해서는 훌륭한 아내였네	居貧爲良妻
이모부가 시를 지으니	姨夫作詩
모든 미덕을 갖추었네	衆美具兮

친정에서 준 혼수를 모두 돌려보내고 베옷으로 갈아입고 작은 수레〔鹿車〕를 끌고 시골에서 살았다는 고사를 인용한 것이다.《後漢書 卷84 列女列傳 鮑宣妻》

유인 은진 송씨 묘지[44]

孺人恩津宋氏墓誌

유인 송씨(宋氏)는 동춘(同春 송준길) 문정(文正) 선생의 증손이며, 부친은 목사 휘 병익(炳翼), 모친은 완산 이씨(完山李氏)이다. 목사공의 아들 딸 열 명 가운데 유인이 가장 어렸는데 단정하고 현숙하다며 가장 사랑하였다. 16세에 한산(韓山) 이사욱(李思勖)에게 시집왔다. 이사욱은 경력 수형(秀衡)의 아들로 현감 수문(秀文)의 후사가 된 자이다. 증조는 참찬 홍연(弘淵)이다. 유인이 가묘(家廟)에 인사드리기 전에 남편의 생모가 돌아가시자 한결같이 예법에 따라 곡읍하고 죽을 먹었다. 목사공이 감탄하며,

"아이가 이처럼 효성을 옮길 줄 안다."

하였다. 시아버지에게 인사드리니, 시아버지가 말하기를,

"참으로 법도 있는 집안의 자식이다."

하고, 오랜 세월이 지나자 더욱 사랑하며,

"이 아이는 나를 잘 섬긴다."

하였다.

무술년(1718, 숙종44) 목사공(송병익)이 세상을 떠나고 경자년(1720) 현감공(이수문)이 세상을 떠났다. 시어머니 정 부인(鄭夫人)은

44 유인……묘지 : 이 글은 송병익(宋炳翼)의 딸이자 이사욱(李思勖)의 아내인 은진 송씨(恩津宋氏)의 묘지명이다. 1702년(숙종28) 태어나 1723년(경종3) 6월 4일 세상을 떠났다.

오랫동안 병을 앓고 있었는데, 유인은 치마를 팔고 소를 사서 직접 먹이고 우유를 올렸다. 밤낮으로 내내 간호하면서도 한번도 힘들다고 말하지 않았고, 모친과 언니에게 알리지도 않았다. 22세 되던 계묘년(1723, 경종3) 6월 4일 죽었으니 묘소는 청주(清州) 관아 서쪽 수락동(水落洞) 손좌(巽坐)의 언덕에 있다. 죽은 지 3년 뒤 이군(이사욱)이 비로소 진사가 되었다. 이 부인은 유인을 곡하며,

"미망인은 오래 전에 죽었어야 하는데, 내가 먹지 않으면 너도 먹지 않았기에 억지로 지금까지 먹고 살았다. 나는 살아 있는데 네가 죽었느냐."

하고, 또 말하기를,

"어찌 다른 자식이 없겠는가마는 네가 시집간 뒤로 나는 마치 의지할 데 없는 것 같았다."

하였다. 이군이 항상 탄식하기를,

"유인은 내게 잘못을 충고하는 벗처럼 도움을 주었다. 지금 어디서 다시 얻겠는가."

하였다. 유인의 조카 명흠(明欽)이 유인의 가장(家狀)을 지어 이 말을 모두 기록하였다. 또 자기 부친 금산공(錦山公 송요좌(宋堯佐)) 역시,

"우리 누이는 유순하고 공손하며 자애로운 사람이었다."

라고 칭찬했다고 하였다.

내가 생각하기에 여자의 행실은 온순한 것보다 좋은 것이 없다. 유인이 이처럼 부모와 시부모의 마음을 얻었고, 또 금산공은 내가 존경하는 사람이니 어찌 편애했겠는가. 유인처럼 어진 사람은 복을 받아야 마땅한데, 끝내 자식 없이 일찍 죽었으니 어째서인가. 더구나 젊은 나이에 고생하며 온갖 근심을 맛보았으니 더욱 슬프다. 그러나 이와 같지 않았

다면 유인의 지극한 성품을 어떻게 알 수 있겠는가. 나는 여기서 선생(송준길)의 가르침이 멀리 미쳤다는 것을 알겠다. 유인의 어진 성품은 단혈(丹穴)의 깃털[45] 하나가 아니겠는가. 나 또한 선생의 외손이니 마침내 명을 지어 살아 있는 사람의 슬픔을 달랜다. 명은 다음과 같다.

어여쁘고 아름다우니[46]	婉兮孌兮
공경하는 어린 딸이로다[47]	有齊季女
어찌하여 왔다가	胡然而來
어찌하여 갔는가	胡然而去
기질이 맑으면 수명이 한정되니[48]	氣之淸而數之局兮
예로부터 이와 같았네	終古如許

45 단혈(丹穴)의 깃털 : 단혈은 봉황이 사는 곳이다. 여기서는 훌륭한 집안 출신임을 알 수 있다는 뜻이다.

46 어여쁘고 아름다우니 : 《시경》 〈보전(甫田)〉의 "어여쁘고 아름다우니 쌍상투를 매었네.〔婉兮孌兮, 總角丱兮.〕"라는 말을 인용한 것이다.

47 공경하는 어린 딸이로다 : 《시경》 〈채빈(采蘋)〉의 "누가 이를 주관하는가. 공경하는 어린 딸이로다.〔誰其尸之, 有齊季女.〕"라는 말을 인용한 것으로, 나이 어린 주부(主婦)의 미덕을 칭송한 말이다.

48 기질이……한정되니 : 정호(程顥)가 차남의 묘지명에 "우리 아이는 정밀하고 한결같은 기질을 얻으면 수명이 국한된다는 자인가 보다.〔吾兒其得氣之精一而數之局者歟〕"라고 한 말을 인용한 것으로 보인다. 《二程文集 卷4 程邵公墓誌》

유인 남양 홍씨 묘지[49]

孺人南陽洪氏墓誌

유인 남양 홍씨는 명릉 참봉(明陵參奉) 우조(禹肇)의 딸이다. 조부 수용(受容)은 사헌부 감찰을 지냈고, 증조 처대(處大)는 지중추부사를 지냈다. 모친은 여흥 민씨(驪興閔氏)로 부원군 문정공(文貞公) 휘 유중(維重)의 딸이다. 나는 유인과 외조가 같은데, 유인의 외조모는 풍창부부인(豐昌府夫人) 조씨(趙氏)[50]로, 조 부인은 많은 연세로 살아 계셨다. 유인은 11세에 부친을 잃고 16세에 또 모친을 잃었다. 조 부인은 유인 형제를 데려다 집에서 키웠다. 이 때문에 내가 외가에 가면 유인을 만나지 않은 적이 없었다. 타고난 자질이 조용하고 깨끗하여 이미 어릴 적부터 보통 부녀자가 아니라는 것을 알았다.

18세에 완산(完山) 이하상(李夏祥) 자화(子華)에게 시집갔다. 자화는 현감 현지(顯之)의 아들로 출계하여 백부 진사 중지(重之)의 후사가 되었다. 조부는 광주 목사(光州牧使)를 지낸 익명(益命)이며, 증조는 대사헌을 지낸 민적(敏迪)이다. 유인이 시집간 뒤 시조모 송 부인(宋夫人)[51]은 평소 엄격하여 구차하게 남을 칭찬하지 않았으나 유인만

49 유인……묘지 : 이 글은 홍우조(洪禹肇)의 딸이자 이하상(李夏祥)의 아내인 남양 홍씨(南陽洪氏)의 묘지명이다. 1708년(숙종34) 2월 30일에 태어나 1732년 윤5월 10일에 세상을 떠났다. 저자의 외사촌이다.

50 풍창부부인(豐昌府夫人) 조씨(趙氏) : 민유중(閔維重)의 아내 풍양 조씨(豐壤趙氏)로 조귀중(趙貴中)의 딸이다.

51 송 부인(宋夫人) : 은진 송씨(恩津宋氏)로 송규렴(宋奎濂)의 딸이다.

은 현명하다고 칭찬하였다. 또 고아라는 점을 불쌍히 여겨 지극히 사랑했고, 유인은 어머니처럼 모셨다. 부인의 병을 간호할 적에는 약을 올리고 시중을 들며 밤낮으로 곁을 떠나지 않았다. 이렇게 수십 일을 하였으나 한결같은 마음으로 게을리하지 않았다. 부인이 죽은 뒤에는 기일을 만날 때마다 눈물을 흘리며,

"시조모님께서 내게 베풀어 주신 은혜를 갚지 못했다."

하고, 아들을 낳자 또 눈물을 흘리며,

"내가 아들을 낳았는데 시조모님께서 미처 보지 못하셨구나."

하였다. 유인은 효성과 우애가 지극히 돈독하였다. 시집간 뒤 새옷 한 벌이나 맛있는 음식 한 가지를 보면 번번이 탄식하며,

"우리 할머니와 두 아우가 굶주리고 추위에 떠는데 내가 어찌 차마 편안히 지낼 수 있겠는가."

하였다.

전염병에 걸려 임종을 앞두자 시아버지가 들어가 보려 하였는데, 유인이 달갑게 여기지 않으면서,

"죽음은 참으로 제가 싫어하는 것이고, 저 또한 들어와 치료해 주시면 살고 들어와 치료해 주지 않으시면 죽는다는 것을 알고 있습니다. 그러나 죽기보다 싫은 것이 있으니 끝내 할 수 없습니다."

하였다. 아, 아프면 부모를 찾는 것이 사람의 마음이다.[52] 유인과 같은 사람은 제 몸 때문에 어버이에게 누를 끼치려 하지 않았다. 삶과 죽음

52 아프면……마음이다 : 《사기》 권84 〈굴원열전(屈原列傳)〉의 "지극히 힘들고 피로하면 하늘을 부르지 않는 사람이 없고, 몹시 아프고 참담하면 부모를 부르지 않은 사람이 없다.〔勞苦倦極, 未嘗不呼天也, 疾痛慘, 未嘗不呼父母也.〕"라는 말을 인용한 것이다.

이 갈라지는 때에도 마음을 바꾸지 않았으니, 이는 효도라 할 만하지만 그 말 또한 슬프다.

유인은 무자년(1708, 숙종34) 2월 30일에 태어나 임자년(1732) 윤5월 10일에 세상을 떠났다. 그해 8월 15일 영동(永同) 마리곡(馬里谷) 병좌(丙坐)의 언덕에 장사지냈다.

유인은 모든 물건에 별달리 기호가 없었다. 의복은 오직 깨끗이 빨기만 하고 절대 화려한 것을 가까이하지 않았다. 남편의 집을 왕래할 때는 복식을 더욱 검소하게 하고, 치장하지도 않았다. 조 부인이 물으면,

"부녀자가 길을 갈 때는 용모를 꾸며서는 안 됩니다."

하였다. 외가에 있을 적에는 현달한 손님이 많았기에 수레와 말이 집에 도착하면 부녀자들이 엿보기도 하였다. 그러나 유인은 홀로 고개를 숙인 채 듣지 못한 것처럼 여공(女工)을 계속하였다. 두 아우와 살 적에는 의복이 닿을까 염려하여 반드시 간직하여 구별하였으니, 천성이 그러한 것이었다. 유인이 한번은 자화에게 말하기를,

"부녀자의 마음이 누군들 남편이 영달하기를 바라지 않겠습니까. 그러나 저는 그렇지 않습니다. 그대가 독서하고 수양하여 초연히 은거하는 선비가 된다면 제게 영광일 것입니다. 어떻게 하면 그대와 함께 녹거(鹿車)[53]를 끌고 산으로 돌아갈 수 있겠습니까."

하였다. 유인의 흉취는 시원하여 산림의 풍도가 있었으므로 이렇게 말했던 것이다. 자화는 사람됨이 맑고 깨끗하며 또 문사에 뛰어나 사우 사이에 명성이 있었다. 유인이 죽고 몇 년 뒤 또 죽어서 양근(楊根)

53 녹거(鹿車) : 479쪽 주43 참조.

의 선영에 따로 장사지냈다.

나는 자화가 살아 있을 적에 유인의 묘지를 짓기로 허락하였다. 차마 그 말을 저버릴 수 없어 마침내 명을 짓는다. 명은 다음과 같다.

《시경》에 여사를 일컬었으니[54] 詩稱女士
나는 유인에게서 보았네 我見孺人
그 지조를 채우게 하였다면 使充其操
소군과 덕요[55]의 무리에 가까웠으리 其庶乎少君德耀之倫

54 시경에 여사를 일컬었으니 : 438쪽 주4 참조.

55 소군(少君)과 덕요(德耀) : 소군은 후한(後漢) 사람 포선(鮑宣)의 아내로 남편의 뜻에 따라 혼수를 친정으로 돌려보내고 시골로 낙향하였다. 덕요는 후한 사람 맹광(孟光)의 아내로, 밥상을 눈썹까지 들어올려 남편을 공경한 거안제미(擧案齊眉)의 고사로 유명하다.

종매 유인 이씨 묘지[56]

從妹孺人李氏墓誌

유인 우봉 이씨(牛峰李氏)는 이조 판서 귀락당 부군(歸樂堂府君) 휘 만성(晩成)의 딸이며, 정랑을 지내고 집의에 추증된 구(絿)의 손아랫누이이다. 부군의 원배(元配) 안동 김씨(安東金氏)는 집의군과 그 손윗누이를 낳았다. 유인의 모친 김 부인(金夫人)은 봉사를 지낸 정(渊)의 딸이며 연흥부원군(延興府院君) 제남(悌男)의 현손이다.

부군이 늙었으나 집의군에게 후사가 없었는데, 유인이 태어나자 부군이 순무사(巡撫使)로 호서(湖西)에 있으면서 소식을 듣고 크게 실망하였다. 그러나 돌아와서 유인을 보고는 기뻐하며,

"아이가 제법 나를 닮았다."

하였다. 조금 자라자 지극한 행실이 있어 부군이 기특하게 여기고 사랑하였다.

유인은 천성이 온순하여 어려서부터 한 마디 말이나 한 가지 일도 어른의 뜻을 어기지 않았다. 부군이 항상 명하기를,

"무늬가 있는 옷은 입지 마라."

하였는데, 김 부인이 우연히 비단 무늬옷을 입혔다. 유인이 울며 말하기를,

56 종매……묘지 : 이 글은 이만성(李晩成)의 딸이자 유득양(柳得養)의 아내인 우봉 이씨(牛峰李氏)의 묘지명이다. 1711년(숙종37) 태어나 1734년(영조10) 10월 4일 세상을 떠났다. 저자의 사촌누이이다.

"아버지께서 말씀하셨으니 감히 입을 수 없습니다."

하고, 날카로운 칼로 무늬를 제거하겠다고 하였으나 하지 못하자 마침내 다시는 입지 않았다.

김 부인이 병에 걸리자 유인은 먹지 않고 낯빛에 근심을 드러내었다. 어른이 나가 놀라고 명해도 나가려 하지 않았다. 간혹 아이들과 장난할 때도 성내는 기색을 보이지 않았다. 집의군이 김 부인을 섬길 적에는 자애와 효성의 간격이 없었으나 유인은 여전히 공손하고 즐거워하는 뜻을 말과 낯빛으로 드러내었다.

우리 선비께서는 평소 감식안이 있었는데, 유인을 볼 때마다 칭찬해 마지 않았다. 유인이 예닐곱 살에 기이한 병에 걸리자 김 부인이 지성으로 간호하였다. 여공(女工)을 가르치지 않았으나 저절로 못하는 것이 없었으니 이처럼 재주가 많았다.

부군은 불행히 임인년(1723, 경종3) 사화 때 옥사하였고, 지금 성상 을사년(1725, 영조1) 신원, 복관되었다. 집의군은 김 부인을 모시고 달아나 춘천(春川)과 영평(永平)의 깊은 골짜기 사이를 떠돌아다녔는데 유인은 그때마다 따라갔다. 성품이 부지런하고 민첩하며 누에 기르고 나무 심기를 좋아하여 아무리 다급한 때라도 그만둔 적이 없었다. 집의군이 피로가 쌓여 병이 되어 임종을 앞두고 손수 편지를 써서 내게 부탁하기를,

"병든 누이가 몹시 걱정스럽고, 어머님을 생각하니 더욱 답답합니다. 제가 살아있을 때처럼 돌보아 성취시켜 주십시오."

하였다. 당시 나는 화전(花田)의 고향에 있었는데, 김 부인을 모시고 돌아오고, 유인을 위해 짝을 찾아 주었다.

정미년(1727, 영조3) 가을, 전주(全州) 유득양(柳得養) 중장(仲長)

에게 시집갔다. 중장의 조부 태명(泰明)은 승지를 지냈고 부친 유(愈)는 현령을 지냈으며 효성과 우애로 집안을 계승하였다. 유인은 유씨 집안에 시집가서 예의를 다해 시부모를 섬겼다. 부귀한 집안에서 나고 자랐으나 터럭만큼도 교만하거나 게으른 모습이 없었다. 동서들과 함께 시부모 곁에 있으면 화기애애하였다. 시부모가 말하기를,

"네가 우리를 부모처럼 섬기니, 우리가 어찌 딸이 없다고 걱정하겠느냐."

하였다. 김 부인은 유인을 차마 하루도 슬하에서 떨어져 있게 할 수 없어 잠시만 떨어져 있어도 반드시 눈물을 흘리며 그리워하였다. 유인은 매번 정성을 다해 친정으로 가겠다고 말했는데, 말이 간절하고 모습이 애처로와 시부모가 감동하여 허락하였다.

중장은 아내를 얻어 내조를 받고 이어서 내게 배웠다. 유인은 항상 학문을 권하며 일마다 바로잡은 적이 또 한두 번이 아니었다. 나는 어버이를 잃은 뒤 용인(龍仁)의 한천(寒泉)으로 이사하였는데, 한천은 선영으로 귀락당 부군의 묘소가 있는 곳이다.

계축년(1733, 영조9), 김 부인이 유인을 데리고 와서 의지하였다. 유인은 손수 길쌈을 하고 중장은 책을 읽으니 〈여왈계명(女曰鷄鳴)〉의 유의[57]를 깊이 터득하였다. 아침저녁마다 글 읽는 소리가 마루에 가득하니, 유인은 듣고서 즐거워하며 세월이 가는 것도 잊었다.

1년 뒤, 김부인이 잠시 서울로 들어가기에 유인이 따라갔는데, 우연히 병에 걸려 도성 서쪽의 객사에서 죽었다. 갑인년(1734) 10월 4일이었으니 향년은 겨우 24세였다.

57 여왈계명(女曰鷄鳴)의 유의 : 469쪽 주34 참조.

유인은 병을 자주 앓았는데, 병에 걸리면 스스로 위태롭게 여겨 탄식하기를,

"내가 죽으면 우리 어머니는 누구에게 의지할까."

하고, 임종을 앞두고는 그 말이 더욱 비통하였다. 아, 유인과 같은 사람은 시집간 뒤에도 부모에 대한 효성이 쇠하지 않은 자라 하겠다. 중장이 또 말하기를,

"유인은 병이 위독할 적에 다른 말은 없었으며, 단지 시아버지가 언제 도착하느냐고 물었을 뿐입니다. 당시 시아버지는 경산현(慶山縣)에 있었고,[58] 과거 시험 날짜가 머지않아 얼굴을 보고 영결하지 못하는 것을 한스러워하였기 때문입니다. 시부모의 심상한 서찰도 반드시 상자에 간직하였으며 한 장도 잃어버린 것이 없었으니 그 사랑과 공경이 이와 같았습니다."

하였다. 유인은 나와 헤어지며 몇 달 뒤에 오기로 약속하였으나 마침내 다시는 돌아오지 않았다. 김 부인도 차마 옛집을 다시 볼 수 없었고, 오직 중장만 때때로 나를 찾아와 서로 마주보고 슬피 한탄할 따름이었다. 유인은 이해 11월 30일 교하(交河) 월롱산(月籠山) 남쪽 기슭에 장사지냈으니, 승지공의 묘소가 바라보이는 곳이었다.

아, 여자의 몸으로 지극히 미미하였으나 도량은 대인이었다. 흉금이 넓고 식견이 통달하여 비록 독서하지 않았으나 때때로 이치에 맞는 말을 하였다. 유인과 같은 사람을 어찌 다시 볼 수 있겠는가. 만약 유인이 요행히 남자로 태어났다면 필시 우리 중부의 뜻과 업적을 잘

58 당시……있었고 : 유인의 시아버지 유유(柳愈)는 당시 경산 현령(慶山縣令)으로 재직 중이었다. 《承政院日記 英祖 10年 2月 2日》

계승하여 우리 집안을 더욱 번창하게 하였을 것인데 그렇게 하지 못했고, 또 불행히 한 번 유산하여 끝내 후사가 없었다. 비유하자면 좋은 과일나무 하나가 종자를 남기지 못한 것이니 더욱 슬프다.

유인은 손수 《소학(小學)》과 《삼강행실도(三綱行實圖)》를 써서 항상 살펴보았다. 내게 그 책의 제목을 써달라고 하려고 했지만 미처 하지 못했다고 한다. 유인을 위해 그 행실을 기록한 자는 중장이고, 글을 지어 후세에 남기는 자는 종형 이재이다. 유인이 죽고 십 년이 지난 갑자년(1744, 영조20) 모월 모일, 중장이 비로소 묘지를 구워 무덤에 넣는다. 명은 다음과 같다.

아, 내가 부인을 보건대	嗚呼以余觀於婦人
덕과 용모, 솜씨[59] 세 가지를 갖추었으니	德容功三者之兼備
우리 어진 누이 같은 사람 누가 있겠는가	孰若吾妹之賢
그런데 이런 병에 걸리고	乃有斯疾
또 장수하지도 못했으니	而又無年
하늘의 뜻을 어찌하랴	奈何乎天

59 덕과 용모 솜씨 : 부녀자가 갖추어야 할 규범으로 손꼽히는 부덕(婦德), 부언(婦言), 부용(婦容), 부공(婦功) 중 세 가지를 거론한 것이다. 《周禮 天官 九嬪》

지은이 **이재(李縡)**

본관은 우봉(牛峰), 자는 희경(熙卿), 호는 도암(陶菴), 한천(寒泉)이다. 부친은 이만창(李晩昌), 모친은 민유중(閔維重)의 딸로 인현왕후(仁顯王后)의 동생이다. 1680년(숙종6) 9월 28일 한양 훈도방(薰陶坊) 주자동(鑄字洞) 외가에서 태어났다. 5세에 부친상을 당하여 중부(仲父) 이만성(李晩成)의 훈도를 받았다. 1702년(숙종28) 문과에 급제하여 예문관 검열, 이조 정랑, 함경북도 병마평사, 수원 부사, 대사성, 예조 참판을 역임하였다. 1722년(경종2) 중부가 신임옥사에 연루되어 옥사하자 인제(麟蹄)에 은거하였다. 영조 즉위 후 대제학, 이조 참판에 임명되었으나 모두 사직하고, 1728년(영조4) 모친상을 계기로 용인에 한천정사(寒泉精舍)를 짓고 강학에 몰두하였다. 이후 대사헌, 공조 판서, 좌참찬에 임명되었으나 모두 사직하였다. 1746년(영조22) 10월 28일 광주(廣州)에서 세상을 떠났다. 문집 《도암집(陶菴集)》과 함께 《사례편람(四禮便覽)》, 《서사윤송(書社輪誦)》, 《삼관기(三官記)》, 《주형(宙衡)》, 《검신록(檢身錄)》, 《사서강설(四書講說)》 등 많은 저술을 남겼다. 시호는 문정(文正)이다.

옮긴이

최예심(崔禮心)

1967년 충북 제천 출생. 민족문화추진회 국역연수원 연수부 및 상임연구부를 졸업하였다. 민족문화추진회를 거쳐 단국대학교 동양학연구원 연구교수로 재직 중이다. 《승정원일기》(공역), 《월정집》(공역), 《용주유고》(공역), 《어우집》(공역) 등을 번역하였다.

장유승(張裕昇)

1976년 서울 출생. 성균관대학교 한문학과를 졸업하고, 한국학중앙연구원 한국학대학원을 거쳐 서울대학교 국어국문학과에서 〈조선후기 서북지역 문인 연구〉로 박사학위를 받았다. 한국고전번역원 고전번역교육원 전문과정을 마치고 한국고전번역원 번역위원을 거쳐 현재 단국대학교 동양학연구원 연구교수로 재직 중이다. 《정조어찰첩》(공역), 《영조 승정원일기》(공역), 《동국세시기》, 《현고기》, 《한국산문선》(공역) 등을 번역하였다.

권진옥(權津鈺)

1979년 경북 영천 출생. 고려대학교 한문학과를 졸업하고, 동 대학교 국어국문학과에서 〈택당 이식의 변문・고문 연찬과 산문 창작의 실제〉로 석사학위를 받고 〈귤산 이유원의 학문 성향과 유서·필기 편찬에 관한 연구〉로 박사학위를 받았다. 고려대학교 민족문화연구원 연구원을 거쳐 현재 단국대학교 동양학연구원 선임연구원으로 재직 중이다. 《낙전당집》(공역), 《어우집》(공역), 《한비자집해》(공역), 《오천집》 등을 번역하였다.

이승용(李承容)

1981년 경북 의성 출생. 영남대학교 한문교육과를 졸업하고, 성균관대학교 한문학과에서 《조선후기 강화학파 한시연구》로 박사학위를 받았다. 한국고전번역원 고전번역교육원 연수과정과 전문과정을 마치고 단국대학교 동양학연구원 선임연구원으로 재직 중이다. 《완구유집》, 《정관정요》(공역), 《낙전당집》(공역), 《완역정본 택리지》(공역) 등을 번역하였다.

권역별거점연구소협동번역사업 연구진

연구책임자 김문식(단국대학교 사학과)
공동연구원 윤재환(단국대학교 국어국문학과)
김우정(단국대학교 한문교육과)
책임연구원 허호구(단국대학교 동양학연구원)
장유승(단국대학교 동양학연구원)
최예심(단국대학교 동양학연구원)
선임연구원 이라나(단국대학교 동양학연구원)
이승용(단국대학교 동양학연구원)
연구보조원 유명석(단국대학교 동양학연구원)

도암집 10
이재 지음 | 최예심 · 장유승 · 권진옥 · 이승용 옮김
2020년 12월 31일 초판 1쇄 발행
편집 · 발행 학자원
등록 2011.4.6 제2011-14호
주소 (05355) 서울시 강동구 천호대로 1121
전화 02-6403-1000 | 팩스 02-6338-1001 | 이메일 hakjaone@daum.net

값 40,000원
ISBN 979-11-6247-190-6 94810
979-11-6247-088-6 (세트)